Mensch und Umwelt
im Mittelalter

Mensch und Umwelt im Mittelalter

Herausgegeben von
Bernd Herrmann

Mit Beiträgen von

Klaus Arnold, Karl-Ernst Behre,
Hartmut Boockmann, Dietrich Denecke,
Ulf Dirlmeier, Edith Ennen,
Wolfgang Erdmann, Gisela Grupe,
Bernd Herrmann, Marie-Luise Hillebrecht,
Walter Janssen, Andrea Kammeier-Nebel,
Gundolf Keil, Vilhelm Møller-Christensen,
Walter Sage, Ernst Schubert,
Sven Schütte, Ulrich Willerding,
Johanna Maria van Winter, Helmut Wurm,
Volker Zimmermann

FOURIER VERLAG · WIESBADEN

Fourier Verlag GmbH, Wiesbaden 1996
Lizenzausgabe mit freundlicher Genehmigung
der Deutschen Verlags-Anstalt GmbH, Stuttgart

Lektorat: Margot Adrion
Typographische Gestaltung: Christine-Dorothee Wegener
Gesamtherstellung: Graphischer Großbetrieb Pößneck GmbH, Pößneck
Printed in Germany

ISBN 3-925037-86-1

Inhaltsverzeichnis

Vorwort des Herausgebers

Umwelt hat immer auch eine historische Dimension. Die Schadstoffbelastung der Atmosphäre beispielsweise ist nur eine Seite des Waldsterbens, eine andere der standortfremde Anbau von Nadelbäumen, der zurückgeht auf die Energiekrisen des Mittelalters. Sie sind aus dem Raubbau am Wald entstanden und begünstigten eine Aufforstung mit schnellwachsenden Nadelbäumen an Standorten, die eigentlich Laubbaumbiotope waren. Ein anderes Beispiel ist die Einwanderung des Storches in unsere Region erst mit dem Hochmittelalter: Die tiefgreifenden Umgestaltungen des Landschaftsbildes jener Zeit, durch Rodung und Anlegung von Wiesen, ermöglichten ihm eine Expansion seines Lebensraumes, der heute wieder drastisch bedroht ist. Solche Beispiele ließen sich vermehren, und sie werfen die Frage nach den Ursprüngen auf. Gab es früher »Natur«, den vorindustriellen Urzustand, die »heile Umwelt«? Wie fügte sich der Mensch vergangener Zeiten in die Umwelt? Wie beeinflußte er sie, wie sie ihn?

Auf der Suche nach empirischen Quellen, die zur Beantwortung dieser Fragen führen können, wird man sehr schnell auf das Mittelalter stoßen: Es ist eine Epoche, für die gleichermaßen archäologische (materielle) und historische (schriftliche) Quellen verfügbar sind, die eine wechselseitige Kontrolle ermöglichen. Wir überblicken mit dem Mittelalter ein Zeitalter, für das wir strukturelle Abhängigkeiten, Entwicklungswege und Umwelteinflüsse soweit analysieren können, daß auch geeignete Hypothesen für davorliegende Epochen möglich scheinen.

An die Seite der Geschichtswissenschaften tritt bei einem solchen Ansatz ganz selbstverständlich die Biologie. Die menschliche Existenz, ihre Grundlagen und Randbedingungen lassen sich nicht ohne profunden naturwissenschaftlichen Hintergrund und biologische

Theorien ausleuchten. Allerdings erfordert diese interdisziplinäre Forschung die Bereitschaft, sich in vernetzendes Denken einzuüben und mit dieser neuen Sichtweise zu arbeiten. Mit ihrer Verbreitung wäre dann auch eine Intensivierung der »Umweltarchäologie« *(environmental archaeology)* erreichbar, die hierzulande noch sehr wenig Resonanz hat.

Überlegungen dieser Art und das Bestreben, Naturwissenschaften und historische Disziplinen in einem gleichberechtigten Dialog zusammenzuführen, mündeten an der Universität Göttingen in eine Vortragsreihe, aus der die Beiträge zu diesem Buch entstanden sind. Konzipiert und durchgeführt wurde die Veranstaltung unter Beteiligung von Hochschullehrern des Instituts für Anthropologie, des Historischen Seminars, der Professorenstelle für Palynologie, des Seminars für Vor- und Frühgeschichte und des Instituts für Wirtschafts- und Sozialpsychologie.

Während dreier Wintersemester – von 1982/83 bis 1984/85 – haben wir Vorträge zusammengestellt, deren Themen Archäologen, Biologen und Historiker gleichermaßen interessierten. Unsere Aufmerksamkeit galt neben den sachlichen Fragen, bei denen wir uns auf die Betrachtung der komplexen Ursachen konzentrierten, besonders auch der Vermittlung des Problembewußtseins und der Verbesserung des zwischenwissenschaftlichen Dialogs. So findet sich in diesem Buch weniger das Endgültige, Abgeschlossene als vielmehr der Anfang, der Versuch, die Hypothese, die auf empirische Fundierung wartet. Ein enzyklopädisches Werk war also weder intendiert, noch ist es entstanden. Übersichtsaufsätze wechseln ab mit Darstellungen von Detailfragen. Der Buchtitel verbindet sie mehr im Sinne einer inhaltlichen Klammer, als daß er programmatische Bedeutung hätte. Wohl hatten wir unsere Colloquiumsreihe überschrieben »Ökologische Aspekte des Mittelalters«, jedoch nicht mit Blickrichtung auf die heute so modische Beliebtheit des Begriffs. Für uns war die Ökologie das greifbare wissenschaftliche Paradigma, um komplizierte und verzweigte Gegebenheiten der mittelalterlichen Umwelt in ihren wechselseitigen Abhängigkeiten, Einflußnahmen und Auswirkungen auf Lebensbedingungen und Lebensqualität zu analysieren. Zudem haben wir den Umweltbegriff ausgedehnt auf Bereiche, die in der traditionellen Ökologie nicht, wohl aber in einer noch zu gestaltenden »ökologischen Anthropologie« enthalten sein müssen, in der – ganz im Sinne

August Thienemanns – »Umwelt als Komplex der Beziehungen einer Lebenseinheit zu ihrer Umgebung« in einer ganzheitlichen Weise begriffen wird.

Daß die Anregung zu diesem Buch erst am Ende des Vortragszyklus an uns herangetragen wurde, gehört, wie die gewachsene Struktur einer Lehrveranstaltung und das Spektrum verfügbarer Referenten, zu den Gründen, weshalb der Leser diesen oder jenen Aspekt vermissen könnte. Als mitunter schwierig erwies sich außerdem für die Darstellung der Themen die aus Platzgründen erforderliche komprimierte Form. Dennoch ist ein Buch entstanden, das eine Anzahl auch neuer Facetten der Mensch-Umwelt-Beziehung im Mittelalter behandelt und als ein Instrument für weitere Arbeiten dienen könnte.

Dem Verlag ist für seine Anregung und Ermutigung zu danken, dieses Buch vorzulegen. Die Vortragsreihe selbst ist ermöglicht worden durch die Unterstützung des Präsidenten der Georgia Augusta und die Bereitschaft der Referenten. Dank gebührt auch den Besuchern des Colloquiums, die ein allzeit aufmerksames und kritisches Auditorium waren. Bei der Fertigstellung des Buches war Herr cand. phil. H. Herstein in umsichtiger Weise behilflich. Frau Brigitte Dräger hat in mitunter sehr mühsamer Arbeit von vielen Abbildungen die Druckvorlagen angefertigt.

Schließlich darf ich den Kollegen danken, die als Lehrveranstalter und engagierte Diskussionsredner die Reihe mitgestaltet und begleitet haben. Es waren dies im Verlauf der drei Jahre die Kollegen Frau Renate Rolle sowie die Herren Hartmut Boockmann, Peter Faßheber, Gernot Jacob-Friesen, Herbert Jankuhn, Christian Vogel und Ulrich Willerding.

Göttingen, im Herbst 1985 Bernd Herrmann

WALTER SAGE

Aspekte der Mittelalter-Archäologie

Das Thema des Buches teilt dem Archäologen zwangsläufig vor allem die Rolle eines »Zulieferers« für andere Disziplinen zu, die er mit bestimmten Arten von Bodenproben oder Grabungsfunden versorgen kann. In dieser Funktion als »Dienstleistungsbetrieb« war die Archäologie in Süddeutschland lange Zeit im Nachteil, da günstige Erhaltungsbedingungen für bestimmte organische Substanzen als aussagekräftige Indikatoren früherer Umweltverhältnisse hier vergleichsweise seltener zu erwarten sind als in norddeutschen Niederungsgebieten oder gar im Küstenland. Diesen Unterschieden der Entwicklung der Mittelalter-Archäologie im »Nord-Süd-Gefälle« soll daher besondere Aufmerksamkeit gewidmet werden, da Entwicklung, thematische Abgrenzung und die prinzipiellen Einsatzmöglichkeiten der Mittelalter-Archäologie, Gegenstand ausführlicher Erörterungen in der Literatur sind.[1, 2]

Anfänglich waren die Interessen namhafter Forscher in Nord wie Süd recht gleichmäßig auf Altertümer jeder Art gerichtet. Sobald aber die Spezialisierung einsetzte, begann sich die heimische Archäologie ungleich zu entwickeln und bildete insbesondere unterschiedliche Abgrenzungen gegen die Mediävistik und Kunstgeschichte aus: Im Norden wurde wegen des allgemein späteren Einsetzens schriftlicher Quellen zumindest noch die Wikingerzeit, in ehedem slawisch besiedelten Regionen die entsprechende Epoche bis zur deutschen Durchdringung im 11./12. Jahrhundert zum Zuständigkeitsbereich der Prähistoriker geschlagen. Im Süden und Westen Deutschlands aber zog man die Trennlinie in Anlehnung an das Aufhören der allgemeinen Beigabensitte in Reihengräberfeldern vorzugsweise um 700 n. Chr., also an der Wende von der Merowinger- zur Karolingerzeit. Damit war hierzulande die archäologische Betreuung mittelalterlicher Objekte vorerst »ins Abseits« geraten, da Bau- und Kunsthistoriker lange Zeit auf archäologische Arbeitsmethoden verzichteten oder sie in zu einseitig nur auf Baubefunde gerichteter Weise einsetzten. Außerdem leistete vermutlich die größere Zahl aus der Zeit vor 1000 erhaltener Denkmäler der Meinung Vorschub, man bedürfe der zusätzlichen Erkenntnisse durch Ausgrabungen nicht.

Trotz der bis heute vielfach nachwirkenden ungünstigen »Arbeitsteilung« haben einzelne Prähistoriker auch in Süddeutschland schon vor dem Zweiten Weltkrieg wichtige Beiträge zur Problematik wenigstens des früheren Mittelalters geliefert.[3]

Positiver verlief die Entwicklung schon frühzeitig im Rheinland, das bis 1945 als »Rheinprovinz« auch im räumlichen Sinn eine Mittlerstellung zwischen ober- und niederdeutschen Bereichen einnahm und das sich seit dem Ende der zwanziger Jahre eine Führungsrolle auf dem Sektor Kirchengrabungen erobert hatte. Dies war in erster Linie dem guten Zusammenwirken von Bau- und Bodendenkmalpflege an bestimmten Objekten zu verdanken und trug seine Früchte auch in den Jahren des Wiederaufbaus, als zahlreiche Kirchen im Zuge der Wiederinstandsetzung zugleich baugeschichtlich und archäologisch erforscht werden konnten.[4]

Das Spektrum ist im heute nordrhein-westfälischen Teil des Rheinlandes inzwischen weit umfassender geworden[5], zumal die Mittelalter-Archäologie seit langem auch »stellenplanmäßig« abgesichert ist. Außerdem verdient Erwähnung, daß man gerade hier in Ansätzen schon vor dem Zweiten Weltkrieg, auf breiterer Basis seit den fünfziger Jahren die vielfältige Zusammenarbeit mit naturwissenschaftlichen Disziplinen erprobte und sie heute als selbstverständlich empfindet. Man denke an Bodenkunde, Dendrochronologie, Paläobotanik, Luftbildarchäologie und physikalische Prospektionsmethoden, die auch im Rahmen der Mittelalter-Archäologie sinnvoll einzusetzen sind.

In den südlich angrenzenden Bundesländern Rheinland-Pfalz und Hessen gab es ebenfalls durchaus erfolgversprechende Ansätze. So zählen die Frankfurter Altstadtgrabungen nicht nur zu den umfangreichsten in Deutschland überhaupt, sondern auch zu den bestorganisierten frühen Unternehmen dieser Art. Daß sie neben den stets genannten wie Hamburg und Lübeck fast in Vergessenheit geraten sind, liegt an der bis heute nicht zustande gekommenen angemessenen Publikation der so überaus reichen Ergebnisse. Immerhin entstand aber am Frankfurter Museum für Vor- und Frühgeschichte eine der ersten Planstellen für einen Mittelalter-Archäologen in der Bundesrepublik. Andere bedeutende Forschungsvorhaben, so die Ausgrabungen frühmittelalterlicher Burgen in Nordhessen oder in manchen Kirchen an Rhein und Mosel, führten nicht zu ähnlichen personellen Konsequenzen.

Eine rühmliche Ausnahme macht Baden-Württemberg. Hier gab es schon länger Referate für Mittelalter-Archäologie in jedem der vier Regierungsbezirke, die nun zu einer eigenen Abteilung des Landesdenkmalamtes zusammengefaßt worden sind. So gehört dieses Land zwar nicht zu den zeitlichen Wegbereitern der Mittelalter-Archäologie, es verfügt aber heute denkmalpflegerisch über die am besten ausgestattete Organisation des Faches in der Bundesrepublik überhaupt, mit der allenfalls das Landesamt Westfalen-Lippe mithalten kann. Ähnlich wie dort fällt in Baden-Württemberg zudem die Reihengräberarchäologie in die Zuständigkeit der vor- und frühgeschichtlichen Abteilung, so daß sich die Mittelalter-Archäologen ganz auf Kirchen und Klöster, Burgen und in zunehmendem Maß auf Ortskernforschung konzentrieren können, während Wüstungsgrabungen – anderswo erst gar nicht versucht – auch hier noch zu den Seltenheiten zählen.[6]

In der Schweiz sind Teilbereiche der Mittelalter-Archäologie ebenfalls gut abgedeckt. Seit langem werden Kirchengrabungen intensiv betrieben. Verwiesen sei auf H. R. Sennhauser, der an der Universität Zürich lehrt und ein eigenes Büro für Kirchengrabungen führt. Ein weiterer Forschungsschwerpunkt gilt den in der Schweiz so zahlreichen Burgen. Der führende Wissenschaftler Werner Meyer hat seinen Platz an der Universität Basel gefunden. Zum Modellfall für Stadtkernforschung auf breiterer Basis wurde in den letzten Jahren Zürich. Hier ist ein Team von Wissenschaftlern, Restauratoren und Technikern am Werk, um in den von Veränderung betroffenen Teilen der Zürcher Altstadt archäologische und baugeschichtliche Befunde aus allen Perioden seit der Römerzeit zu untersuchen, zu dokumentieren und in überraschend großer Zahl auch über die akute Gefährdung durch Bauvorhaben hinweg zu retten. Diese Art der Arbeit, die im Augenblick freilich noch nicht endgültig als Dauerinstitution gesichert ist, stellt also nicht nur einen wissenschaftlichen, sondern zugleich auch denkmalpflegerischen und publikumswirksamen Erfolg dar.[7]

Schon seit Beginn unseres Jahrhunderts spielten in Österreich Ausgrabungen frühchristlicher Kirchen eine beachtenswerte Rolle, ohne daß sich daraus jedoch ein Ansatz für die Entwicklung der Mittelalter-Archäologie ergeben hätte. Anstöße in dieser Richtung gingen besonders vom Wiener Universitätsinstitut für Ur- und Frühgeschichte aus. So zählte R. Pittioni zu den Mitbegründern der Industrie-Archäologie in jenem umfassenderen Sinn, der die Erforschung mittelalterlich-frühneuzeitlicher Handwerke und Technologien einschließt.

Kehren wir ins eigene Land zurück: In Bayern, dem flächenmäßig größten Teilstaat der Bundesrepublik, lief die Entwicklung mit beträchtlicher Verzögerung an. Erst seit 1966 hatten ein Wissenschaftler und ein Grabungstechniker beim Landesamt für Denkmalpflege in München neben den in anderen Bundesländern üblicherweise einschlägigen mittelalterlichen Objekten auch merowingerzeitliche Reihengräberfelder zu untersuchen, soweit diese Aufgabe nicht in bestimmten Fällen von Kollegen der allgemeinen Bodendenkmalpflege wahrgenommen werden konnte. Eine im Hinblick auf das Mißverhältnis zwischen Landesgröße und verfügbaren Mitteln zwar verständliche einseitige Bevorzugung frühmittelalterlicher Objekte verhinderte andererseits die Entwicklung jeder konsequenten Forschung an Plätzen, die solche dringend erfordert hätten. So mußte beispielsweise die Chance ungenutzt bleiben, die Domgrabung Eichstätt vor Beginn großflächiger Veränderungen zur systematischen Stadtkernforschung auszuweiten.

Insgesamt gesehen hat sich die Mittelalter-Archäologie erst nach dem Zweiten Weltkrieg und vor allem in der Praxis, im Notgrabungseinsatz der Denkmalämter, zu einer eigenen Fachrichtung entwickelt. Daran hatten auch in Süddeutschland Prähistoriker wie H.-J. Hundt und U. Fischer in Frankfurt a. M. oder K. Schwarz in München wesentlichen Anteil. Trotzdem ist die Entstehung des ersten Lehrstuhls für Archäologie des Mittelalters und der Neuzeit in der Bundesrepublik in Bamberg in erster Linie das Verdienst von Historikern, allen voran von O. Meyer aus Würzburg. So wie beispielsweise in Göttingen H. Jankuhn für eine enge Verknüpfung von Mittelalter-Archäologie und Geschichtsforschung eintrat, so haben umgekehrt in Franken Historiker ständig auf die Notwendigkeit einer Ergänzung ihrer Arbeiten durch archäologische Untersuchungen hingewiesen und damit die Einrichtung des Bamberger Lehrstuhles erwirkt. Der

Ausbau entsprechender Referate in Denkmalpflege und Museumswesen läßt dagegen noch auf sich warten.

Entwicklung und Situation der Mittelalter-Archäologie sind in süddeutschen Bereichen außer in Baden-Württemberg also keineswegs günstig. Vielleicht fehlte hier ein Objekt, das so allgemeine Anerkennung als »nationale Aufgabe« fand, wie es im Norden seit Beginn unseres Jahrhunderts Haithabu war[8] oder wie es nach dem Zweiten Weltkrieg in gewisser Hinsicht auch die Kölner Domgrabung wurde.[9] Es dürfte nach dem Ausgeführten insbesondere verständlich sein, daß es bei uns zulande erst vereinzelt zu größeren interdisziplinären Unternehmungen unter Einschluß einiger jener Fächer kam, die am ehesten direkten Aufschluß über das Verhältnis des mittelalterlichen Menschen zu seiner Umwelt zu liefern vermögen. Erschwerend wirkte auch, daß viele Probleme, mit denen sich Archäologen befassen, im süddeutschen Raum lange Zeit von naturwissenschaftlichen Disziplinen kaum aufgegriffen wurden.

Schließlich bahnte sich erfolgversprechende Zusammenarbeit aber doch auf mehreren Sektoren an. Bevor dies kurz geschildert wird, noch ein Wort zum methodischen Verständnis und zur zeitlich-thematischen Eingrenzung der Mittelalter-Archäologie. Die Aufgabe besteht für den Vertreter dieses Fachs genau wie für den Prähistoriker bei einer Ausgrabung darin, materielle Hinterlassenschaften jeder Art und Zeitstellung zu sichern und diese Relikte dann auszuwerten, soweit sie seinem wissenschaftlichen Zugriff unmittelbar zugänglich sind. Alles andere – Bodenproben, Pflanzen- oder Knochenreste, aber auch prähistorisches Fundgut – gehört in die Hand des entsprechenden Fachmanns. Der Mittelalter-Archäologe hat eine im weitesten Sinn historische Aufgabe zu erfüllen, wobei seine Arbeitsmethoden weitgehend jenen der prähistorischen Archäologie gleichen, aus denen sie sich auch vorzugsweise entwickelt haben.[10]

Etwas anders als in den genannten Beiträgen sind in der Lehre die zeitlichen Grenzen zu setzen. Die Zusammenhänge zwischen merowingerzeitlichen und rein mittelalterlichen Entwicklungen sind beispielsweise im Hausbau und Siedlungswesen viel zu fließend, um einen sauberen »Schnitt« etwa um 700 oder etwas später zuzulassen. Allzu oft reichen gerade in Süd- und Westdeutschland Ortschaften und Kirchen in Zeiten zurück, in denen man mit dem Auftreten typischer Reihengräberfunde zu rechnen hat. Der Mittelalter-Archäologe muß sich also auch mit dem charakteristischen Fundgut der Merowingerzeit hinreichend auskennen, ohne daß damit die bisher übliche Zuweisung jener Periode an die Vor- und Frühgeschichte grundsätzlich in Frage gestellt werden soll. Eine Abgrenzung gegen die Neuzeit erübrigt sich, sie ist auch nicht sinnvoll oder wünschenswert, denn der Archäologe kann auch für das 16. und die folgenden Jahrhunderte einen Beitrag leisten, wenn naturgemäß auch die allein durch seine Arbeit zu füllenden Lücken mit abnehmendem Alter geringer werden. Während die Industrie-Archäologie des 19./20. Jahrhunderts als eigene Disziplin behandelt werden sollte, muß der Mittelalter-Archäologe ferner eine gründliche Ausbildung in baugeschichtlichen Fragen erfahren, denn Baubefunde stellen ja einen hohen Anteil unter dem bei Grabungen an mittelalterlichen Objekten anfallenden Material.

Nun aber einige Beispiele für die Kooperation mit anderen Disziplinen. Daß sie schon bald nach der Gründung des Münchner Referats für Mittelalter-Archäologie einsetzte, lag an dessen oben erwähnter Zuständigkeit auch für die Bergung von Reihengräberfunden. Eine seiner ersten Aufgaben war die Rettungsgrabung in dem Friedhof von Altenerding, etwa 30 km nordöstlich von München, aus dem 1966 bis 1973 rund 1500 Bestattungen geborgen wurden. Das Gräberfeld zeichnete sich nicht nur durch seine ungewöhnliche Größe und beachtlichen Beigabenreichtum aus, es waren auch viele Knochenmaterialien überdurchschnittlich gut erhalten. Deshalb lag es nahe, zur Bestimmung der nicht sehr zahlreichen Tierknochen das Institut für Tieranatomie und Domestikationsforschung der Universität München zu bemühen.[11]

Viel dringlicher wurde bald die Auswertung der menschlichen Skelette aus Altenerding, deren Zahl schließlich auf weit über 1000 stieg. Es ist bezeichnend für die damalige Situation in Bayern, daß die Bearbeitung eines solchen Materials 1967 nicht im Land selbst in Angriff genommen werden konnte, sondern nach Norddeutschland vergeben werden mußte. H. Helmuth, damals am Anthropologischen Institut der Universität Kiel, hat sich dieser Aufgabe angenommen und sie trotz seiner bald erfolgten Berufung an eine kanadische Universität mittlerweile abgeschlossen. Seine »Kurzbestimmungen« sind in den 1984 erschienenen Katalog der archäologischen Befunde und Funde aufgenommen worden, der auswertende Teil liegt für den zweiten Teil der Gesamtpublikation vor.[12]

Helmuths Arbeit galt vor allem paläodemographischen Fragen wie Altersaufbau und Lebenserwartung der Altenerdinger Bevölkerung in der etwa 200 bis 250 Jahre dauernden Belegungszeit des untersuchten Friedhofs. Insgesamt gesehen scheint beispielsweise die Zahl männlicher und weiblicher Individuen ausgeglichen. Sie schwankt aber sowohl für die einzelnen Lebensaltersstufen als auch für die Belegungsphasen in wohl nicht bedeutungsloser Weise. Auffallend hoch ist der Anteil von Kindern und Jugendlichen mit zusammen fast 28 Prozent aller Individuen. Die besonderen Fundumstände in Altenerding können vermutlich einen Schlüssel zum Verständnis für die sonst typische Unterrepräsentation der entsprechenden Altersstufen auf Reihengräberfeldern liefern. Wesentlich war auch die Feststellung einer »stärker mediterran beeinflußten Minderheit unter der allgemein typisch germanischen Bevölkerung« von Altenerding. Durch Vergleich mit dem Beigabengut von Erding selbst und durch Neufunde an anderen Orten zeichnet sich immer deutlicher ab, daß sich hinter dieser Komponente Germanenverbände verbergen, die mehrere Generationen lang nördlich der Donau zwischen Pannonien, Böhmen, der Oberpfalz und Mittelfranken Nachbarn der Römer waren, ehe sie im 5. Jahrhundert neue Wohnsitze zwischen Donau und Alpenrand bezogen. Es könnten also die lange umstrittenen und für den Baiernstamm offenbar namengebenden »Leute aus Böhmen« sein.

Inzwischen haben sich die Kooperationsmöglichkeiten in München spürbar verbessert. Seit Jahren bemühen sich das Institut für Anthropologie und Humangenetik sowie die Anthropologische Staatssammlung München intensiv um die Erforschung frühmittelalterlicher Skelettserien, auch unter ergänzenden Fragestellungen mittlerweile um jene aus Altenerding. In der Überzahl stammt der verfügbare Fundstoff aus merowingerzeitlichen Reihengräbern. Doch stehen in gewissem Umfang auch datierte Skelettserien aus frühen kirchlichen Friedhöfen zur Verfügung. Solche Serien sind gewiß ungleich schwerer zu gewinnen, da mit dem Ende der Reihenfriedhöfe auch andere Wertvorstellungen vom Grabplatz selbst wirksam wurden. Hatte zuvor der Verstorbene grundsätzlich »auf ewig« Anspruch auf das eigene ungestörte Grab, so war nun allein wichtig, daß man den letzten Ruheplatz in geweihter Erde und womöglich nahe einem Heiligengrab fand. Dabei spielte es keine Rolle, daß Generation für Generation ihre Verstorbenen an immer den gleichen Stellen begrub, so daß sich die typischen »Kirchhofhorizonte« herausbildeten: amorphe Schichten, in denen die Skelettreste zahlloser Individuen wirr verstreut eingelagert sind, während nur einzelne besonders frühe oder im Gegenteil erst sehr spät angelegte Bestattungen einigermaßen intakt angetroffen werden.

Es lohnt sich nur dort, nicht (zu sehr) zerstörte Bestattungen aus einem Kirchhof einer genaueren Untersuchung zu unterziehen, wo die Belegungsdauer des Friedhofes sicher eingegrenzt werden kann. Solche Fälle lagen beispielsweise in den Domen von Bamberg und Eichstätt, sowie unter den Kirchen St. Severin in Passau und St. Peter in Straubing vor, wo jeweils Neubauten aus der Zeit um 1000 oder dem 11. Jahrhundert ältere Friedhofsteile um die Vorgängerkirchen »versiegelt« hatten. Im Augenblick verfügen wir also über etwas reichlicheres Material aus der Zeit bis rund 1000, wozu im nordöstlichen Bayern ergänzend Skelettserien aus den dort verbreiteten »karolingisch-ottonischen Reihengräberfeldern« treten. Sie setzen wohl mit gewisser zeitlicher Überlappung in jenen Generationen ein, als anderenorts die merowingischen Gräberfelder erlöschen, sind weitaus ärmlicher mit Beigaben versehen und enden im 9. oder spätestens 10. Jahrhundert.

Es bleibt die Hoffnung, daß es in Zukunft gelingen wird, auch aus den folgenden Abschnitten des Mittelalters zeitlich definierbare Skelettserien für die Forschung zu sichern. Das wird sich aber weniger auf dem Weg über Grabungen innerhalb stehender Kirchen bewerkstelligen lassen, sondern eher bei Ortskern- oder Wüstungsgrabungen, die ohnehin zu den dringendsten Desideraten der Forschung gehören.

Ortskerngrabungen gewissen Umfangs sind bisher im süddeutschen Bereich vor allem in Baden-Württemberg durchgeführt worden[13], während einschlägige Unternehmungen in Bayern noch an keinem der wenigen Plätze einen repräsentativen Umfang erreicht haben, an dem solche Versuche überhaupt unternommen wurden. Nur ein Beispiel sei hier kurz angeführt, das zudem einen Grenzfall zur an dieser Stelle nicht behandelten Burgenforschung bildet: Vor wenigen Jahren wurden archäologische Forschungen im Gelände der ehemaligen Burg Gundelfingen an der Donau notwendig, die wie die gleichnamige Stadt als staufische Gründung galt. Im nassen Untergrund Gundelfingens hatten sich mächtige Konstruktionsteile von Holzbauten einer viel älteren frühmittelalterlichen Holz-Erde-Wehranlage ebenso erhalten wie hölzerne Gefäße – Daubenbecher und gedrechselte Schalen, wie sie ähnlich von Lübeck über Würzburg und Pforzheim bis Budapest bekannt sind – und vermutlich auch Kleinmaterialien wie Reste von Pflanzen und Früchten, die nicht sogleich zu erkennen sind. Vorsorglich wurden entsprechende Bodenproben sichergestellt, haben aber bis heute keinen Bearbeiter gefunden. Immerhin zeigt dieses Beispiel, daß gelegentlich auch in Süddeutschland gute Voraussetzungen für die Anwendung anderenorts so bewährter Methoden wie Pollenanalyse oder Paläo-Ethnobotanik gegeben sind.

Der überwiegende Teil unserer Siedlungen liegt allerdings nicht auf Feuchtböden, so daß sich allein schon die Untersuchung der ehedem dort stehenden Bauten aus Holz, Fachwerk oder dergleichen – reiner Mauerbau war bis zum Ende des Mittelalters nur in der »gehobenen Architektur« von Kirche, Adel und teilweise Großbürgertum üblich – schwierig gestaltet. Trotzdem sollte die systematische Erforschung mittelalterlicher Siedlungen von der Mittelalter-Archäologie konsequent angegangen werden. Dabei wird der Weg über die Untersuchung von Wüstungen führen müssen, da innerhalb bestehender Orte kaum noch mit ungestörten Flächen solcher Größe gerechnet werden darf, welche die Lösung der ungeklärten Frage nach Entwicklung von Haus und Hof während des Mittelalters erst ermöglichen würden. Daß auch die Wüstungen wohl nur in Ausnahmefällen rundum befriedigende Befunde liefern können, sei dabei nicht verschwiegen. Nicht ganz zufällig ist die Pioniertat P. Grimms aus den frühen dreißiger Jahren, die Erforschung der Wüstung Hohenrode im Harz[14], bis heute ohne vergleichbare Nachfolge im deutschen Binnenland geblieben. Ergebnis dieser »Unterlassung« ist, daß noch immer eine unüberbrückbare Kluft zwischen archäologischer und volkskundlich-baugeschichtlicher Hausforschung besteht.

Wir haben auf der einen Seite frühmittelalterliche Befunde. Sie bestehen im Regelfall, also bei Siedlungen auf trockenen Böden, aus einem Gewirr von Pfostenspuren, gelegentlich einmal Wandgräbchen und den meist allein auf Anhieb deutbaren Überbleibseln kleinerer eingetiefter Bauten. Selten nur hat man so viel Glück wie bei der sächsischen Siedlung nahe Warendorf, wo man rasch zahlreiche Gebäudetypen verschiedener Art identifizieren konnte. Überhaupt war man in Norddeutschland unter Einbeziehung der besonders aussagefähigen Hausfunde aus dem Küstenbereich schon vor Jahren in der Lage, sich grundsätzlich wohl zutreffende Vorstellungen von der Entwicklung des Hausbaus bis zum rezenten Bestand zu machen.[15]

In Süddeutschland sind Musterbeispiele für kaum entwirrbare Wüstungsausschnitte etwa Wülfingen bei Forchtenberg in Baden-Württemberg[16] oder das schon so oft interpretierte, obwohl nicht umfassend publizierte Burgheim bei Neuburg an der Donau. Eine Änderung bahnte sich an, als H. Dannheimer 1970 am Rand des Dorfes Kirchheim bei München auf einer größeren Fläche isolierte Hausgrundrisse feststellen konnte. Neben Grubenbauten gab es zwei Formen ebenerdiger Gebäude in Pfostenkonstruktion; die einen waren einfache Firstsäulenbauten, die anderen besaßen bei etwa gleicher mittlerer Größe eine Art Umgang.[17] Diese offenbar typisch bajuwarische Hausform hatte man schon früher anhand bestimmter Angaben in der *Lex Bajuvariorum* rekonstruiert, nun war auch der archäologische Nachweis gelungen. Einige Jahre später war es in unmittelbarer Nachbarschaft möglich, mehrere komplette Gehöfte der gleichen Siedlung aufzudecken. Es handelt sich um relativ geräumige, von einem Zaun eingefaßte Anlagen mit jeweils mehreren einzeln stehenden Gebäuden, Brunnen und in einigen Fällen sogar eigenen Bestattungsplätzen. Die Beigaben aus den Gräbern erleichterten die Datierung der Siedlung in die jüngere Merowingerzeit. Zeitlich etwa zu Warendorf parallel, erweisen sich die Gehöfte bei bescheidenerem Umfang und schlichterer Bautypenauswahl als im Prinzip gleich beschaffen, und das gilt wohl generell für die frühmittelalterlichen Festlandssiedlungen: Sie bestanden aus nicht streng geordneten oder gar geschlossenen Vielhausgehöften.

Ein weiteres Beispiel lieferte die karolingisch-ottonische Siedlung Barbing-Kreuzhof bei Regensburg. Auf einer langgestreckten Fläche parallel zur Donau wurden nämlich einerseits mehrere Gehöfte eines Dorfes im Prinzip ähnlichen Zuschnitts wie in Kirchheim bei München freigelegt. Von dieser »Normalsiedlung« etwas abgesetzt aber fand sich ein Komplex, der offensichtlich ein geschlossenes Karree aus mehreren Baukörpern bildete und nur durch einige Um- oder Anbauten leicht verunklärt war.[18] Damit haben wir eine Bauform vor uns, die der volkskundlichen Hausforschung seit langem als Ergebnis einer bestenfalls spätmittelalterlichen Entwicklung galt und noch heute als »Vierseithof« weit verbreitet ist. In konstruktiver Hinsicht unterschied sich dieses Gehöft nicht von den normalen Bauernhöfen im benachbarten Dorf. Hier wie dort verließ man sich auch im 9. oder 10. Jahrhundert noch auf die althergebrachte Pfostenbauweise. Es stehen sich also moderne Hofform und altertümliche Konstruktion in auffallender Weise gegenüber. Offensichtlich handelte es sich bei dem Hof in »fortschrittlicher« Gestaltung aber um den Besitz eines Grundherren, denn dazu gehörten auch Kirche und Friedhof. Wir können in einem solchen Fall also wirklich von einem »Herrenhof« sprechen, der sich räumlich und strukturell deutlich vom Durchschnitt des benachbarten Dorfes absetzt. Natürlich wüßten wir nun nur zu gern, wie und wann sich solche Neuerungen der Hofgestaltung auch im allgemeinen ländlichen Bauen durchsetzen konnten.

Daß vieles, was man noch vor wenigen Jahren in der Hausforschung als Frucht des handwerklichen Aufschwungs im Spätmittelalter angesehen hatte, in Wirklichkeit ebenfalls auf eine Jahrhunderte ältere Entwicklung zurückblickt, das lehrt uns auch die hauptsächlich von Architekten und Volkskundlern getragene Untersuchung des erhaltenen Hausbestandes. Insbesondere die konsequente Anwendung der dendrochronologischen Altersbestimmung von Bauhölzern führte schon in den verschiedensten Gegenden zu einer völlig veränderten Chronologie der Hausgefüge. Die ältesten noch erhaltenen Fachwerkbauten stehen nach gegenwärtigem Kenntnisstand in Göttingen, Limburg an der Lahn und Frankfurt am Main. Zu den vielfältigen anderen Problemen, mit denen die Hausforschung befaßt ist, sei auf die Beiträge von Sven Schütte und Wolfgang Erdmann in diesem Bande verwiesen.

Zum Abschluß wollen wir noch einmal auf die Kirchengrabungen zu sprechen kommen, die nach wie vor einen Großteil denkmalpflegerischer Arbeitskraft beanspruchen. Da aber auch in »Abschlußpublikationen« bis in jüngste Zeit überwiegend nur die baugeschichtlichen Ergebnisse dieser Unternehmungen vorgelegt worden sind[19], wird ihre weiterreichende Bedeutung leicht unterschätzt.

Unter dem Eichstätter Dom beispielsweise[20], einer im Kern romanischen und gotisch umgestalteten Kathedrale, fanden sich Kulturschichten, die eine fast lückenlose Besiedlung des Platzes seit der Bronzezeit belegen. Ihren Abschluß bildeten die einplanierten Trümmer einer um 700 n. Chr. verbrannten Siedlung. Die überlieferte Gründung von Dom und Kloster durch den heiligen Willibald an »wüstem« Platz ist also kein literarischer Topos, wie das für ähnliche

Gründungslegenden gelegentlich zutreffen mag. Der archäologische Befund erlaubt auch eine Stellungnahme zu der umstrittenen Frage, ob 741 gleichzeitig Kloster und Bistum gegründet wurden: Das erste Kloster und der alte Dom stehen so beziehungslos nebeneinander, daß eine einheitliche Konzeption auszuschließen ist.

Die willibaldinischen Bauten gingen im 10. Jahrhundert offenbar durch Kriegseinwirkung unter. Obwohl in keiner schriftlichen Nachricht überliefert, müssen wir diese nach den Fundumständen in Zusammenhang mit den Ungarn-Einfällen bringen. In der zweiten Hälfte des 10. Jahrhunderts entstand dann eine geradezu frühchristlich anmutende Kirchenfamilie aus drei Sakralbauten. Sie ist nur mit der auch quellenmäßig belegten Ehrfurcht vor dem Dom des heiligen Willibald zu erklären, der zwar instand gesetzt wurde, für die ottonische Zeit aber viel zu schlicht gewirkt haben muß, weshalb man vor seiner Schauseite eine Art Westwerk nach Vorbild der Aachener Pfalzkapelle und eine Grabkirche für den Bistumsgründer errichtete.

Um aber nicht ebenfalls baugeschichtlichen Problemen zuviel Aufmerksamkeit zu schenken, wollen wir uns nun einem bestimmten Ergebnis der Bamberger Domgrabung zuwenden. Die 1012 geweihte erste Kathedrale trat an die Stelle der Kirche der Burg Babenberg und eines zu dieser gehörigen Friedhofes, der seinerseits Teile einer noch älteren Siedlung zerstört hatte. Das Fundmaterial aus dieser Siedlung, vor allem Keramik, reicht mindestens ins frühe 7. Jahrhundert n. Chr. zurück. Das ist für eine Gegend, die der Forschung noch vor kurzem als im 5. bis 7. Jahrhundert siedlungsleer gegolten hatte, überraschend. Vor allem aber bietet das ausgezeichnet stratifizierte Fundgut aus dem Bamberger Dom ein Vergleichsmuster für die Aufarbeitung anderer Fundplätze aus dem Main-Regnitz-Land, das eine Keramikdatierung mit noch vor wenigen Jahren für unmöglich gehaltener Sicherheit erlaubt. Damit aber wird der größere Wert der Bamberger Domgrabung letzten Endes wohl nicht in den baukundlichen, sondern in den siedlungsgeschichtlichen Ergebnissen zu sehen sein. Da Bamberg beileibe kein Einzelfall ist, sollte man Kirchengrabungen künftig keineswegs mehr nur als »Randerscheinung« in der Mittelalter-Archäologie mitlaufen lassen.

Anmerkungen und Literatur

[1] Hinz, H.: Mittelalterarchäologie. Z. f. Archäologie des Mittelalters 10 (1984), S. 11–20.

[2] Fehring, G. P.: Der Beitrag der Archäologie zum »Leben in der Stadt des späten Mittelalters«. Österr. Akad. d. Wissenschaften, Phil.-Hist. Kl. 325 (1977), S. 9–35.

[3] So zum Beispiel P. Reinecke, indem er die zeitlich und ethnisch richtige Einordnung nordostbayerischer nachmerowingischer Reihengräberfelder traf: Die Slawen in Nordostbayern. Bayer. Vorgeschichtsfreund 7 (1927/28), S. 20ff.

[4] Besonders intensiv in Köln. Borger, H.: Die Abbilder des Himmels in Köln. Kölner Kirchenbauten als Quelle zur Siedlungsgeschichte des Mittelalters. Band 1, 1979.

[5] Ein wichtiges Beispiel für die Interessenausweitung bietet Janssen, W.: Studien zur Wüstungsfrage im fränkischen Altsiedelland zwischen Rhein, Mosel und Eifelnordrand. Bonner Jahrbücher. Beiheft 35, 1975.

[6] Relativ großflächig war die Untersuchung im Bereich der Wüstung Wülfingen. Die Keramik dieses Platzes ist publiziert in Schulze, M.: Die mittelalterliche Keramik der Wüstung Wülfingen am Kocher, Stadt Forchtenberg, Hohenlohekreis. Forschungen und Berichte der Archäologie des Mittelalters in Baden-Württemberg. Band 7, 1981. Versuche zur detaillierten Interpretation der angetroffenen Baubefunde führten dagegen zu keinem befriedigenden Ergebnis. Einen Überblick über einschlägige Grabungen nach mittlerweile etwas überholtem Stand bietet Fehring, G. P.: Zur archäologischen Erforschung mittelalterlicher Dorfsiedlungen in Südwestdeutschland, Z. f. Agrargeschichte und Agrarsoziologie 21 (1973), S. 1–35; Fehring, G. P.: Wüstung Wülfingen Gemarkung Forchtenberg am Kocher, Führer zu vor- und frühgesch. Denkmälern 24 (1973), S. 43ff.

[7] Die Grabungen werden vor allem publiziert in der Reihe Schweizer Beiträge zur Kulturgeschichte und Archäologie des Mittelalters 1, 1974ff. – Zu Zürich besonders: Schneider, J. et al.: Nobile Turegum multarum copia rerum. Zürich 1982.

[8] Jankuhn, H.: Haithabu. Ein Handelsplatz der Wikingerzeit. [6]1976. – Schietzel, K. (Ed.): Berichte über die Ausgrabungen in Haithabu 1, 1969ff.

[9] Doppelfeld, O. und W. Weyres: Die Ausgrabungen im Dom zu Köln. Kölner Forschungen 1, 1980.

[10] Jankuhn, H.: Umrisse einer Archäologie des Mittelalters. Z. f. Archäol. d. Mittelalters 1 (1973) S. 9–19. Schlesinger, W.: Archäologie des Mittelalters aus der Sicht des Historikers. Z. f. Archäol. d. Mittelalters 2 (1974), S. 7–31.

[11] Damit bahnte sich eine Zusammenarbeit an, die mittlerweile ihre Früchte für rein mittelalterliche Objekte zu tragen beginnt. Im Augenblick läuft die Auswertung eines Grabungskomplexes aus der Gemarkung Eggolsheim, Landkreis Forchheim. Das archäologische Fundmaterial wird von A. Bauer-Vollmann bearbeitet, die zahlreichen Tierknochenfunde aus kaiserzeitlichen und frühmittelalterlichen Siedlungsrelikten im Münchner Institut für Paläoanatomie, Domestikationsforschung und Geschichte der Tiermedizin.

[12] Sage, W.: Das Reihengräberfeld von Altenerding in Oberbayern I. Germ. Denkm. d. Völkerwanderungszeit A 14, 1984; auch Helmuth, H.: Körperhöhe, Paläodemographie und Selektion bei der frühmittelalterlichen Skelettserie von Altenerding. Festschrift: 75 Jahre Anthropol. Staatssammlung München. 1977, S. 125–142.

[13] Beispielhaft etwa in Sindelfingen, Scholkmann, B.: Sindelfingen/Obere Vorstadt. Forschungen und Berichte der Archäologie des Mittelalters in Baden-Württemberg. Band 3, 1978.

[14] Grimm, P.: Hohenrode, eine mittelalterliche Siedlung im Südwestharz. Veröffentlichungen der Landesanstalt f. Volkheitskunde in Halle 11 (1939).

[15] Zippelius, A.: Das vormittelalterliche dreischiffige Hallenhaus in Mitteleuropa, Bonner Jahrb. 153 (1953), S. 12–45.

[16] Vgl. Anm. 6.

[17] Dannheimer, H.: Die frühmittelalterliche Siedlung bei Kirchheim (Landkreis München, Oberbayern). Germania 51 (1973), S. 152–169.

[18] Osterhaus, U.: Oberparbing-Kreuzhof östlich Regensburg. Ausgrabungsnotizen aus Bayern. 1977/2.

[19] Fußbroich, H.: Die Ausgrabungen in St. Pantaleon zu Köln. Kölner Forschungen 2, 1983; Leopold, G. und E. Schubert: Der Dom zu Halberstadt bis zum gotischen Neubau. Berlin (DDR) 1984.

[20] Sage, W.: Die Ausgrabungen in den Domen zu Bamberg und Eichstätt 1969 bis 1972. Jahresberichte d. Bayer. Bodendenkmalpflege 17/18 (1976/77), S. 178–234.

GISELA GRUPE

Umwelt und Bevölkerungsentwicklung im Mittelalter

Methodik

Die physische Anthropologie, jener Wissenschaftszweig, dessen Untersuchungsobjekte im wesentlichen mit den die Zeit überdauernden Resten der Menschen vergangener Epochen gegeben sind, nennt als Biowissenschaft auch die Ökologie als Forschungsgegenstand (Grimm, 1970). Über die pathologischen Befunde an den bei Ausgrabungen geborgenen Skeletten besteht dabei ein relativ direkter Zugang zu einigen der exogenen Einflüsse, denen eine (prä)historische Bevölkerung ausgesetzt war. Diese sind nolens volens überwiegend schädlicher Natur. Zu einer »historischen Ökologie« gehören vor allem aber auch Kenntnisse über die Lebens*weise* und die Lebens*qualität* der Menschen früherer Zeiten, wobei diese beiden Faktoren keineswegs voneinander unabhängig sind – eine Feststellung, die in einer Zeit globaler Ökokrisen keiner weiteren Erläuterung bedarf. Zu den bestgeeigneten Indikatoren für die Rekonstruktion von Umweltbedingungen zählen demographische Prozesse, das heißt alle Verschiebungen in den Bevölkerungszahlen und -strukturen.

Aus der Tierökologie ist bekannt, daß jede meßbare Veränderung in den Umweltgegebenheiten sich auf das Gleichgewicht zwischen den Komponenten des Ökosystems auswirkt, zu denen die menschliche Bevölkerung ebenso gehört wie die Tier- und Pflanzenwelt sowie zahlreiche abiotische Komponenten, zum Beispiel das Klima. Diese Veränderungen gilt es auch in früheren Zeiten aufzufinden. Strenggenommen werden mit der Bevölkerungsdynamik zwar weniger die Einflüsse betrachtet, denen die Menschen damals ausgesetzt waren, als deren Auswirkungen. Dennoch erschließt sich daraus die Möglichkeit, in die damalige Umwelt Einblick zu gewinnen und biologisch interpretierbare Kausalfaktoren für den Bevölkerungsprozeß zu erkennen.

Was wird nun unter dem Begriff »Bevölkerung« zusammengefaßt? Demographen verstehen darunter die »Summe der Einwohner eines abgegrenzten Gebietes der Erde, eines Lebensraumes, eines Verwaltungsbezirks oder einer Flächeneinheit« (Ungern-Sternberg und Schubnell, 1950). Dabei knüpft der Begriff des »Lebensraumes« unmittelbar an den biologischen Populationsbegriff an, der darunter eine Gruppe sich miteinander fortpflanzender Individuen versteht, wobei die Größe dieser Population durch die Kapazität des Lebensraumes begrenzt wird. Die »Bevölkerung«, von der im folgenden die Rede sein wird, setzt sich also zusammen aus allen Individuen dieser genetisch definierten Population, die etwa zur selben Zeit gleichen Umwelteinflüssen ausgesetzt waren – die das gleiche Umwelt*erlebnis* hatten.

Läßt sich der zeitliche Rahmen des Themas noch recht gut abgrenzen, so bereitet die Definition des Lebensraumes dagegen größere Schwierigkeiten. Es müssen Informationen aus den verschiedensten Gegenden Europas zusammengetragen werden, so daß die angestrebte Rekonstruktion der Bevölkerungsentwicklung notwendig eher globalen Charakter annimmt. Es wird zu zeigen sein, warum ein solches Vorgehen in diesem Falle dennoch gerechtfertigt war.

Eine Bevölkerungskurve für das Mittelalter zu erstellen, ist zunächst nur aus schriftlichen Quellen möglich. Skelettserien, die das traditionelle Material des historischen Anthropologen darstellen, repräsentieren einen sowohl räumlich als auch zeitlich in der Regel zu kleinen Ausschnitt, als daß mit ihnen Trends aufgezeigt werden könnten. An schriftlichen Quellen stehen neben Chroniken, Reiseberichten und ähnlichem vor allem auch bereits regelrechte Bevölkerungsstatistiken wie Mannschaftslisten, Steuerlisten und Volkszählungen zur Verfügung, wobei letzte in manchen deutschen Städten des ausgehenden Mittelalters sogar Längsschnittcharakter annehmen können. Freilich ist im Einzelfall die Verläßlichkeit der mitgeteilten Zahlen nicht immer nachprüfbar. Mit den Skelettfunden liegen aber die Reste der damals lebenden Menschen selbst vor, beziehungsweise mehr oder weniger repräsentative Bevölkerungsausschnitte. So können anhand dieser »Stichproben« viele der aufgezeichneten Daten (zum Beispiel Kindersterblichkeit, mittlere Lebenserwartung) verifiziert oder aber auch neu quantifiziert werden. Damit ist bereits *einer* der Wege, den die historische Anthropologie beschreitet, umrissen: der Befund am Skelett und die Verknüpfung der somit gewonnenen Individual- zu Kollektivdaten, an denen die Aussagen historischer Quellen geprüft werden können.

Der *zweite* Weg besteht in der Interpretation überlieferter Phänomene aus biologischer Sicht aufgrund der Kenntnis allgemein in der Tierökologie gültiger Regeln. Dies ist auch der Weg, der in diesem Beitrag überwiegend gewählt wurde. Wissenschaftstheoretisches Prinzip ist hierbei das deduktive Verfahren, das heißt der Rückschluß von allgemein formulierten Thesen auf den konkreten Einzelfall (Grupe, 1985).

Charakteristik der mittelalterlichen Bevölkerungsentwicklung

In den historischen Quellen sind die grundsätzlichen Phänomene, welche die Entwicklung der mittelalterlichen Bevölkerung charakterisieren, überliefert. Für zahlreiche europäische Länder lassen sich gleichartige Trends feststellen, ein Hinweis auf das Wirken globaler, bevölkerungsregulatorisch wirksamer Faktoren. Es ist daher gerechtfertigt, eine additive Kurve zu erstellen, welche den Bevölkerungsgang in Europa verdeutlicht (Abb. 1). Diese Grafik nennt keine absoluten Zahlen, zum einen, um den vorhandenen lokalen Verschiedenheiten gerecht zu werden, zum anderen, weil es auf seiten der historischen Wissenschaften noch keinen Konsens gibt, der es erlauben würde, mit »harten Daten« zu arbeiten.[1] Werden also die einzelnen Zahlen durchaus noch unterschiedlich gehandelt, so erhält man doch je nach zugrunde gelegter Quelle eine Reihe von parallel verschobenen Kurven. Es ist auch nicht vordringliches Ziel, festzustellen, ob zu einem gegebenen Zeitpunkt 40 oder 50 Millionen Menschen in Europa lebten – interessanter sind die »Hügel« und »Täler« der Kurven, ihre Charakteristik. Diese ist in jedem Falle gleich. Das Ziel besteht also in der Auffindung wesentlicher Trends, dem Wirken weit verbreiteter – weniger kleinräumig relevanter – Faktoren.

Eine stagnierende, wenn nicht gar rückläufige Bevölkerung als Folge einer sowohl demographischen als auch ökologischen Krise (Herlihy, 1974) leitet den Berichtszeitraum ein. In der Mitte des

1 Modell der Bevölkerungsentwicklung in Europa, von 500 bis 1500.

6. Jahrhunderts kommt es zu einem Bevölkerungszusammenbruch, für den eine beziehungsweise mehrere aufeinanderfolgende Pestepidemien verantwortlich gemacht werden (Biraben und LeGoff, 1969). Der Bevölkerungsrückgang wird auf durchschnittlich 40 Prozent geschätzt. Wenn es auch nach heutiger Auffassung keinesfalls als gesichert gilt, daß tatsächlich *Pasteurella pestis* und damit der »Schwarze Tod« Europa heimsuchte, bleibt es dennoch ein Faktum, daß eine sich seuchenartig ausbreitende Infektionskrankheit die Katastrophe herbeigeführt hatte.

Für die auf diesen Einbruch folgende Epoche stehen nur sehr wenige Daten zur Verfügung. Es liegt aber nahe, ein zunächst rasches, dann allmählich langsamer werdendes Bevölkerungswachstum anzunehmen. Die Bevölkerung konnte sich recht schnell wieder erholen, und zwar weniger deshalb, weil nunmehr für weniger Menschen relativ mehr Ressourcen zur Verfügung standen, sondern aufgrund der Möglichkeit gesteigerter Geburtenraten. In »normalen« Zeiten sind die Kinderzahlen pro Elternpaar aufgrund sozialer Reglements, ökonomischer Zwänge oder freier Entscheidung weit niedriger, als es die

»natürliche Fruchtbarkeit« der Frau (Leridon und Menken, 1979) zulassen würde. Kurzfristig gesteigerte Geburtenraten und damit rasches Wachstum können daher nach derartigen Verlusten regelmäßig beobachtet werden (Saalfeld, 1983). In diesen Kontext fügt sich die Beobachtung, daß sich der Abstand zwischen zwei Geburten verkürzt, wenn das erstgeborene Kind stirbt, verglichen mit dem Geburtenabstand im Falle des Überlebens des Erstgeborenen (Preston, 1978).

Der sich an diese »Rekonvaleszenzphase« anschließende langsame Bevölkerungsanstieg – der eingezeichnete Wendepunkt ist hypothetischer Natur, da der Umschwung lokal sicherlich zu unterschiedlichen Zeitpunkten stattfand – spiegelt eher den »normalen« Zustand wider: Das langsame, aber stetige Wachstum einer vorindustriellen Bevölkerung, der die Möglichkeit zur Expansion gegeben ist, obgleich aufgrund ungenügend entwickelter Agrartechnologien die produzierbaren Ressourcen begrenzt bleiben müssen.

Dennoch beginnt – wiederum regional unterschiedlich – im Zeitraum zwischen 850 und 1050 eine Periode expansiven Bevölkerungswachstums, die bis etwa 1300 anhält. Es ist die Zeit der Städtegründungen, des inneren und äußeren Landesausbaues: Nicht nur die Einwohnerzahlen der Städte, auch die Anzahl der bewohnten Orte überhaupt steigt um ein Vielfaches. Eine der wesentlichen Ursachen, die einen derartigen Aufschwung ermöglichen konnten, liegt in der Erweiterung des Ressourcenspielraumes. Die Ökologie kennt den Begriff der »Kapazität« eines Systems (Odum, 1980), welcher besagt, daß sämtliche in einem Ökosystem verfügbaren Ressourcen (also Nahrungs- und Futtermittel, Heiz- und Baumaterial usw.) die maximale Populationsgröße der Konsumenten begrenzen. Diese Kapazitätsgrenze kann durch den Menschen zwar nicht beliebig, aber meßbar verschoben werden. Durch die Verbreitung agrartechnischer Neuerungen (Henning, 1976) konnte die Landwirtschaft ökonomisiert werden, obgleich die Erträge an sich nur wenig gesteigert wurden (Bath, 1963). Mehr noch trug der Übergang von der Viehwirtschaft zu verbreiteterer Ackerwirtschaft dazu bei, die zusätzlichen Menschenmassen zu ernähren. Durch die damit erzielte Verkürzung der Nahrungskette konnte durch die Produktivitätssteigerung die Kapazitätsgrenze erweitert werden.

Diese Kapazitätsgrenze scheint um 1300 erreicht zu sein: Die Bevölkerungszahlen stagnieren erneut, lokal gehen sie sogar bereits deutlich zurück. Das 12. und 13. Jahrhundert war gekennzeichnet durch zahlreiche überregionale Teuerungen und Hungersnöte[2], ein Indiz für die zunehmende Schwierigkeit, alle Menschen angemessen zu versorgen. Diese Verknappungen beziehen sich dabei nicht nur auf die Nahrung, sondern auch auf das Holz als wesentlichen Baustoff und Energiequelle (Hillebrecht, 1982). Nicht zuletzt hervorgerufen durch eine merkliche Verschlechterung des Klimas, war mit der Hungersnot von 1309 bis 1317 der Gipfel erreicht. In dieser vorprogrammierten Krise war es wiederum eine Seuche, dieses Mal die Pest, welche die demographische Katastrophe herbeiführte. In mehreren Seuchenzügen reduzierte sie die Bevölkerung um durchschnittlich 40 Prozent, lokal sogar bis 70 Prozent. Die Bevölkerungszahlen bleiben bis Mitte des 15. Jahrhunderts niedrig (Hecker, 1865; Russell, 1958; McNeill, 1978). Erst etwa 100 Jahre nach der ersten Pestwelle beginnt die Bevölkerung wieder zu wachsen, in einer Phase der raschen Rekonvaleszenz ähnlich den Bedingungen im 7. Jahrhundert. Das Ende dieses Wachstums führte erst der Dreißigjährige Krieg herbei.

Interpretation

Die Frage, auf welche Weise populationsdynamisch wirksame Faktoren in das Bevölkerungsgefüge eingreifen, ist mit der Frage nach allgemein gültigen Regeln für derartige Schwankungen verbunden. Hier sei ein Rückgriff auf die Erkenntnisse der Tierökologie erlaubt: Jede Tierart – und damit auch der Mensch – hat das Bestreben, sich bei günstigen Bedingungen zu vermehren, wobei die unterschiedlichsten Strategien zum Tragen kommen können. Die Wachstumsrate ist dabei eine Funktion der Dichte. Eine zu geringe Besiedlung wirkt ebenso begrenzend wie eine zu hohe. Die Wachstumskurve der mittelalterlichen Bevölkerung spiegelt im Prinzip diese Charakteristik wider, allerdings kommt es nicht zur Einstellung eines Gleichgewichtes, sondern die Pest des 14. Jahrhunderts führte zum totalen Zusammenbruch. Dieses Ereignis wird daher oft als Paradebeispiel für eine Bevölkerungskontrolle im Sinne von Malthus (1807) angeführt.

Zu einem Gleichgewicht kann es aber auch gar nicht kommen, da der Mensch die Neigung hat, ständig manipulierend in seine Umwelt einzugreifen, und damit einem Gleichgewichtszustand entgegenwirkt.

Derartige Eingriffe sind bereits mit der Rodung von Wäldern und dem Anbau von Nutzpflanzen gegeben. Populationsschwankungen sind um so geringer, je stabiler die Umwelt ist – aber eben diese Stabilität wird nicht erreicht. Die menschliche Bevölkerung hat ihre Fluktuationen also vorprogrammiert. Sie ist anfällig gegenüber allen Veränderungen, die Bevölkerungsschwankungen hervorrufen können. Damit werden derart drastische Einbrüche wie im Mittelalter überhaupt erst möglich. Die bedeutenden, biologisch interpretierbaren Kausalfaktoren für Bevölkerungsfluktuationen sind also mit den innerhalb eines Ökosystems vorhandenen und produzierbaren Ressourcen sowie den Infektionskrankheiten gegeben. Es sind jene Faktoren, die bereits bei Malthus als limitierend genannt werden.

Daß eine ausreichende Ernährungsgrundlage die unmittelbare Voraussetzung für Wohlbefinden und Gesundheitszustand des einzelnen ist, belegt die individuelle Erfahrung. Schwere Mangelernährung und länger andauernde Hungerzustände mit den sie begleitenden Krankheiten verlangsamen Wachstum und Reife. Sie setzen die Fruchtbarkeit und das Sterbealter herab und sind damit wirksame bevölkerungsregulierende Faktoren. Der Zeitraum von 800 bis etwa 1350 ist gekennzeichnet durch zahlreiche Hungersnöte. Bei diesen Verknappungen handelte es sich tatsächlich um Grundnahrungsmittel und Güter des täglichen Bedarfs und nicht etwa um Luxusgüter, auf die auch hätte verzichtet werden können. Im Falle einer Hungersnot konnte der Getreidepreis um 400 bis 500 Prozent steigen (Schmitz, 1968).

Eigentlich hätten sich die Hungerperioden des Mittelalters deutlich auf das Bevölkerungswachstum auswirken müssen – erstaunlich also, daß das Gegenteil der Fall war. Es können daher nur ganz bestimmte Bevölkerungsteile dem Hunger zum Opfer gefallen sein. Die höchsten Sterblichkeiten dürfen bei den »physiologisch Schwächeren« angenommen werden, das heißt bei den kleinen Kindern und den alten Menschen. Ein gewisser Prozentsatz der Opfer ist daher in einer solchen Krise lediglich wenige Jahre eher gestorben als ohnehin. Mit den kleinen Kindern und Greisen sind vor allem aber diejenigen Bevölkerungsteile betroffen, die noch nicht oder nicht mehr in der reproduktiven Phase standen. Kurzfristige Steigerungen der Geburtenraten konnten somit rasch den Ausgleich schaffen. Periodisch auftretende Ernährungskrisen können von der Bevölkerung offenbar insgesamt recht gut überwunden werden und sind erst dann ein

»Check« im Sinne Malthus', wenn sie chronisch werden. Es ist bislang auch keine mittelalterliche Skelettserie bekannt, die alle Anzeichen einer langanhaltenden und sich damit am Knochen zeigenden Subsistenzkrise aufweist. Es spricht alles dafür, daß das wesentliche Bevölkerungsregulativ des Mittelalters die Infektionskrankheiten waren.

Strenggenommen sind aber die beiden Komplexe »Ernährung« und »Infektion« gar nicht voneinander zu trennen. Tatsächlich sind sie in einem fatalen Zusammenwirken miteinander verknüpft. Noch heute treten in den Entwicklungsländern zum Beispiel die gefürchteten Kwashiorkor (Eiweißmangel)-Erkrankungen gehäuft nach schweren Infektionen (besonders Masern) auf. In diesen Ländern fordert der Ernährungs-/Infektionskomplex noch heute die meisten Opfer unter den Kleinkindern. Mit großer Wahrscheinlichkeit davon ausgenommen sind die schweren Epidemien wie Pest, Pocken und Typhus. Diese Seuchen haben offenbar eine Eigendynamik und sind nicht an Subsistenzkrisen gekoppelt (Appleby, 1975).

Es muß ferner sorgfältig unterschieden werden zwischen den endemischen, also schon lange in einer bestimmten Region etablierten Krankheiten und solchen Infektionen, die eine Bevölkerung ohne bereits entwickelten Immunitätsschutz heimsuchen. Auch zwischen einem Krankheitserreger und seinem Wirt muß sich im Verlauf langer Zeiträume ein Gleichgewichtszustand einstellen, der eine Koexistenz beider Spezies[3] erlaubt. Die uns heute bekannten Kinderkrankheiten wie zum Beispiel Masern waren noch im Mittelalter äußerst bösartige Erkrankungen (Hecker, 1865), heute sind sie die Zivilisationskrankheiten »par excellence« (McNeill, 1978).

Drastische Bevölkerungseinbrüche können also nur durch neue, sehr virulente Erreger hervorgerufen werden: Das war der Fall bei der Pest des 14. Jahrhunderts. Das »Prinzip der sofortigen Seuchenerregung« beschreibt diesen Mechanismus: Es besagt, daß Seuchen dann induziert werden, wenn ein Erreger mit hoher Vermehrungsrate in ein Ökosystem mit schwachen oder fehlenden Regulationsmechanismen – in diesem Falle Immunisierung – eindringen kann. Daneben wirken alle Veränderungen, die ein erlangtes Gleichgewicht stören oder dessen Wiederherstellung verhindern, seucheninduzierend. Das erklärt den Ausbruch von Seuchen in Kriegszeiten oder nach Katastrophen. Das Prinzip ist in vollem Umfang auf den Pesterreger anwendbar, der auf eine schnell gewachsene und mit ihrer Umwelt nicht im Einklang stehende Bevölkerung traf. Leider ist es dem Anthropologen bis heute selten möglich, aus den Skelettserien des fraglichen Zeitraumes diejenigen Individuen zu erkennen, die an der Pest verstorben sind. Diese Krankheit nimmt für den Betroffenen einen so ungünstigen, raschen Verlauf, daß sie zum Tode führt, ohne diagnostisch deutbare Zeichen am Knochen zu hinterlassen. »Pestfriedhöfe« weisen aber eine besondere, unterschiedliche Sterblichkeit der dort bestatteten Altersgruppen auf (vgl. Etter und Schneider, 1982). Sicheres Zeugnis dafür, daß die Pest eine neue Krankheit war, die eine Bevölkerung ohne Immunitätsschutz traf, ist der Befund, daß bevorzugt die jüngeren Erwachsenen starben. Dafür gibt es physiologische Gründe. Nach dem Abklingen dieser ersten Welle war die überlebende Bevölkerung hinreichend immunisiert, so daß die folgende Welle erst nach etwa zwölf Jahren wieder viele Opfer forderte. Doch dieses Mal wurden bevorzugt die nachgewachsenen Kinder und Jugendlichen hinweggerafft, weshalb man gelegentlich auf die Bezeichnung »Kinderpest« trifft.

So läßt sich erklären, warum die Pest so große Lücken in die Bevölkerung reißen konnte: Das bevorzugte Sterben der jüngeren Erwachsenen und damit des reproduktiven Bevölkerungsanteiles in der ersten Pestwelle, gefolgt von dem bevorzugten Sterben der Kinder und Jugendlichen in den folgenden Wellen, setzten den Ausgleich durch gesteigerte Geburtenraten, der in den Hungerperioden erfolgreich war, außer Kraft.

All das, was mit nüchternen Zahlen eine Bevölkerungsbewegung in einem immerhin 1000 Jahre dauernden Zeitabschnitt skizziert, sowie die notwendig etwas kursorische Besprechung der Hauptursachen, läßt sich recht gut in einem biologischen Kontext plausibel machen. Im Hinblick auf die Pest des 14. Jahrhunderts aber, welche die Bevölkerung für mehr als drei Generationen niedrig hielt, obgleich die Krankheit seit etwa 1400 endemisch geworden war (Abel, 1976), ist der Punkt erreicht, an dem physiologische Reproduktionsmechanismen kein Erklärungsmodell mehr liefern können. Die *Möglichkeit* zum Wachstum war gegeben, doch offenkundig fehlte der *Wille* dazu. Dem mittelalterlichen Menschen mußten die seit Generationen überlieferten Mißernten, Hungersnöte und Seuchen als endlose Reihe von gottgesandten Strafgerichten erscheinen, welche die aristotelische Ordnung der Dinge zerstörte. Die ergreifenden Totentanzdarstellungen des ausgehenden Mittelalters sind Ausdruck dieser Depression.

Aber wenn auch an diesem Punkt die Naturwissenschaft an die Grenze ihrer Aussagekraft gelangt ist, dürfte dennoch deutlich geworden sein, welchen Beitrag die biologische Anthropologie zu dem hier umrissenen Thema liefern kann. Das Skelett, also das Relikt des damals lebenden Menschen, stellt eine Quelle von direkterer Aussagekraft dar als jede schriftliche Überlieferung und steht als Prüfstein der Theorie, denn mit ihm ist das Individuum und damit der Träger demographischer Prozesse selbst gegeben. Vielleicht wird damit der häufig arg strapazierte Satz *mortui viventes docent* doch nicht gerechtfertigt.

Anmerkungen

[1] Selbst das neuere Schrifttum (z. B. Lexikon des Mittelalters, 1981) stützt sich nach wie vor auf Klassiker wie Russell, obgleich Zweifel an den dort mitgeteilten Werten geäußert werden (zum Beispiel Rosenthal, 1973). Offenbar ist mit diesen Daten z. Zt. die beste Arbeitsgrundlage gegeben.

[2] Erste umfassende Darstellung bei Curschmann (1900), vgl. auch Keys et al. (1950), Schmitz (1968) und Henning (1976).

[3] Spezies bezeichnet eine systematische biologische Kategorie, die im wesentlichen dadurch gekennzeichnet ist, daß die Angehörigen einer Spezies (Art) miteinander fruchtbare Nachkommen zeugen können.

Literatur

Abel, W.: Die Wüstungen des ausgehenden Mittelalters. Stuttgart 1976.

Appleby, A.: Nutrition and Disease: The Case of London, 1550–1750. J. Interdis. Hist. 6 (1975), S. 1–22.

Bath, B. H. S. van: Yield Ratios, 810–1820. Wageningen 1963.

Biraben, J.-N. und J. LeGoff: La Peste dans le Haut Moyen Age. Annales. Economies, Sociétés, Civilisations 24, (1969), S. 1484–1510.

Curschmann, F.: Hungersnöte im Mittelalter. Ein Beitrag zur deutschen Wirtschaftsgeschichte des 8. bis 13. Jahrhunderts. Leipzig 1900.

Etter, H. und J. Schneider: Die Pest in Zürich. Turicum 4 (1982), S. 43–49.

Grimm, H.: Ökologie des Menschen als Bestandteil der Anthropologie. Biol. Rundschau 8 (1970), S. 96–107.

Grupe, G.: Ein deduktives Modell für die historische Anthropologie – Beitrag zu einem ökosystemorientierten Interpretationsraster. Z. Morph. Anthrop. 75 (1985), S. 189–195.

Hecker, J.: Die großen Volkskrankheiten des Mittelalters. Berlin 1865.

Henning, F.-W.: Landwirtschaft und ländliche Gesellschaft in Deutschland, Bd. 1. Paderborn 1976.

Herlihy, D.: Ecological Conditions and Demographic Change. In: DeMolen, R. L. (Ed.): One thousand years: Western Europe in the Middle Ages. Boston 1974, S. 3–44.

Hillebrecht, M.-L.: Die Relikte der Holzkohlenwirtschaft als Indikatoren für Waldnutzung und Waldentwicklung. Göttingen 1982.

Keys, A. et al.: The Biology of Human Starvation, Vol. 2. Minneapolis, London 1950.

Leridon, H. und J. Menken: Natural Fertility. Liège 1979.

Lexikon des Mittelalters, L. Lutz (Ed.), Bd. 2. München 1981/1983, S. 11–20.

Malthus, Th. R.: Versuch über die Bedingung und die Folgen der Volksvermehrung. Übers. von F. H. Hegewisch. Altona 1807.

McNeill, W.: Seuchen machen Geschichte. München 1978.

Odum, E. P.: Grundlagen der Ökologie, Bd. 1. Stuttgart, New York 1980.

Preston, S. H.: The effects of infant and child mortality on fertility. New York, San Francisco, London 1978.

Rosenthal, J.: Mediaeval Longevity: and the Secular Peerage, 1350–1500. Pop. Studies 27 (1973), S. 287–293.

Russell, J. C.: Late ancient and medieval population. Trans. Amer. Phil. Soc. N. S. 48 (1958), S. 1–152.

Saalfeld, D.: Bevölkerungswachstum und Hungerkatastrophen im vorindustriellen Europa. In: Ehlers, E. (Ed.): Ernährung und Gesellschaft. Stuttgart, Frankfurt/M. 1983, S. 55–71.

Schmitz, H.-J.: Faktoren der Preisbildung für Getreide und Wein in der Zeit von 800–1350. Stuttgart 1968.

Ungern-Sternberg, R. von und H. Schubnell: Grundriß der Bevölkerungswissenschaft. Stuttgart 1950.

EDITH ENNEN

Die Frau in der mittelalterlichen Stadt

Beginnen muß ich meine Ausführungen mit einer negativen Feststellung: In den Organen der Stadtgemeinden des Mittelalters, in Schöffenkolleg und Stadtrat, gab es keine Frauen. Politische Wirksamkeit war nur Frauen des Hochadels möglich. Ich kenne kein Zeugnis für ein Streben der Bürgersfrauen nach politischer Mitbestimmung im Stadtregiment. Auch da, wo Frauen als selbständige Berufstätige einen beträchtlichen Anteil am Wirtschaftsleben ihrer Stadt hatten, sind sie nicht aus ihrer politischen Passivität herausgetreten. Ich brauche hier nicht näher auszuführen, was die mittelalterliche Stadt besonders auszeichnet: ihre Ummauerung, das besondere Stadtrecht, die allgemeine bürgerliche Freiheit bei scharfer sozialer Differenzierung, die marktorientierte Wirtschaft.[1]

Frauen- oder Männerüberschuß?

Für unsere Fragen ist das statistische Verhältnis der Geschlechter in den spätmittelalterlichen Städten wichtig. Gab es einen Frauen- oder einen Männerüberschuß? Die Frage ist zur Zeit offen. Für die Messestadt Frankfurt hat Bücher vor 100 Jahren und wohl heute noch gültig einen Frauenüberschuß errechnet. Das aufgrund der exakten Bevölkerungszählung Nürnbergs von 1449 errechnete Verhältnis der Geschlechter hat Wesoly[2] im Hinblick auf die Begleitumstände der Zählung in seiner Gültigkeit eingeschränkt. Diese Zählung erfolgte nämlich während des schon ein halbes Jahr dauernden Markgrafenkrieges. Wesoly glaubt, daß infolge der Kriegsverhältnisse die Zahl der Gesellen geringer als normal gewesen sei, daher sei die Relation Knechte–Mägde verfälscht. Das Nürnberger Zahlenverhältnis von 100 Bürgern zu 117

Bürgerinnen bleibt von dieser Überlegung unberührt. Der methodische Grundsatz, die Begleitumstände einer Zählung zu beachten, ist sicher berechtigt, denn es fragt sich, ob wir immer wissen, ob das Jahr einer Zählung ein Normaljahr war. – Eine gute, leider in den Zahlen nicht druckfehlerfreie Untersuchung von Schuler[3] hat an Hand der bisher noch wenig ausgewerteten Register des Gemeinen Pfennigs, das heißt der Türkensteuer von 1496 bis 1499, für Freiburg im Breisgau zu diesem Zeitpunkt einen klaren Männerüberschuß errechnet: Ohne Klerus und Universitätsangehörige betrug das Verhältnis von Männern und Frauen 49,3 zu 47,8 Prozent (2,9 Prozent unbestimmbar). Rechnet man Klerus und Universitätsangehörige hinzu, stehen 52,6 Prozent Männern nur 44,7 Prozent Frauen (2,7 Prozent unklar) gegenüber.

Besseres Quellenmaterial haben wir für Italien. Zur Zeit des *catasto* von Florenz (1427) kamen in Florenz 110 Männer auf 100 Frauen.[4] Für Pistoia stellt Herlihy[5] ein starkes Überwiegen der Knaben über die Mädchen in der Altersgruppe unter 15 Jahren fest: 125 Knaben zu 100 Mädchen. Danach verringert sich das zahlenmäßige Übergewicht der Knaben. Der Altersaufbau der Bevölkerung wurde damals beeinflußt von der enormen Sterblichkeit der Kinder unter vier Jahren. Aber auch die Sterblichkeit der älteren Bevölkerung war hoch. Von 100 Fünfzehnjährigen erreichten in Pistoia nur 35,4 das Alter von 50 Jahren; von 100 Fünfzigjährigen in Pistoia wurden 62,6 60 Jahre alt; 30,5 wurden 70, 9,6 80 und 1,1 wurden 90 Jahre alt. Die Lebenserwartung der Frauen betrug 29,8, die der Männer 28,4 Jahre. Im Alter von 30 bis 60 Jahren überwog die Frauensterblichkeit. Daher gab es viele Witwer und viele Heiraten relativ älterer Männer mit jungen Frauen. Mitterauer weist mit Recht darauf hin, daß die Geschlechterrelation nicht oder nicht nur durch differentielle Sterblichkeit, sondern ebensosehr durch Abwanderung beziehungsweise Zuwanderung zu erklären sei.

Lange schon im Gespräch ist die Frage der Haushalts(feuerstätten-)größen. Man mußte sie kennen, um von den Steuerlisten pro Haushalt zur Berechnung der Einwohnerzahl zu kommen. Im allgemeinen kann man in den Städten mit 4 bis 5 Personen im Durchschnitt pro Haushalt rechnen. Natürlich ist die Durchschnittszahl beeinflußt durch die nachweisbar vielen Einzelpersonenhaushalte. Meistens beherbergt der spätmittelalterliche städtische Haushalt eine aus Eltern und Kindern bestehende Kern-, aber keine Drei-Generationen-Familie. Das moderne Problem alter Leute gab es nicht. Die Kinder verließen das Elternhaus früh. Wohl hatte sich das Heiratsalter der Mädchen von der frühmittelalterlichen Pubertätsehe mit 12, 13 Jahren nach oben verschoben, es lag bei 16 bis 20 Jahren. Ein Mädchen heiratet oder geht ins Kloster. Die religiöse Frauenbewegung hatte auch bürgerlichen Frauen Freiräume in Klöstern, die zunächst dem Hochadel vorbehalten waren, und in freien religiösen Gemeinschaften – Beginen u. ä. – erstritten.

Die Frau in der Familie

Ein Mädchen gehört also im Lauf seines Lebens immer zwei Familienverbänden an. Die Eltern wußten, daß sie eines Tages die Tochter mit Aussteuer abgeben mußten. Aber war das junge Mädchen im Haus des Gatten immer allen willkommen? Hier liegt eine Schwierigkeit im Leben vieler Frauen bis in unsere Tage hinein. Sicher war das Verhältnis der Ehegatten untereinander und das der Eltern zu ihren Kindern in der harten mittelalterlichen Welt weniger gefühlsbefrachtet als heute. Aber treue Gattenliebe ist für alle Perioden des Mittelalters belegt. Auch kirchliche Auffassungen sehen seit dem 12. Jahrhundert in der ehelichen Liebe einen wesentlichen Bestandteil der Ehe.[6] Im 12. Jahrhundert setzte sich die christliche Konsensehe endgültig durch, bei der die Frau nicht nur Objekt war wie in der germanischen dotierten Muntehe. Die aus dem älteren weltlichen Recht stammende Mitwirkung der Eltern und Verwandten bei der Eheschließung blieb aber noch wirksam.[7] Immer noch war die Ehe auch ein wichtiges Bindeglied, das zwei Familien zu größerem Einfluß, Reichtum und Ansehen verhalf, ein Mittel des sozialen Aufstiegs. Die Familienstruktur blieb patriarchalisch. Die Ehe war eine Genossenschaft mit eheherrlicher Spitze geworden. Das Züchtigungsrecht des Mannes blieb erhalten. Man erwartete von ihm allenfalls Angemessenheit der Schläge für die Gattin. Tötung der Ehebrecherin *in flagranti* brachte noch nach der Bamberger Halsgerichtsordnung (1507) dem Ehemann mildernde Umstände ein.

Bürgerrechte der Frauen

Wie stand es um die Bürgerrechte der Frauen? Die Bewohnerschaft der stadtartigen Gebilde des frühen Mittelalters war rechtlich und sozial gemischt. In die Städte zogen viele Leute, die noch mit Lasten und Bindungen an ihren ländlichen Wohnsitz behaftet waren. Die grundherrlichen Heiratsbeschränkungen, die auf dem Lande galten, die erb- und vermögensrechtlichen Folgen von Ungenossenehen wirkten sich in der Stadt verheerend aus. Sie wurden für Speyer und Worms beseitigt durch die richtungweisenden Privilegien Kaiser Heinrichs V. von 1111 und 1114, die Friedrich I. Barbarossa bestätigte. Sie garantierten die freie Wahl des Ehepartners und freies Besitz- und Erbrecht in männlicher und weiblicher Linie – und dies für die gesamte Stadtbewohnerschaft, deren rechtliche Vereinheitlichung damit entscheidend vorangetrieben wurde. Wie die erbrechtlichen Verbesserungen setzte sich in den Städten vorrangig auch die Testierfreiheit durch. Allerdings wird 1462 in Göttingen bestimmt, daß Testamente nur mit Wissen des Rates gemacht werden sollen. Eine Abschrift sei beim Rat zu hinterlegen. Das Recht der natürlichen Erben und der Stadt sei zu wahren.[8]

Die Frau hat also Anteil an der stadtbürgerlichen Freiheit. In vielen Stadtrechten, zum Beispiel für Bremen 1186, für Stade 1209, wird in dem wichtigen Artikel, der besagt, daß derjenige, der binnen Jahr und Tag in der Stadt unter Weichbildrecht sitze, frei sei, ausdrücklich Mann und Frau genannt. Mann und Frau waren als Neubürger willkommen. Frauen leisten den Bürgereid, werden in die Bürgerbücher eingetragen. Die volle genossenschaftliche Teilhabe der Ehefrau am Bürgerrecht des Mannes besteht nach dessen Tod weiter. Bürgerswitwe und Bürgerstochter vermitteln einem einheiratenden Ehemann im allgemeinen einen erleichterten Zugang zum Bürgerrecht. Allerdings haben die Frauen keinen – quellenmäßig greifbaren – eigenen Beitrag für die Erringung dieser Freiheiten geleistet, und den Männern, die diese Rechte erkämpften, ging es nicht um die Befreiung der Frau im Sinne moderner Emanzipation.

Der Freiheitsbegriff des Mittelalters ist nicht von einer persönlichen Freiheitssphäre geprägt. Man erstrebt die Freiheit der Bürgerschaft, der Stadtgemeinde. Der mittelalterliche Mensch – von wenigen geduldeten Minderheiten abgesehen – war zudem in eine innerhalb der ungeteilten christlichen Glaubensgemeinschaft zu verwirklichende transzendentale Ordnung eingebunden; er hatte ihr gegenüber keine Wahl.[9] Darum ist es anachronistisch, zu fragen, ob es im Mittelalter so etwas wie »Selbstverwirklichung« im modernen Sinn für Mann oder Frau gegeben habe. Es gab allenfalls Selbstverantwortung des wesenhaft gemeinschaftsbezogenen Individuums. Bleiben wir also auf dem schlichten Boden der Tatsachen. Die alten, die Frau oft benachteiligenden volksrechtlichen Regelungen über Erbe und Eigen werden in der Stadt zugunsten der Frau geändert. Die städtische Entwicklung des ehelichen Güterrechtes führte allerdings zu einer sehr großen Rechtszersplitterung. Ich möchte mit einem Beispiel belegen, wie die unterschiedlichen Funktionen zweier niederrheinischer Städte gegensätzliche Regelungen bedingen. Dazu muß ich etwas weiter ausholen.

Die Entwicklung des ehelichen Güterrechts tendierte zur Gütergemeinschaft. Sie bedeutet, daß das ganze Vermögen oder bestimmte Vermögensmassen zu einem Gesamtvermögen vereinigt wurden, an dem beiden Ehegatten Miteigentum zur gesamten Hand zustand. Für die Frau war das ein erheblicher Fortschritt gegenüber den Verhältnissen in frühmittelalterlicher Zeit, als dem Mann allein die Verwaltung auch des Frauenvermögens oblag. Ich greife nun den Raum Niederrhein-Westfalen heraus: Das hochmittelalterliche Dortmunder Recht stellte in der Erbfolge Mann und Frau gleich, während Soest den Mannesstamm bevorzugte. Auch die niederrheinische Stadt Wesel unterstand dem Dortmunder Oberhof.[10] Als Wesel klevisch wurde, bestätigte der Graf von Kleve 1241 folgende Regelung: »Wenn ein Bürger in der Stadt stirbt, soll der Mann das Erbe der Ehefrau, die Ehefrau das Erbe des Mannes frei (das heißt ohne Abgaben an den Herrn) empfangen; wenn beide sterben, erben die Kinder, wenn keine Kinder da sind, die nächsten Verwandten.« »Diese sozusagen altwestfälisch-niederrheinisch-flämische Gütergemeinschaft«, sagt L. v. Winterfeld[11], »entsprach weitgehend den Bedürfnissen einer einfachen, kaufmännischen oder gewerblich lebenden Bevölkerung, die sich aus der landrechtlichen Gebundenheit des Bodens losgelöst hatte und in die Städte gezogen war. Die mit der Ehe einsetzende und unverändert fortdauernde Gütergemeinschaft verschaffte den Bürgern Kredit ... Das Ziel dieses einfachen Eherechtes, das übrigens jahrhundertelang in Westfalen nur in den Städten und nicht auf dem Lande galt, bestand weniger in der Bildung größerer bürgerlicher Vermögen im Mannesstamm, als in dem Bestreben, die in der Stadt neu erworbenen Vermögen weitgehend vom Rückfall an auswärtige Verwandte zu befreien und durch gleichmäßige Erbteilung an Mann und Frau die Entstehung wohlhabender, unter sich versippter großer Kaufmannsfamilien zu fördern.«

Das Dortmunder Recht setzte sich auch in Schleswig – im strikten Gegensatz zum einheimischen jütischen Landrecht – durch. Lübeck übernahm das Soester Recht. Kennzeichnend für städtisches Recht ist auch die Einebnung der Sondervermögen: Heergeräte des Mannes, Rüstung, Waffen, Pferd und Grade – Kleidung, Schmuck, gewisser Hausrat der Frau. In vielen Städten, u. a. in Dortmund, werden diese Sondervermögen abgeschafft. Diesen für die Frau günstigen Regelungen im städtischen Bereich stehen archaische, ungünstige da gegenüber, wo es um die militärische Schlagkraft einer Burgstadt geht. Die Klever Grafen, die, wie wir hörten, dem Handelsplatz Wesel sein modernes Erbrecht beließen, verfuhren in Kleve selbst ganz anders: In der Stadtrechtsurkunde des Grafen Johann von 1348 wird bestimmt, daß beim Tod eines Bürgers der nächste männliche Blutsverwandte erben soll. Wenn der Verstorbene ein Pferd oder Pferde und Waffen hinterließ, dann sollen das beste Pferd und die Waffen auf dem Hausplatz bleiben. Meldet sich binnen einem Jahr und sechs Wochen kein rechtmäßiger Erbe, fällt die Erbschaft an den Herrn. Der Graf sichert so erbrechtlich die Verteidigungskraft seiner Residenzburg.

Die Frau in der Wirtschaft

Auch in der Stadt oblag der Frau zunächst die Binnenwirtschaft. Der Haushalt machte aber viel mehr Arbeit als heute. Nicht nur fehlten unsere modernen Maschinen, auch die Selbstversorgung war viel umfangreicher: Hausbäckerei, -schlachterei und -brauerei usw. Die Frauen spannen und stickten. Den Frauen in der Stadt wurde in sehr engen Grenzen ein gewisses Verfügungsrecht über das eheliche Vermögen zugestanden, kleine Wirtschaftsausgaben wurden ihnen erlaubt. Bei Krankheit und in Abwesenheit des Mannes, wenn er keine Vorsorge getroffen hatte, war, im Fall der Not, die Ehefrau zu jeder Verfügung berechtigt.

Weitgehende Möglichkeiten, finanzielle Verpflichtungen einzugehen, gerichtliches Zeugnis zu geben, ihre Angelegenheiten selbständig zu führen, hatten hingegen die Handelsfrauen, denen wir vor allem in den mittelalterlichen Großstädten begegnen. Die Frauen konnten auch ein Handwerk ausüben. An den kirchlichen und geselligen Veranstaltungen der Zünfte hatten sie selbstverständlich Anteil. Die Zünfte legten Wert darauf, daß die Frauen ihrer Amtsbrüder auch »des Amtes würdig«, das heißt gut beleumundet waren. Die Lüneburger Statuten der Gerber, Kramer, Leineweber, Pelzer, Wollenweber enthalten entsprechende Vorschriften. Bei den Schustern wird die Ehefrau regelrecht in die Gilde aufgenommen »und id schal wesen eine unberuchtede bederve minsche; anders wille wy erer dar nicht in hebben«.[12] Wer sich schlecht verheiratet, verliert Gilde und Amt. Für die Meisterswitwe galten feste, in den einzelnen Zünften und Städten unterschiedliche Regelungen. Allgemein gilt, daß die Meisterwitwe oder die Meisterstochter dem Gesellen, wenn er sie heiratete, den Eintritt in die Zunft erleichterte, das heißt vor allem verbilligte. Die Fortführung des Gewerbebetriebes ihres verstorbenen Mannes durch die Meisterswitwe, die nicht selbst Meisterin war, konnte auf mehrfache Weise geschehen: als lebenslanges Witwenrecht, als Fortführungsrecht der Kinder wegen und als befristetes Fortführungsrecht mit der Auflage für die Witwe, innerhalb einer bestimmten Zeit zu heiraten. Diese Regelungen galten auch für kleinere Städte. Die Frau war auch als mithelfende Familienangehörige tätig, sowohl in der Werkstatt des Handwerkers wie in der Schreibkammer des Handelsherrn. Berühmtes Beispiel ist die Regensburgerin Margarete Runtinger, die durch ihre kundige Führung der Geschäftsbücher dem Ehemann die zeitraubende Tätigkeit im Dienst der Reichsstadt ermöglichte.

In den Unterschichten waren die Frauen, soweit wir es übersehen, überrepräsentiert. Alleinstehende Frauen mußten sich als Hökerinnen, Wäscherinnen, Mägde oft recht kümmerlich durchbringen. Die Mägdelöhne sind da, wo wir sie überprüfen können, immer geringer als die der »Knechte«, die allerdings soweit es sich um Handwerksgesellen handelte, eine Berufsausbildung hatten, während diese den Frauen fehlte.

Stellung der Frau in den jüdischen Gemeinden

Von der ungeteilten Glaubensgemeinschaft der christlichen Kirche in der mittelalterlichen Gesellschaft waren die jüdischen Gemeinden in den Städten ausgenommen. Ich kann hier nicht die Stellung der Juden im einzelnen schildern.[13] Die mit Ludwig dem Frommen (814–840) einsetzenden königlichen Privilegien gewährten ihnen einige Rechtssicherheit. Die Beziehungen zwischen jüdischen und nichtjüdischen Elementen innerhalb der städtischen Kaufmannschaften waren zunächst enger, als man lange Zeit glaubte. Im 11. Jahrhundert bahnte sich die Wende an: Der erste Kreuzzug führte zu den Judenverfolgungen im Rheinland. Der Wiederaufbau der jüdischen Gemeinden vollzog sich allerdings relativ schnell. Die Kölner Judengemeinde war 1106 bereits wieder so konstituiert, daß ihr ein besonderes Tor der Stadtbefestigung, das Judentor, zur Verteidigung überlassen wurde. Im 12. Jahrhundert sind im Kölner Stadtpatriziat mehrere Fälle jüdischer Versippung festzustellen. Im Gefolge der Pest von 1348 kam es zu den furchtbaren Verfolgungen, die keine Sühne fanden. Von da ab blieb die Stellung der Juden prekär. Viele Reichsstädte wiesen sie aus.[14]

In der älteren Zeit gab es wohl Judenviertel in den Städten, die aber nicht wie die späteren Ghettos streng abgegrenzt waren. Über das innere Leben in den jüdischen Gemeinden unterrichtet jetzt die Arbeit von Thérèse und Mendel Metzger.[15] Die strengen kultischen Verpflichtungen banden vor allem den Mann. Er dominiert in der Öffentlichkeit. In der Synagoge – Mittelpunkt der jüdischen Gemeinde – waren beim Gebet die Geschlechter streng getrennt. In Toledo und in Spanien überhaupt war den Frauen eine Galerie im Obergeschoß vorbehalten wie in antiken Synagogen. Die aschkenasischen Juden bevorzugten Nebenräume, die gewöhnlich später angebaut wurden, wie in Worms und in Prag. Die gängigste Lösung war eine Trennwand, ein Gitter aus Holz. Für die Frau gab es nur drei Gebote: die monatliche Reinigung im rituellen Bad, die Entnahme eines kleinen Stückchens Teig, das sie jedesmal verbrennen mußte, wenn sie Brot buk, wie es auch jeder jüdische Bäcker tun mußte, und das Anzünden der Lichter am Sabbat und an den Festtagen. Bei den häuslichen kultischen Feiern kam ihr eine wesentliche Rolle zu. Das rituelle Bad war eine sehr wichtige Gemeinschaftseinrichtung, es war kein Reinigungsbad, sondern zum Untertauchen bestimmt. Die verheirateten

Frauen unterzogen sich ihrer monatlichen Reinigung. Die Proselyten benutzten es bei der feierlichen Konversion. Besonders fromme Gläubige vollzogen dort vor dem Sabbat und am Vorabend der Feste das Untertauchen. Neue Gegenstände aus Glas und Metall, die zur Bereitung von Nahrungsmitteln bestimmt waren, wurden vor dem Gebrauch dort gereinigt. Diese rituellen Bäder sind überdacht. Gut erhalten unter anderem ist das Judenbad in Speyer. Man steigt auf Stufen tief hinab bis zum Grundwasserspiegel des Rheins, denn das rituelle Bad soll vom lebendigen Wasser gespeist werden.

Im Haus galt die jüdische Frau genausoviel wie ihr Mann. Der Vermählung gingen Unterredungen voraus, die zwischen den Beteiligten selbst oder in ihrem Namen zu der Zusage führten, die Ehe zu schließen und den Zeitpunkt der Hochzeit, die Mitgift und anderes verabredeten. Von diesem Augenblick an tauschte das Paar an Festen Geschenke aus und erhielt solche von Freunden und seinen Familien, vor allem bei der Hochzeit selbst. Ein bemerkenswertes, erhaltenes Hochzeitsgeschenk ist ein Kästchen aus teilvergoldetem Silber und Niello von 1460/80, vermutlich aus Ferrara. Am Sabbat trug die Hausfrau nämlich keine Schlüssel bei sich, sondern nur den wie ein Schmuckstück gearbeiteten kleinen Schlüssel ihres Schlüsselkästchens. Zudem diente der Deckel dieses Ferrareser Kästchens mit seinem Verzeichnis von Wäschestücken in italienischer Sprache, aber in hebräischen Buchstaben und seinen numerierten Scheiben als Gedächtnisstütze für die verfügbare Wäsche und jene, die gerade beim Waschen war.

Die eigentliche Hochzeitszeremonie schloß zwei Phasen ein. Sie wurden im Spätmittelalter in einer Feier zusammengefaßt. Im Verlauf der ersten Phase, der Verlobung, erfolgte vor zwei Zeugen die Übergabe der *ketuba,* des Heiratsvertrages an die Braut, der ihre Rechte und die Pflichten des Heiratskontraktes festlegte, und der Ringwechsel. In der zweiten Hochzeitsphase sprach der Offiziant sieben Segenssprüche mit einem Becher in der Hand, aus dem er hernach Bräutigam und Braut trinken ließ. Braut und Bräutigam standen dabei unter einem symbolischen Zelt. Schließlich wurden die sieben Segenssprüche beim Mahl des Hochzeitstages, nach dem Tischsegen, der das Essen abschloß, wiederholt, ebenso nach dem Tischsegen an den sieben folgenden Tagen, an denen ein neuer Gast teilnahm. Jedesmal tranken die Neuvermählten nach dem Rezitierenden aus dem Becher. Eine Ehescheidung war nach jüdischem Recht möglich. Wurde die Ehefrau Witwe, bevor sie Mutter geworden war, auferlegte das Gesetz einem Bruder des Verstorbenen das Levirat: Nach den drei Trauermonaten mußte er die Witwe heiraten. Schlug er das aus, konnte sich weder die Witwe wieder verheiraten, noch durfte er selbst eine andere Frau nehmen, bevor ihn seine Schwägerin zeremoniell seiner Pflicht entbunden hatte: Der Schwager mußte seine Weigerung vor dem Gericht wiederholen, die Witwe zog ihm die Schuhe aus und spuckte vor ihm aus. Die Mutterschaft war also nach jüdischer Anschauung Wesensbestimmung der Frau. Eine gottgeweihte Jungfrau kannte das Judentum nicht. Zum Heiratsvertrag wäre noch zu sagen, daß er den Ehemann verpflichtete, seiner Frau, entsprechend seinen Mitteln und den an seinem Wohnort üblichen Gepflogenheiten, Möbel und Wohnung zu stellen. Er setzte auch die Minimalsumme fest, die der Ehemann für Kleidung und Schmuck seiner Frau aufwenden mußte. Die verheiratete jüdische Frau mußte ihre Haare bedecken. Das war aber auch christlicher Brauch. Strenge Gesetzlichkeit und allgemeine Schriftlichkeit zeichnen die jüdischen Verhältnisse aus.

Die selbständige Berufstätigkeit der Frau

Ein wichtiges Thema ist die selbständige Berufstätigkeit der Frau in der mittelalterlichen Stadt. Ich möchte das an zwei Großstädten demonstrieren, die beide über bedeutende Exportgewerbe im textilen Sektor verfügen, vor allem auch Seidenindustrie hatten: *Köln* und *Florenz*. Aber auf keinen Fall dürfen wir beide Fälle verallgemeinern. Sie stellen Sonderfälle dar, die dartun, wie weit eine selbständige weibliche Tätigkeit gehen konnte und welche Voraussetzungen erforderlich waren.

Köln war mit 40 000 Einwohnern im Spätmittelalter die größte Stadt Deutschlands. Leider sind die statistischen Quellen für Köln schlecht: Die Stadt deckte ihren Haushaltsbedarf aus indirekten Steuern, so fehlen Steuerlisten. Ein Frauenüberschuß wird angenommen, er ist auch wahrscheinlich, aber nicht exakt bewiesen. Die rechtlichen Rahmenbedingungen in Köln waren für die Frauen gut.[16] Kölns Besonderheit auf wirtschaftlichem Gebiet[17] bestand darin, daß es weitgespannte Handelsbeziehungen mit Exportgewerben in mehreren Sektoren verband, im Textil-, Metall- und Ledergewerbe. Bis ins 13. Jahrhundert hinein lag die politische Macht bei den »Geschlechtern«, die in der Richerzeche zusammengeschlossen waren. Im 14. Jahrhundert kam es zu Auseinandersetzungen, in denen Geschlechterfehden und das Streben aufsteigender Kreise nach Teilhabe am Stadtregiment, am Rat ineinander verwoben waren. Sie endeten mit dem Verbundbrief von 1396, einem Kompromiß. In dieser Gesellschaft haben sich die Frauen in staunenerregender Weise profiliert, allerdings nur wirtschaftlich – an den Revolutionen, Unruhen, politischen Auseinandersetzungen haben sie keinen Anteil gehabt. Sie machen auch nicht das ganz große Geld. Es gab aber kaum Wirtschaftszweige[18], in denen sie nicht zu finden waren.

Die Frauen dominierten als Garnmacherinnen, Goldspinnerinnen und im Seidengewerbe. »Kölnisches Garn« war ein Markenartikel, ein leinener, meist blau gefärbter Zwirn, beliebt wegen seiner Appretur und Farbechtheit. Die Appretur des von den Garnzwirnern gezwirnten Leinengarns wurde in Köln von den Garnmacherinnen besorgt, die im späten 14. Jahrhundert eine eigene Zunft bildeten. Der Amtsbrief setzte die Lehrzeit auf vier Jahre fest. Hatte die Lehrtochter ausgelernt, mußten die Amtsmeister ihr Werk beschauen, »of dat koufsmansgut si of nit«. Wurde es für gut befunden, konnte die Lehrtochter gegen eine Gebühr von 2 Gulden sich zu Hause eine eigene Werkstatt einrichten. Die Garnmacherinnen bildeten ein Witwerrecht aus. Der Witwer durfte das Gewerbe weiterführen, solange er sich nicht mit einer Frau zusammentat, die dem Amt nicht angehörte. Die Gewerbeaufsicht übten vom Rat betraute »Herrn zu den Garnmacherinnen« aus. Den Verkauf betrieben oft die Ehemänner. Die im Garngewerbe tätigen Frauen waren nämlich vielfach Ehefrauen, keine alleinstehenden Frauen. An der städtischen Anleihe von 1418 beteiligte sich eine Garnmacherin mit 50 Gulden. Größere Vermögen waren in diesem Gewerbe im allgemeinen nicht zu gewinnen.

Die Goldspinnerei war in Köln von Anfang an Frauensache. Die Goldspinnerinnen waren mit einem Teil der Goldschläger zu einer Zunft vereinigt. Blattgold und -silber brauchten die Kölner Künstler in der Malerei, im Möbel-, Leder- und Buchgewerbe, die Fäden gingen in Brokate, kirchliche Gewänder, Stickereien.

Die Seidmacherinnen erhielten ihren ersten Amtsbrief 1437. Die Lehrzeit betrug auch hier vier Jahre. Die Hauptseidmacherin, die

»heuftfrauwe«, hatte ihre Werkstatt im eigenen Haus, wo sie eigene Töchter und fremde junge Mädchen ausbildete. Auch die fremden Lehrtöchter wohnten bei ihr und waren bei ihr in Kost. Jede Hauptfrau durfte vier Lehrtöchter halten, eigene Kinder nicht eingerechnet. Die Hauptseidmacherinnen wählten jährlich zwei Frauen zu Zunftmeisterinnen und zwei Männer zu Zunftmeistern. Eheleute durften nicht gleichzeitig Zunftmeister sein. Eine Voraussetzung für die Wählbarkeit war eheliche Geburt. Der Zunftvorstand kam alle vierzehn Tage zusammen. Er konnte Verstöße gegen die Amtsordnung mit Bußgeldern ahnden. Häufig besorgten die Ehemänner den Absatz. Zwischen 1347 und 1504 haben 116 Seidmacherinnen in Köln einen Gewerbebetrieb unterhalten. Verheiratet waren die Seidmacherinnen öfter mit Rohseidenimporteuren, mit erfolgreichen Seidenkaufleuten, die außerdem Ratsherren waren. Die Seidamtsfamilien waren auch untereinander verwandt. 10 Prozent der eingeschriebenen Lehrtöchter waren Kinder von Seidamtsangehörigen, dazu kam ein großer Prozentsatz von Kaufmannstöchtern. Rohseidenimporteure gaben ihre Töchter Seidmacherinnen in die Lehre. Die Herkunftsorte von auswärts kommenden Lehrtöchtern spiegeln Kölner Handelsbeziehungen wider. Eine eigene Zunft bildeten die Seidspinnerinnen. Die Seidenspinnerei litt unter der Konkurrenz der Klöster und Konvente und stand unter dem unternehmerischen Druck der durchweg reicheren Seidmacherinnen, denen die kostbaren Rohstoffe gehörten. Bezeichnend sind die wiederholten Ratsverbote der Bezahlung nach dem Trucksystem (Entlohnung durch Waren).

Es gab auch bedeutende Kölner Kauffrauen, die auf eigenes Risiko im Gewürz-, Wein- u. Metallhandel tätig waren. Im Schmiedehandwerk lagen vielfach die kaufmännischen Aktivitäten bei den Frauen. Beträchtlich war ihr Anteil am Gewandschnitt und im Weinhandel. Grietgen van der Burg, Kauffrau in den verschiedensten Handelssparten, besaß um 1487/92 im guten Viertel St. Alban 13 Häuser.

Die Selbständigkeit und der geschäftliche Erfolg der Kölner Frauen in Handel und Gewerbe dürften in diesem Umfang fast ohne Parallele sein[19]. In Paris gab es im Seidengewerbe sechs reine Frauenzünfte, die vor allem modische Artikel – Seidenhüte mit Goldstickereien, seidene Geldbeutelchen – anfertigten. Es fehlt hier aber eine quantifizierende Untersuchung, wie sie M. Wensky für Köln erstellt hat.

Eine derartig selbständige weibliche Berufstätigkeit war im Mittelalter Frauen eher möglich als in der Folgezeit des Manufakturen- und Fabrikenwesens, weil es im Handwerk keine Trennung von Arbeitsstätte und Wohnung gab. Das war vor allem für die berufstätige Frau wichtig. Daß die Frauen eine vollberufliche Tätigkeit in eigenen Werkstätten gerade im Seidengewerbe ausüben konnten, war auch in ihrer Fingerfertigkeit begründet. Rauhe Männerhände eigneten sich da weniger, wie umgekehrt im Schmiedehandwerk der Mann dominierte. Aber diese besondere Eignung gilt nicht für die Kauffrau. Viele vollberuflich tätigen Kölner Ehefrauen kamen aus guten Familien und waren gut verheiratet. Hatten sie es nötig, Geld zu verdienen? In Köln hat sich ja die weibliche Berufstätigkeit offensichtlich nicht auf Unterschicht und untere Mittelschicht beschränkt, wo die bittere Not Frauen zwang, mitzuverdienen. Die Kölner Verhältnisse legen vielmehr die Vermutung nahe, daß die selbständig als Handwerksmeisterin und Kauffrau tätige Ehefrau Familien der Mittelschicht insgesamt einen mehr oder minder großen Anteil am hohen Lebensstandard des Spätmittelalters gewährte. Das reiche Warenangebot vor allem eines großstädtischen Marktes wie Köln für die Küche, den Kleider- und Wäscheschrank, den Schmuckkasten der Frau, für die Ausstattung der Wohnung mit Geschirr und Möbeln war verlockend, und die Exportgewerbestadt Köln bot den Frauen eigene Chancen. Ermöglichte die weibliche Berufstätigkeit vielleicht in manchen Fällen nicht auch dem Ehemann die jetzt breiteren Kreisen zugängliche politische Karriere? Die Ratsämter waren Ehrenämter. Das machte es zum Beispiel einem Handwerker so schwer, in den Rat zu gehen, auch wenn es in seiner Stadt möglich war. Maschke[20] hat diese Frage der »Abkömmlichkeit« immer wieder erwogen. Gerade in aufsteigenden Schichten könnten Ehefrauen auf den Gedanken gekommen sein, dem Mann den Ratssitz zu finanzieren. Aber das sind Fragen, die ich hier nur aufwerfe, sie sind schwer beweiskräftig zu beantworten.

Und nun zu *Florenz*. Der *catasto* von 1427 bietet uns eine unvergleichliche Quelle. Er erfaßt den ganzen Stadtstaat, also Florenz selbst, den *contado* und die eingemeindeten Stadtrepubliken Pisa, Pistoia, Arezzo, Prato, Volterra, Cortona, Montepulciano, Colle und San Gimignano. Er belegt die riesigen Vermögensunterschiede in der Stadt, die nach den großen Pestverlusten 38 000 Einwohner zählte.[21] 1 Prozent der reichsten Haushalte – etwa 100 Familien – disponiert über ein Viertel des Gesamtvermögens in der Stadt, über ein Sechstel des Gesamtvermögens in der Toskana. Ganz besonders ungleichmäßig ist die große öffentliche Schuld verteilt. 78 Prozent der Florentiner Familien besitzen keine Staatsschuldscheine, 2 Prozent – etwa 200 Familien – konzentrieren etwa 60 Prozent der öffentlichen Schuld in ihren Gläubigerhänden. Die Strozzi, Bardi, Medici, Alberti, Albizzi und Peruzzi, – diese sechs Familiengruppen besitzen zusammen 10 Prozent des 1427 steuerlich veranschlagten Vermögens. 1600 florentinische Familien waren so arm, daß sie keine Steuern zu zahlen brauchten. In der großen städtischen Wirtschaft waren Frauen kaum engagiert. Das Kapital in weiblicher Hand blieb immobil. In den großen Familien war weibliche Berufstätigkeit ganz überflüssig. Aber es gab durchaus berufstätige Frauen in Stadt und Land, allerdings überwiegend in wirtschaftlich unbedeutender oder sogar sehr gedrückter Stellung. Das Florentiner Woll- und Seidengewerbe war viel früher als in Köln kapitalistisch organisiert. Frauen waren darin als abhängige Lohnarbeiterinnen tätig. Die Spinnerinnen und Weberinnen gehörten im allgemeinen zu den ärmsten Arbeitern im Staat Florenz. In der *Arte della Lana* waren die Vollmitglieder Kaufleute, Wollimporteure und Tuchverleger. Nur als zweitrangige Mitglieder finden sich Färber, Walker und Weber. Frauen gab es nur als Lohnarbeiterinnen. Die Spinnerinnen saßen überwiegend auf dem Land. Die Wochenmärkte der Landgemeinden dienten der Arbeitsvermittlung und dem Verkehr mit den Faktoren der Unternehmen. Die Weberinnen wohnten, wohl aus technischen Gründen, im engeren Stadtgebiet und hatten oft nicht einmal eigenes Werkzeug. Der Webstuhl wurde oft vom Verleger gestellt und durch Arbeit abbezahlt. Auch im Seidengewerbe gab es seit Beginn des 14. Jahrhunderts nur noch abhängige Arbeiterinnen und Kleinmeisterinnen. Nur in der Ärzte-, Bäcker-, Ölhändler- und Gastwirtszunft waren vollberechtigte Meisterinnen tätig. Auch die Florentiner Zünfte kannten das Witwenrecht. Die horizontale Mobilität der Frauen war groß; die Heirat entwurzelte sie. Starb der Familienvater, so zerstreute sich oft die Familie. Die Witwe zog nach Florenz, eine Tochter in einen benachbarten Flecken, ein Sohn zum bäuerlichen Nachbarn. Zur Zeit des *catasto* kommen in Florenz 110 Männer auf 100 Frauen. In der Altersgruppe zwischen 15 und 20 Jahren überwiegt das weibliche Element, leicht auch in der Altersgruppe zwischen 40 und 60 Jahren. Die Großstadt Florenz hebt sich heraus durch ein spätes männliches Heiratsalter. Das Heiratsalter der Frauen liegt im Durchschnitt bei 16 Jahren. Während auf dem Lande und in den kleineren Städten der Altersunterschied zwischen den Ehegatten etwa 6 Jahre betrug, war in Florenz selbst der Mann etwa 12 Jahre älter. Der Anteil der Einzelhaushalte in den Städten war groß. Viele Witwen zogen für den Rest ihres Lebens in die Stadt und vergrößerten dort die Gruppe der berufslosen Einwohner.

Schulbildung der Mädchen

Kauffrauen auf jeden Fall, aber auch Handwerksmeisterinnen bedurften einer gewissen Schulbildung.[22] Wie stand es damit in breiteren Schichten? Daß die hochadligen Frauen in Klöstern und Stiften eine gute Ausbildung genossen, steht fest. Der Sachsenspiegel führt im »Landrecht« bei der Beschreibung der Grade, des Sondervermögens der Frau, »alle buke, de to Godes denste horet« auf, also alle Gebetbücher. Die Zusätze der vierten deutschen Fassung, die kurz vor 1270 entstand, fügen hinzu: »de vrouwen pleget to lesene«. Das spricht für eine Lesefähigkeit breiterer weiblicher Schichten – auf dem Land, denn der Sachsenspiegel beinhaltet kein Stadtrecht. Wie es im frühen 15. Jahrhundert in der Großstadt Köln aussah, berichtet Johann Slossgin in seinem Hausbuch.[23] Slossgin wanderte 1415 aus Nimwegen nach Köln, heiratete 1416 und legte das Buch 1422 an. Er war wohlhabend. Nach drei Söhnen, von denen nur einer erwachsen wurde – das Buch ist auch ein erschütterndes Zeugnis der Kindersterblichkeit und der Kinderkrankheiten – wurde im Dezember 1420 eine Tochter geboren, die am Gregoriustag 1426 in die Brigittenschule (Pfarrschule) kam, jedoch 1428 starb. Die im Februar 1422 geborene Tochter Alit kam 1428 in die Klein-St.-Martinschule (Pfarrschule) und »quam van der scholen bi ons in ons huis tzo Krul bi der Koltser Hallen« – das Johann 1426 gekauft hatte, daher der Schulwechsel – »inde solde ons kremeri leren Anno 1432 in mertz« – also nach vier Schuljahren – sie starb 1438. Die im April 1425 geborene Tochter Stijn kam 1431 in die Klein-St.-Martinschule, die im Dezember 1427 geborene Tochter besuchte dieselbe Schule »inde quam van der scholen in ons huis ... inde solde sijd machen leren, anno 38 op sente Clais avont«, sie starb noch in diesem Jahr. Der wohlhabende Kaufmann schickt also alle Töchter vier Jahre zur Schule. Die Kölner berufstätigen Frauen führten im gleichen Umfang Geschäftsbücher wie die Männer. Auch die Buchführung des Regensburger Handelshauses Runtinger war lange Zeit Margarete Runtinger, geb. Grafenreuther, der Gattin von Matthäus Runtinger anvertraut.[24]

Unterschiede der Knaben- und Mädchenbildung

Die Mädchen besuchten im 15. Jahrhundert nicht mehr in dem Maß die öffentlichen Schulen, wie sie es zur Zeit von Giovanni Villani, also im frühen 14. Jahrhundert, taten. Ein Auseinandergehen der Knaben- und Mädchenbildung im 15. Jahrhundert ist gemeineuropäisch. Die Mädchen traten oft sehr jung – mit 7 Jahren – in einen geistlichen Konvent ein und blieben dort, bis sie mit 12 oder 13 Jahren ihre Gelübde ablegten. Heirateten sie, war die Mitgift sehr hoch. 1425 gründete die florentinische Regierung einen *monte delle doti,* eine Mitgiftkasse, die es den Vätern erlaubte, für die spätere Mitgift ihrer Töchter Geld zu investieren. Eine Einzahlung von 100, später 60 fl. auf 15 Jahre erbrachte eine Mitgift von 500 fl. Bei den großen Familien betrug die Mitgift 2000 fl. Beim Zustandekommen der ehelichen Verbindung wirkten oft Verwandte und Freunde mit. Auch Lorenzo de Medici betätigte sich zum Beispiel 1476 als Heiratsvermittler bei den Familien Valori und Salviati. Der Heiratskontrakt wurde im Palast der Signoria förmlich besiegelt, wobei Lorenzo selbst die Einzelheiten des Übereinkommens verkündete.

Es war sicher auch – aber nicht nur – eine Kostenfrage, wenn junge Mädchen nicht auf Universitäten geschickt wurden; das gilt für ganz Europa. Mitgift *und* hohe Studienkosten – das war zuviel für den Vater. Klerikerpfründen, die den Universitätsbesuch verbilligten, gab es nicht für Mädchen. In den Stadträten, bei den Landständen, in den landesherrlichen Kollegien brauchte man viele studierte Juristen – aber Frauen hatten keinen Zugang zu diesen Berufen. Wir können das Problem hier nicht weiter verfolgen. Für die Frauen der frühneuzeitlichen Jahrhunderte blieb es ein Handicap, daß sie keine humanistischen Gymnasien und keine Universitäten besuchten.

Anmerkungen

[1] Ennen, E.: Die europäische Stadt des Mittelalters. Göttingen ^{3}1979.

[2] Wesoly, K.: Der weibliche Bevölkerungsanteil in spätmittelalterlichen und frühneuzeitlichen Städten und die Betätigung von Frauen im zünftigen Handwerk, insbesondere an Mittel- und Oberrhein, Z. Geschichte des Oberrheins 28, 1980. Vgl. auch Mitterauer, M.: Familie und Arbeitsorganisation in städtischen Gesellschaften des späten Mittelalters und der frühen Neuzeit. In: Haverkamp, A. (Ed.): Haus und Familie in der spätmittelalterlichen Stadt. Städteforschung (A 18). Köln-Wien 1984.

[3] Schuler, P. J.: Die Erhebungslisten des Gemeinen Pfennigs von 1496 bis 1499. Eine demographische, wirtschafts- u. sozialgeschichtliche Untersuchung. In: Irsigler, F. (Ed.): Quantitative Methoden in der Wirtschafts- u. Sozialgesch. der Vorneuzeit. Stuttgart 1970. Schuler, P. J.: Die Bevölkerungsstruktur der Stadt Freiburg i. Br. im Spätmittelalter. In: Ehbrecht, W. (Ed.): Voraussetzungen und Methoden geschichtlicher Städteforschung (Städteforschung A 7). Köln-Wien 1979, S. 139–177.

[4] Ennen, E.: Frauen im Mittelalter. München 1984, S. 200.

[5] Herlihy, D.: Medieval and Renaissance Pistoia. The social history of an Italian town 1200–1430. New Haven – London 1967.

[6] Ennen, E.: (wie Anm. 4), S. 237. – Leclercq, J.: Neue Perspektiven in der monastischen Theologie: Das Weibliche und die eheliche Liebe. In: Gerwing, M. et al. (Eds.): Renovatio et Reformatio. Festschrift f. Ludwig Hödl. Münster 1985.

[7] Köbler, G.: Das Familienrecht in der spätmittelalterl. Stadt. Weigand, R.: Ehe- und Familienrecht in der mittelalterlichen Stadt. Beide in: Haverkamp, A. (Ed.): Haus und Familie (wie Anm. 2).

[8] Ropp, G. Frhr. von der: Göttinger Statuten. Akten zur Geschichte der Verwaltung und des Gildewesens der Stadt Göttingen bis zum Ausgang des Mittelalters (Quellen u. Darstellungen zur Geschichte Niedersachsens 25). Hannover-Leipzig 1907, Nr. 205, S. 201 f.

[9] Böckenförde, E. W.: Veränderungen des Verständnisses vom Menschen in und durch die Rechtsordnung/Rechtswissenschaft. In: Quid est homo? Zur anthropologischen Relevanz der modernen Wissenschaften (Arbeitshilfen 32), Bonn 1982.

[10] Ennen, E.: (wie Anm. 4), S. 101 ff., S. 137.

[11] Winterfeld v., L.: Die stadtrechtlichen Verflechtungen in Westfalen. In: Der Raum Westfalen, hg. v. H. Aubin, Bd. II, Erster Teil. Münster 1955, S. 189 ff.

[12] Bodemann, E. (Bearb.): Die ältesten Zunfturkunden der Stadt Lüneburg. (Quellen u. Darstellungen z. Geschichte Niedersachsens) Hannover 1883, XXVIII. Schuster, 1. 1389, S. 230. Vgl. auch S. 74, 131, 149, 178, 251.

[13] Ennen, E.: Die jüdische Gemeinde in Bonn. Ein Beitrag zur Geschichte des Judentums im Rheinland. Bonner Geschichtsbll. 129 (1977), S. 81 ff. Dort weitere Lit. – Kellenbenz, H.: Die Juden in der Wirtschaftsgeschichte des rheinischen Raumes. In: Monumenta Judaica. Köln 1963.

[14] Haverkamp, A. (Ed.): Zur Geschichte der Juden im Deutschland des späten Mittelalters und der frühen Neuzeit. Stuttgart 1981.

[15] Metzger, Th. u. M.: Jüdisches Leben im Mittelalter nach illuminierten hebräischen Handschriften vom 13. bis 16. Jahrhundert. Deutsche Ausgabe, Würzburg 1983.

[16] Für die Einzelheiten: Ennen, E. (wie Anm. 4), S. 152ff.

[17] Irsigler, F.: Die wirtschaftliche Stellung der Stadt Köln im 14. u. 15. Jh. Vierteljahresschrift für Sozial- u. Wirtschaftsgeschichte, Beihefte 65, Wiesbaden 1979. – Frühe Verlagsbeziehungen in der gewerblichen Produktion des westlichen Handelsraumes. In: Fritze, H. et al. (Eds.): Zins-Profit – Ursprüngliche Akkumulation (= Hans. Studien 5). Weimar 1981.

[18] Wensky, M.: Die Stellung der Frau in der stadtkölnischen Wirtschaft im Spätmittelalter (Quellen und Darstellungen zur hansischen Geschichte N. F. 26). Köln/Wien 1980. – Women's Guilds in Cologne in the Later Middle Ages. The Journal of European Economic History 11, 3. 1982.

[19] Wie sehr die Berufsmöglichkeiten der Frau durch die Existenz eines Seidengewerbes verbessert wurden, beweisen die Verhältnisse in der Exportgewerbe-Großstadt Gent, wo das Wollgewerbe allein dominiert; dort sind weibliche Meisterbetriebe selten. Vgl. jetzt: Nicholas, D.: The domestic life of a medieval city: women, children and the family in 14th century Ghent. Lincoln and London 1985.

[20] Maschke, E.: Städte u. Menschen. Beiträge zur Geschichte der Stadt, der Wirtschaft u. Gesellschaft. Vierteljahresschrift für Sozial- u. Wirtschaftsgeschichte Beihefte 68), Wiesbaden 1980, S. 211ff.

[21] Brucker, G. A.: Florenz, Stadtstaat-Kulturzentrum-Wirtschaftsmacht. München 1984. Herlihy, D. u. C. Klapich-Zuber.: Les toscans et leur familles. Une étude du Catastro florentin de 1427. Paris 1978.

[22] Aufgrund der Debatte führe ich diesen Passus ein. Eckhardt, K. A.: Sachsenspiegel. Landrecht (Germanenrechte N. F.). Göttingen 1955, S. 91 I, 24 § 3.

[23] Kuske, B.: Quellen zur Geschichte des Kölner Handels und Verkehrs im Mittelalter. Publ. d. Ges. f. rhein. Geschichtskunde 33. Bonn 1917–34, 3. Bd., S. 327ff.

[24] Ennen, E.: (wie Anm. 4), S. 186.

KLAUS ARNOLD

Die Einstellung zum Kind im Mittelalter

»Die mittelalterliche Gesellschaft, die wir zum Ausgangspunkt gewählt haben, hatte kein Verhältnis zur Kindheit; das bedeutet nicht, daß die Kinder vernachlässigt, verlassen oder verachtet wurden. Das Verständnis für die Kindheit ist nicht zu verwechseln mit der Zuneigung zum Kind; es entspricht vielmehr einer bewußten Wahrnehmung der kindlichen Besonderheit, jener Besonderheit, die das Kind vom Erwachsenen, selbst dem jungen Erwachsenen, kategorial unterscheidet. Ein solches bewußtes Verhältnis zur Kindheit gab es nicht. Deshalb gehörte das Kind auch, sobald es ohne die ständige Fürsorge seiner Mutter, seiner Amme oder seiner Kinderfrau leben konnte, der Gesellschaft der Erwachsenen an und unterschied sich nicht länger von ihr.«

Dieses Zitat von Philippe Ariès verdeutlicht eine seit dem Erscheinen seines Buches über die Geschichte der Kindheit – in Deutschland erst nach der in der Mitte der siebziger Jahre erfolgten und von Hartmut von Hentig eingeleiteten Übersetzung[1] – eine zwischen Ignoranz, Indifferenz und Ablehnung schwankende Einstellung der mittelalterlichen Gesellschaft dem Kind gegenüber als die allgemeine Einschätzung. Ariès' Auffassung von einer »Entdeckung der Kindheit« nicht vor dem 17. Jahrhundert[2] wurde von Edward Shorter, Lloyd de Mause oder Elisabeth Batinter, die unverdient, doch erfolgreich auf der Welle der Aktualität des Themas mitschwammen, überspitzt bis zu Formulierungen, denen zufolge Mutterliebe als eine Erfindung der Moderne abgetan, früheren Zeiten Gleichgültigkeit beim Tod von Kindern unterstellt und deren Existenz als ein einziger Alptraum geschildert wird.[3]

Der Historiker kann sich die Auseinandersetzung mit den extremen Positionen von »Psychohistorikern«, die den Befunden einer für den Bereich der Sozialgeschichte häufig eher quellenarmen Epoche in so eklatanter Weise widersprechen, versagen. Schwerer fällt es, die von Ariès geäußerte Meinung zu akzeptieren, wonach sich das Familienleben im allgemeinen und das Kinderleben im besonderen gänzlich außerhalb der Öffentlichkeit der mittelalterlichen Gesellschaft abgespielt und das Kind keinen Platz in der Erwachsenenwelt eingenommen hätte.[4]

Dies ist mit Sicherheit ein modernes Vorurteil, abgeleitet aus der Ambivalenz von Marginalisierung in einer insgesamt eher kinderfeindlichen Gesellschaft und der besonderen Beachtung von Kindern in unseren demographisch instabilen Zeiten. So fragen wir verwirrt: Kamen im Bewußtsein der mittelalterlichen Gesellschaft Kinder überhaupt vor und hat man ihnen in der Öffentlichkeit Beachtung geschenkt?

Kein Leben im Verborgenen

In seiner Beschreibung einer Stadt am Ausgang des Mittelalters, der Stadt Nürnberg um 1500, hat der Humanist Konrad Celtis die folgende Episode berichtet: »Als Kaiser Friedrich zuletzt in Nürnberg weilte und ihm bei dieser Gelegenheit von den vielen Kindern in der Stadt berichtet worden war, da befahl er, alle Kinder unter zehn Jahren im Stadtgraben unterhalb der Burg zusammenrufen zu lassen. Schon erging sich die Stadt in offenem Jubel und in allgemeiner Freude; und die Mütter gaben sich ausgelassen der Hoffnung hin, daß die Kinder vom Kaiser bei Gelegenheit einer solchen Musterung großartige Geschenke erhalten würden. Also betrachteten die Hausmütter die fröhlichen Gesichter der Kinder, umkränzten ihre Stirn, kämmten und legten das Haar in Locken, behängten ihre Kleidung mit Medaillons, schmückten die weißen und purpurnen Gewänder mit Gold und mit Perlen und ließen nichts aus, was dieses Alter so reizend und anziehend erscheinen läßt. Der Kaiser aber, nachdem er diese Schar, gleichsam die Blüte deutschen Blutes erblickt und sich sattgesehen hatte an dieser zartesten Ansammlung des Menschengeschlechts, ließ an die Kinder Lebkuchen und Honiggebäck, worauf dieses Alter stets begierig ist, verteilen und die so Beschenkten zu ihren Eltern zurückschicken. Zugleich bestimmte er, daß bei ihrer nächsten Zusammenkunft jedem einzelnen ein silbernes und mit seinem Wappen versehenes Geldstück geschenkt werden sollte, damit sie dieses für eine lange Zeit und über

Generationen hinweg in ihren Familien wie einen Schatz aufbewahrten. Bei dieser Gelegenheit hat man mehr als viertausend Kinder aus ehrbaren Familien gezählt ...«[5]

Die Nürnberger städtischen Chronisten berichten von diesem Kinderfest Ende Mai des Jahres 1487 ebenfalls, nennen als Anlaß, daß Kaiser Friedrich III. den Kindern zuerst bei einem Ständchen unter der großen Linde im Burghof zugehört und sie daraufhin allesamt eingeladen habe zu »Lebkuchen, Fladen, Wein und Bier«.[6] Die uns wenig kindlich scheinenden Getränke stützen gleichwohl nicht die These, der zufolge man Kinder im Mittelalter lediglich als kleine Erwachsene gesehen habe.

Aus dem 16. Jahrhundert existieren weitere Zeugnisse für das Auftreten von Kindern als Gruppe in der städtischen Öffentlichkeit: »Desgleichen auch kommen jährlich aus altem Brauch die jungen Kinder am St. Urbanstag aufs Rathaus. Da gibt man jedem ein Brötlein ungefähr 11 Lot schwer und einen guten Trunk Wein; es dürften manches Jahr 1600 Brötlein aufgehen. Dergleichen hält mans im Kloster auch. Den Kindern jetziger Zeit aber gibt man solche Spende oder Brötlein nicht am St. Urbanstag, von wegen des Aberglaubens, sondern an einem besonderen bestimmten Sonntag.« Was hier der Chronist der fränkischen Kleinstadt Kitzingen am Main für das Jahr 1549 bereits andeutet, macht dem liebenswerten Brauch im Jahr 1554 ein endgültiges Ende: Zum letzten Mal trugen die Kinder Ende Mai »einen hölzernen Papstgötzen, den sie St. Urban nenneten« singend auf das Rathaus. Der »Götze« wurde mit Einführung der Reformation abgeschafft und dann auch der Umzug der Kinder, da »nur ein unzüchtig Gedräng, Gestoß, Kirren und Schreien daraus wurde, hat ein Rat solcher Ursach halben die Spende seines Teils abgeschafft, und dafür jährlich 15 fl. in den Almosenkasten gegeben«.[7]

Mehr Glück hatten die Kinder der Stadt Dinkelsbühl; ihre »Kinderzeche«, 1581 erstmals erwähnt, lebt bis heute fort. Ihre Anfänge werden in einem spätmittelalterlichen Schulkinderfest vermutet.[8] Daß es recht turbulent zugehen konnte, wenn Kinder »verkehrte Welt« spielten, erfahren wir aus dem Jahr 1249, als es gar ein Papst (Innozenz IV.) für notwendig hielt, kraft seiner Autorität in Regensburg für Ordnung zu sorgen: Die Mönche und der Abt des Klosters Prüfening hatten sich darüber beklagt, daß die jungen Kleriker und Scholaren der Stadt alljährlich am Weihnachtsfest einen der Ihren zum Kinderbischof erwählten, Masken- und sonstige, zumeist unschickliche Spiele veranstalteten, selbst in das Kloster einbrächen und hierbei Mönche und Hausgenossen des genannten Klosters unehrerbietig behandelten.[9]

Kinder bringen sich der mittelalterlichen Gesellschaft, sollte diese sie je vergessen haben, recht deutlich in Erinnerung. Besonders die tumultuarischen Ereignisse blieben nicht nur den Zeitgenossen im Gedächtnis: Einige tausend Kinder und Jugendliche zogen im Jahr 1212 unter der Führung eines Kölner Knaben Nikolaus über die Alpen, um von Genua aus auf dem Schiffsweg das Heilige Land zu erreichen – mit dem »Erfolg«, daß ein Teil von ihnen auf mediterranen Sklavenmärkten endete.[10] Solche »Kinderkreuzzüge« hat es bis ins Spätmittelalter gegeben: Mit dem Ziel des Mont Saint-Michel in der Normandie brachen 1458 viele hundert Kinder aus Mittel- und Westdeutschland auf.[11] Auch die Kinder, die dem »Rattenfänger« von Hameln – einem ostdeutschen Locator oder dem Werber für einen Kinderkreuzzug? – folgten, erwartete ein ungewisses Schicksal.

Das Kind – kein ungeliebtes Wesen

Das Nachleben des Ereignisses von Hameln durch die Jahrhunderte deutet darauf hin, daß der Verlust der Kinder nicht nur ihren Eltern nicht gleichgültig war. Über die Wertschätzung – den »Stellenwert« – von Kindern sagt ein Bild, das wir hier nur beschreiben können, vielleicht mehr aus als Worte. Die Chronik des Diebold Schilling berichtet vom Berner Stadtbrand des Jahres 1405 und illustriert das Geschehen mit einer Zeichnung in der Handschrift, auf der wir die Bürger bei verzweifelten Löschversuchen beobachten. Während unablässig, doch vergeblich, die Stafette der Ledereimer Wasser herbeischafft, mit denen die Bewohner die Ausbreitung des Feuers einzudämmen suchen, sind weitere damit beschäftigt, die Habseligkeiten – Truhen, Kessel und Bettzeug – aus den Häusern zu bergen. Die Frauen stehen abseits, vor Mauer und Graben in einer Gruppe beisammen, die Hände zum Gebet gefaltet. Getrennt davon, mitten im Hausrat, eine kleine, fast heitere Gruppe, die Kinder: geborgen.[12]

Das erkennbare Engagement des Historikers bei der Interpretation dieses Bildzeugnisses verrät, wie sehr er bemüht ist, Einschätzungen wie die eingangs zitierten ins Unrecht zu setzen.[13]

Das erste Lebensalter

Begriff und altersmäßige Eingrenzung der Kindheit entstammen bereits antiker Tradition: *Infantia* und *pueritia* sind durch eine Zäsur um das siebte Lebensjahr getrennt; Kindheit und Knabenzeit sind Abschnitte von je sieben Jahren. Das europäische Mittelalter verwendete ganz ähnliche Kriterien, wie sie auch für die moderne Anthropologie Gültigkeit besitzen, die mit dem Zahnwechsel und dem Abschluß der Sprachentwicklung die Periode »Infans I« enden läßt.[14] In diesem Zusammenhang wird der Zeitraum der frühen Kindheit in zwei Phasen unterteilt: die Zeit der eigentlichen *infantia,* der Sprachlosigkeit, von der Geburt bis zum siebten Monat oder bis zum Alter von zwei Jahren, dem ungefähren Ende der Stillzeit, und die Zeit bis zum siebten Lebensjahr.

Weniger eindeutig als die Zäsur mit dem siebten Jahr läßt sich der Übergang zur Jugendzeit *(adolescentia)* eingrenzen. Dabei darf nicht übersehen werden, daß die in der Theorie genannten Altersangaben zwischen dem zehnten und dem fünfzehnten Lebensjahr faktisch eher dem Übergang ins Erwachsenenalter gleichzusetzen waren und der Übergang ins Arbeitsleben häufig schon viel früher einsetzte.

Auch im Rechtsleben ist der Übergang des Kindes zur Erwachsenenwelt relativ früh angesiedelt. Nur Kinder unter sieben Jahren gelten nach römischem und germanischem Recht als strafunmündig; danach sind sie eingeschränkt straf- und handlungsfähig. Im germanischen Recht befindet sich das Kind unter der Munt, der Schutz- und Verfügungsgewalt des Hausvaters, und ist in seiner Stellung somit der Frau vergleichbar. Als der früheste Mündigkeitstermin wird im altenglischen Recht das zehnte Lebensjahr genannt, häufiger jedoch, so im fränkischen und altisländischen Recht, das zwölfte Jahr. Als Termin, an dem das Kind »zu seinen Jahren«, das heißt zur Volljährigkeit und Ehemündigkeit gelangt, werden das vierzehnte, das fünfzehnte und im Spätmittelalter das achtzehnte Lebensjahr genannt.[15]

Das Ende der Kindheit

Um das siebte Lebensjahr verläßt das Kind den Kreis der Familie, die Erziehung geht von der Mutter an Schule oder Lehrer über. Dies trifft ganz allgemein für Knaben und anfangs nur für den Adel zu und auch nur, wenn das Kind für den geistlichen Stand bestimmt war. Aus dem keltisch-angelsächsischen Bereich, aus Island, Wales und Irland, wird vom Brauch berichtet, vom achten Jahr an das Kind für längere Zeit einer anderen Familie in einem Pflegekindschaftsverhältnis *(fosterage)* zur Erziehung zu überlassen.[16] Dieser Gedanke liegt auch der als ehrenvoll geltenden Erziehung des ritterlichen Knappen an einem fremden Hof in der abendländischen Adelswelt zugrunde. Sehr früh traten die Kinder aus diesen Kreisen auch in andere »Berufe« ein, indem sie als *pueri oblati* Klöstern übergeben oder zur Ehe versprochen wurden.[17]

In der ländlichen Arbeitswelt galt im Mittelalter und auch für die Zeit danach das Kind in seiner Arbeitskraft ab seinem siebten Jahr als soweit entwickelt, daß es – als Waisenkind – für seinen Lebensunterhalt selbst aufkommen konnte. Das Kind wird entweder auf dem elterlichen Hof in den Arbeitsprozeß allmählich integriert, oder es geht als Dienstmagd oder -knecht in fremden Dienst. In der Stadt werden Knaben in dieser Zeit zu Handwerkern und Kaufleuten in die Lehre gegeben.

Der Zeitraum des Übergangs in die Arbeitswelt der Erwachsenen und das Verlassen der Familie läßt sich aufgrund englischer Quellen etwas genauer auf die Zeit zwischen dem achten und dreizehnten Lebensjahr eingrenzen.[18] Bei den Mädchen scheint in allen Schichten die Tendenz zu bestehen, sie zur Vorbereitung ihrer Rolle als Ehe- und Hausfrau für längere Zeit im elterlichen Haushalt zu halten; zumindest empfehlen dies übereinstimmend die Erziehungslehren.

Schriftliche und archäologische Zeugnisse des Alltagslebens

Ungeachtet einer manchmal geringen Einschätzung der Kinder im einzelnen, wie sie sich gelegentlich in den Rechtsquellen zeigt, hat die mittelalterliche Gesellschaft in die Kinder als Teil der Gesellschaft sehr viel investiert.[19] Dies geschah für den sozialen Bereich durch die Erziehung, die man Kindern zuteil werden ließ, sowie materiell durch eine stets gute medizinische Versorgung, die sich seit der Antike durchhält. Sie wird, wie der pädagogische Bereich, in den normativen Quellen des späteren Mittelalters, insbesondere des dreizehnten und fünfzehnten Jahrhunderts verstärkt faßbar. Diesen normativen Charakter tragen im übrigen die Schriftquellen in ihrer Mehrzahl: Erziehungslehren, medizinische Traktate, Heiligenleben, Beichtsummen, Rechtstexte, höfische Epik, Tugendlehren und Tischzuchten, Predigten, Fürstenspiegel sowie enzyklopädische Schriften.

Weitergehende Aussagen über die Alltagsgeschichte, das Leben und das Sterben der mittleren und niederen Schichten von Dorf- und Stadtbewohnern werden möglich durch die Überreste, die mit Hilfe der Mittelalter-Archäologie und der medizinischen Anthropologie sowie durch Auswertung des seit dem Frühmittelalter – wenn auch fragmentarisch – überlieferten demographischen Materials zu ermitteln sind. Denn Nachkommenschaft ist stets ambivalent zu bewerten: In Überzahl und in wirtschaftlicher Notlage ist sie in erster Linie Belastung. Der Versuch sie zu verhindern und der Verdacht, daß sie eher vernachlässigt wird, liegen dann nicht fern.

Doch schon dem Kind im Mutterleib wird ebenso wie dem Neugeborenen im Mittelalter eine eigene Identität zuerkannt. Ablesbar ist dies nicht zuletzt an den sorgfältigen Bestattungen sowohl der heidnisch-slawischen Siedlungen wie nachchristlicher Begräbnisplätze in Gestalt von sorgfältigen Steinsetzungen oder eigenen Steinkisten für Föten und Säuglinge. Eine hierbei nachweisbare ausgewogene Geschlechterverteilung läßt insbesondere die wiederholt behauptete Praxis der Tötung der weiblichen Nachkommenschaft als wenig glaubhaft erscheinen.[20] Die Analyse der seit dem 9. Jahrhundert in Frankreich und Italien einsetzenden, demographisch auswertbaren Quellen macht vielmehr zusammen mit den von der kirchlichen und weltlichen Gerichtsbarkeit angedrohten Strafen eine Kindestötung (die zudem – wie in einigen Untersuchungen vermutet worden ist – insbesondere das weibliche Geschlecht betroffen hätte) vollends unwahrscheinlich.[21]

Ablehnung oder Aufnahme durch die Familie

Wie wenig der lange Zeitraum des europäischen Mittelalters als in sich homogen oder statisch anzusehen ist, zeigt auch die Haltung behinderten Kindern oder Waisen gegenüber. Im Lauf der Jahrhunderte bildeten sich unterschiedliche, doch organisatorisch immer bessere Formen der Unterbringung in Klöstern oder in eigens errichteten Findel- oder

Waisenhäusern heraus. War in Island die Tötung verwaister Kinder noch nach der Jahrtausendwende toleriert worden, so wurde insbesondere in der städtischen Gesellschaft des späteren Mittelalters die Vormundschaft über unmündige Kinder bis ins kleinste geregelt.[22]

In diesem Zusammenhang gewann die Patenschaft bei der christlichen Taufe eine ganz konkrete Bedeutung. Der Taufpate übernahm bei der geringen Lebenserwartung der Eltern neben geistlichen auch wirtschaftliche Verpflichtungen. Als Paten kommen zuerst der engere Freundeskreis, die Nachbarschaft in Dorf und Stadt und schließlich sozial Gleich- und nach Möglichkeit auch Höhergestellte in Frage. Getauft wird das neugeborene Kind innerhalb weniger Tage, nur bei Gefährdung seines Lebens unmittelbar nach der Geburt.

Mit der Taufe erhält das Kind seinen Namen. In der germanischen Welt und durch das ganze Hochmittelalter hindurch ist der Vorname zugleich Geschlechtsname, der durch die Namensform die Zugehörigkeit zu einem Geschlecht oder einer Sippe erkennen läßt. Diese Gewohnheit hält sich etwa bis zum 14. Jahrhundert und wird dann immer häufiger durch die Wahl von Heiligennamen abgelöst.[23]

Die Chancen von Leben und Tod

Nicht nur bei den weiblichen Namensgebungen kommt jedoch noch eine weitere Motivation ins Spiel: Mehr als ein Drittel der im Spätmittelalter belegten Namen nimmt die Benennung von vorher verstorbenen Kindern der gleichen Familie wieder auf. Diese Beobachtung läßt sich auch am deutschen Namenmaterial des 15. Jahrhunderts machen. Sie ist Ergebnis einer in ihrem Umfang erschreckenden Kindersterblichkeit, deren ganzes Ausmaß für das europäische Mittelalter erst allmählich deutlich wird.

Es scheint, daß Überreste wie Tradition, die Gattungen historischer Erkenntnis, darin übereinstimmen, daß im Mittelalter eines von zwei geborenen Kindern bereits in seinen ersten Lebensjahren gestorben ist; das bedeutet, jedes zweite Kind wurde geboren, um zu sterben.

Die Zahlen, die wir aus mittelalterlichen Kinderbestattungen gewinnen, besagen, daß das 14. Lebensjahr nicht erlebt haben: in einem karolingerzeitlichen Reihengräberfeld (Lehnthal-Dobrach in Oberfranken) 59,5 Prozent der dort geborenen Kinder, 51,1 Prozent der

Bestatteten eines Dorfes der spätsächsischen Zeit (Ketzendorf bei Buxtehude), 47,7 Prozent der Kinder in einem slawischen Dorf des 10. bis 12. Jahrhunderts (Espenfeld in Thüringen) und 47,7 Prozent im nordschwedischen Westerhus (1100–1350).[24]

Diese Zahlen stammen von Dorffriedhöfen. Spätmittelalterliche Städte, archäologisch bisher nicht[25] und demographisch nur in autobiographischen Fragmenten faßbar, wiesen jedoch ähnliche Zahlen auf: Im französischen Limousin zum Beispiel sterben 54 Prozent aller Lebendgeburten der Familien im Kleinkind- und Jugendalter. Die Verfasser solcher Aufzeichnungen, vor allem Ärzte oder erfolgreiche Kaufleute, gehören den Mittel- und Oberschichten der Städte mit einer sicher guten ärztlichen Versorgung an. Hierbei fallen insbesondere die hohen Kinderzahlen ins Auge: In der genannten Region Frankreichs kommen beispielsweise zwischen 1350 und 1500 mehr als elf Geburten auf ein Elternpaar. Doch hiervon sterben im Schnitt sechs bis sieben bereits vor Erreichen des Erwachsenenalters.[26]

Über die Fähigkeit zu trauern

Vielfach sind die Zeugnisse des elterlichen (und insbesondere des väterlichen) Schmerzes über diesen Verlust: Giovanni di Pagolo Morelli (um 1400) oder Giovanni Pontano (um 1500) könnten hier angeführt werden[27], der Arzt Antonio da Romagno in Feltre (1398): *»Mirae indolis puer, quem super omnes amabam . . .«*[28] oder der Wiener Stadtarzt Johannes Tichtel (1484): *»Dulcis mi puer!«*[29]; der Augsburger Burkard Zink (1396–1474), dessen erstes Töchterchen Anna 1429 neunjährig starb: »das was sicher als ein hüpsch kind, daß im jederman zarten muest«, oder der Frankfurter Patrizier Bernhard Rorbach (1446–1482), der seinem verstorbenen Söhnchen selbst den Sarg zimmerte, ihn verschloß und zum Erbbegräbnis der Familie begleitete.[30]

Die sogenannten Haus- und Familienchroniken sind durch ihre chronologische Genauigkeit vielfach in der Lage, eine Reihe von Fragen des Sozialhistorikers zu beantworten: Am Beispiel des Burkard Zink, die nach der Kinderzahl (18), der Geschlechterverteilung (sieben Knaben, elf Mädchen), der Kindersterblichkeit (vier Söhne, sieben Töchter), der Namengebung (drei Kinder erhielten den Namen vorher verstorbener Geschwister, Johannes und Ursula, Anna wird sogar dreimal vergeben), sowie schließlich nach den Geburtenabständen (zwischen 17 und 24 Monaten).[31] In seiner Skizze über »Die Familie in der deutschen Stadt« hat Erich Maschke weitere dieser Familienchroniken ausgewertet und für die Aufzeichnungen des Lucas Rem (1481 bis 1541), Anton Tuchers und Ulman Stromers jeweils Kinderzahl und -sterblichkeit sowie die Geburtenabstände festgehalten.[32]

Betrachten wir abschließend eine dieser spätmittelalterlichen Familienchroniken näher! Die Familie ist die Albrecht Dürers; die Aufzeichnungen über seine Eltern und Geschwister sind unter familiengeschichtlichen Fragestellungen bisher offenbar noch nicht herangezogen worden. Dürers Vater war Goldschmied in Nürnberg – womit sich der Kreis auch geographisch schließt. Dort ging er am 6. August 1467 die Ehe mit Barbara Holper ein. Aus dieser Verbindung gingen bis zum Jahr 1492 achtzehn Kinder hervor, sieben Mädchen und elf Knaben. Der ältere Albrecht Dürer hat Tag und Stunde ihrer Geburt ebenso wie die Patenschaften genau verzeichnet: »Item nach Christi geburth 1468 jar, an St. Margarethen abendt (12. Juli) in der sechsten stundt deß tags, gebahr mir mein hausfrau Barbara meine erste tochter. Ward mein gevatter die alt Margareth von Weissenburg und nannt mirs kind Barbara nach seiner mutter.«[33]

So erfahren wir aus diesen Aufzeichnungen, daß die erstgeborene Tochter Barbara nach der Mutter und Albrecht Dürer selbst als drittes Kind nach dem Vater benannt wurden. Nach den jeweiligen Patinnen und Paten sind neun Kinder benannt: Sebald, Agnes, Ursula, Hans, Agnes (2), Catharina, Endres, Sebald (2), Carl. Zwei Kinder, Agnes und Sebald, nehmen den Namen inzwischen verstorbener Geschwister wieder auf, »ersetzen« deren Namen. Hans wird sogar dreimal vergeben: für das zweite, zehnte und endgültig für das siebzehnte Kind. Mit seinen Brüdern Endres und Albrecht lebt dieser Hans als einziger noch 1524: »Nun seind diese meine geschwistrigt, meines lieben vatters kinder, alle gestorben, etliche in der jugend, die andern, so sie erwachsen. Allein leben wir drei brüder noch ...«

Auf die Erziehung ihrer Kinder haben die Eltern große Sorgfalt verwandt: »Dieser mein lieber vatter hat großen fleiß auf seine kinder, die auf die ehr gottes zu ziehen. Dann sein höchst begehren war, daß er seine kinder mit zucht woll aufbrechte, damit sie vor gott und den menschen angenehm würden.« Die Hauptlast lag freilich auch hier bei der Mutter: Die durchschnittlichen Abstände zwischen den Geburten ihrer Kinder (darunter einer Zwillingsgeburt) lagen bei einem Jahr und sieben Monaten und schwankten zwischen neun und längstens 29 Monaten. Ihr großer Sohn hat dieser Mutter künstlerisch und in seinem Gedenkbuch auch literarisch ein Denkmal gesetzt.

Anmerkungen

1 Ariès, Ph.: Geschichte der Kindheit. Mit einem Vorwort von H. von Hentig. München 1975, S. 209.

2 Ebenda S. 92. – Über »Ariès und die Folgen« vgl. Arnold, K.: Kind und Gesellschaft in Mittelalter und Renaissance. Beiträge und Texte zur Geschichte der Kindheit. Paderborn 1980, S. 10ff.

3 Shorter, E.: Die Geburt der modernen Familie. Reinbek 1977, S. 196–234. deMause, L.: Hört ihr die Kinder weinen. Eine psycho-genetische Geschichte der Kindheit. Frankfurt/Main 1977, bes. S. 12ff. Batinter, E.: Die Mutterliebe. Geschichte eines Gefühls vom 17. Jahrhundert bis heute. München 1981. Hierzu zuletzt: Wilson, St.: The myth of motherhood a myth: the historical view of European child rearing. Social History 9 (1984), S. 81–198.

4 Ariès (wie Anm. 1), S. 500.

5 Der lateinische Text bei Werminghoff, A.: Conrad Celtis und sein Buch über Nürnberg. Freiburg i. Br. 1921, S. 158.

6 Die Chroniken der deutschen Städte III, 4. Leipzig 1872, S. 382f.

7 Friedrich Bernbeck. Kitzinger Chronik, hrsg. von L. Bachmann. Kitzingen 1899, Ndr. 1975, S. 15, 195.

8 Greiner, J.: Die Kinderzeche in Dinkelsbühl. Alt-Dinkelsbühl 14, 1927.

9 Arnold (wie Anm. 2), S. 111.

10 Raedts, P.: The children's crusade of 1212. J. of Medieval History 1977, S. 279 bis 323. Gäbler, U.: Der »Kinderkreuzzug« vom Jahre 1212. Schweizerische Z. für Geschichte 28 (1978), S. 1–14.

11 Delalande, J.: Les extraordinaires croisades d'enfants et des pastoureaux au Moyen Age: Les pèlerinages d'enfants au Mont Saint-Michel. Paris 1962. Gäbler, U.: Die Kinderwallfahrten aus Deutschland und der Schweiz zum Mont Saint-Michel 1456–1459. Z. für Schweizerische Kirchengeschichte 63 (1969), S. 242ff.

12 Alltag im Spätmittelalter, hrsg. von H. Kühnel. Graz 1984, S. 23, Abb. 19.

13 Weitere Zeugnisse elterlicher Zuneigung bei Arnold (wie Anm. 2), bes. S. 78ff.

14 Eyben, E.: Die Einteilung des menschlichen Lebens im römischen Altertum. Rheinisches Museum für Philologie 116 (1973), S. 150–190. Loux, Fr.: Das Kind und sein Körper in der Volksmedizin. Eine historisch-ethnographische Studie. Stuttgart 1980. Milis, J.: Het kind in de Middeleeuwen. Beschouwingen over methode en onderzoek. Tijdschrift voor geschiedenis 94 (1981), S. 377–390.

15 Belege für den Bereich der Lebensalter: Arnold (wie Anm. 2), S. 17–27.

16 Roeder, F.: Über die Erziehung der vornehmen angelsächsischen Jugend in fremden Häusern. Halle a. S. 1910, S. 3ff.

[17] Boswell, J. E.: Expositio and Oblatio: The Abandonment of Children and the Ancient and Medieval Family. The American Historical Review 89, 1 (1984), S. 10–33.

[18] Hanawalt, B. A.: Childrearing Among the Lower Classes of Late Medieval England. J. of Interdisciplinary History 8 (1977), S. 1–22.

[19] Herlihy, D.: Medieval Children. In: Essays on Medieval Civilisation, ed. by B. K. Lackner and K. R. Philip. Austin–London 1978, S. 109–141.

[20] Zu diesem Aspekt der Kindersterblichkeit Arnold (wie Anm. 2), S. 35ff.

[21] Vgl. hierzu den Beitrag zum Thema Familienplanung von A. Kammeier-Nebel in diesem Band.

[22] Boswell (wie Anm. 17). Stein-Wilkeshuis, M. W.: Het kind in de Oudijslands samenleving. Groningen 1970. Röper, Fr. Fr.: Das verwaiste Kind in Anstalt und Heim. Ein Beitrag zur historischen Entwicklung der Fremderziehung. Göttingen 1976.

[23] Beck, P.: Noms de baptême et structures sociales à Nuits (Bourgogne) à la fin du Moyen Age. Bulletin philologique et historique. 1980, S. 253–266. Pegeot, P.: Un exemple de parenté baptismale à la fin du Moyen Age. Porrentruy 1482–1500. In: Les entrées de la vie: Initiations et apprentissages. Annales de l'Est 34 (1982), S. 53–70. Klapisch-Zuber, Chr.: L'attribution d'un prénom à l'enfant en Toscane à la fin du Moyen Age. In: L'enfant au Moyen Age. Aix-en-Provence 1980, S. 73–84.

[24] Abels, B.-U.: Ausgrabungen und Funde in Oberfranken 1, 1977/78. Geschichte am Obermain. Jahrbuch des Colloquium Historicum Wirsbergense 12 (1978/79), S. 190f. Ahrens, C.: Die Leute von Ketzendorf. In: Sachsen und Angelsachsen. Hamburg 1978, S. 323–344. Bach, H., S. Dusek: Slawen in Thüringen. Weimar 1971. Gejvall, N.-G.: Westerhus. Lund 1960.

[25] Die interessante Arbeit von Etter, H. F. und J. E. Schneider: Zur Stellung von Kind und Frau im Frühmittelalter. Eine archäologisch-anthropologische Synthese. Z. für Schweizerische Archäologie und Kunstgeschichte 39 (1982), S. 48–67 ist in methodischer Hinsicht leider ungenügend abgesichert.

[26] Biget, J.-L., J. Tricard: Livres de raison et démographie familiale en Limousin au XVe siècle. Annales de Démographie historique 1981, S. 321–363.

[27] Arnold (wie Anm. 2), S. 37ff.

[28] Biasuz, G.: Un luttoso periodo della vita di Antonio da Romagno. Archivio storico di Belluno Feltre e Cadore, 50 (1979), S. 69–74. Den Hinweis auf diesen Aufsatz verdanke ich Frau Andrea Kammeier-Nebel M. A.

[29] Alltag im Spätmittelalter (wie Anm. 12), S. 157.

[30] Maschke, E.: Die Familie in der deutschen Stadt des späten Mittelalters. Heidelberg 1980, S. 47.

[31] Arnold (wie Anm. 2), S. 32f., S. 173f., S. 182f.

[32] Maschke (wie Anm. 30), S. 20ff. Nitschke, A.: Die Stellung des Kindes in der Familie im Spätmittelalter und in der Renaissance. In: Haus und Familie in der spätmittelalterlichen Stadt, hrsg. von A. Haverkamp. Köln 1984, S. 215–243.

[33] Dürers Familienchronik. In: A. Dürer, Schriftlicher Nachlaß, hrsg. von H. Rupprich. Berlin 1956, S. 27–31.

ANDREA KAMMEIER-NEBEL

Wenn eine Frau Kräutertränke zu sich genommen hat, um nicht zu empfangen ...

Geburtenbeschränkung im frühen Mittelalter

Caesarius, Bischof von Arles zwischen 503 und 543, mahnte in einem Brief an die Priester seiner Provinz und andere Bischöfe, sie sollten das Volk in Predigten darauf hinweisen, »daß keine Frau einen Trank nehmen darf, der sie unfähig macht zu empfangen oder die Kraft der Natur in ihr beeinträchtigt, die nach dem Willen Gottes fruchtbar sein soll. So oft sie hätte empfangen oder gebären können, so vieler Morde wird sie für schuldig gehalten werden, und falls sie sich nicht einer angemessenen Buße unterwirft, wird sie zu ewigem Tode in der Hölle verdammt sein. Wenn eine Frau keine Kinder haben will, soll sie das fromm und gewissenhaft mit ihrem Mann vereinbaren; denn eine christliche Frau ist allein durch Keuschheit unfruchtbar.« In einer seiner eigenen Predigten beschreibt er, daß manche Frauen, »wenn sie ein oder zwei Kinder geboren haben, die übrigen entweder nach der Geburt töten, oder mit Hilfe abtreibender Tränke beseitigen, da sie fürchten, sie könnten, wenn sie noch mehr Kinder bekommen, vielleicht nicht reich werden« (Noonan, 1969, S. 17f.).

Die Klagen des Caesarius über diese Praxis stehen nicht allein. Beredtes Zeugnis von den Versuchen der Bevölkerung, den Kindersegen in Grenzen zu halten, geben auch die Bußbücher *(libri poenitentiales)*, katalogartige Zusammenstellungen von Sünden und deren Bußen, die den Priestern bei der Anhörung der Beichte als Hilfsmittel dienten. In der Merseburger Bußordnung (etwa 680–780) heißt es zum Beispiel: »Wenn irgendeine Frau ... ihren weiblichen Körper derartig verändert, daß sie keine Kinder mehr haben kann, büße sie 7 Jahre, 5 davon mit Wasser und Brot, und darüber hinaus kleide sie bei den Armen drei als weiße Engel oder mache Kleider für die Kirche und gebe viele Spenden und vermehre sie darüber hinaus noch, damit sie nicht des Totschlages angeklagt wird« (Schmitz, 1958, S. 379). Bischof

Burchard von Worms weist die Priester etwa 300 Jahre später auch dazu an, die Verbreiter dieser Kenntnisse zur Rechenschaft zu ziehen: »Hast du getan, was manche Frauen zu tun pflegen, wenn sie Unzucht treiben und ihre Leibesfrucht töten wollen, nämlich mit ihren Zaubermitteln und ihren Kräutern so zu handeln, daß sie den Embryo töten oder beseitigen, oder, wenn sie nicht empfangen haben, es so einzurichten, daß sie nicht empfangen? Wenn du solches getan hast oder damit einverstanden warst oder es andere gelehrt hast, mußt du zehn Jahre lang an kirchlichen Wochentagen Buße tun ... Es ist aber ein großer Unterschied, ob sie eine arme Frau ist, und solches tut, weil sie Not hat, ihre Kinder zu ernähren, oder ob sie es tut, um ein Verbrechen der Unzucht zu verbergen« (Noonan, 1969, S. 192f.).

Caesarius beurteilte Geburtenbeschränkung aus finanziellen Gründen als Habgier, während Burchard Verständnis für die Not von Frauen hatte, die eine ständig wachsende Kinderschar nicht ernähren konnten – wenn auch die Tat als solche strafwürdig blieb. Unerbittlich verurteilt wurden jedoch diejenigen, die aus Angst vor den sichtbaren Folgen unerlaubten Geschlechtsverkehrs verhüteten, abtrieben, die Kinder nach der Geburt töteten oder aussetzten. Dabei sprechen die Verfasser der Bußbücher nicht nur die Frauen an. Auch Männer – Laien wie Kleriker – wurden befragt, ob sie eine Frau zur Abtreibung anhielten oder gar das Kind nach der Geburt selbst töteten. Die Empfängnisverhütung wird jedoch zumeist mit Frauen in Zusammenhang gebracht. Männer erscheinen eher als Opfer eines Zaubers, der Sterilität bewirken sollte. Diese Art, anderen aus Mißgunst oder Haß Schaden zuzufügen, wird in den Bußbüchern ebenfalls erwähnt. Dabei schreckten manche anscheinend auch nicht davor zurück, eine Fehlgeburt herbeizuführen (Noonan, 1969, S. 183ff.).

Die fortwährende Wiederholung dieser Verbote zeigt, daß es die Kirche nicht leicht hatte, ihre moralischen Vorstellungen über den Geschlechtsverkehr und die Zeugung durchzusetzen. Geschlechtsverkehr erlaubte sie nur den Eheleuten und mit der ausdrücklichen Betonung, daß die Zeugung Ziel des ehelichen Verkehrs sein sollte. Die sexuelle Begierde wurde als Auswirkung der Erbsünde und als permanente Kraft im Fleisch des Menschen angesehen, die die Vernunft besiegt und den Menschen zur Sünde verführt. Es wurde zwar anerkannt, daß Begierde und Zeugung nicht völlig voneinander getrennt werden können, doch blieb die Begierde während des Beischlafes immer eine, wenn auch läßliche Sünde. Wurde sie jedoch in den Vordergrund gestellt und die Zeugung nach Möglichkeit verhindert, dann beging das Paar Ehebruch (Noonan, 1969, S. 83ff.). Diese Ansichten konnte die Bevölkerung anscheinend nur schwer nachvollziehen. »Unsere Frauen sind uns rechtmäßig angetraut, wenn wir von ihnen zu unserem Vergnügen und wann immer wir wollen, Gebrauch machen, so sündigen wir nicht. (. . .) Die Geschlechtsorgane wurden von Gott geschaffen, damit die Gatten Beziehungen zueinander haben. Es ist nicht einzusehen, warum es ein Fehler sein soll, wenn diese aus Vergnügen zustande kommen« (Riché, 1981, S. 71). So gibt Bischof Jonas von Orléans (gest. 842) die Meinung aus dem Volk wieder.

Es ist auch fraglich, ob die Bevölkerung in bezug auf das Lebensrecht von Kindern – besonders ungeborenen – die Einstellung der Kirche teilte. Die Kirche sah den Embryo nach seiner Beseelung, die bei Jungen am 40. und bei Mädchen am 80. Tag stattfinden sollte, als vollwertigen Menschen an. Abtreibung, Aussetzung, da man den Tod des Kindes in Kauf nahm, und natürlich die Kindestötung wurden folglich als Mord betrachtet. Aber auch die Empfängnisverhütung galt bei einigen Autoren, wie wir schon sahen, als Mord, da sie den natürlichen Zusammenhang zwischen Geschlechtsverkehr und Zeugung und damit den Prozeß des Lebens schon in der ersten Phase unterbindet.

In den meisten Volksrechten (5. bis 9. Jahrhundert) tritt uns eine andere Auffassung entgegen. In einigen wird die Abtreibung nicht erwähnt, während andere nur auf die Abtreibung durch Dritte eingehen. Die Person, die den Abort verursacht hatte, mußte der Familie Schadensersatz zahlen. Die Eigenabtreibung wurde hingegen in diesen Gesetzen nicht verfolgt. Das friesische Recht geht sogar noch einen Schritt weiter und gestattet der Mutter, das Neugeborene, das noch keine Nahrung zu sich genommen hatte, straflos zu töten. Das Ungeborene und unter gewissen Bedingungen auch das Neugeborene galten in diesen Gesetzen als Besitz der Familie und hatten kein ausdrücklich festgelegtes Lebensrecht als menschliche Personen. Nur wenige Gesetze schlossen sich der christlichen Beurteilung dieser Tatbestände an und belegten die Abtreibung in jeder Form, Kindesaussetzung und -tötung mit harten Strafen. Die Empfängnisverhütung ist nur in den salfränkischen Gesetzen behandelt worden. Aber auch hier wurde nicht die Frau, die verhütete, sondern die Geberin des Trankes verurteilt. Da dieses Delikt unter den Artikeln gegen Zauberei zu finden ist, galt wahrscheinlich vor allem die zauberische Handlung, die bei der Empfängnisverhütung vermutet wurde, als strafwürdig (Niederhellmann, 1983, S. 120f.).

Beide Quellengruppen sprechen, wenn sie auf abortive und kontrazeptive Mittel und Methoden eingehen, von Kräutertränken und Zauberei. Die Kenntnisse der Bevölkerung sind jedoch nicht überliefert. Man findet aber, entgegen der naheliegenden Vermutung, daß die Mönche diese Praxis aufgrund ihres Glaubens verleugnen und verfolgen mußten, einige Hinweise in klösterlichen Rezeptarien.

Emmanagoga, das heißt Mittel, die die Menstruation hervorrufen sollten, werden in diesen Quellen am häufigsten erwähnt. In einer gefalteten Handschrift aus dem Kloster St. Gallen, die wahrscheinlich im 9. Jahrhundert entstand und möglicherweise einem fahrenden Arzt als Vademecum diente, heißt es: »Ebenfalls zur Auslösung der Menstruation: Koche Sade, eine Selleriewurzel, Fenchel, Liebstöckel und Petersilie in Wein und gib es zu trinken. Dazu lege Rainfarn, Fieberkraut und Beifuss in Butter auf den Nabel« (Köpp, 1980, S. 107). Man schätzte auch die verstärkende Wirkung eines heißen Bades auf den Blutfluß. Denn nach einem weiteren Rezept soll ein Trank aus ähnlichen Zutaten, wenn nötig, an drei Tagen im Bade gereicht werden. Die Emmanagoga wurden vor allem den Frauen empfohlen, »die noch nie rein waren«, damit sie »rein und trocken werden« (Köpp, 1980, S. 107). Die Vorstellung, daß der Körper der Frau sich durch den Blutfluß von unreinen Substanzen befreie und ein Ausbleiben der Regel zu Krankheit führe, war im Mittelalter weit verbreitet (Diepgen, 1963, S. 107f.). Es ist daher ungewiß, ob diese Mittel zu therapeutischen Zwecken eingesetzt wurden oder ob die Frauen bei Ausbleiben der Menstruation mit diesen Mitteln zu einem frühen Zeitpunkt einen Abort hervorriefen. Über die Vorstellungen zum Zeugungsvorgang und den Verlauf der Schwangerschaft in der Bevölkerung ist allerdings nur wenig bekannt.

Zur rascheren Ausstoßung eines im Mutterleib verstorbenen Kindes empfiehlt das Rezeptar ein Mittel, das unter anderem Petersilie, Fenchel- und Selleriesamen enthält. Andere Rezepte enthalten Sade und Raute. Besonders im Samen dieser Pflanzen sind ätherische Öle enthalten, die bei hoher Konzentration eine Abtreibung herbeiführen. Es kann durchaus sein, daß diese Mittel, die hier als geburtsunterstützende Mittel beschrieben werden, auch als Abtreibungsmittel zum Einsatz kamen.

Die einzige empfängnisverhütende Methode, die in diesem Rezeptar erwähnt wird, beruht auf Zauberei. »Damit eine Frau nicht empfängt, entferne man einem lebenden Wiesel die Hoden und lasse das Tier wieder laufen, wickle sie in eine Eselshaut und binde diese der Frau um, so wird sie nicht schwanger« (Köpp, 1980, S. 107).

Die Mönche bezogen dieses Wissen zum größten Teil aus den überlieferten antiken Quellen. Die Ärzte der Antike, wie zum Beispiel Soranus (98–138), verfügten allerdings über einen weit größeren und effektiveren Wissensschatz. Man kann vermuten, daß dieses Wissen, soweit es der Bevölkerung bekannt gewesen ist, zumindest in den ehemaligen römischen Gebieten den Untergang der antiken Gesellschaft überlebte. Doch für einen Nachweis fehlen die Quellen.

Dieses Problem erhebt sich auch bei den Fragen nach Verbreitung, Ausmaß und Auswirkungen der Geburtenbeschränkung. Denn Quellen, die sich demographisch auswerten lassen, gibt es für das frühe Mittelalter nur wenige, und sie überliefern die Informationen über die Bevölkerung in einer Form, die es nicht erlaubt, präzise Aussagen über Geburtenabstände und die genaue Kinderzahl zu machen.

Diese Daten sind jedoch für eine demographische Untersuchung zur Geburtenbeschränkung unerläßlich. Man geht davon aus, daß eine Frau, die nicht verhütet und regelmäßigen Geschlechtsverkehr hat, etwa alle zwei Jahre schwanger wird. Fehlernährung, physische und psychische Belastungen und vor allem eine lange Stillzeit können diesen als »natürlich« bezeichneten Geburtenabstand auf 31 bis 48 Monate verlängern. Geburtenabstände, die diesen Zeitraum überschreiten, führt man auf fehlenden Geschlechtsverkehr oder auf bewußte Geburtenbeschränkung zurück (Imhof, 1977, S. 79f.).

Die Geburtsdaten breiter Volksschichten werden jedoch erst ab dem 16. Jahrhundert überliefert. Die Pfarrer wurden im Zuge der Kirchenreformen nach der Reformation zunehmend dazu angehalten, die Geburts-, Tauf-, Hochzeits- und Sterbedaten ihrer Pfarrkinder in Kirchenbüchern festzuhalten. Im frühen Mittelalter aber verzeichnete man oft nicht einmal die genauen Geburts- und Sterbedaten der königlichen Familienmitglieder.

Lediglich in Güterverzeichnissen von Klöstern und Adligen, in denen deren Landbesitz, die zu erwartenden Einnahmen und die

Frondienste der abhängigen Bauern festgehalten wurden (Polyptychon), sind größere Gruppen der Bevölkerung verzeichnet. Während die meisten nur die Haushaltsvorstände, die für Abgaben und Dienstleistungen verantwortlich waren, aufführen, zählen die sogenannten großen Polyptycha einiger Klöster auch die übrigen Familienmitglieder und, soweit vorhanden, Mägde und Knechte auf. Mit Hilfe dieser Polyptycha erhält man Momentaufnahmen gleichende Einblicke in die bäuerliche Bevölkerung, die in Gebieten des heutigen Frankreich, im Westen Deutschlands und in Italien lebte.

Für jedes Kloster ist nur eine einzige Aufnahme des Besitzes und der darauf lebenden Bevölkerung überliefert. Ob der Knecht Abrahil und seine Frau, die Litin Bertild, Eigenleute von Saint-Germain, neben den verzeichneten Kindern Abram, Avremar und Bertrada noch weitere, vielleicht schon gestorbene, vielleicht schon erwachsene Kinder mit eigenem Hausstand hatten, läßt sich daher ebensowenig ergründen wie die Frage, ob Bertild ihrem Mann noch mehr Kinder gebar (vgl. Auszüge aus dem Polyptychon, Borst, 1979, S. 34f.). Die Polyptycha geben nur die Zahl der zum Zeitpunkt der Zählung im Haushalt lebenden Kinder wieder. Die relativ niedrige durchschnittliche Kinderzahl in diesen bäuerlichen Familien von etwa drei bis vier Kindern kann daher nicht einfach auf Geburtenbeschränkung zurückgeführt werden. Die durch archäologisch-anthropologische Untersuchungen von früh- und hochmittelalterlichen Gräberfeldern ermittelte hohe Kindersterblichkeit von 40 bis 60 Prozent läßt im Gegenteil auf eine höhere Geburtenrate schließen.

Nur ein einziges Polyptychon bietet die Möglichkeit eines genaueren Einblickes in das generative Verhalten der bäuerlichen Bevölkerung. Im Polyptychon von Saint-Victor in Marseille (814) werden zwar nicht die Geburtsdaten der Kinder genannt, aber das Alter der Kinder zwischen zwei und fünfzehn Jahren wurde festgehalten (Guérard, 1857, S. 633–656).

Auf einem der Höfe im Dorf Lambiscum nördlich von Marseille lebte Valerianus mit seiner Ehefrau Desiderada. Zum Zeitpunkt der Zählung hatten sie vier Kinder. Anastasia war fünf Jahre, Stephanus vier Jahre und Martinus drei Jahre alt. Das jüngste stillte die Mutter noch (Guérard, 1857, S. 634). Es kann zwischen wenigen Tagen und knapp zwei Jahren alt gewesen sein. Im Polyptychon werden, mit einer Ausnahme, keine Altersangaben zu wenigen Monaten alten und einjährigen Kindern gemacht. Sie werden pauschal als *infantes ad uber,* als Kinder, die gestillt werden, bezeichnet.

In Sinaca, einem Dorf nahebei, bewirtschafteten Fulcomares, seine Ehefrau Vuteria und ihre sieben Kinder einen Hof. Radebodus, Dominicus und Domnildis waren über fünfzehn Jahre alt. Diese Jugendlichen bezeichnet die Quelle als *filii baccalarii* oder *filiae baccalariae.* Die jüngeren Kinder – Fulcorad, Beto, Ingomares und Romildis – waren elf, fünf, drei und zwei Jahre alt (Guérard, 1857, S. 639).

Desideradas Kinder weisen Altersabstände von einem, beziehungsweise im Falle des Säuglings, dessen genaues Alter man nicht kennt, von ein bis drei Jahren auf. Sie hat also fast jedes Jahr ein Kind zur Welt gebracht. Aber selbst wenn der Säugling gerade erst geboren worden war, als die Familie erfaßt wurde, entspräche der Altersabstand zwischen ihm und dem nächstälteren Kind immer noch einem »natürlichen« Geburtenabstand. Desiderada und Valerianus haben bis zu diesem Zeitpunkt ihrer Ehe keine Maßnahmen ergriffen, den Geburtensegen zu verhindern – oder zumindest keine erfolgreichen Maßnahmen.

Aber wie hat man die Altersabstände zwischen den Kindern von Fulcomares und Vuteria zu interpretieren? Zwischen Domnildis und dem elfjährigen Fulcorad liegt ein Altersabstand von mindestens vier Jahren, und Beto ist wiederum sechs Jahre jünger als Fulcorad. Ingomares hingegen folgt Beto in einem zweijährigen Altersabstand und die Jüngste – Romildis – ist ein Jahr jünger als Ingomares. Haben Fulcomares und Vuteria zwischenzeitlich versucht, weitere Geburten zu verhindern?

In den untersuchten 25 Familien treten Altersabstände, wie in dieser Familie, die den noch »natürlich« zu nennenden Zeitraum von vier Jahren überschreiten, fast ausschließlich in Familien auf, die Kinder im Alter zwischen einem bis fünfzehn beziehungsweise über fünfzehn Jahren, und solchen, die Kinder zwischen sechs bis fünfzehn Jahren hatten. In Familien mit Kindern zwischen ein bis fünf Jahren hingegen beträgt der Altersabstand zumeist ein bis drei Jahre, was einem »natürlichen« Geburtenabstand entspricht. Wenn man Zahl und Alter der Kinder als Maßstab für die Dauer des Bestehens der Familien anerkennt, treten hohe Altersabstände also vor allem in »älteren« Familien auf. Kann man hieraus schließen, daß die Ehepaare nach einigen Geburten mit mehr oder weniger großem Erfolg versuchten, weitere Geburten zu verhindern?

Ein Vergleich der altersspezifischen Verteilung aller Kinder im Polyptychon zeigte, daß auch in der Gegend von Marseille die Kinder von einer hohen Sterblichkeit betroffen waren. Unter allen im Polyptychon verzeichneten Kindern finden sich, soweit sich ihr Alter feststellen läßt, 100 bis zu fünf Jahre alte Kinder, jedoch nur 54 Sechs- bis Zehnjährige und 18 Elf- bis Fünfzehnjährige. Da die Kinder im Mittelalter schon recht früh als selbständig galten (Arnold, 1980, S. 24), kann es sein, daß die letzte Altersgruppe aufgrund von Abwanderung aus dem Elternhaus so klein war. Die hohen Altersabstände zwischen den Kindern von Fulcomares und Vuteria und den anderen »älteren« Familien muß man daher vor allem auf die hohe Kindersterblichkeit und zum Teil auch auf eine Abwanderung aus dem Elternhaus zurückführen.

Aus diesem Ergebnis kann man jedoch nicht schließen, daß es in diesem Gebiet keine Geburtenbeschränkung gegeben hat. Das Polyptychon beschreibt lediglich die Familien von Bauern und Handwerkern in einem für eine derartige Untersuchung notwendigen Maße. Über die Situation von verheirateten Mägden und ledigen Frauen zum Beispiel, die vielleicht aufgrund ihrer ökonomischen Situation oder ihres sozialen Status eher zu solchen Mitteln griffen, werden in dieser Quelle keine ausreichenden Aussagen gemacht.

Da das Polyptychon von St. Victor die einzige Quelle ist, die das Alter von Kindern einer größeren Bevölkerung wiedergibt, wird man das wahre Ausmaß der Geburtenbeschränkung im frühen Mittelalter kaum feststellen können. Das Wissen über dieses Problem beschränkt sich also auf das, was wir aus den kirchlichen, medizinischen und rechtlichen Quellen schließen können.

Literatur

Arnold, K.: Kind und Gesellschaft in Mittelalter und Renaissance. Beiträge und Texte zur Geschichte der Kindheit. München-Paderborn 1980. Sammlung Zebra, Reihe B, Bd. 2.

Borst, A.: Lebensformen im Mittelalter. Frankfurt/M.–Berlin–Wien 1979.

Diepgen, P.: Frau und Frauenheilkunde in der Kultur des Mittelalters. Stuttgart 1963.

Guérard, B. (Ed.): Descriptio mancipiorum ecclesie Massiliensis, in: Cartulaire de l'abbaye de Saint-Victor de Marseille, vol. 2, Paris 1857. Collection des Cartulaires de France, vol. 9, S. 633–656.

Imhof, A. E.: Einführung in die Historische Demographie. München 1977.

Köpp, P.: Vademecum eines frühmittelalterlichen Arztes. Die gefaltete lateinische Handschrift medizinischen Inhalts im Codex 217 und der Fragmentensammlung 1396 der Stiftsbibliothek in St. Gallen. Aarau–Frankfurt/M.–Salzburg 1980.

Niederhellmann, A.: Arzt und Heilkunde in den frühmittelalterlichen Leges. Eine wort- und sachkundliche Untersuchung. Berlin–New York 1983. Arbeiten zur Frühmittelalterforschung, Bd. 12.

Noonan, J. T.: Empfängnisverhütung. Geschichte ihrer Beurteilung in der katholischen Theologie und im kanonischen Recht. Mainz 1969.

Riché, P.: Die Welt der Karolinger. Stuttgart 1981.

Schmitz, H. J.: Die Bußbücher und die Bußdisciplin der Kirche, Mainz 1883, Ndr. Graz 1958.

KARL-ERNST BEHRE

Die Ernährung im Mittelalter

Unser Wissen um die mittelalterlichen Kulturpflanzen stammte ursprünglich vor allem aus schriftlichen Quellen, wie Abgabenregister, Zollrollen usw. sowie aus der beschreibenden Literatur. Diese Quellen sind aber oft einseitig und unvollständig und müssen deshalb sehr kritisch ausgewertet werden. Mit der erheblichen Zunahme von Ausgrabungen mittelalterlicher Siedlungen in den letzten Jahren steht jetzt auch fossiles, verkohltes und unverkohltes Kulturpflanzenmaterial zur Verfügung, das oftmals ein ganz anderes und vollständigeres Bild liefert und auch Aussagen über Gebiete ermöglicht, aus denen schriftliche Quellen zur Ernährung fehlen. Besonders die Ernährungswirtschaft des schriftarmen frühen Mittelalters ist durch archäologisches Material erhellt worden, wie im folgenden noch gezeigt werden wird.

Die Ernährungsgrundlagen

Der Bestand an Kulturpflanzen unterschied sich im Mittelalter ganz erheblich von der heutigen Vielfalt, und damit sah die pflanzliche Ernährung wesentlich anders aus als heute. Es fehlten vor allem die Arten aus der Neuen Welt, die nicht nur unseren Speisezettel bereichert haben, sondern von denen einige, wie Kartoffeln und Mais, eine derart hohe Biomassenproduktion pro Flächeneinheit erreichen, daß ihr Anbau auch quantitativ für die Sättigung der Bevölkerung und ihres Viehbestandes eine große Bedeutung erlangt hat.

Die Vielfalt der Ernährung war im Mittelalter erheblich geringer als heute. Vor allem das Gemüse spielte damals eine viel schwächere Rolle. Erbsen gab es, und die Pferdebohne *(Vicia faba)* war sehr wichtig, zumal die heute gebräuchlichen *Phaseolus*-Bohnen erst später aus Amerika kamen. Auch Kraut, Kohl und Rüben werden als Speisen der ärmeren Bevölkerung oft genannt. Aus Kräuterbüchern, landwirtschaftlichen Beschreibungen und auch von alten Bildern wissen wir, daß viele Gemüsearten damals, wenn überhaupt, noch in sehr einfachen Formen kultiviert wurden. Die Entwicklung des Gemüses machte ihren großen Sprung erst in der Neuzeit, besonders deutlich erkennbar an der Differenzierung des Kohls in verschiedene Sorten und an den Rüben.

Schwanitz (1967) hat in anschaulicher Weise die Entwicklung der heutigen Mohrrübe dargestellt, indem er die Abbildungen aus verschieden alten Kräuterbüchern chronologisch geordnet hat (Abb. 1). Ein wesentlicher Grund für die geringe Bedeutung der Rüben lag auch darin, daß ihr Anbau nicht in das im Mittelalter weit verbreitete Dreifeldersystem paßte, so daß ihr flächenmäßiger Anbau, ähnlich wie der der Kartoffel, erst erheblich später mit der Auflösung dieser Wirtschaftsform ermöglicht wurde. Danach konnten sie auch als wichtiges Futtermittel eingesetzt werden.

Der Obstbau hatte bereits während der Römerzeit große Fortschritte gemacht. Damals wurden zahlreiche neue Arten und Sorten aus Italien in die römischen Provinzen nördlich der Alpen gebracht und hier kultiviert. Vor allem drang die in Rom hoch entwickelte Technik des Pfropfens auch in die Provinzen vor und ermöglichte das Züchten

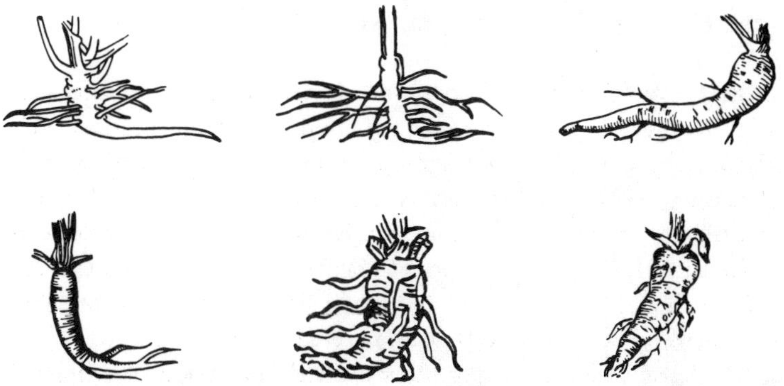

1 Die Veränderung der Wurzelform der Möhre *(Daucus carota L.)* nach Bildern aus Kräuterbüchern. Obere Reihe von links nach rechts: Möhrenwurzel nach Fuchs, 1543, nach Dodoens, 1554, nach Gerarde, 1597; untere Reihe: nach Parkinson, 1640, nach de Ville, 1680, nach Zwinger, 1774 (aus Schwanitz 1967).

und Erhalten verschiedener Obstsorten nebeneinander. Diese hochstehende Obstkultur endete allerdings an der Grenze des römischen Reiches. Außerhalb, in der *Germania libera,* war der Obstbau nicht nur aus klimatischen Gründen unterentwickelt. Deshalb spielte dort das Sammeln von Wildobst noch lange eine erhebliche Rolle.

Im frühen Mittelalter waren die Verhältnisse noch etwa so wie in der Römerzeit. Erst langsam drangen neue Agrartechnologien – besonders das Pfropfen – über den römischen Limes hinaus nach Norden vor. Dabei waren es vor allem die Klöster, die diese Verbesserungen einführten und von denen aus sie sich ausbreiteten. Erst etwa vom Jahre 1000 ab können wir auch in Norddeutschland mit einem gehobenen Obstbau rechnen.

Die Basis der pflanzlichen Ernährung im Mittelalter lieferten die Getreidearten. Hier war die Vielfalt deutlich größer als heute, und jede Art hatte ihre bestimmten Anbaugebiete und Verwendungsweisen. Das frühe Mittelalter, das heißt das 8. bis 10. Jahrhundert, erlebte die stürmische Ausdehnung des Roggenbaus, der im späten Mittelalter die bei weitem wichtigste Getreideart in Mitteleuropa wurde und sich auch auf den guten Böden einen festen Anteil eroberte. Neben Gerste, Saatweizen und Hafer spielten die heute fast vergessene Rispenhirse und gebietsweise Dinkel, Emmer und lokal auch Einkorn noch eine Rolle. Oft wird auch der Buchweizen als wichtige mittelalterliche Kulturpflanze angesehen. Unabhängig davon, daß er zwar getreideähnlich verarbeitet wird, aber botanisch zu den Knöterichgewächsen gehört, ist er jedoch erst spät im Gefolge der Tatarenstürme bei uns eingeführt worden. Der Buchweizen kam als letzte wichtige Kulturpflanze, bevor die Invasion neuer Kulturpflanzen aus Amerika einsetzte, und seine ersten Erwähnungen fallen in das späte 14. Jahrhundert. Größere Bedeutung erlangte er erst in der Neuzeit auf Moor- und Sandböden.

Dringend notwendig war im Mittelalter auch die Gewinnung pflanzlicher Öle. Archäologisches Material und schriftliche Quellen zeigen, daß der Anbau von Lein zur Ölgewinnung (wie auch als Faserpflanze) fast überall betrieben wurde. Neben dem Lein spielte der heute bei uns nicht mehr kultivierte Leindotter eine Rolle, der zur Familie der Kreuzblütler gehört. Auch die Samen der ebenfalls in diese Familie gehörenden Ölpflanzen Raps und Rübsen wurden schon ausgepreßt, ihr Öl erlangte aber erst in der Neuzeit größere Bedeutung. In buchenreichen Landschaften wurden in erheblichem Umfang auch Bucheckern gesammelt und Öl daraus gewonnen.

Ein wichtiges Problem im Mittelalter war das Süßen der Speisen. Rohrzucker gelangte seit dem ausgehenden Mittelalter langsam nach Mitteleuropa und wurde erst seit dem 18. Jahrhundert allgemein benutzt. Lange gehörte er zu den Luxusgütern. Die Rübenzuckergewinnung wurde bekanntlich erst in der späten Neuzeit entwickelt. Im Mittelalter stand lange Zeit hindurch nur Honig als Süßstoff zur Verfügung. Gemessen am Bedarf war dessen Produktion allerdings viel zu gering. Man wird annehmen können, daß nur die damalige Oberschicht ihre Speisen ausreichend süßen konnte, während die Masse der Bevölkerung in einem heute kaum vorstellbaren sauren Zeitalter lebte, auch wenn es ihr damals kaum bewußt war.

Im Gegensatz zu den Kulturpflanzen war bei den Haustieren der Artenbestand im Mittelalter der gleiche wie heute. Rind, Schwein, Schaf und Ziege, daneben auch das Pferd sowie Geflügel wurden gehalten und deren Fleisch gegessen. Hinzu kamen wie heute das jagdbare Wild und der Fischfang. Der Eiweißbedarf wurde weitgehend mit Fleisch und Fisch gedeckt. Wegen der strengen Fastenvorschriften spielten Fischzucht und Fischhandel eine wichtige Rolle.

Die Selbstversorgung auf dem Lande

Im frühen Mittelalter war Deutschland ein fast reines Agrarland. Die Städte standen erst am Beginn ihrer Entwicklung, und die Verkehrswege waren noch kaum ausgebaut. Entsprechend gering war der Austausch zwischen den verschiedenen Landschaften, der sich nur auf die notwendigsten Güter erstreckte. Archäologische Ausgrabungen bäuerlicher Siedlungen haben besonders für das frühe Mittelalter, aus dem uns schriftliche Quellen über die Ernährung fast völlig fehlen, zum Teil reiches Material an Kulturpflanzenresten und Tierknochen geliefert. Daraus läßt sich die damalige Ernährung gut rekonstruieren, und es zeigte sich, in welch starkem Maße die Ernährung durch den Naturraum bestimmt wurde, das heißt genauer: durch die am jeweiligen Ort vorhandenen Anbaumöglichkeiten für Kulturpflanzen und die Weidemöglichkeiten für das Vieh, aber auch noch durch die Gelegenheiten, wildwachsende Pflanzen zu sammeln.

Einige Beispiele aus Norddeutschland sollen zeigen, wie groß die Unterschiede zwischen gleichzeitigen Siedlungen gewesen sind, wenn sie in verschiedenen Naturlandschaften gelegen waren. Das erste Beispiel betrifft die Wurtensiedlung Elisenhof in Eiderstedt/Schleswig-Holstein, ein Dorf aus dem 8. bis 10. Jahrhundert n. Chr. (Wurten sind Wohnhügel in der unbedeichten Marsch, die gegen die Sturmfluten errichtet und regelmäßig erhöht wurden. Die Siedlungsschichten enthalten große Mengen Mist, in dem die Pflanzenreste meist hervorragend konserviert sind.) Eingehende Untersuchungen haben gezeigt, daß die Bewohner dieser Dorfsiedlung über fast drei Jahrhunderte hinweg nicht mehr als vier Kulturpflanzenarten angebaut und verzehrt haben (Behre, 1976). Dabei war die mit Abstand wichtigste Art die heute fast nur noch als Futtermittel verwendete Pferdebohne, *Vicia faba,* deren Reste in großen Mengen ausgegraben wurden. Getreide in Form von Gerste und Hafer trat erheblich zurück, als Ölpflanze wurde Lein angebaut. Möglichkeiten zum Sammeln von Früchten und Samen als Ergänzung zu dieser armen Nahrung gab es in der waldfreien Umgebung nicht. In dieser wie in anderen Wurten der Seemarsch erlaubten die regelmäßigen winterlichen Salzwasserüberflutungen nur einen sehr beschränkten Ackerbau mit den Arten, die diese Bedingungen aushielten. Wichtiger war in dieser exponierten Lage die Viehhaltung. Vor allem Schafe und Rinder, aber auch Schweine und Pferde bildeten die eigentliche Ernährungsbasis. Trotz dieser einseitigen Ernährungsgrundlage wurden keine anderen Kulturpflanzen aus benachbarten Gebieten eingeführt. Im frühen Mittelalter herrschte auf dem Lande bei Nahrungsmitteln das Prinzip der Selbstversorgung.

Das zweite Beispiel sind früh- und hochmittelalterliche Siedlungen in der Flußmarsch der Ems (Hatzum, Alte Boomborg). Auch dort fanden winterliche Überflutungen statt, die nur einen Sommerfruchtbau zuließen. Allerdings war es hier nicht Salzwasser, sondern Brack- bis Süßwasser, und dadurch waren die Möglichkeiten für den Ackerbau quantitativ und qualitativ erheblich besser. Der Grundbestand der Kulturpflanzen war der gleiche wie in der Seemarsch, hinzu kamen aber weitere Arten: Leindotter, Futterwicke, Apfel und als besonders bemerkenswerte Art Emmer, der an sich im Mittelalter schon sehr selten geworden war, aber offenbar auf feuchten Böden noch konkurrenzfähig blieb und hier vermutlich als Brotgetreide den Roggen ersetzte, der in der Marsch nicht angebaut werden konnte. Auch hier

2 Verkohlte Roggenkörner aus der Kirche von Timmel/Ostfriesland (um 1200). Maßstab 3:1.

3 Verkohlte Samen der Pferdebohne aus der Kirche von Timmel/Ostfriesland (um 1200). Maßstab 3:1.

ist bezeichnend, daß es keinen Nahrungsmittelaustausch mit dem nur knapp zehn Kilometer entfernten Roggenanbaugebiet gab. Die zum Teil bewaldete Flußmarsch zeigt im Gegensatz zur Seemarsch auch gewisse Möglichkeiten zum Sammeln wilder Früchte, von denen in den genannten Siedlungen sechs Arten nachgewiesen wurden.

Ein drittes Beispiel betrifft die Geest. Das sind die nährstoffarmen eiszeitlichen Sandgebiete, die als Altmoränenlandschaft große Teile des norddeutschen Tieflandes bedecken. Für die ostfriesische Geest ist trotz des Fehlens schriftlicher Quellen die pflanzliche Ernährung im frühen und hohen Mittelalter durch die Untersuchung von verkohlten Kulturpflanzen aus abgebrannten Kirchen gut bekannt (vgl. besonders Kučan, 1979). Auf den armen Geestböden dominierte im Mittelalter das Getreide und darunter ganz überwiegend der Roggen. Etwa 70 Prozent aller Ackerflächen waren mit Roggen eingesät. Weiter waren wichtig Spelzgerste und Hafer, der letztere in zwei Arten: neben dem heute üblichen hexaploiden Saathafer wurde damals (und bis ins 19. Jahrhundert hinein) der anspruchslose diploide Sandhafer kultiviert. Eine ganz untergeordnete Rolle spielten auf diesen Sandböden Weizen, Pferdebohne, Futterwicke und Erbse. Nur der Lein war als Ölpflanze neben dem Getreide wichtig und wurde regelmäßig angebaut.

Der starke Getreideanbau ist eine Erscheinung, die sich erst im Mittelalter ausbreitete und zwar zusammen mit der Einführung des Roggens. In Norddeutschland und den benachbarten Niederlanden führte diese Vergetreidung auf großen Flächen seit dem 10. Jahrhundert zum sogenannten »ewigen Roggenbau«, wobei die notwendige Nährstoffzufuhr mit Hilfe von Plaggendüngung erfolgte (Behre, 1980). Eine entsprechende getreidebeherrschte Wirtschaftsform war die in großen Teilen Deutschlands übliche Dreifelderwirtschaft. Diese fest organisierten Wirtschaftssysteme verhinderten auch die Ausbreitung anderer Kulturpflanzen und waren damit die eigentliche Ursache der einseitig getreidebetonten Ernährung in großen Teilen des Landes.

Beispiele aus dem ländlichen Bereich zeigen, daß im frühen und hohen Mittelalter selbst benachbarte Gebiete eine völlig unterschiedliche Ernährungsweise hatten, wenn sie in verschiedenen Naturräumen lagen, und daß ein Austausch der Grundnahrungsmittel zwischen ihnen kaum stattfand. Diese Unterschiede wirkten noch bis in die Neuzeit, und sie wirken noch bis in heutige Eßgewohnheiten auf dem Lande.

Städtische Ernährung

Im Mittelalter war die städtische Ernährung, verglichen mit der ländlichen, viel stärker als heute durch eine erheblich höhere Vielfalt des Angebots und durch die raffiniertere Zubereitung der Speisen gekennzeichnet. Diese Differenzierung wurde im ehemals römischen Gebiet sicherlich von den Einwohnern der alten Städte übernommen. Im Gebiet des ehemaligen freien Germanien bildete sie sich erst mit der Gründung der Städte im frühen Mittelalter heraus.

Am besten bekannt geworden aus dieser frühen und fast schriftlosen Zeit ist die frühmittelalterliche (wikingerzeitliche) Stadt Haithabu bei Schleswig, die um 800 gegründet und nach 1000 zerstört und nicht wieder aufgebaut wurde. Während der großflächigen Ausgrabungen in den sechziger Jahren sind große Mengen von Pflanzenresten (Behre, 1983) und Tierknochen (Reichstein, 1984) geborgen und bearbeitet worden, die ein recht gutes Bild der Ernährung dieser sich im Frühmittelalter zur Stadt entwickelnden Siedlung geben.

Die Zahl der für die Ernährung in Haithabu nachgewiesenen Pflanzenarten ist erheblich höher als die der gleich alten anderen Siedlungen. An Feldfrüchten standen Gerste, Roggen, Saathafer, daneben Saatweizen, Rispenhirse und Pferdebohne zur Verfügung. Der Lein spielte eine wichtige Rolle als Ölpflanze.

Sehr vielseitig waren in Haithabu die Obst- und anderen Sammelarten, zum Teil wohl zurückzuführen auf die hervorragenden Erhaltungsbedingungen, durch die auch empfindliche Reste seltener Arten überliefert wurden. An Steinobst kultivierte man Pflaumen in großer Zahl, daneben vereinzelt Pfirsiche. Weit mehr Steinobst, und zwar Schlehen und geringe Mengen von Wildkirschen, wurden in Ergänzung dazu in der Umgebung gesammelt. Das Verhältnis von gesammeltem zu kultiviertem Steinobst lag in Haithabu bei 10:1 (mit fast 10000 Fruchtsteinen statistisch gut abgesichert). Untersuchungen in der benachbarten Nachfolgestadt Schleswig haben gezeigt, daß dort mindestens bis ins 13. Jahrhundert noch mehr Steinobst gesammelt als angebaut wurde. – Beerenobst war in Haithabu mit acht Arten vertreten, alle gesammelt, wobei heute kaum noch genutzte Beeren, wie Weißdorn oder Eberesche, verwendet wurden. Bucheckern und Haselnüsse deckten etwa die Hälfte des Bedarfs an Pflanzenöl. Zum Würzen des Bieres wurde in großen Mengen Hopfen gesammelt.

Als besonders bemerkenswert geht aus den Untersuchungen hervor, daß trotz des städtischen Charakters der Siedlung Haithabu und ihrer weiten Handelsverbindungen fast alle konsumierten Kulturpflanzen von der Siedlung aus oder in ihrer unmittelbaren Umgebung kultiviert worden sind. Importiert wurden nur zwei Luxusgüter pflanzlicher Herkunft: Wein und Walnüsse. Die große Artenzahl und Menge der Sammelpflanzen ist in dem günstigen, abwechslungsreichen und stark bewaldeten Naturraum im Gebiet um Haithabu-Schleswig begründet. Auch für eine frühstädtische Siedlung gilt im frühen Mittelalter zumindest in Norddeutschland noch der Grundsatz, daß die Nahrungsmittel am Ort erzeugt wurden. Erstaunlich ist dabei die erhebliche Bedeutung, die die gesammelten Früchte hatten. Die große Vielfalt an Arten ist in Haithabu weniger auf den städtischen Charakter als auf den günstigen Naturraum zurückzuführen.

Über 220 000 untersuchte Säugetierknochen aus Haithabu lieferten sichere Informationen zur Fleischernährung. Ein Anteil der Wildtierknochen von nur 0,6 Prozent zeigt, daß die Jagd keinen nennenswerten Beitrag zur Ernährung brachte. Schwein, Rind, Schaf und Ziege summierten sich zu 97,2 Prozent der Haussäugetiere, von denen die drei letzteren auch der Milcherzeugung dienten. Hühner und Gänse kamen als wichtiges Geflügel hinzu. Weiter spielte der Fischfang, vor allem von Hering, Flußbarsch und Hecht eine wichtige Rolle. Auch die Vielseitigkeit der tierischen Ernährung in Haithabu ist zum großen Teil auf die landschaftliche Situation zurückzuführen, die den Fischfang bis in die Ostsee erlaubte.

Ähnliche Verhältnisse wie in Haithabu dürfte es während des frühen Mittelalters in der Anfangszeit auch anderer deutscher Städte gegeben haben, nur fehlen bislang genauere Kenntnisse darüber. Mit der nachfolgenden Zunahme von Handel und Gewerbe ging der Anteil der Landwirtschaft in den Städten zwangsläufig zurück. Doch auch in späterer Zeit wurde ein beträchtlicher Teil des Viehbedarfs nach wie vor in den Städten selbst gehalten, vor allem Schweine, deren Zahl meist fest reglementiert war. Für Rinder und Schafe besaßen die meisten Städte Gemeindeweiden. Von vielen mittelalterlichen Städten aus bewirtschafteten sogenannte Ackerbürger die umliegenden Felder. Gärten zum Gemüsebau lagen teils innerhalb, teils außerhalb der Städte. Diese Verhältnisse werden verständlich, wenn man bedenkt, daß von den etwa 4000 deutschen Städten im Spätmittelalter nur etwa

4 Unverkohlte Pflaumensteine aus Haithabu (9./10. Jh.). Maßstab 1,5:1.

5 Unverkohlte Körner der Rispenhirse aus Haithabu (9./10. Jh.). Maßstab 5:1.

25 mehr als 10000 Einwohner hatten, dagegen mehr als 90 Prozent weniger als 2000 Einwohner (Abel, 1967).

Mit der starken Entwicklung der vorhandenen und der Gründung zahlreicher neuer Städte im hohen und späten Mittelalter veränderte sich die städtische Eßkultur und hob sich immer stärker von den bäuerlichen Eß- und Trinkgewohnheiten ab. Wichtig waren dafür vor allem die Verbesserung der Verkehrsverbindungen und die dadurch mögliche erhebliche Steigerung des Handels mit allen Gütern, auch mit Nahrungsmitteln. Die in die Städte drängenden Menschen verschiedener Herkunft brachten eigene Eßgewohnheiten mit und bereicherten so die städtischen Speisezettel.

Kennzeichnend für die spätmittelalterliche Küche war besonders die große Anzahl von Gewürzen (zusammengestellt bei Willerding, 1984a, vgl. auch Hintze, 1934). Ein Teil der Arten, wie Kümmel, Dill, Petersilie und Knoblauch, wurde in heimischen Gärten gezogen, wichtige andere, wie Pfeffer, Zimt, Muskat, Nelken und Ingwer kamen aus dem Orient, standen aber in ausreichender Menge zur Verfügung und werden in zahlreichen Quellen aus Mitteleuropa erwähnt. Der Import exotischer Produkte aus dem Mittelmeerraum und dem Orient hat vor allem seit dem 14. Jahrhundert erheblichen Umfang gehabt. Neben den Gewürzen waren es Reis, Datteln, Feigen, Rosinen usw., die nicht nur in deutschen Städten (vgl. Willerding, 1984a), sondern ebenso in England (Green, 1984) und anderen Ländern regelmäßig nachgewiesen wurden. Parallel dazu breiteten sich seit dem späten Mittelalter Obst- und Gemüsearten weiter aus und erlangten einen festen Platz auf dem Tisch (Willerding, 1984b).

Für den Städter war es bald nur noch eine Preisfrage, welche Speisen und wieviel davon er zu essen bekam. Das bedeutete, daß auch innerhalb der Städte je nach Einkommen und sozialem Status des einzelnen die Ernährung (und das Sattwerden) der Bewohner sehr unterschiedlich war. Ausführliche Schilderungen gibt es zum Beispiel über aufwendige Zunftessen oder Hochzeitsmahle (Hintze, 1934; Epperlein, 1975), bei denen es an nichts fehlte. In vielen Städten bestimmten feste Regeln, welche Speisen etwa dem Meister oder dem Handelsherrn vorbehalten waren und was den Gesellen oder den Dienstboten als Maximum (oder auch Minimum!) zustand. Ähnliche Vorrechte und Vorschriften waren bei insgesamt einfacherer Kost auch auf dem Lande verbreitet.

Und was trank man?

Fruchtgetränke und Milch gehörten immer zur Ernährung, auch wenn sie in schriftlichen Nachrichten selten erwähnt werden und archäologisch kaum nachweisbar sind. Mit ihnen verglichen ist die Verwendung alkoholischer Getränke interessanter und auch durch die Quellen besser belegt.

Seit die Römer den Weinbau in ihre germanischen Provinzen gebracht hatten und dieser dort festen Fuß gefaßt hatte, war der Wein in den klimatisch geeigneten Gebieten das wichtigste Getränk des gehobenen Bedarfs. Zahlreiche Quellen belegen darüber hinaus seinen Export in andere Gebiete. Bereits im frühen Mittelalter, der Wikingerzeit im Norden, gibt es archäologische und historische Nachweise für einen Weinexport aus dem Oberrheingebiet, der in Fässern über Haithabu bis nach Birka bei Stockholm erfolgte. Ein wichtiger Grund für diesen Weinexport war der Bedarf an Wein im Rahmen der kirchlichen Liturgie. Deshalb folgte der Handel zwangsläufig der Christianisierung.

Außerhalb des kirchlichen und höfischen Bereichs erlangte der Wein im Norden jedoch im Mittelalter keine große Bedeutung. Bier und Met waren hier wie in Germanien die traditionellen Getränke, die man aus eigenen Mitteln herstellen konnte. Über den Gebrauch des Mets gibt es nur unzureichende schriftliche Nachrichten. Sein Genuß dürfte in Mitteleuropa im Mittelalter schnell abgeklungen sein.

Anders sieht es dagegen mit dem Bier aus, das in vielen Gegenden das wichtigste Volksgetränk im Mittelalter war. In großen Mengen wurde das Dünnbier hergestellt und getrunken, vor allem dort, wo das natürliche Wasser ungekocht nicht trinkbar war, wie zum Beispiel in den Marschgebieten. Kannenweise nahm man es mit auf den Acker und auf Reisen. Zum Brauen des Bieres wurden alle vorhandenen Getreidearten benutzt, zahlreiche Geschmacksstoffe setzte man dem Bier zu. Die Folge war eine große Vielfalt der Biersorten, die weit unterschiedlicher waren als die heutigen Biere. Einige von ihnen wurden auch medizinisch verwandt.

Eine wesentliche Verbesserung des Bieres brachte die Einführung besonderer Bierwürzen, die seine Haltbarkeit verlängerten. Hierfür kamen seit dem frühen Mittelalter Hopfen und im norddeutschen Tiefland auch Gagel in Gebrauch (Behre, 1984). Lange Zeit nahm man an, daß die Entwicklung des Hopfenbieres an die Klöster gebunden war, denn aus Corvey und Freising stammen die ältesten schriftlichen Quellen, und auch aus späterer Zeit kommt die schriftliche Überlieferung meist aus Klöstern, denn dort konnte man schreiben. In den letzten Jahren haben indes Ausgrabungen in städtischen und ländlichen Siedlungen des Mittelalters zahlreiche Reste von Hopfen und Gagel geliefert. Allein aus dem wikingerzeitlichen Haithabu kamen über 3000 Früchtchen des Hopfens. Ganz offensichtlich war die Herstellung haltbarer Biere weit verbreitet. Aus dem späten Mittelalter ist eine ganze Anzahl von Städten mit renommierten Bieren bekannt, und das Bier wurde damals bereits ein wichtiges Handelsgut. Scharfe Konkurrenz herrschte seit dem 13. Jahrhundert im deutsch-dänischen Grenzgebiet zwischen dem Gagelbier und dem etwas stärkeren »deutschen« Bier auf Hopfenbasis. Zahlreiche Handelsreglementierungen sind uns dazu überliefert.

Beim würzigen Gagelbier erkannte man erst nach und nach schädliche Nebenwirkungen, die nach starkem Biergenuß bis zur Erblindung und darüber hinaus zum Tode führen konnten. In Norddeutschland wurde deshalb 1723 durch den Kurfürsten von Hannover die Verwendung von Gagel zum Bierbrauen endgültig verboten.

Das stärkste alkoholische Getränk, der Branntwein, wurde erst im späten Mittelalter entwickelt. Er ist ein Produkt der Alchimisten, die ihn beim Destillieren entdeckten. Zunächst wurde er nur als Chemikalie benutzt, dann als Arznei, und im 15. Jahrhundert begann man ihn zu trinken, anfangs nur in kleinen Mengen.

Aus dieser Übersicht zur Ernährung im Mittelalter sind vor allem die folgenden prägenden Elemente festzuhalten: Die Ernährung wurde bestimmt durch die jeweiligen lokalen Produktionsmöglichkeiten und war damit sehr stark vom jeweiligen Naturraum abhängig. Erst mit der Herausbildung der Städte und der Verbesserung der Verkehrswege wurden die Unterschiede langsam verwischt. Neben diese produktionsbedingten Ernährungsunterschiede traten vor allem in den Städten, in geringerem Maße auf dem Lande, starke Differenzierungen im Konsum, die auf der sozialen Schichtung der Bevölkerung beruhten. Die großen Sprünge, die zur heutigen Vielfalt im Nahrungsangebot führten, geschahen erst in der Neuzeit durch die zahlreichen aus der neuen Welt eingeführten Kulturpflanzenarten und die Verbesserung und Vermehrung vieler Sorten durch systematische Züchtung.

Literatur

Abel, W.: Geschichte der deutschen Landwirtschaft vom frühen Mittelalter bis zum 19. Jahrhundert. In: Franz, G. (Ed.): Deutsche Agrargeschichte, II. Stuttgart 1967.

Behre, K.-E.: Die Pflanzenreste aus der frühgeschichtlichen Wurt Elisenhof. Studien zur Küstenarchäologie Schleswig-Holsteins Serie A, 2. Bern–Frankfurt/M. 1976.

Behre, K.-E.: Zur mittelalterlichen Plaggenwirtschaft in Norddeutschland und angrenzenden Gebieten nach botanischen Untersuchungen. Abhandl. Akad. d. Wissensch. Göttingen, Phil.-Hist. Kl., 3. Folge, 116 (1980), S. 30–44.

Behre, K.-E.: Ernährung und Umwelt der wikingerzeitlichen Siedlung Haithabu. (Die Ergebnisse der Untersuchungen der Pflanzenreste). Die Ausgrabungen in Haithabu 8. Neumünster 1983.

Behre, K.-E.: Zur Geschichte der Bierwürzen nach Fruchtfunden und schriftlichen Quellen. In: Van Zeist, W. und W. A. Casparie (Eds.): Plants and Ancient Man. Studies in palaeoethnobotany. Rotterdam 1984, S. 115–122.

Epperlein, S.: Der Bauer im Bild des Mittelalters. Leipzig 1975.

Fischer-Benzon, R. v.: Altdeutsche Gartenflora. Kiel und Leipzig 1972. (Unveränderter Neudruck der Ausgabe von 1894).

Green, F. J.: The archaeological and documentary evidence for plants from the medieval period in England. In: Van Zeist, W. und W. A. Casparie (Eds.): Plants and Ancient Man. Studies in palaeoethnobotany. Rotterdam 1984, S. 99–122.

Hintze, K.: Geographie und Geschichte der Ernährung. Schaan/Liechtenstein 1982. (Unveränderter Neudruck der Ausgabe von 1934).

Kučan, D.: Mittelalterliche Kulturpflanzen und Unkräuter aus ostfriesischen Kirchen. Probleme der Küstenforschung 13. Hildesheim 1979, S. 23–38.

Reichstein, H.: Tierische Nahrung in Haithabu. In: Jankuhn, H., et al. (Eds.): Archäologische und naturwissenschaftliche Untersuchungen an ländlichen und frühstädtischen Siedlungen im deutschen Küstengebiet vom 5. Jahrhundert v. Chr. bis zum 11. Jahrhundert n. Chr., 2. Weinheim 1984, S. 215–230.

Schwanitz, F.: Die Evolution der Kulturpflanzen. München–Basel–Wien 1967.

Willerding, U.: Paläo-ethnobotanische Befunde und schriftliche sowie ikonographische Zeugnisse in Zentraleuropa. In: Van Zeist, W. und W. A. Casparie (Eds.): Plants and Ancient Man. Studies in palaeoethnobotany. Rotterdam 1984, S. 75–98 (= 1984 a).

Willerding, U.: Ur- und Frühgeschichte des Gartenbaues. In: Franz, G. (Ed.): Deutsche Agrargeschichte. Stuttgart 1984, S. 39–68 (= 1984 b).

Johanna Maria van Winter

Kochen und Essen im Mittelalter

Um die mittelalterliche Küche zu verstehen, muß man mit der Kochkunst der Römer beginnen, weil diese wahrscheinlich noch lange nach dem Zerfall des Römischen Reiches ihren Einfluß behalten hat. Zwei Zutaten, die dabei eine große Rolle gespielt haben, sind die Flüssigkeit *Liquamen* oder *Garum,* und die körnige Substanz *Asa foetida* oder *Laser parthicum.* Sie finden ausgiebige Verwendung in dem berühmten Kochbuch *»De re coquinaria«,* Über die Kochkunst, von Marcus Gavius Apicius, einem steinreichen Feinschmecker aus dem 1. Jahrhundert n. Chr. Seine Rezepte wurden wahrscheinlich nur teilweise von ihm selbst niedergeschrieben, teilweise mündlich überliefert und von späteren Generationen festgehalten, bis am Ende des 4. Jahrhunderts das Kochbuch entstanden war, das um 1500 zum ersten Mal in Venedig gedruckt wurde und uns jetzt in einer lateinisch-französischen Edition zugänglich ist.[1]

Liquamen, in anderen Quellen auch *Garum* genannt, war das Salzmittel der verfeinerten römischen Küche und wurde meistens nicht von den Köchen selber, sondern in Fabriken hergestellt, unter anderem in Pompeji. Dazu nahm man Gefäße von etwa 30 Liter, füllte sie abwechselnd mit Schichten von Fisch, Salz und getrockneten Kräutern, ließ diese Mischung zugedeckt in der Sonne während einer Woche fermentieren und rührte sie dann 20 Tage lang jeden Tag einmal gut durch, bis die Fische und Kräuter ganz zergangen waren. Die so entstandene Flüssigkeit wurde filtriert und in Töpfen verkauft. Sie riecht nicht schön, wie schon Apicius wußte, doch schmeckt sie sehr gut in seinen Rezepten. Oft wird sie kombiniert mit Olivenöl und Wein, manchmal dazu mit Honig oder Honigwein und mit Pfeffer, Liebstöckel und Origano. Die Kräuter, die zum *Liquamen* benutzt werden sollten, waren: Dill, Koriander, Fenchel, Sellerie, Bohnenkraut, Scharlachkraut, Weinraute, Gartenminze, wilde Minze, Liebstöckel, Poleiminze, Feldkümmel, Origano, Betonie und Leberklette.

Die andere bedeutende Ingredienz riecht ebenfalls übel und schmeckt dazu nach heutigen Maßstäben nicht gut, wurde jedoch von den Römern anscheinend massenhaft verwendet. Es ist die *Asa foetida,* eine Substanz aus den Wurzeln einer persischen Ginsterpflanze. Ursprünglich benutzten die Römer nicht dieses sogenannte *Laser parthicum,* sondern das *Silphium* oder *Laser picium* aus Nordafrika, eine Pflanze, die jedoch so verschwenderisch viel gegessen wurde, daß sie schon im 1. Jahrhundert fast völlig ausgerottet war. Die Römer importierten damals schon als Ersatz das *Laser parthicum,* das wir heute in der Apotheke unter dem Namen *Asa foetida* oder Teufelsdreck bekommen können. In größeren Mengen unter die Speisen gemischt, ist es für uns kaum erträglich und gibt sehr schnell ein Gefühl der Sättigung. In kleineren Quantitäten jedoch ist es nicht unangenehm.

Aus diesen zwei Produkten, *Liquamen* und *Asa foetida,* läßt sich vieles über den Geschmack der Römer schließen: pikant und gewürzt, mit Kräutern aus dem Mittelmeergebiet, die man zum Teil im eigenen Garten anbaute. Viel weniger wurden die scharfen Gewürze aus Ostasien wie Ingwer und Kardamom benutzt, obwohl diese bekannt waren. Nur der Pfeffer, weiß und schwarz, fand vielfache Verwendung. Zucker war als Süßmittel unbekannt. Er wurde erst im 7. Jahrhundert aus Indien nach Vorderasien importiert, im 10. Jahrhundert von den Arabern auf Sizilien angebaut und erst zur Zeit der Kreuzzüge in Westeuropa bekannt. Anstelle des Zuckers wurde Honig benutzt oder eingekochter und daher süß gewordener Wein und Rosinen, Datteln und Feigen. Sonst bestand das Lebensmittelpaket der Römer aus Fisch, Geflügel, weniger aus Schweine-, Rind- oder Schafsfleisch, dafür vielen Hülsenfrüchten wie Erbsen und Linsen, daneben Obst, Gemüse, Käse und Getreidearten. Kartoffeln gab es natürlich noch nicht, ebensowenig wie im Mittelalter, dafür gab es Teigwaren, sofern das Wort *tracta* damit richtig übersetzt ist.

Ob und, wenn ja, wie lange sich diese Ernährungsweise im westeuropäischen Mittelalter erhalten hat, ist kaum zu sagen, weil dafür die Quellen fehlen. Man kann nur feststellen, daß es im Geschmack für Kräuter eine gewisse Kontinuität gegeben haben muß, mindestens bis zur Karolingerzeit. Dies läßt sich zum Beispiel aus einer Urkunde des Merowingerkönigs Chilperichs II. für das Kloster Corbie in Nordfrankreich (das Mutterkloster des deutschen Corvey) aus dem Jahre 716 schließen[2], die wiederum eine Bestätigung einer Urkunde Chlotarius' III. war aus dem dritten Viertel des 7. Jahrhunderts, worin er Zollfreiheit für die folgenden Eßwaren gestattete, die über den Zoll zu Fos bei Marseille importiert wurden: Olivenöl, *Garum,* Pfeffer, Gartenkümmel, Gewürznelken, Zimt, Lavendel, *Costus* (eine aromatische Wurzel aus Indien, deren Name schon im 8. Jahrhundert für eine ganz andere Pflanze, die Frauenminze, verwendet wurde), Datteln, Feigen, Mandeln, Oliven, Erbsen und Reis. Damals wurde also das *Garum* noch immer verwendet, zusammen mit Pfeffer und einigen anderen indischen Gewürzen, die *Asa foetida* jedoch nicht mehr.

Weitere Hinweise darauf, wie wichtig die Gartenkräuter geblieben waren, sind die Bestimmungen im Schlußkapitel des *»Capitulare de villis«* Karls des Großen[3], wo etwa 70 Kräuter und Gemüse zum Anbau in den Gärten jeder Domäne vorgeschrieben wurden. Darunter finden sich die meisten der für die *Garum*-Herstellung benötigten Pflanzen, mit Ausnahme von Feldkümmel, Origano, Betonie und Leberklette. Dazu gibt es noch andere Kräuter und verschiedene Arten von Gemüsen, wie Bohnen, Erbsen, Zwiebeln, Schnittlauch und Knoblauch, Gurken, Rüben, Endivie und Lattich und weiter Obstbäume. Eine gute vitaminreiche Diät war der karolingischen Bevölkerung also gesichert, wenn sie Karls des Großen Domänenordnung einhielt. Dasselbe gilt für die Mönche von St. Gallen, wenn diese wirklich die Pflanzen anbauten und benutzten, die im St. Galler Klosterplan um 817 vermerkt stehen.[4] Es gab dort drei verschiedene Arten von Gärten mit Nutzpflanzen: den *hortus* oder Gemüsegarten, den *herbularius* oder Kräutergarten und den Obstbaumgarten. Ganz getrennt waren die Pflanzenarten jedoch nicht, denn im *hortus* wuchsen neben Gemüse wie Zwiebeln, Lauch, Rüben, Lattich, Pastinak und Kohl auch Kräuter wie Sellerie, Koriander, Dill, Mohn, Petersilie, Kerbel, Bohnenkraut und Schwarzkümmel. Und im *herbularius* finden wir nicht nur Rose, Lilie und Schwertel, sondern auch Stangenbohne vermerkt neben Kräutern wie (wiederum) Bohnenkraut, Frauenminze, Bockshornklee, Rosmarin, Pfefferminze und Krauseminze, Flöhkraut, Kreuzkümmel, Liebstöckel und Fenchel. Unter den Obstbäumen treffen wir Apfel, Birne, Pflaume, Quitte, Mispel, Feige, Kastanie, Pfirsich, Haselnuß und Walnuß, Mandel, Maulbeer und Lorbeer.

Die Mönche durften Gemüse und Obst essen, da in der Regel des heiligen Benedikt steht, daß bei jeder Mahlzeit zwei gekochte Gerichte gereicht werden sollen und wenn Obst oder frisches Gemüse gereicht werden auch ein drittes.[5] Walahfrid Strabo, Abt des Klosters Reichenau im 9. Jahrhundert, besang in seinem Gedicht *»De cultura hortorum«* die Pflanzen seines Klostergartens[6], wie Salbei, Weinraute, Beifuß, Kürbis, Fenchel, Liebstöckel, Kerbel, Mohn, Scharlei, Minze, Flöhkraut, Sellerie, Betonie, Leberklette, Katzenminze und Rettich, sowie Rose, Lilie und Schwertel. Zum größten Teil finden wir dieselben Gewächse auch im *»Capitulare de villis«* und im St. Galler Klosterplan, so daß wir auf eine breite Verwendung in der Karolingerzeit schließen dürfen. Kochrezepte mit diesen Kräutern sind meines Wissens nicht bekannt, auch nicht für die Verfeinerung der gereichten Speisen. Dasselbe trifft zu für die Werdener Speiseordnung des 11. Jahrhunderts[7], nach welcher die Klosterbrüder in Werden an der Ruhr abwechselnd Fisch und Käse, Fisch und Eier sowie Käse mit Gemüse zu essen bekamen und als Getränke Wein und Bier und am Sonntag Met.

Daß es immerhin möglich war, mit einfachen und den Klosterbrüdern gestatteten Bestandteilen sehr raffinierte Speisefolgen zusammenzustellen, beweisen die spottenden Worte, die Bernhard von Clairvaux 1124 in seiner *»Apologia ad Guillelmum«* den Cluniazensischen Eßgewohnheiten widmete[8]: »Inzwischen wird der eine nach dem anderen Gang aufgetischt, und anstatt des Fleisches, wovon man sich ferngehalten, wird doppelt soviel großer Fische gereicht. Und wenn man vom ersten Gang gesättigt ist und den zweiten berührt, hat es den Anschein, als hätte man den ersten noch nicht gegessen. Denn mit so großer Sorgfalt und Kunst der Köche wird alles zubereitet, daß sogar, wenn vier oder fünf Gänge verzehrt sind, die früheren Speisen kein Hemmnis für die späteren bedeuten und die Sättigung den Appetit nicht verringert. Denn wenn der Gaumen von neuen Gewürzen gereizt wird, entwöhnt er sich allmählich der altbekannten und erneuert sich gefräßig im Verlangen nach ausländischen Geschmäcken als wäre er noch nüchtern. Der Magen jedoch wird, ohne es zu wissen, überladen, doch die Abwechslung verdrängt die Abneigung. Denn weil wir einen Widerwillen haben gegen pure Speisen, wie die Natur sie gemacht hat, wird die Freßsucht von allerhand falschen Geschmäcken erregt, während die Speisen auf zahllose Weisen miteinander vermischt und die natürlichen Geschmäcke, die Gott in die Sachen gesteckt hat, verschmäht werden. Das Maß der Notwendigkeit wird zweifellos überschritten, doch der Genuß ist noch nicht besiegt. Denn wer kann sagen, auf wie viele Weisen allein schon Eier (um von anderen Sachen ganz zu schweigen) gedreht und gequält werden, mit wieviel Fleiß sie auseinander geholt, geschlagen, flüssig oder hart gemacht und verkleinert werden; und bald geröstet, bald geschmort, mal gefüllt, mal gemischt oder einzeln aufgetischt werden? Wozu dies alles, wenn nicht als Zugeständnis an den Widerwillen? Darauf wird der äußerliche Anschein der Dinge soweit geändert, daß nicht weniger das Auge als der Geschmack sich freuen kann; und obwohl der Magen sich schon durch zahllose Rülpser gesättigt zeigt, ist doch die Neugier noch nicht befriedigt. Doch während die Augen von Farben und der Gaumen von Geschmäcken verführt werden, wird der unglückliche Magen, weder von Farben beleuchtet noch von Geschmäcken gestreichelt und dennoch gezwungen alles aufzunehmen, unter dem Druck mehr verschüttet als erquickt.«

Soweit Bernhard von Clairvaux, der damit gerade das verurteilte, was später den Ruhm der französischen Küche ausmachen sollte, nämlich die raffinierte Reihenfolge der Gänge, wobei die früheren Speisen keine Sättigung, sondern im Gegenteil einen besseren Appetit für die späteren erregen. In Cluny hat Europa zu essen gelernt!

Inzwischen war diese verfeinerte Speisenfolge jedoch noch weit davon entfernt, allgemein üblich zu werden, soweit wir nach den überlieferten Speisekarten für hochherrschaftliche und königliche Mahlzeiten urteilen dürfen. Da gab es meistens nur zwei oder drei Gänge, doch jeder Gang umfaßte mehr als zehn Gerichte, süß, scharf und sauer, Fisch und Fleisch, Gekochtes, Geröstetes und Gebratenes durcheinander.

Nun soll aber nicht bei den Mahlzeiten als Ganzes verweilt werden, wie interessant dies auch wäre, sondern bei einzelnen Gerichten.[9] Es ist nämlich möglich, die Rezepte der spätmittelalterlichen Kochkunst zu erschließen und mehr oder weniger genau nachzukochen. Dabei ist auffällig, daß sich der Geschmack seit der Spätantike und auch der Karolingerzeit ziemlich weitgehend geändert hat: nicht mehr die vielen Kräuter und Gemüse, mit *Garum* als Salzmittel, sondern viele neue scharfe Gewürze aus dem Orient, mit Zucker und Essig oder saurem Apfelsaft *(verjus)* verarbeitet. Es wurden zwar noch Kräuter verwendet, doch kaum andere als Petersilie, Bohnenkraut, Salbei und Ysop.

Man brauchte dabei kaum noch Salz, kochte es oft auch nicht mit, sondern fügte es nach dem Kochen nach Geschmack hinzu. Nun kann man einwenden, daß in vielen Gerichten Fleisch oder Fisch benutzt wurden, die an sich schon stark gesalzen sein konnten (obwohl das in den Kochbüchern niemals verzeichnet ist). Doch scheint dieser Einwand im allgemeinen nicht zutreffend, weil es sehr viele gleichartige Rezepte mit Hühnern oder anderem Geflügel gibt, wobei man diese Vögel frisch aus dem eigenen Hof holte oder als Jagdbeute mitbrachte. In diesem Zusammenhang ist ein weiterer Hinweis angebracht: Man meint oft, daß die Menschen des Mittelalters die vielen scharfen Gewürze nur verwendeten, weil sie es immer mit verdorbenem Fleisch zu tun hatten. Doch obwohl einzuräumen ist, daß die »Warenprüfungsgesetze« damals gewiß elastischer waren als in unserer Zeit, ist es nicht zutreffend, daß man im Mittelalter ständig am Rande einer Fleischvergiftung schwebte und dies mit starken Geschmacksstoffen zu vertuschen versuchte. Man wußte sehr gut, was bekömmlich war, und hütete sich nicht nur vor wirklich verdorbenem Fleisch, sondern zum Beispiel auch vor rohem Wasser, an dessen Stelle man Wein oder Fleischbrühe nahm. Die Behauptung, daß die Menschen im Mittelalter einen »anderen« Magen hatten als wir und ständig die unmöglichsten Dinge verdauten, ist nicht aufrechtzuhalten. Die mittelalterlichen Speisen sind auch nach heutigem Geschmack gar nicht so unmöglich und schmecken oft sogar sehr gut. Nur gibt es einen Unterschied gegenüber unseren Eßgewohnheiten: Man aß schwerere Sachen und größere Mengen auf einmal, doch unregelmäßiger; und wenn schon regelmäßig wie in den Klöstern, dann gab es höchstens zwei Mahlzeiten pro Tag.

Wenn der Geschmack sich seit der Karolingerzeit ziemlich stark geändert hat, so muß die Ursache dafür nicht im bisherigen Essen halbverdorbenen Fleisches oder Fisches, sondern in anderen Umständen gesucht werden, und zwar an erster Stelle im Orienthandel Venedigs. Für die Kaufleute des 10. und 11. Jahrhunderts war es unverkennbar, daß für die kleinen Schiffe und einfachen Hafenausstattungen die besten Gewinnchancen in kleinen, nicht viel Platz einnehmenden Waren steckten, die dennoch ihrer Seltenheit wegen sehr kostbar waren. Die asiatischen Gewürze, auf engem Raum und einfach transportierbar und damals noch selten, entsprachen dieser Forderung am besten. Die Waren wurden aus dem Orient nach Vorderasien transportiert und erreichten mit venezianischen Schiffen Italien. Von dort wurden sie weiter über Land in den Norden gebracht, wo sie auf den *Foires de Champagne* Zwischenhändler fanden im Austausch gegen flandrische Wolltücher und andere nordische Produkte.

Es handelte sich nun nicht nur um die schon im Altertum bekannten und geschätzten Gewürze, wie vor allem Pfeffer und Ingwer, Cardamom und Zimt, sondern auch um Muskatnuß und Muskatblüte, Gewürznelken und Galgant. Dazu kam ein Artikel aus Vorderasien, der noch teurer war (und es noch immer ist) als die ostasiatischen Gewürze, nämlich Safran, die dunkelgelbe Narbe des weiß blühenden *Crocus sativus*. Im Altertum wurde er mehr als Arznei als zum Essen benutzt, doch im Mittelalter durfte er in keiner verfeinerten Küche fehlen und diente vor allem zum Gelbfärben der Speisen. Safran war so teuer wie Gold, wenigstens wenn er nicht gefälscht war.

Wie es im einzelnen dazu gekommen ist, daß die neuen exotischen Gewürze einen Markt im Westen gefunden und allmählich die herrschende Geschmacksrichtung stark beeinflußt und geändert haben, ist nicht bekannt, weil für die Zeit zwischen der Spätantike und dem 14. Jahrhundert die Kochbücher fehlen. Sonst hätte man vielleicht die allmähliche Ausbreitung der Gewürze an Häfen und Klöstern verfolgen und gegebenenfalls feststellen können, ob es schon einen Markt gab, welcher suggerierte, daß es zum guten Ton und Status gehörte, gewürzreich zu essen.

Ein weiteres Produkt des Orients, das seit den Kreuzzügen in Westeuropa eingeführt wurde, war der Rohrzucker, obwohl daneben noch viel Honig verwendet wurde. Rohrzucker war viel teurer als Honig und wie die orientalischen Gewürze nur für die wohlhabenderen Leute zugänglich.

Man kann diese Zutaten aber kaum schon verbreitet nennen, denn für die breite Masse der Bauern- und Stadtbevölkerung waren sie viel zu teuer. Wie diese sich ernährt hat, läßt sich nur vermuten, weil genauere Überlieferungen darüber fehlen. Es ist wahrscheinlich, daß Brot, Getreidebreie, Schmalz und Wurst zum Lebensmittelpaket gehörten, ferner Gemüse wie Zwiebeln, Kohl und Pastinak. Daß viel frisches Obst gegessen wurde, ist zu bezweifeln, weil es nicht für gesund gehalten wurde, rohe Sachen zu verzehren.

Was wir über die Kochrezepte des Mittelalters konkret wissen, entstammt den Kochbüchern des 14. und 15. Jahrhunderts, von denen uns mehr überliefert sind, als man gemeinhin meint. Das berühmteste Kochbuch war wohl der *»Viandier«* von Guillaume Tirel, genannt Taillevent, Hauptkoch des französischen Königs Karl V. um 1370, der schon im 14. Jahrhundert mehrfach abgeschrieben wurde und auch das andere berühmte französische Kochbuch, *»Le Ménagier de Paris«* (um 1393) weitgehend beeinflußt hat.[10] Einige Jahre später entstand eine englische Sammlung von Kochrezepten aus der königlichen Haushaltung.[11]

Von etwa 1430 und 1450 datieren zwei weitere englische Kochbücher.[12] Aus dem deutschsprachigen Gebiet besitzen wir als älteste erhalten gebliebene Sammlung das »Buch von guter spise«, um 1350 in Würzburg von einem bischöflichen Protonotar angelegt und wohl einer geistlichen Hofhaltung entstammend. Ebenfalls aus geistlichen, wohl klösterlichen Haushaltungen stammen das alemannische »Büchlein von guter Speise« vom Anfang des 15. Jahrhunderts aus der Bodenseegegend und ein mittelniederdeutsches Kochbuch des 15. Jahrhunderts aus Niedersachsen.[13] Darüber hinaus sind noch Rezepte der Deutschordensritter in Ostpreußen und Kochtexte aus weltlichem Bereich wie zum Beispiel das Kochbuch Meister Eberhards, des Kochs von Herzog Heinrich von Bayern-Landshut, und das Kochbuch von Meister Hannsen, dem Koch eines Herren von Württemberg erhalten. All diese sind Handschriften des 15. Jahrhunderts, die in Editionen des 19. oder 20. Jahrhunderts vorliegen. Als ältestes gedrucktes deutsches Kochbuch gilt die »Küchenmeisterey«, von Peter Wagner um 1490 in Nürnberg gedruckt, von der es eine Faksimile-Ausgabe von 1939 gibt.

Für die Niederlande beginnt die Reihe der Kochbücher erst spät mit einer Postinkunabel, um 1510 in Brüssel von Thomas von der Noot gedruckt unter dem Titel *»Een notabel boecxken van cokeryen«*. Dagegen sind mittelalterliche Kochtexte uns aus den Niederlanden, soviel bekannt ist, bis auf eine Ausnahme aus dem 15. Jahrhundert[14], nicht überliefert. Warum nicht, ist schwer zu sagen: Sind sie verlorengegangen, oder hat man an den niederländischen Fürstenhöfen weitgehend französische Kochbücher benützt? Daß jedenfalls die bürgerliche Küche in den Niederlanden stark »international« und nicht nur französisch, sondern auch englisch und deutsch beeinflußt war, beweisen die Rezepte bei Thomas von der Noot, die doch wohl für ein breiteres, gutbürgerliches Publikum gemeint waren.

Allgemein muß man sich bewußt sein, daß geschriebene und gedruckte Kochbücher im Mittelalter nur für bessergestellte Leute zugänglich waren, für Leute, die lesen konnten, an erster Stelle also Geistliche (daher die vielen Klosterkochbücher) und dann vornehme adelige Damen und reiche Bürger. Wie die durchschnittlich ungebildete Bevölkerung in der Stadt und auf dem Lande sich ernährte, kann man den Kochbüchern also nicht entnehmen.

Als Beispiel dafür, wie sich die niederländische, französische, englische und deutsche Küche gegenseitig beeinflußten, stelle ich im folgenden in vier Sprachen ein Rezept für einen *Blancmanger (Blamensier)* oder Deutschen Brei vor. In chronologischer Folge und als Basis für die weiteren Rezepte als erstes ein Blamensier aus dem »Buch von guter spise«[15]: »Wilt du machen einen blamensier, Wie man sol machen einen blamenser. Man sol nemen zigenin milich und mache mandels ein halp phunt. einen virdunc ryses sol man stozzen zu mele, und tu daz in die milich kalt. und nim eines hunes brust, die sol man zeisen und sol die hacken dor in. und ein rein smaltz soll man dor in tun. und sol ez dor inne sieden. und gibs im genuc und nime es denne wider. und nim gest zzen violn und wirfe den dor in. und einen vierdunc zuckers tu man, dor in und gebs hin.«

Man macht also eine Mandelmilch aus geriebenen Mandeln und Ziegenmilch und kocht diese mit Reismehl, gekochtem und gehacktem Hühnerfleisch, Schmalz und Zucker, mit Veilchen, wohl für die Farbe, als Zutat. Es entsteht dann ein süßer nahrhafter Brei, der übrigens wenig Geschmack hat, weil er weder gesalzen noch gewürzt ist. In dieser Hinsicht hat sich schon vieles gebessert im niedersächsischen Kochbuch des 15. Jahrhunderts, wo die Mandelmilch nicht mit Ziegenmilch, sondern mit Wein zubereitet wird und wo anstatt des Zuckers Gewürze benutzt werden: Ingwer, Muskatblüte, Kardamom und Nelken: »Item wiltu maken blaemantir, so nym rises eynen halven verding unde also vele mandelkerne. So nym dat rysz unde wassche id reyne unde wriff de hulsen alle wech. So nym unde lat dat risz droghen. So nym de kerne unde make reyne. Unde make de dicke myt wyne. So nym de dunne melk. Do in dat risz. Rore dat sere. So nym dre bruste van dren braden honeren unde plucke clene also eyn har. Rore de in dat risz. So nym witten ingever, muschatenblomen, paradiseskorne unde neghelken unde stod tosammende. Rore dat in dat risz unde eigesdodere. Unde giff dat in de schottele.«[16]

Dieser Brei hat offensichtlich auch außerhalb des deutschen Reiches Liebhaber gefunden und bekam unter den Händen des Taillevent die folgende Form (Taillevent, »*Le Viandier*«, S. 83):

»Brouet d'Allemaigne de chair, de connins et de Poullaile. Prenez vostre chair, et la despeciez, et la mettez souffrire en sain de lart, et de l'ongnon menu messié; puis affinez amendes grant foyson, et destrempez de vin et de boullon de beuf, puis faictes boullir avec vostre grain; puis affinez gingenbre, canelle, girofle, grainne de paradiz, noiz muguetes, bien peu de saffran; et soit sur le jaune et lyant, deffait de verjus.«

Und beim Ménagier de Paris, das heißt in einem Appendix zu seinem Kochbuch aus der Mitte des 15. Jahrhunderts (Ménagier, S. 276): »Item, Brouès d'Allemaigne. Prenés amandes et les broiés, et peu de blanc pain avecques, et au couller vergus et vin blanc et boullon dous, et gingembre et du safren, et tout boulli ensamble, et du sucre dedens; et mettés vous brouès sur chappons rotis ou boullis, oisons ou jouvenes connins, et mettés au boullir ung peu d'ongnons fris en sain de lart dedens bien menus.«

Die Mandelmilch ist wieder mit Wein zubereitet und dann mit Fleischbrühe, und der Zucker ist, wenigstens bei Taillevent, wieder durch Gewürze ersetzt und zwar durch: Ingwer, Zimt, Nelken, Kardamom, Muskatnuß und Safran für die Farbe. Dazu kommen noch Zwiebeln (gebacken in Schmalz, *en sain de lart*), die in den eigentlichen Blancmanger-Rezepten immer fehlen, und *verjus,* das heißt Saft aus sauren Trauben oder Äpfeln. Weil die Zwiebeln in den Blancmanger-Rezepten der deutschen Küche fehlen, kann man sich fragen, ob der *Brouet d'Allemaigne* oder Deutsche Brei wirklich von einem Blancmanger abgeleitet wurde, zumal Blancmanger ein französisches Wort ist und es bei Taillevent und dem Ménagier de Paris auch Blancmanger-Rezepte gibt, die jedoch nur für Kranke gedacht waren: mit Zucker und ohne Schmalz und Zwiebeln, zuweilen mit und manchmal ohne Gewürze. Dennoch läßt sich in den deutschen Texten keine bessere Vorlage für einen *Brouet d'Allemaigne* finden als eben der Blamensier. Vielleicht haben wir es hier mit einer wechselseitigen Beeinflussung zu tun in dem Sinne, daß der französische Blancmanger nach Deutschland auswanderte, um nachher in zwei anderen Versionen nach Frankreich zurückzukehren, nämlich als Blancmanger für Kranke mit Zucker ohne Schmalz und Zwiebeln und als Deutscher Brei ohne Zucker mit

Schmalz und Zwiebeln und stark gewürzt. Mandelmilch und Hühnerfleisch sind in den beiden Versionen beibehalten worden. Mandelmilch dickt, wenn sie gekocht wird, und man braucht also nicht unbedingt Reismehl zum Binden.

Die englische Küche wurde wahrscheinlich weitgehend von der französischen angeregt, auch in den Namen einzelner Gerichte. Das folgende Beispiel entstammt den *»Ordinances and Regulations for the Government of the Royal Household«* um 1400 (Nr. 292):

»Browet of Almayne. Take Conynges and parboyle hom, and choppe hom on gobettus and rybbes of porke or of kydde, and do hit in a pot, and sethe hit; then take almondes and grynde hom, and tempur hit up wyth broth of beef, and do hit in a pot; and take clowes, maces, pynes, ginger mynced and raysynges of Corance; and take onyons and boyle hom, then cut hom and do hom in the pot; and colour hit with saffron, and let hit boyle; and take the flesh oute from the brothe and caste therto; and take alkenet and frye hit, and do hit in the pot thurgh a steynour; and in the settynge doun put therto a lyntel vynegar, and pouder of gynger medelet togedur. and serve hit forth.«

Die Mandelmilch wird hier mit Fleischbrühe gemacht, und es wird kein Hühnerfleisch, sondern Kaninchen- und Schweine- oder Kalbfleisch verwendet. Sonst finden wir wieder keinen Zucker, doch die üblichen Gewürze und Zwiebeln, dazu Korinthen, Pinienkerne und das Kraut Alkenet und Bugloss (Ochsenzunge). Diese Entwicklung setzt sich fort in dem englischen Kochbuch von 1430 (vgl. dort S. 19, Anm. 12):

»Bruet of Almaynne. – Take Almaundys, and draw a gode mylke ther-of with Water; take Capoun, Conyngys or Pertriches; smyte the Capoun, or kede, or Chykonys, Conyngys: the Pertriche shal ben hol: than blaunche the Fleyssh, an caste on the mylke; take larde & mynce it, & caste ther-to; take an mynce Oynonys & caste ther-to y-nowe, do Clowes & smal Roysonys ther-to; caste hol Safroun ther-to, than do it to the fyre, & stere it wyl; whan the Fleysshe ys y-now, sette it on the fyre, an do ther-to Sugre y-nowe; take pouder Gyngere, Galyngale, Canel, & temper the pouder wyth Vynegre, & caste ther-to; sesyn it with salt, & serve forth.«

Mandelmilch wird hier ausnahmsweise mit Wasser bereitet; als Fleisch wird Huhn, Kaninchen oder Rebhuhn verwendet; Zwiebeln, Schmalz und Korinthen (smal Roysonys) sind wieder da, aber auch

Zucker und die folgenden Gewürze: Nelken, Safran, Ingwer, Galgant und Zimt. Essig wird anstelle von *verjus* benutzt, und hier wird zum erstenmal Salz als Zutat nach dem Kochen genannt.

Das englische Kochbuch von 1450 gibt keinen *Bruet of Almayne,* doch einen Blamanger, und zwar in der ursprünglichen einfachen Fassung (S. 85): »Blamanger. Take faire Almondes, and blanche hem, And grynde hem with sugour water into faire mylke; and take ryse, and seth. And whan they beth wel y-sodde, take hem uppe, and caste hem to the almondes mylke, and lete hem boile togidre til thei be thikk; And then take the brawne of a Capon, and tese hit small, And caste thereto; and then take Sugur and salt, and caste thereto, and serve hit forth in maner of mortrewes.« Also nur Hühnerfleisch, Mandelmilch mit Zuckerwasser, Reis und Zucker. Zwiebeln, Schmalz und Gewürze fehlen ganz, doch dafür wird Salz verwendet.

Als letztes in der Reihe nun das niederländische Rezept aus *»Een notabel boecxken van cokeryen«,* um 1510 (S. 1):

»Om te maken blancmengyer Neemt ionge hoendren ende sietse al ontwee Danso doet die beenderkens wte ende stoot die hoenderen in eenen mortieal ontwe ende doet se doere eenen stramijn met magheren sope ende dyt laet dan sieden een goede wile ende dair doetmen dan inne wat bloemen daert mede bint dan neemptmen sofferaen dodren van eyeren ende breeckt dat ontwee met wine ende doeghet dan daer al in ende latet daer met syeden tot dat dycke werdt als ghijt dan recht soe stroyet met poeder dyt dientmen int leste.«

Hier scheint ein ganz anderes Gericht dargeboten zu werden, weil zum erstenmal die Mandelmilch fehlt. Dafür wird jetzt Eidotter benutzt, um die feingekochten Hühner mit der Brühe zu binden. Zucker, Schmalz und Zwiebeln sind gleichfalls verschwunden, und die Gewürze sind einfach zusammengefaßt unter dem Sammelnamen Poeder, also Pulver. Safran ist beibehalten als gesondert genanntes Gewürz, weil es für die Farbe wesentlich war: sowohl *Brouet d'Allemaigne* als auch Blancmanger sollten *sur le jaune* sein, also gelblich vom Safran. Doch mutet dieses Rezept viel weniger verfeinert an als die französische und englische Fassung. Man kann also nicht behaupten, daß die Kochkunst immer mehr fortschritt, je mehr man sich der Neuzeit näherte, doch genausowenig wäre das Gegenteil zu behaupten. Es war mehr eine Frage der Bevölkerungsschicht, für die ein Kochbuch gemeint war, die den Charakter und Verfeinerungsgrad der

Rezepte bestimmte. Und die gutbürgerlichen Geschäftsleute der Niederlande waren wohl weniger anspruchsvoll als die französischen oder englischen Hofleute. So findet man die sozialen und kulturellen Anschauungen der Konsumenten in ihren Kochbüchern widergespiegelt, weil der Mensch sich gibt, wie er ist, in dem, was er ißt.

Anmerkungen

1 André, J.: Apicius. L'art culinaire. De re coquinaria, Paris 1965. Hierzu auch der Kommentar: André, J.: L'Alimentation et la cuisine à Rome. Paris 1961. Dort Angaben über die Zubereitung von *Liquamen* und *Laser parthicum*.

2 In Levillain, L.: Examen critique des chartes mérovingiennes et carolingiennes de l'abbaye de Corbie. Paris 1902, S. 236f.

3 Boretius, A. (Ed.): Monumenta Germaniae Historica, Legum sectio II, Capitularia regum Francorum I. Hannover 1883, S. 90f.; Capitulare de villis, caput 70.

4 Sörrensen, W.: Garten und Pflanzen im Klosterplan. In: Duft, J. (Ed.): Studien zum Sankt Galler Klosterplan. St. Gallen 1962, S. 193–277.

5 Schmitz, Dom Ph. (Ed.): S. Benedictus, Regula monachorum. Maredsous 1946, S. 59.

6 Dümmler, E. (Ed.): Walafried Strabo, De cultura hortorum. Monumenta Germaniae Historica. Poetae Latini Aevi Carolini II. Berlin 1884, S. 335–350.

7 Kötzschke, R. (Ed.): Die Urbare der Abtei Werden a. d. Ruhr. Rheinische Urbare II. Bonn 1906, S. 121.

8 Migne, J. P. (Ed.): S. Bernardus abbas Claravallensis. Apologia ad Guillelmum. Patrologia Latina 182. Paris 1854, S. 910.

9 Weitere Vergleiche und Rezepte in: van Winter, J. M.: Van Soeter Cokene, recepten uit de oudheid en middeleeuwen. Haarlem-Bussum 1976.

10 Pichon, J. und G. Vicaire (Eds.): Le Viandier de Guillaume Tirel dit Taillevent, Nouvelle édition par Sylvie Martinet. Paris 1892, Reprint Genève 1967. Pichon, J.: Le Ménagier de Paris, traité de morale et d'économie domestique, 2 vol. Paris 1847, Reprint Genève 1966.

11 Ediert im 18. Jahrhundert unter dem Titel: »A collection of Ordinances and Regulations for the Government of the Royal Household, made in divers reigns. Also Receipts in ancient Cookery«. London 1790.

12 Austin, Th. (Ed.): Two Fifteenth-Century Cookery-Books. London 1888, Reprint 1964.

13 Wiswe, H. (Ed.): Ein mittelniederdeutsches Kochbuch des 15. Jahrhunderts. Braunschweigisches Jahrbuch 37 (1956), S. 19–56 und 39 (1958), S. 103–121.

14 Serrure, C. A. (Ed.): Keukenboek, uitgegeven naar een handschrift der vyftiende eeuw. Gent 1872.

15 Hajek, H. (Ed.): Texte des späten Mittelalters, Heft 8, Berlin 1950, S. 15.

16 Wie Anm. 13: Jahrbuch 37 (1956), S. 44, Nr. 81.

HELMUT WURM

Körpergröße und Ernährung der Deutschen im Mittelalter

Die äußere Erscheinung, die physische Konstitution des Menschen ist im Verlauf der Geschichte nichts Statisches. Sie hat sich mit den wechselnden Einflüssen der Umwelt und den daraus erwachsenden Anpassungen verändert. Auch die Körpergrößenverhältnisse werden von verschiedenen Umweltfaktoren beeinflußt, wie zum Beispiel von der Arbeitsbelastung in der Jugendzeit, von Krankheiten während des Heranwachsens, von Streß usw. Ein sicherlich aber besonders bedeutender Faktor ist die jeweilige Ernährung während der Wachstumszeit. Oft stehen solche Ernährungsverhältnisse als eigentlich entscheidende Faktoren hinter angeblich anderen wirksamen Umweltbedingungen. Häufig wird zum Beispiel angenommen, daß kaltes Klima das Wachstum zeitlich verlängere, während es in warmen Klimaten früher beendet sei. Deshalb seien die Menschen im Mittel in nördlichen Ländern größer als in südlichen. Unterschiedliche Körpergrößenverhältnisse in verschiedenen Klimaten lassen sich teilweise aber direkt auf unterschiedliche klimabedingte Ernährungsformen zurückführen. Kälte und Reizklima regen zum Beispiel den Appetit mehr an als Wärme oder Schonklima. In kühleren Klimaregionen überwiegt die Viehzucht und damit eine eiweißreichere Kost, in wärmeren Klimaten dagegen der Acker- und Gartenbau und damit eine mehr vegetarische Ernährungsweise.

Die einzelnen Nahrungsbestandteile beeinflussen unterschiedlich das Wachstum und die gesamte Konstitution. Gerste und Hafer fördern Wachstum und Muskelbildung mehr als Roggen und Weizen. Mit der Zunahme hochwertiger Eiweißmengen in der täglichen Nahrung wird auch das Längenwachstum zunehmend begünstigt. Sehr hohe Nahrungseiweißmengen scheinen allerdings einer großen Statur nicht mehr förderlich zu sein. Besonders wichtig für die spätere Körpergröße und die gesamte Konstitution überhaupt ist die Ernährung in der frühen Kindheit (Stein, 1975; Wurm, 1982, 1985 c). Muttermilch wirkt in reichlicher Menge wachstumsfördernder als die schwerer verdauliche Erwachsenenkost. Kuhmilch-Getreide-Breie regen das Wachstum wiederum mehr an als die relativ eiweißarme menschliche Muttermilch. Die Folgen von Mangelernährung in früher Kindheit werden bezüglich der erlittenen Wachstumseinbußen in späteren Jahren auch bei bester Ernährung nie mehr völlig ausgeglichen. Diese angedeuteten Ernährungseinflüsse sind in der wissenschaftlichen Literatur für den Mann besser bekannt. Daher beschränkt sich die folgende Darstellung auf die männlichen Körpergrößenverhältnisse.

Das Mittelalter umfaßt in räumlicher, zeitlicher und sozialschichtenspezifischer Hinsicht unterschiedliche historische Konstitutionstypen und Kosttypen. Ernährungseinflüsse auf die Konstitution sind also vergleichsweise gut faßbar. Werfen wir zunächst einen Blick auf die vormittelalterlichen Körpergrößenverhältnisse. Die antiken Schriftsteller schildern die frühgeschichtlichen Germanen einheitlich als großgewachsen und kräftig. Moorleichenfunde und Reihengräberskelette bestätigen diese Aussagen. Die erwachsenen Männer waren im Mittel zwischen 170 bis 174 cm groß. Der Anteil der Männer mit athletischem Skelettbau war hoch. Übermittelgroß waren in der Regel die Angehörigen der Oberschichten. Vermutlich war der Aufstieg in den damaligen Adel das Ergebnis einer Siebung nach besonderer Körpergröße und Kraft (Wurm, 1983).

Dieses skizzierte Konstitutionsbild gilt für den ganzen frühgeschichtlichen germanischen Siedlungsraum, also von Skandinavien bis später nach Norditalien, Spanien und Portugal. Es gibt nur vereinzelte kleinere Reihengräberserien aus der späten Völkerwanderungszeit, wo offensichtliche wirtschaftliche Not an den Skeletten sichtbar wird (kleinere Staturen, Deformationen des Skelettes). Sonst wohnte ein großgewachsener, kräftiger, offensichtlich im Aussehen ziemlich einheitlicher Menschentyp in diesem Siedlungsraum.

So einheitlich wie der Konstitutionstyp, so vergleichsweise einheitlich war nach den antiken Quellen und archäologischen Befunden auch die Alltagskost. Sie bestand überwiegend aus Getreidegrütze oder Fladenbrot, viel Milch, ergänzt durch Fleisch, Hülsenfrüchte und Gemüse. Die Menge der einzelnen Nahrungsanteile schwankte natürlich etwas je nach lokaler landwirtschaftlicher Gegebenheit und Jahreszeit, immer aber war der Milchanteil hoch. Je größer dann die Mobilität der Germanenstämme in der eigentlichen Völkerwanderungszeit wurde, desto mehr trat der Ackerbau zugunsten von Viehzucht zurück und desto mehr muß sich die Kost vom Milch-Getreide-Fleisch-Gemüse-Standard zum Milch-Fleisch-Getreide-Standard verschoben haben. Die Völkerwanderungszeit brachte also auf der Ernährungsseite für Wachstum und Konstitution keine Nachteile, sofern nicht offensichtliche Not eintrat. Deshalb fand man auch den großgewachsenen, kräftigen Reihengräbermenschentyp überall dort, wo wandernde germanische Stämme hinzogen, solange die typische germanische Ernährungsweise nicht geändert wurde und eine Assimilation mit einheimischen Bevölkerungen noch von geringem Umfang war.

Läßt sich also die anthropologische Situation der Völkerwanderungszeit relativ gut beschreiben, so werden mit dem Beginn des Mittelalters die Kenntnisse über die Konstitution der Deutschen spärlicher. Seit der Christianisierung bestattet man die Toten auf Friedhöfen nahe bei Kirchen, wobei die Neubestattungen die zeitlich älteren Gräber zerstören. Damit verschlechtert sich die Quellenlage. Ausgenommen davon sind lediglich die Verstorbenen der Oberschichten, die häufig in Einzelgräbern bestattet werden, so daß man wenigstens etwas mehr über diese Sozialschicht sagen kann. Allgemein ist festzustellen, daß eine Abnahme der Körpergrößen mit dem Einsetzen des Mittelalters beginnt. Zunächst waren davon nur die breiten Volksschichten betroffen. Wegen des noch etwas dünnen Datennetzes ist es derzeit nicht möglich, diese Entwicklung geographisch präziser nachzuzeichnen. Die Abnahme der mittleren Körpergrößen begann wohl zuerst im Süden, Westen und in der Mitte des mitteleuropäischen Siedlungsraumes. Allmählich bildete sich ein dauerhaftes Körpergrößengefälle von Norden nach Süden aus. Aber auch die Bevölkerungen im Norden Deutschlands und in Skandinavien wurden schließlich von diesem Trend betroffen. Gegen Ende des Mittelalters betrugen die Körpergrößen der Männer in den nördlichen Gebieten des Reiches im Mittel nur noch knapp 170 cm oder um 170 cm, in Süddeutschland nur noch zwischen 165 und 170 cm. Die Abnahmen bei den einfachen Volksschichten betrugen also, verglichen mit der frühgermanischen Zeit, im Mittel 5 cm und mehr. Bei den Angehörigen der Oberschichten ging die Abnahme der Körpergröße bedeutend langsamer vor sich. Bis weit ins Hochmittelalter hinein sind die Adeligen weitgehend noch

»überragende Persönlichkeiten« im wörtlichen Sinne. Aber gegen Ende des Mittelalters wurden auch sie kleiner. Möglicherweise war der adelige Klerus von dieser Abnahme der Körpergröße etwas weniger betroffen, sofern die wenigen diesbezüglichen Skelettdaten einigermaßen repräsentativ sind. Das würde auf unterschiedliche Lebensbedingungen bei den für den weltlichen Ritterstand und bei den für den geistlichen Stand bestimmten Jugendlichen schließen lassen.

Diese auffälligen Veränderungen in den Körpergrößenverhältnissen von der Spätantike bis zum Ende des Mittelalters wurden bisher häufig als Folge von Bevölkerungsverschiebungen beziehungsweise von unterschiedlichen generativen Verhaltensweisen nebeneinanderwohnender verschiedener Bevölkerungsteile gedeutet (Vermischung mit kleiner gewachsenen Vorbevölkerungen beziehungsweise stärkere Vermehrung der kleinerwüchsigen Bevölkerungsteile). Vergleicht man aber die frühgeschichtlichen Germanen mit den damals benachbarten Bevölkerungen oder die vorgermanischen Bevölkerungen mit den Germanen in frühgeschichtlicher Zeit, dann findet man keine so bedeutenden Unterschiede. Kelten und Slawen waren in den Gebieten ihrer Berührung etwa so hochwüchsig wie die Germanen. Und die sogenannten Romanen im Süden und Südosten des entstehenden deutschen Reiches waren großenteils keine typisch kleingewachsenen Italiker, sondern die Nachfahren von in der Kaiserzeit angesiedelten Soldaten, Illyrer, Thraker, Germanen, also Vertreter relativ hochgewachsener Völker und außerdem noch nach einem gewissen Mindestmaß an Körpergröße für den Militärdienst ausgesucht (Alföldi, 1958; Marquardt, 1884). Selbst wenn man also eine stärkere Vermehrung nichtgermanischer Bevölkerungsteile annähme, könnten damit die beschriebenen konstitutionellen Veränderungen nicht erklärt werden.

Als Hauptgrund dürften Ernährungsveränderungen in Betracht kommen. Infolge der wachsenden Bevölkerungszahlen war man in Mitteleuropa überwiegend zum Ackerbau übergegangen, der im Vergleich zur Viehzucht größere Energiebeträge je Fläche produziert. Viehseuchen im Frühmittelalter scheinen diesen notwendigen Strukturwandel beschleunigt zu haben (Rieck, 1936). Dieser landwirtschaftliche Strukturwandel setzte zuerst in den Gebieten ein, in denen auch zuerst eine Abnahme der Körpergröße beobachtet werden konnte, nämlich in den südlichen und westlichen Reichsteilen und dann allgemein in den Mittelgebirgszonen. Der Norden, Nordwesten und Teile der Alpen blieben Gebiete mit umfangreicher Viehzucht. Die Änderungen in der damaligen Landwirtschaft hatten zur Folge, daß für die meisten Menschen der Anteil des tierischen Eiweißes in der Nahrung drastisch zurückging. Dazu kamen dann noch die häufigen lokalen und regionalen Versorgungskrisen durch Mißernten, Kriege und Schädlinge. Weiterhin ist nicht auszuschließen, daß der Mineralstoffgehalt beziehungsweise der allgemeine Nährwert der Anbaufrüchte im Laufe des Mittelalters abgenommen hat. Damalige hauptsächliche Dünger waren Mist, Laub, Mergel und Kalk. Mit Abnahme der Rinderzucht beziehungsweise mit der relativen Abnahme im Vergleich zur Bevölkerungszahl verarmten die intensiver genutzten Böden. Vermutlich hat nur der verbreitete Haferkonsum die mittelalterlichen Menschen vor Mangelernährungsschäden wie in den heutigen Entwicklungsländern bewahrt.

Die Zeit nach dem 13. und 14. Jahrhundert brachte bezüglich der Ernährungsverhältnisse aus mehreren Gründen wieder eine Umkehr. Von besonderer Bedeutung waren dabei die Bevölkerungsabnahme infolge von Seuchenzügen (siehe S. 109ff.) und die vorangegangene Ostkolonisation. Fleisch wurde jetzt ein billiges und verbreitetes Nahrungsmittel, denn die aufgelassenen Ackerflächen wurden in Weideflächen umgewandelt. Auch der Fischkonsum nahm zu, Fisch war unter anderem ein wichtiges Handelsprodukt des Hansebundes. Die Alltagskost bestand nun überwiegend aus Getreidemus oder Fladenbrot, Milch und Milchprodukten, Fleisch, Gemüse, Fisch, Eiern (siehe Beitrag von J. M. van Winter, S. 88ff.). Inwieweit sich die unteren Sozialschichten, sofern sie ein geregeltes Einkommen hatten, einen dauerhaft hohen Konsum tierischer Nahrungsmittel leisten konnten, ist umstritten. Abel (1966, 1980) schätzt auch für diese Sozialschichten allein einen Fleischkonsum von 100 kg pro Kopf und Jahr. Für die alten und neuen Oberschichten (Adel, Patrizier und reiche Handwerker) gilt das unbestritten. Jedenfalls lebten Handwerker, Bauern und Tagelöhner im 14. und 15. Jahrhundert unvergleichlich besser als in den Jahrhunderten zuvor. Und zumindest zeitweise war ihre Kost sehr reich, oft überreich an tierischem Eiweiß.

Was die Körperhöhenverhältnisse betrifft, so änderte sich im Spätmittelalter bei den mittleren und einfachen Sozialschichten im wesentlichen nichts gegenüber dem Hochmittelalter. Es blieben im Süden und Westen Körpergrößen zwischen 165 und 170 cm im Mittel bestehen, ebenfalls das erwähnte Nord-Süd-Gefälle. Nur in der Adelsschicht scheint sich die Tendenz zur allmählichen Verringerung beschleunigt fortgesetzt zu haben. Vielleicht war gerade jener rasche Wechsel von den knappen, überwiegend vegetarischen Ernährungsformen des Hochmittelalters hin zu den teilweise sehr üppigen Kostformen des 14. und 15. Jahrhunderts mitverantwortlich für das Ausbleiben einer möglichen allgemeinen Wiederzunahme der mittleren Körpergrößen bei den niederen Sozialschichten. Sicher hat auch die schwere körperliche Arbeit der damaligen Bauern und Handwerker – Jugendliche mußten schon früh mitarbeiten – zu den weiterhin relativ niedrigen Staturen beigetragen, denn regelmäßige starke Druckbelastungen behindern das Knochenlängenwachstum (Wurm, 1985 d). Beim Adel dürften ähnlich die immer schwereren Rüstungen und Waffen gewirkt haben, mit denen schon in jungen Jahren (Knappenzeit) regelmäßig geübt wurde. Hatten doch solche Harnische ein Gewicht zwischen 10 und 30 kg je nach Größe und Typus. Daneben mögen die ungesunden Lebensbedingungen in der Stadt das Längenwachstum ebenfalls beeinträchtigt haben.

Sicher ebenfalls nicht ohne konstitutionelle Folgen für die Oberschichtenangehörigen war der zunehmende Brauch, die Säuglinge einer Amme zu geben. Im Tierernährungsversuch hat sich immer wieder gezeigt, daß mit steigender Zahl gleichzeitig genährter Jungen deren Wachstum wegen der Begrenzung der Muttermilchmengen beeinträchtigt wird. Und die Amme versorgte ja auch zumindest ein eigenes Kind.

Mit den Harnischen kommt im 15. Jahrhundert eine neue Quelle für konstitutionelle Merkmale, besonders für die mittleren Körpergrößenverhältnisse hinzu, die bisher noch wenig ausgewertet wurde. Harnische einfacher Soldaten wurden in der Regel als Serienartikel, passend für bestimmte Körpergrößenklassen, hergestellt. Harnische für Mitglieder der oberen Gesellschaftsschichten waren dagegen meist Maßanfertigungen. An Harnischen kann man also besonders gut die Körpergrößenverhältnisse der Oberschichtenangehörigen studieren (Wurm, 1985 b). Harnischstudien bestätigen die gefundenen Körpergrößenverhältnisse nach Skelettfunden. Die Adeligen, die Ritter des 15. bis 17. Jahrhunderts waren keineswegs jene großen, imponierenden Gestalten, wie sie in der Sagen- und Märchenvorstellung existieren. Sie waren im allgemeinen nicht größer als die Mitglieder der einfacheren Sozialschichten.

Was die neu aufgestiegene Schicht der Patrizier betrifft, so erlauben die wenigen Daten (Skelette, Harnische) bisher noch keine sicheren Aussagen. Es ist aber unwahrscheinlich, daß der Aufstieg in diese neue, städtische Oberschicht eine Siebung auf überragende Konstitution gewesen ist. Weiterhin hat diese Gesellschaftsschicht schnell die typische Ernährung des Adels und auch die Säuglingsernährung durch die Amme zu kopieren beziehungsweise noch zu übertreffen versucht. Diesen Überlegungen entsprechen auch die bisher gefundenen Körpergrößenverhältnisse, die im mittleren damaligen Bereich liegen.

Während sich diese beschriebenen Konstitutionstypen und die skizzierten Ernährungsverhältnisse bei Adel und Patriziern im 16. und 17. Jahrhundert nicht mehr ändern, vollzog sich für den einfachen Mann mit dem Beginn des 16. Jahrhunderts eine drastische Koständerung wieder hin zu Verhältnissen wie im Hochmittelalter. Aus verschiedenen Gründen, die ein Sinken der Pro-Kopf-Einkommen zur Folge hatten, wurden Fleisch, Fisch und größere Mengen Milchprodukte wieder eine seltene Speise für das einfache Volk, dessen Kost im überwiegenden Teil des Reiches wieder aus Getreidebrei, Gemüse und Milch/Molke bestand. Eine Ausnahme bildeten noch der Norden und Teile der Alpen. Aber auch dort war Üppigkeit nicht mehr zu Hause. In konstitutioneller Hinsicht hatte das für die Masse der Bevölkerung die Konsequenz, daß die Menschen durchschnittlich weiterhin kleiner als in der deutschen Frühgeschichte blieben. Nur waren die Gründe, was die Ernährung betrifft, bei der breiten Bevölkerung jetzt entgegengesetzt zu denen des 14. und 15. Jahrhunderts.

Die Entwicklung der Körperhöhe in dem hier betrachteten Siedlungsraum läßt sich bisher nur in den geschilderten groben Zügen umreißen. Sicherlich könnten genauere Angaben erarbeitet werden, wenn einerseits eine zusammenhängende Ernährungsgeschichte des deutschen Raumes vorläge und andererseits eine multidisziplinäre Quellenanwendung durch Anthropologen, Historiker, Ernährungsphysiologen bis hin zu Kunst- und Kostümhistorikern möglich wäre.

Literatur

Abel, W.: Agrarkrisen und Agrarkonjunktur. Eine Geschichte der Land- und Ernährungswirtschaft Mitteleuropas seit dem hohen Mittelalter. Hamburg/Berlin ²1966.

Ders.: Strukturen und Krisen der spätmittelalterlichen Wirtschaft. Quellen u. Forschungen zur Agrargeschichte, Bd. 32. Stuttgart 1980.

Alföldi, A.: Römische Kaiserzeit, Kap. IV, 2. In: Valjavec, F. (Ed.): Historia mundi, IV. München 1958, S. 260–271.

Krüger, B.: Die Germanen. Geschichte und Kultur der germanischen Stämme in Mitteleuropa. Bd. 1: Von den Anfängen bis zum 2. Jahrhundert unserer Zeitrechnung. Berlin (DDR) ³1979 (=Veröffentlichungen des Zentralinstituts für Alte Geschichte u. Archäologie der Akademie d. Wissenschaften der DDR, 4).

Marquardt, J.: Römische Staatsverwaltung, Bd. 2. In: Marquardt, J. und Th. Mommsen (Eds.): Handbuch der römischen Altertümer. Leipzig 1884.

Rieck, W.: Die Rinderpest im Reiche Karls d. Gr. anno 810. Veterinärhistor. Mitteilungen, 16 (1936), Nr. 11, S. 97–100.

Stein, Z. et al.: Famine and Human Development. London–Toronto 1975.

Wurm, H.: Über die Schwankungen der durchschnittlichen Körperhöhe im Verlauf der deutschen Geschichte und die Einflüsse des Eiweißanteiles der Kost. Homo, 33 (1982), S. 21–42.

Ders.: Sozialschichtenspezifische Körperhöhenentwicklung von der Völkerwanderung bis zum 17. Jahrhundert im Bereich des Deutschen Reiches unter besonderer Berücksichtigung der Adelsschicht. Homo, 34 (1983), S. 177–193.

Ders.: Über die durchschnittlichen Körperhöhen der sozialen Mittel- u. Unterschichten im mitteleuropäischen germanischen Siedlungsraum vom Frühmittelalter bis zur Neuzeit. Anthrop. Anzeiger, 43 (1985 a), S. 11–30.

Ders.: Die Körperhöhe deutscher Harnischträger. Zeitschrift f. Morphologie u. Anthropologie, 75 (1985 b), S. 155–188.

Ders.: Über Hypothesen und Ursachen der Körperhöhenprogressionen seit der Mitte des 19. Jahrhunderts – eine wissenschaftshistorische Rückschau. Gegenbaurs morphol. Jahrb. 131 (1985 c), S. 589–610 u. S. 733–756.

Ders.: Die Abnahme körperlicher Belastungen während des Wachstums, eine Teilursache der säkularen Körperhöhenprogressionen und der rezenten Verringerungen von Körperseitenasymmetrien. Homo, 35 (1985 d), im Druck.

GUNDOLF KEIL

Seuchenzüge des Mittelalters

Das epidemiologische Geschehen im Mittelalter ist von fünf Seuchenzügen geprägt, von denen vier pandemischen Charakter annahmen, zwei sich demographisch verheerend auswirkten und an denen drei Erreger – zwei Bakterien und ein Virus – beteiligt waren. In zeitlicher Folge handelt es sich um das Eindringen des Aussatzes, um die Pest des Justinian, um die Pandemie des Schwarzen Todes, um die »Franzosen«-Seuche sowie – bereits an der Schwelle zur Neuzeit – um den Englischen Schweiß.

Was den *Aussatz*[1] betrifft, so war er von Palästina und Arabien aus schon während der Antike in den Mittelmeerraum eingedrungen[2] und griff von dort – wie osteoarchäologische Funde zeigen – im 4. Jahrhundert auf die britischen Inseln sowie nach Gallien über. Nach Norwegen wurde die Seuche, wie onomatologische Befunde erkennen lassen, vor 1066 von England aus eingeschleppt. Das heute deutschsprachige Gebiet erreichte die Krankheit 347 in Arel. Die ältesten deutschen Leprosorien – Metz, Wirten (Verden a. d. Maas), Maastricht und St. Gallen (720) – stammen aus dem 7. beziehungsweise 8. Jahrhundert. Köln, Gent, Brüssel und Passau folgten im 12., Aachen im 13. Jahrhundert. Im Bistum Würzburg greifen wir bis 1300 sieben »Aussätzigenhäuser«. Im nord-, mittel- und ostdeutschen Raum lassen sich derartige *domus leprosorum* erst ab dem 13. Jahrhundert belegen, doch ging hier die Einzelversorgung des Leprösen (das sogenannte »Feldsiechentum«) der geschlossenen Aussätzigenpflege voraus.

Demographisch war der Aussatz von lediglich untergeordneter Bedeutung. Bei unvollständiger Durchseuchung der Population und symptomlosem Ausheilen der Infektion in etwa 98 Prozent der Fälle gelang es der Krankheit nicht, als kapazitätsbegrenzender Faktor in

Erscheinung zu treten und das Wachstum beziehungsweise die räumlich-zeitliche Verteilung mittelalterlicher Bevölkerung in irgendeiner Weise zu beeinflussen. Obwohl die Lepra unter den mittelalterlichen Seuchen also eine vergleichbar bescheidene Rolle spielte, ging von ihrer Schicksalhaftigkeit eine starke Faszination aus: Man wußte von ihrer Unheilbarkeit, erkannte sie als ansteckend, beobachtete unterschiedliche Verlaufsvarianten, erschrak vor ihren verstümmelnden, vielfach das Antlitz entstellenden Folgen und fürchtete ihren chronisch-progredienten Verlauf, der zur Verkrüppelung, Erblindung und – in extremen Fällen – zum Tod in Fieberschüben und Kachexie führte.

Die Sequestrierung des Kranken – im Judentum vorgebildet und vielleicht schon mesopotamisch angelegt[3] – ist im Mittelalter zögernd und niemals durchgreifend übernommen worden. Nach den Empfehlungen der Konzilien von Orléans (549), Lyon (583) und der Reichssynode von Compiègne (757) setzten sich allmählich die strengeren Bestimmungen des Langobardischen Rechts durch (*»Edictus Rotharis«* [643], Kap. 176. 230), die im 3. Laterankonzil (1179) weithin gültige Gestalt erhielten: Das Aussätzigenrecht – karitativ durchwirkt – war Sendsache, fiel als Krankenrecht in den Kompetenzbereich der Kirche und zielte auf Aussonderung, Ehe sowie Existenzsicherung der Leprösen. Als *tamquam mortuus* war der Kranke aus der Gemeinschaft ausgesondert. Bei seiner Sequestrierung wurde – regional begrenzt – das Totenamt, bei seinem Ableben die Messe für Märtyrer über ihn gelesen. Der auf einer fränkischen Reichssynode empfohlenen Auflösung der Leprosenehe hat die Kirche nie zugestimmt. Hinsichtlich der Erb- und Lehensunfähigkeit des Aussätzigen ergaben sich starke regionale Schwankungen und zeichneten sich schon im Hochmittelalter beginnende Lockerungen ab: Nach und nach erhielt der Lepröse Teile seiner Rechtsfähigkeit zurück. Seine ostentative Resozialisierung, wie sie beispielsweise der Lazaritenorden betrieb, blieb jedoch die Ausnahme.

Seitens der Medizin wurden zur Behandlung des Aussatzes zahlreiche, durchweg wirkungslose Therapien angeboten. Dagegen lieferte sie ausgezeichnete Verlaufsbeobachtungen und stellte das symptomatische Rüstzeug bereit, das den *schouwern (probatores)* eine sichere Krankheitserkennung und diagnostische Ausgrenzung der etwa 10 Prozent Leprösen aus den vielen Aussatzverdächtigen erlaubte.[4] Eine Rügepflicht bestand für den zuständigen Pfarrer. Die Aussätzigenschau wurde im Auftrage des Sendgerichts von Leprosenmeistern – also aussätzigen Schauern – vorgenommen. Gegen das Urteil konnte der Erkrankte Berufung einlegen.

Obwohl im Mittelalter keineswegs alle Aussätzigen sequestriert beziehungsweise asyliert wurden und sich umgekehrt unter den Asylierten viele Nichtlepröse befanden – außer Ehegemahlen zunehmend auch Sozialschmarotzer –, reichten die Aussonderungsmaßnahmen aus und ließen seit dem 13. Jahrhundert die Durchseuchung zurückgehen. Im ausgehenden Mittelalter hatte der Aussatz seinen Schrecken verloren, und wenn die Seuche im 16. Jahrhundert auch kurzfristig noch einmal aufflammte und durch Wiedereinführen der aufgegebenen Schutzmaßnahmen erneut eingedämmt werden mußte, war es doch gelungen, der Lepra Herr zu werden: Seit Beginn der Neuzeit spielte der Aussatz – mit Ausnahme von Skandinavien – in Europa keine Rolle mehr.

Was dem Medium Aevum beim Aussatz gelungen war, das mißlang bei den Pandemien der *Pest*[5]: Wenn wir uns die Kurve europäischer Bevölkerungsentwicklung anschauen[6], wie sie die neuere Forschung zu zeichnen erlaubt, dann läßt sich nicht übersehen, daß zwei dramatische Akzente gesetzt wurden, die sowohl den Beginn wie das Ende des Mittelalters markieren und nicht unerhebliche Einbrüche in der Populationsdichte zur Folge hatten: sie führten nicht nur zum Absturz der Dichte, sondern darüber hinaus zu Verschiebungen in der räumlichen Verteilung.

Wachstumsraten und Wachstumsgrenzen mittelalterlicher Population sind durch eine Vielzahl von – oft gegenseitig einander bedingenden – Faktoren bestimmt, und zweifellos haben wirtschaftliche wie gesellschaftliche Voraussetzungen[7] nicht unwesentlich zum Bevölkerungsrückgang im 14. Jahrhundert beigetragen, wie er sich beispielhaft an den für Eßlingen, Frankfurt am Main oder Freiburg im Breisgau ermittelten Zahlen ablesen läßt.[8] Indessen sind die populationsstabilisierenden Auswirkungen wirtschaftlich-sozialer Gegebenheiten doch weniger einschneidend gewesen und haben zu nicht so steilen Einbrüchen in die Populationsdichte geführt wie die beiden Pestpandemien, die zu Beginn und gegen Ende des Mittelalters die europäische Bevölkerung um ein Drittel verkleinerten beziehungsweise halbierten.

Die europäische Bevölkerung ist zweimal – zunächst in der Mitte des 6. und dann noch einmal in der Mitte des 14. Jahrhunderts – vom »Schwarzen Tod« überrollt worden. Beide Male brach die Seuche von Osten herein[9], und beide Male hatte sie verheerende Folgen.

Beim mittelalterlichen *lantsterben* des Schwarzen Tods unterscheiden wir die »Pest des Justinian« und den späteren Pesteinbruch des 14. Jahrhunderts. Was den älteren Seuchenzug des Frühmittelalters betrifft, so war die Einfallspforte Äthiopien, von wo die Pest im Oktober 541 über den Schiffsverkehr ans Mittelmeer vorstieß (Pelusium) und zunächst das Nildelta sowie Unterägypten erfaßte, dann auf die Levante übergriff, im Frühling 542 Konstantinopel erreichte, im Herbst des gleichen Jahres Atropatene (Aserbeidschan) heimsuchte und in den Folgemonaten Dalmatien, Italien, die Atlasländer und Westspanien durchzog, um rhoneaufwärts beziehungsweise moselabwärts bis in die Sprengel von Reims und Trier vorzustoßen. Am 23. März 544 erklärte Kaiser Justinian die Pest für erloschen, doch schwelte sie in Kleinasien und Dalmatien fort und flackerte schon 557 wieder auf. Von den insgesamt 13 sich anschließenden Schüben war der letzte von 740 bis 750 der schwerste, doch blieben die Epidemien im wesentlichen auf die Mittelmeerländer (und Mesopotamien) beschränkt und griffen nur selten noch über das Rhonegebiet weiter nach Norden aus.

Ein halbes Jahrtausend blieb Europa von der Pest verschont, bis im 14. Jahrhundert unter den mongolisch beherrschten Nestorianern des Balkaschsee- und Issykkul-Gebiets (Transoxanien) die Seuche erneut ausbrach. Die im Bezirk von Semirieschinsk gefundenen Grabsteine lassen – verbunden mit den archäologischen Ergebnissen – erkennen, wie die Pest 1338/39 die Abdachungen des Tienschan hinunterzieht, wie sie sich südwärts bis Täbris, ostwärts anscheinend bis China ausbreitet. Nach Westen folgt sie der Seidenstraße: sie durchzieht das Amu-Darja-Tal, überwindet westlich des Aral die Ust-Urt-Platte, umrundet im Norden die Kaspische See und braucht auf diesem Wege immerhin sieben Jahre, bis sie 1346 Astrachan erreicht und südwärts zum Don und Asowschen Meer vorstößt. Als Khan Djanibek die Genueser Handelsniederlassung Kaffa (Feodosia) belagert, bricht die Seuche unter seiner Mannschaft aus, und bevor er mit seinen Tataren wieder abzieht, schießt er – so behauptet es der Chronist Gabriele de Mussis – mit seinen Bliden[10] Pesttote über die Mauern der Stadt. Indessen hatte die Krankheit eher unter den Mauern hindurch als über die Stadtbefestigungen hinweg von den Genueser Niederlassungen auf der Krim Besitz ergriffen, und bezeichnenderweise sind es auch nicht die Galeeren aus Kaffa, sondern schwerbeladene Kauffahrteifahrer aus Pera, die über das Schwarze Meer hinweg den Schwarzen Tod ins Mittelmeer tragen: Konstantinopel laufen sie als erstes an, wo die Pest im Sommer 1347 ausbricht und zur Weihnachtszeit ihren Höhepunkt erreicht. Messina ist der zweite Hafen, den die Genueser Kauffahrteischiffe – zwölf an der Zahl – Ende September ansteuern und von wo aus sich das große Sterben im Oktober über Sizilien und die Basilikata ausbreitet. Drei (oder vier) Galeeren wagen es, weiter nach Norden zu rudern; doch ist die Kunde des Unheils ihnen vorausgeeilt, und sie werden daran gehindert, in Genua einzulaufen, so daß sie ausweichen müssen und an Allerheiligen ihre tödliche Ladung in Marseille anlanden.

Die Levante und Ägypten sind zur selben Zeit durchseucht, in der die Pest den Atlas, Westspanien, Südengland und Frankreich durchzieht. Deutschland erreicht der Schwarze Tod durch die Brennerfurche sowie von Westen: Von Trient[11], das im Juli 1348 erfaßt ist, breitet die Pest sich nach Kärnten sowie zum Inntal hin aus; St. Gallen und Zürich werden vom Gotthard aus erreicht. Von Westen her streift der Schwarze Tod zum Jahresende die lothringischen Städte, doch sind es dann vor allem die Jahre 1349 bis 1351, in denen die Pest Deutschland überzieht und weiter nach Norden sowie Osten ausgreift.

Im Gegensatz zu den grampositiven Stäbchen des Aussatzerregers *(Mycobacterium leprae Hansen),* die in der Regel zu Haufen zusammenliegen und intrazellulär leben, zeigt der pleomorphe Pestbazillus *(Yersinia [Pasteurella] pestis)* eine wesentlich höhere Virulenz, was sich einerseits im fulminanten Krankheitsbild, anderseits im Übertragungsmechanismus zeigt. Selbstverständlich kann die Pest auch durch Schmutz- und Tröpfcheninfektion über Hautläsionen oder den Nasen-Rachen-Raum weitergegeben werden, wie das bei der Lepra der Fall ist. In der Regel wird sie jedoch durch Flöhe übertragen, durch den Flohbiß injiziert, beim Kratzen mit dem Flohkot in die Haut eingerieben oder durch Nahrungsmittel aufgenommen, wobei die ursprüngliche Zoonose mit zunächst heterogen-homologer Infektkette (Beispiel A) als Anthropozoonose unterschiedliche Ausbreitungsformen zeigt und sowohl heterogen-heterolog, heterogen-homolog sowie homogen-homolog weitergegeben wird (Beispiele B–C):

[A] $N_w \rightarrow F_c \rightarrow N_w \rightarrow F_c \rightarrow N_w \rightarrow F_c \rightarrow N_w \rightarrow F_c \rightarrow N_w \rightarrow F_c \rightarrow N_w \rightarrow F_c \rightarrow N_w \rightarrow F_c \rightarrow N_w \rightarrow$
[B] $\downarrow$
[A] $N_h \rightarrow F_x \rightarrow N_h \rightarrow F_x \rightarrow N_h \rightarrow F_x \rightarrow N_h \rightarrow F_x \rightarrow N_h \rightarrow F_x \rightarrow N_h \rightarrow F_x \rightarrow$
[B] $\downarrow$
[A] $M \rightarrow F_p \rightarrow M \rightarrow F_p \rightarrow M \rightarrow F_p \rightarrow M \rightarrow F_p \rightarrow M \rightarrow F_p \rightarrow$
[B] $\downarrow$
[C] $M \rightarrow M \rightarrow M \rightarrow M \rightarrow M \rightarrow M \rightarrow$

Infektketten bei der Pest. N = Nager; N_w = wilder Nager, beispielsweise die Wanderratte *(Rattus norvegicus Berkenhout);* N_h = Hausratte *(Rattus rattus L.);* M = Mensch; F = Floh; F_c = *Ceratophylus fasciatus;* F_x = *Xenopsylla cheopis Roth* (der »Pestfloh«); F_p = *Pulex irritans L.* (der »Menschenfloh«).

Der Schrecken, der vom Schwarzen Tod ausging, war sowohl durch das Krankheitsbild wie durch die hohe Mortalität bedingt. Bereits der mittelalterlichen Medizin[12] gelang es, unterschiedliche Verlaufsformen voneinander abzugrenzen und die Virulenzabschwächung gegen Ende der Epidemien zu beobachten. Bei der in der Regel perkutan übertragenen *Bubonen*pest unterschied sie drei Schweregrade, deren erster durch den Tod innerhalb von zwei Tagen nach Krankheitsausbruch gekennzeichnet ist *(moriebantur infra tres dies),* deren zweiter zwar zum Ausbilden einer Lymphknotenbarriere, nach Überwinden der Sperre aber zur Septikämie und zum Exitus innerhalb einer Woche führte, während beim dritten Schweregrad sich das Leiden nach Auftreten der Bubonenpakete über mehrere Wochen hinzog *(aegrotaui quasi per sex septimanas)* und das Entstehen einer sekundären Haut- oder auch Lungenpest verursachte. Besonders gefürchtet war die pulmonale Verlaufsform der primären *Lungen*pest. Sie wurde durch Tröpfchen (Aërosol) von Mensch zu Mensch übertragen (Beispiel C), führte – im Gegensatz zur etwa 80prozentigen Letalität perkutaner Infektionen – in nahezu allen Fällen zu qualvollem Ersticken und galt als so ansteckend, *ut non solum morando, sed etiam inspiciendo unus exciperet ab alio.*

Insgesamt scheint Europa bei der Pestpandemie von 1347 bis 1351 ein gutes Drittel seiner Bevölkerung verloren zu haben, wobei die Ausfälle in den Städten größer waren als die Verluste auf dem Lande und obendrein sich regionale Schwankungen abzeichnen: Einzelne Gebiete blieben von der Seuche ganz verschont, beispielsweise in Deutschland das südliche Oberschlesien, das westliche Böhmen einschließlich Erzgebirge und Böhmerwald sowie die küstennahen Niederlande. In Skandinavien kam der Schwarze Tod über die südlichen Bezirke nicht hinaus. Dagegen wütete er an seinem Ursprungsherd vernichtend unter den christlichen Bewohnern Transoxaniens, die in die Minderheit zurückgedrängt wurden und nach der Seuche nicht mehr in der Lage waren, sich gegen die Islamisierung zu wehren.

Die Reaktionen der Bevölkerung sind von Furcht geprägt und brechen oft schon vor Eintreffen der Seuche aus. Wie das Angstverhalten eines Einzelindividuums schwanken sie zwischen Flucht, Angriff und Verarbeitung[13]:

> Fleuch pald, fleuch verr, kum wider spôt:
> Das sind drey kreuter in der nôt
> für all apptecken und doctor.[14]

Das Fluchtverhalten gegenüber der Pest war keineswegs nur räumlich gerichtet, sondern drückte sich zugleich religiös aus, indem der mittelalterliche Mensch bei kirchlichen Gnadenmitteln und Heiltümern, aber auch bei Wunderheilern, Scharlatanen sowie Erleuchteten Zuflucht suchte und als Waller oder Geißler in hellen Haufen die Lande durchzog. Seine Angriffswut richtete sich gegen Sonderpopulationen – Aussätzige sowie Juden[15] –, und was die Projektion der Erlebnisse betraf, so hat sie sich in der Kunst des gotischen Realismus niedergeschlagen.[16]

»*Et nomino eam ingentem* – ich nenne sie das Große Sterben«, sagt Guy de Chauliac[17], »*quia totum mundum fere occupauit. . . . Et fuit ita magna, ut vix quartam partem hominum dimiserit, et inaudita, quia . . . nulla ⟨priorum pestium⟩ fuit talis: quia illae non occupauerunt nisi unam regionem, ista totum mundum; illae erant curabiles in aliquo, ista in nullo*«. Die Pest des Justinian hatte – gerade auch im Fachschrifttum – nur bescheidene literarische Spuren hinterlassen, so daß sie nach einem halben Jahrtausend nahezu vergessen war und man sich 1348 einem völlig neuen, unerhörten *(inaudita)* Krankheitsgeschehen gegenüber glaubte. Beim Versuch, dessen Ursprung zu erklären, spielte selbstverständlich der Glaube an Sünde und Strafe Gottes eine Rolle. Der medizinische Ansatz zur ätiologischen Deutung mußte indessen vom pandemischen Charakter des Seuchengeschehens ausgehen und eine Interpretation anbieten, die in der Lage war, das *totum mundum occupare* abzudecken und die allgemeine Ansteckungsgefahr plausibel zu machen. Diese interpretatorische Aufgabe erfüllte in beispielhafter Weise das Pesthauch-Modell Gentiles da Foligno[18], das – im August 1348 von Pierre de Damouzy überarbeitet – der Pariser Medizinischen Fakultät bekanntgemacht und von dieser über ihr in königlichem Auftrag erstelltes Pestgutachten weithin durchgesetzt wurde[19]: Das Modell geht von der Konstellation des 20. März 1345 aus, läßt die drei Oberen Planeten im Haus des Wassermanns zusammentreten und durch ihre Sekundärqualitäten feuchte, schlechte Ausdünstungen von Land und Meer ansaugen, erhitzen, verderben und den so *in sui substantia corruptum . . . aerem* als Pesthauch auf die Erde zurückschleudern. Von den Menschen eingeatmet *per inspirationem,* sammeln sich die *vapores venenosi . . . circa cor et pulmonem* und verdichten sich dort zu einer *materia venenosa,* die das Herz und die Lunge bedrückt, *pestilentiam generat* und schließlich die eingepflanzte Wärme des Herzens auslöscht. Diese großartige Modellvorstellung kam zahlreichen Bestrebungen entgegen. Sie argumentierte systemimmanent auf dem Boden der humoralpathologischen Lehre, erlaubte der Fakultät, ihre Zuständigkeit für das Gemeinwohl unter Beweis zu stellen, gestattete somit der Medizin, im spätmittelalterlichen Fakultätenstreit[20] den Juristen einen wesentlichen Trumpf zu entwenden, und kam schließlich auch der Seuchenbekämpfung zugute, indem sie eine Luftverbesserung empfahl, was Vorschläge für Räucherungen und Riechmittel nach sich zog und den Einsatz von Repellentien zur Folge hatte.

Was Deutschland betrifft, so lassen sich seit dem 14. Jahrhundert Ansätze für eine Standardisierung[21] der Pesttherapie beobachten, die zunächst von der deutschen Hauptstadt Prag ausgehen[22], bald aber auch Zentren des westlichen[23] und östlichen[24] Oberdeutschland einbeziehen. Sie fußen auf sorgfältigen Beobachtungen zur Prädilektion des Primärkomplexes, rechnen mit geschwollenen Lymphknotenpaketen im Hals-, Achsel- und Leistenbereich, versuchen, die Bubonen zur Abszeßbildung beziehungsweise Entleerung nach außen zu bringen, und setzen zu diesem Zweck auch die lokale Unterdruckbehandlung mit Schröpfköpfen ein. Im übrigen dominiert der initiale Aderlaß, den zusätzliche Modellvorstellungen – vor allem die Membra-principalia-Lehre, erweitert um das Emunktorien-Konzept – theoretisch abstützen.

Die mittelalterliche Gesellschaft hat zahlreiche Anstrengungen unternommen, um die immer wieder aufflackernden Epidemien des

Schwarzen Todes einzudämmen. In der Regel gingen die Initiativen von Stadtgemeinden aus, in deren Bemühungen sich Ärztekollegien sowie laikale und religiöse Körperschaften, allmählich auch landesherrliche Obrigkeiten unterstützend einschalteten. Bewährte Maßnahmen wurden von Gemeinde zu Gemeinde weitergegeben; sie zielten auf Leichenbestattung, Kadaverbeseitigung, Vertreibung beziehungsweise Isolation der Erkrankten, Errichtung von Sondersiechenhäusern und die Sicherung der Ernährung im Katastrophenfalle. Die Einführung der *quaranti giorni* – zu »Quarantäne« verballhornt – ging von Reggio/Emilia (1374) sowie Ragusa (Dubrovnik) aus und erfuhr 1377 in Venedig ihre Anpassung an die hippokratische Lehre von den akuten Krankheiten.

Es hat durchaus Hinweise gegeben auf ein Hand-in-Hand-Gehen von Rattensterben und Pesttod der Menschen, und bemerkenswert sind die Beobachtungen zu Verhaltensänderungen bei Ratten und Mäusen, die genau beschreiben, wie erkrankte Tiere ihre Scheu verlieren, ihre Verstecke verlassen und nachts in den Lichtschein von Leuchten laufen.[25] Aber es fehlten dem Mittelalter die paradigmatischen Voraussetzungen, derartigen Beobachtungen mit gezielter Aufmerksamkeit nachzugehen und die Fakten in einen Kausalzusammenhang zu bringen.

Es hat dem Mittelalter nicht an wirksamen, wohl aber an durchgreifenden Maßnahmen zur Pestbekämpfung gefehlt, was nicht nur für den medizinischen, sondern auch für den seuchenpolizeilichen Sektor gilt und sich bis weit in die Moderne fortsetzt: Wie das Medium Aevum hat auch die Neuzeit dem Schwarzen Tod letztlich hilflos gegenübergestanden, und die Pestpandemie während des Dreißigjährigen Kriegs unterstreicht in den 15 Jahren ihres Herrschens (1629–1644) noch einmal sinnfällig die allgemeine Ratlosigkeit: Daß sozioprofessionelle Unterschiede in der Befallsdichte bestanden, hatte man bemerkt, indessen nur hinsichtlich der Expositionsgefahr gewertet, insofern als man die besondere Gefährdung von Ärzten, Apothekern, Pflegern, Priestern und Notaren anerkannte. Daß entsprechende Mortalitätsunterschiede aber auch von der berufsbedingten Rattendichte her bestanden, daß lebensmittelverarbeitende Gewerbe wie die der Müller, Bäcker, Schlächter und Fleischer (beziehungsweise der Abdecker) ganz erheblich höhere Sterberaten mit sich brachten als metall- und holzverarbeitende Tätigkeiten wie die der Plattner, Schmiede,

Wagner und Büttner, wurde erst in jüngster Vergangenheit festgestellt[26], wie das Aufklären der Infektionsmechanismen erst in den letzten Jahren gelungen ist: Der Pestbazillus wurde 1894, die Rolle des Hausrattenflohs vier Jahre später entdeckt, die Bedeutung der Kopflaus 1940 nachgewiesen und die Funktion von Haustieren – schon im Mittelalter erkannt – erst im Augenblick wieder in die Untersuchungen einbezogen.

Die Pestepidemien sind in Süd- und Westeuropa während des 18. und frühen 19. Jahrhunderts ausgeklungen. Ursache waren nicht Maßnahmen ärztlich-gesundheitspolizeilicher Bekämpfung, sondern Verschiebungen im Bereich des Nager-Reservoirs sowie der epiphytischen Überträger: Der Flohbefall europäischer Bevölkerung ging zurück, wie auch ihre Verlausung abgenommen hat, und gegen die Hausratte setzte sich zunehmend die Wanderratte durch. In Ostasien sowie Afrika ist indessen die Pest bis heute eine Bedrohung geblieben.

Bedrohlich bis heute blieben auch die Auswirkungen der *»Franzosen«:* Beim *mal franzoso* handelt es sich um die dritte Seuche, die über das mittelalterliche Abendland hereinbrach – gerade noch vor Ende des Medium Aevum, so daß wir über alle Einzelheiten der Symptomatik wie über die Etappen der Ausbreitung wesentlich besser orientiert sind als bei allen andern vorausgehenden antiken beziehungsweise mittelalterlichen Seuchenzügen[27]:

Die »neue«, »nie gehörte« und »nie gesehene« Seuche der »bösen Blattern« ist über den Atlantik nach Europa gekommen. Die Flotte von Kolumbus hat sie transportiert: Bei der Rückfahrt von den Antillen war Pinçon, der Steuermann aus Palos, erkrankt, und mit ihm *y otras* (noch andere) Mitglieder der Besatzung, die 1493 bei ihrer Landung in Barcelona die *nova lues* nach Aragon brachten, von wo aus sich die *dolençias ignotas nunca vistas ni conocidas* über die Iberische Halbinsel, aber auch über die Pyrenäen hinweg nach Südfrankreich ausbreiteten.

Eine wichtige Rolle in der Verbreitung hat das Heer Karls VIII. gespielt, das – im Frühjahr 1494 von Burgund aus rekrutiert – die Voraussetzung für das epidemische Ausbrechen der *nuova peste* lieferte: Als Charles VIII. Mitte Mai 1495 mit dem Hauptkontingent seiner Mannschaften sich aus der Stadt Neapel zurückzieht, ist das französische Heer von einer Krankheit gezeichnet, die seitens der Italiener mit den Invasionstruppen in Zusammenhang gebracht und *mal francioso* genannt wird, während französischerseits die Bezeichnung *mal de Naples* gilt. Auch der Valois ist von der *peste* erfaßt.[28] Als er seinen dezimierten Truppen Ende Oktober 1495 an der französisch-italienischen Grenze den Abschied gibt, tragen die auseinanderstrebenden Söldner des Vielvölkerheers die Franzosenkrankheit in ihre Heimatländer.

Am genauesten ist der Ausbreitungsweg für Deutschland erforscht: Wir wissen, daß alemannische Reisläufer die Seuche im November und Dezember ins Elsaß, die Schweiz sowie nach Schwaben brachten: »Anno 1495 gieng ein plag vnd gepresten uß«, den »man die bösen blatern ... nant« und der im Folgejahr rheinabwärts bis Köln, mainaufwärts bis Nürnberg vorstieß und auf dem Seeweg die Niederlande erreichte. 1497 haben die »boesen blâtern« Thüringen, Wien und die deutsche Hauptstadt Prag erfaßt, 1498 greifen sie auf den deutschen Osten über und dringen über Niederdeutschland weiter nach Jütland vor. Die westlichen Nachbarländer – Frankreich sowie England – sind etwa zur selben Zeit durchseucht. In Dänemark wütet die Krankheit seit 1502 und für Rußland sind die »Franzosen« seit 1499 nachgewiesen. Nach Afrika, Indien und Indonesien befördern sie die Portugiesen, die sie auch in China (1515 Kanton) sowie Japan (1542–1569 Nagasaki?) anlanden. Was die Ausbreitung über den Pazifik betrifft, so machten bald die Spanier und Engländer den Portugiesen Konkurrenz.

»Die seuch der Frantzosen, ... abschewlich vnnd zu fliehen«: Was die Symptomatik der »grauslichen« Krankheit betraf, so standen zunächst die Zerstörungen von Mund- und Rachenraum im Vordergrund. Bereits bei einsetzender *Rhinopharyngitis mutilans* begannen die Infizierten aus Mund und Nase zu stinken, was der Krankheit den Namen *oletum* (Gestank) eintrug. Bei Weiterschreiten des verstümmelnden Prozesses wurden Gaumen und Nasenskelett angegriffen, die Siebbeinhöhlen eröffnet und über die *Cellulae ethmoidales* die Orbiten einbezogen. Erasmus von Rotterdam zeichnet ein grausiges Bild vom Franzosenkranken, den er als lebenden Leichnam karikiert: stinkender Atem, weggefressene Nase, herauseiternde Augen, verbundener Kopf, hinkender Fuß. Und damit ist er bereits beim zweiten der dominierenden Symptomenkomplexe: Am meisten plagen die Kranken nächtlich exazerbierende Knochen- und Gelenkschmerzen, die vom Schädel und den langen Röhrenknochen ausgehen, über Periostitiden das Knochenmark einbeziehen, den zerfressen-aufgetriebenen Knochen säbelartig krümmen, Totenladenstücke aus eiternden Geschwüren ausstoßen und mit ihrem Krankheitsprozeß auf Bänder und Sehnen übergreifen. Juxtaartikuläre Knoten schießen an den Knochenenden auf; Hydrarthrosen lassen die großen Gelenke unförmig anschwellen, und es bilden sich Spontanluxationen aus: »vil lüt ... wurden lam an allen glidern«; »etliche kamend umb hand und füß«. Die nächtlichen Schmerzen sind so unerträglich, daß viele Kranke an Gott verzweifeln, den Teufel anrufen, sich aus dem Fenster oder in Brunnenschächte stürzen, um auf diese Weise der »hartseligen Plag der elenden Blattern« zu entrinnen. Was die Hauterscheinungen betrifft, so sind sie leichter zu ertragen gewesen. Ihr Bild wird beherrscht von ulzerierenden Papeln, die markstückgroß werden können, das Hautniveau überragen und von einer gelblich-dicken Borke überzogen sind: Zieht man den Schorf ab, zeigt sich übelriechendes Sekret, und die Papeloberfläche erinnert an eine Himbeere – französisch *framboise*. Derartige *boese blâteren* beziehungsweise *grosses véroles* pflegen nach Monaten unter netzartiger Narbenbildung abzuheilen, können aber auch granulomatös wuchern, jahrelang persistieren und ulzerierend zerfallen, wobei sie tiefe, fressende Geschwüre verursachen. Als unangenehm empfunden wurden auch die schuppenden Hände, und als besonders quälend erwies sich das Plantarpapillom, das sich in der Regel unter der Ferse entwickelte und beispielsweise Ulrich von Hutten acht Jahre lang peinigte, so daß er kaum noch aufzutreten wagte und sein linkes Bein atrophieren sah: »Nur Haut noch schien den Knochen zu bedecken.«

Hinsichtlich ätiologischer Deutung gingen die Meinungen auseinander, doch legte der Gestank aus Mund und sezernierenden Papeln den Rückgriff auf die Pesthauch-Theorie nahe, die zunächst mit dem Modell von 1348 arbeitete[29], dann aber auf die Konjunktion von 1484 auswich[30] und den im Haus des Skorpions zusammentreffenden Planeten Jupiter und Saturn das Zustandekommen der Seuche anlastete. Insofern konnte man je nach Ansteckung oder (scheinbarer) Immunität die Menschen in Skorpionisten oder Nicht-Skorpionisten aufteilen und die Krankheit mit dem anscheinend ältesten medizinischen Akronym verhüllen: *Patursa* – die *Passio turpis saturnina*. Für Paracelsus war der zirkadiane Wechsel der nächtlich exazerbierenden Schmerzen maßgebend, was ihn rhythmisches Geschehen ins Spiel bringen und entsprechend auf die Venus zurückgreifen ließ. Seiner Meinung nach ist die Krankheit *»venerisch«,* das heißt durch den wechselhaften Unteren Planeten inkliniert: Von diesem geht der »viehische« Affekt des »geilen luxus« aus, insofern als durch planetaren »influx« im Geist des Menschen eine »impression« entsteht, aus der eine »imaginaz« erwächst, aus welcher ihrerseits die *cupido* hervorgeht, was schließlich die *actio* nach sich zieht und damit den »Krankheitssamen« vervollständigt: Das im Ejakulat ausgeworfene »französische gift« ist nichts anderes als die »französische krankheit«. Und Paracelsus weiß auch, warum die Seuche ihren Namen *mal franzoso* hat; denn fürs Zustandekommen der Krankheit bedarf es der Willfährigkeit gegenüber venerischer Impression, und dieses bereitwillige Eingehen auf venerischen »Einfluß« sieht er gegeben bei »den narren und kindern« sowie bei den »Franzosen« –: »ich meine das volk«, fügt er hinzu, denn der Terminus ist zu seiner Zeit doppeldeutig und kennzeichnet nicht nur das Volk, sondern auch die nach diesem benannte Krankheit.

»Nichts fürcht' ich mehr als die Franzosen«, schreibt Dürer 1506 aus Venedig, »schier jedermann hat sie«. Im Vordergrund epidemiologischer Beobachtungen stand zunächst die hohe Kontagiosität: Man holte sich die Krankheit beim Bettnachbarn, infizierte sich beim Tragen fremder Kleidung, bekam die »Franzosen« über das Eß- und Trinkgeschirr, beobachtete, daß alle Stände, Berufe und Altersgruppen befallen waren, und erlebte, wie Säuglinge sich an der Mutterbrust ansteckten und ihrerseits die Seuche an die Amme weitergaben. Der vom Kranken ausgehende widerliche Gestank legte die Vermutung nahe, daß »die newe kranckait der blotern ... gleich der pestelentz« durch »den lufft ... leichtlich vom eim zu dem andern ... kümpt«[31]. Doch keimte 1495 schon der Verdacht auf, daß Sexualkontakt bei der Infektion mit im Spiel sein könnte, denn die Pubertät erwies sich als ansteckungsfördernder Faktor, und Franz Muralt hatte beobachtet, daß Berufe und Stände hoher Promiskuität die höchste Morbidität aufwiesen.

E como la dolencia era cosa nueva, non la entendian ni sabian curar los médicos: Der therapeutische Ansatz war zerfahren und zeigte ausgeprägte Polypragmasie, wobei zunächst die Furcht vor der Ansteckung dominierte: Man hat versucht, die Franzosenkranken wie Aussätzige zu sequestrieren, stellte sie unter Arrest, verwies sie aus der Stadt, isolierte sie in Sondersiechenhäusern, widmete Frauen- zu Franzosenhäusern um oder verbannte die Blatternkranken auf eine Insel. Die

Versuche, der Symptomenvielfalt Herr zu werden und die Krankheit zu heilen, fächerten ursprünglich von der Diätetik über die Medikation bis zu physikalischen Maßnahmen oder chirurgischen Eingriffen auf, engten sich jedoch rasch ein und legten sich um 1500 bereits auf zwei Verfahren fest, von denen das eine als Schmier-, das andere als Holzkur bezeichnet wurde: Die Schmierkur salbte den Franzosenkranken mit *Unguentum griseum,* einer Quecksilber-in-Schweineschmalz-Emulsion, während die Holzkur ihn mit Absud von Spänen des Guajak-Baumes traktierte. Äußerliche Quecksilberbehandlungen blieben bis nach dem Ersten Weltkrieg in Gebrauch und wurden erst durch die modernen Antibiotika – in der Regel Penicillin – ersetzt. Dagegen gelang es Paracelsus mit seiner Guajak-Polemik, die Holztherapie bald nach 1529 in Verruf zu bringen, was insbesondere wegen der begleitenden Schwitzkuren bedauerlich ist. Denn der Erfolg der Guajak-Behandlung beruhte weniger auf dem Trinken des Holztees als auf der Überwärmung des Patienten, was erlaubt, die Holzkur als Vorläufer des Hyperthermie-Prinzips zu werten, das durch Wagner-Jauregg 1918 in die Bekämpfung von Spirochaetosen wieder eingeführt und wenig später mit dem Nobelpreis ausgezeichnet wurde.[32]

Infinitos occidit infirmitas ipsa: Daß »vil lüte . . . dera bösen Blatern . . . sturbent«, ist eine Erfahrung aus den ersten Jahren des Seuchengeschehens, die später nicht mehr gemacht wird, auf eine hohe initiale Virulenz abhebt, gleichzeitig aber erkennen läßt, daß man die Letalität beziehungsweise Mortalität der *nova lues* genauso überschätzte wie seinerzeit die Auswirkungen des Schwarzen Todes: Selbst nüchterne Beobachter der Pestpandemie von 1347 bis 1351 hatten von maßlos übersteigerten Verlustquoten berichtet: Guy de Chauliac[33], der päpstliche Leibarzt beispielsweise rechnete mit einer Morbidität von mindestens 75 Prozent.

In der Regel ist man an den »Franzosen« nicht gestorben, und bald setzte sich eine Virulenzabschwächung durch, die Girolamo Fracastoro, der berühmte Kliniker und Poet, über zwei Stufen ablaufen sieht und die wir mit einem Rückgang des Frambösie-Anteils am komplexen Seuchengeschehen erklären. Als Fracastoro sich 1530 beziehungsweise 1546 mit dem *Morbus gallicus* befaßte, war dessen mittelamerikanischer Ursprung bereits in weite Ferne gerückt. Immerhin läßt der Dichterarzt jenen Hirten, der durch Blasphemie den Zorn der Götter und damit die neue Krankheit auf sich zieht, noch in Amerika leben, wobei er ihm übrigens den auf Tierliebe zielenden Namen »Saufreund« *(Syphilus)* zulegt und davon die Benennung[34] der Seuche ableitet: er bezeichnet den *Morbus gallicus* als Saufreund-Krankheit, *Syphilis*.

Trotz der ausgezeichneten Quellenlage wurden Ursprung und Herkunft der »Franzosen« lange Zeit kontrovers diskutiert, was einerseits durch das Beteiligtsein zweier Erreger – *Treponema pertenue* und *Treponema pallidum* –, anderseits durch die phasische Entflechtung der Krankheitsbilder von Frambösie und Syphilis bedingt sein mag, darüber hinaus zweifellos aber auch in der emotionalen Betroffenheit manches Historikers begründet ist.[35] Nachdem jedoch Willem Essed die klinischen Befunde gewertet und Vilhelm Møller-Christensen die osteoarchäologische Treponemen-Evidenz anhand der *Calvaria syphilitica* belegt hat, steht fest, daß die erkrankten Matrosen von Kolumbus die Frambösie (und mit ihr die Syphilis) aus der Neuen Welt mitbrachten und daß es vor 1493 eine vergleichbare Spirochaetose in der Alten Welt nicht gegeben hat.

Waren die »Franzosen« demographisch auch ohne nennenswerte Bedeutung, so haben sie doch Mode, Brauchtum und protestantische Sexualmoral – kurzum die frühneuzeitliche Mentalität – in nachhaltiger Weise beeinflußt: viel stärker jedenfalls als der *Englische Schweiß*, der sich 1485 erstmals im Heere Heinrichs von Richmond zeigte, mit den Truppen des Tudors in London einzog und viele Menschen dahinraffte. 1506 brach die »schweißende krankheit« wieder aus, 1517 (1516–1518) zeigte sie sich zum dritten Mal, wiederum mit hoher Letalität, indessen wie bei den früheren Epidemien beschränkt auf England. Erst beim vierten Seuchenzug gelang es der »schrecklichen plage«, den Ärmelkanal zu überspringen und von den niederländischen sowie hansischen Häfen aus Deutschland zu erreichen, das sie von Juli bis Dezember 1529 durchzog, nicht ohne auf Skandinavien und das Baltikum überzugreifen. Die Romania einschließlich Frankreichs blieb verschont. 1551 zeigte sich der »Schweißschrecken« zum fünften und letzten Mal, ohne jedoch noch einmal auf den Kontinent vorzustoßen.[36]

Die »newe vngehorte« Seuche erwies sich als »eylend tödende kranckheit« grippaler Symptomatik, gekennzeichnet durch profuse, übelriechende Schweißausbrüche und die Komplikation einer Virusenzephalitis. Besonders gefürchtet war der erste Krankheitstag mit seinen Paresen, Krämpfen, Delirien und einsetzendem Bewußtseinsschwund. Wurde er ohne zerebrale Erscheinungen überstanden, wichen die Schweiße nach etwa 24 bis 48 Stunden, und nach weiteren sieben bis zehn Tagen war der Kranke gesund.

»Aus bösem vnnd vergifftigem Lufft geursacht«, sah man den Englischen Schweiß derart »wůten«, daß er mehr als »das drittheil der menschen hynweg« zu nehmen schien, doch erwies sich das »Gerücht« der »neuen Pest« als schrecklicher denn die Krankheit selber: »bey funfzig ... haben sich ... geleget, deren seynd eins oder zwey gestorben«. »Sehet ... zu, dass ihr nicht leicht glaubet; ... es gehet viel lügenhaftes Ding dabey um«.

Krankheit und Seuchenangst haben das Mittelalter über viele Jahrhunderte verfolgt, und Hysterie stellte sich neben echte Krankheitsnot. Mit dem Aussatz ist das Medium Aevum aus eigener Kraft fertiggeworden. Der »Englische Schweiß« ging von selbst zurück, und die »Franzosen« verloren mit abnehmender Virulenz einiges von ihrem Schrecken. Was sich indessen kaum eindämmen ließ, war der Schwarze Tod: er hat in der Kurve mittelalterlicher Bevölkerungsentwicklung seine unübersehbaren Spuren hinterlassen.

Anmerkungen und Literatur

1 Vgl. zum Thema Lepra im Mittelalter zusammenfassend: Keil, G.: Aussatz. In: Lexikon des Mittelalters, I. München und Zürich 1980, Sp. 1249–1257. Ders.: Der Aussatz im Mittelalter. In: Aussatz, Lepra, Hansen-Krankheit. Ein Menschheitsproblem im Wandel, hrsg. von Christa Habrich, Juliane C. Wilmanns und Jörn Henning Wolf, II. Ingolstadt 1986 (= Kataloge des Deutschen Medizinhistorischen Museums, 4 [2]).

2 Vgl. Kudlien, F.: Lepra in der Antike. In: Aussatz, Lepra, Hansen-Krankheit (wie Anm. 1), II. Zur Problematik des Identifizierens: Kahle, E.: Dermatologie im Alten Testament. Ber. physik.-med. Ges. Würzburg 88 (1984), S. 187–194.

3 Niedermeier, H.: Soziale und rechtliche Behandlung der Leprosen. In: Aussatz, Lepra, Hansen-Krankheit (wie Anm. 1), I. Ingolstadt 1982, S. 76–85, hier S. 76. Köcher, F.: Zur Frage der Lepra im alten Zweistromland. In: ebd. II; dazu kritisch Kahle (wie Anm. 2).

4 Vgl. auch Wittern, R.: Die Lepra aus der Sicht des Arztes am Beginn der Neuzeit. In: Aussatz, Lepra, Hansen-Krankheit (wie Anm. 1 u. 3), I, S. 41–50, hier S. 44 ff. Zu den für die Aussatzdiagnostik zugrunde gelegten Symptomenkatalogen: Keil, G. und F. Lenhardt: Lepraschau-Texte. In: Die deutsche Literatur des Mittelal-

ters. Verfasserlexikon, 2. Aufl. hrsg. von Kurt Ruh et al. Berlin–New York 1977, 1978 ff. Hier: V, 1985, Sp. 723–726.

5 Vgl. zum Thema Pest im Mittelalter zusammenfassend: Grimm, J.: Die literarische Darstellung der Pest in der Antike und in der Romania. München 1965 (= Freiburger Schriften zur romanischen Philologie, 6). Zaddach, B.: Die Folgen des Schwarzen Todes (1347–51) für den Klerus Mitteleuropas. Stuttgart 1971 (= Forschungen zur Sozial- und Wirtschaftsgeschichte, 17). Biraben, J.: Les hommes et la peste en France et dans les pays européens et méditerranéens, I: La peste dans l'histoire; II: Les hommes face à la peste. Paris – 's-Gravenhage 1975/76 (= École des hautes études en sciences sociales, Centre de recherches historiques: Civilisations et sociétés, 35–36). Ders.: Les pauvres et la peste. In: Études sur l'histoire de la pauvreté, hrsg. von Michel Mollat. II. Paris 1974, S. 505–518. Bulst, N.: Der Schwarze Tod. Demographische, wirtschafts- und kulturgeschichtliche Aspekte der Pestkatastrophe von 1347–1352. Bilanz der neueren Forschung, Saeculum 30 (1979), S. 45–67. Becht, H.-P.: Medizinische Implikationen der historischen Pestforschung am Beispiel des »Schwarzen Todes« von 1347/51. In: Stadt und Gesundheitspflege, hrsg. von Bernhard Kirchgässner und Jürgen Sydow. Sigmaringen 1982 (= Stadt in der Geschichte. Veröffentlichungen des Südwestdeutschen Arbeitskreises für Stadtgeschichtsforschung, 19), S. 78–94.

6 Herlihy, D.: Outline of population developments in the Middle Ages. In: Determinanten der Bevölkerungsentwicklung im Mittelalter, hrsg. von Bernd Herrmann und R. Sprandel. Weinheim 1986.

7 Hinsichtlich kirchlicher bzw. mentalitätsbedingter Einflüsse auf das mittelalterliche Replikationsverhalten: Jean-Louis Flandrins Untersuchungen zu den Bußbüchern: Un temps pour embrasser. Aux origines de la morale sexuelle occidentale (VIe–XIe siècles). Paris 1983. Vgl. auch Lorcin, M.-Th.: Vivre et mourir en Lyonnais à la fin du moyen-âge. Paris o. J. (=Editions du Centre Pierre Léon, laboratoire associé au C.N.R.S., S. 223).

8 Zusammenfassend: Sprandel, R.: Sozialhistorische Voraussetzungen. In: Determinanten (wie Anm. 6).

9 Zur Frage des Ursprungs:Norris, J.: East or West? The geographic origin of the Black Death, Bull. Hist. Med. 51 (1977), S. 1–24. Dols, W.: Geographical origin of Black Death. Comment, ebd. 52, 1978, S. 112f. Dazu die Entgegnung von Norris, ebd., S. 114–120.

10 Zu den Bliden sowie andern Schleuder- und Torsionsgeschützen mittelalterlichen Antwerks: Schmidtchen, V.: Militärische Technik zwischen Tradition und Innovation am Beispiel des Antwerks. Ein Beitrag zur Geschichte des mittelalterlichen Kriegswesens. In: gelêrter der arzenîe, ouch apotêker. Beiträge zur Wissenschaftsgeschichte. Fschr. Willem F. Daems, hrsg. von Gundolf Keil. Pattensen/Han. 1982 (= Würzburger med.hist. Forsch., 24), S. 91–195.

11 Die Stadt ist damals noch deutsch und bleibt deutschsprachig bis über den Dreißigjährigen Krieg hinaus, vgl. Lexikon der germanistischen Linguistik, hrsg. von Althaus, H. P. et al. Tübingen 1973, S. 372.

12 Vgl. beispielsweise den Erlebnisbericht von Guy de Chauliac in seiner Chirurgia magna (1363), hrsg. von L. Joubert. Lyon 1585. Neudruck (hrsg. von G. Keil) Darmstadt 1976, S. 104 ff.

13 Mollaret, H. H. und J. Brossolet: La peste, source méconnue de l'inspiration artistique. Jaarboek koninkl. Museum schone Kunsten. Antwerpen 1965, S. 1 bis 112, hier S. 13 und 60.

14 Folz, H.: Die Reimpaarsprüche, hrsg. von H. Fischer. München 1961 (= Münchener Texte und Untersuchungen, 1), Nr. 44 (Gereimtes Pestregimen), V. 57 bis 59, S. 414. Dazu: Haage, B. D. (Ed.): Das gereimte Pestregimen des Codex Sangallensis 1164 und seine Sippe. Metamorphosen eines Pestgedichtes (= Untersuchungen zur mittelalterlichen Pestliteratur, V), Pattensen/Han. 1977 (= Würzburger med.hist. Forsch., 8), S. 39f.

15 »In aliquibus locis crediderunt Judaeos venasse mundum, et ideo interfecerunt eos; in aliquibus pauperes truncatos, et fugabant eos«, Guy de Chauliac, 1363, (wie Anm. 12), S. 104. Vgl. auch Wickersheimer, E.: Les accusations d'empoisonnement portées pendant la première moitié du XIVe siècle contre les lépreux et les juifs; leurs relations avec les épidémies de peste. Comptes rendus du IVe Congrès international d'Histoire de la Médecine... Bruxelles 1923, Antwerpen 1927, S. 76–83.

16 Das gilt keineswegs allein für den Bereich der darstellenden Kunst, sondern auch für die Dichtung, vgl. Grimm, 1965 (wie Anm. 5), S. 111–156, 223ff., Mollaret/Brossolet, 1965 (wie Anm. 13). Krüger, S.: Krise der Zeit als Ursache der Pest? Der Traktat »De mortalitate in Alemannia« des Konrad von Megenberg. In: Fschr. für Hermann Heimpel zum 70. Geburtstag, II. Göttingen 1972, S. 839–883 (Textausgabe S. 863ff.)

17 Guy de Chauliac (wie Anm. 12), S. 104.

18 Sudhoff, K. (Ed.): Pestschriften aus den ersten 150 Jahren nach der Epidemie des Schwarzen Todes 1348. Sudhoffs Arch. 2 (1909) bis 17 (1925), hier 5 (1912), S. 84ff.

19 Sies, R. (Ed.): Das »Pariser Pestgutachten« von 1348 in altfranzösischer Fassung (= Untersuchungen zur mittelalterlichen Pestliteratur, IV), Pattensen/Han. 1977 (= Würzburger med.hist. Forsch., 7). Zu Pierre de Damouzy vgl. ebd., S. 14, sowie A. Coville: Écrits contemporains sur la peste de 1348 à 1350. In: Histoire littéraire de la France, XXXVII, Paris 1938, S. 325–390, hier S. 327.

20 Zum Fakultätenstreit – der disputa delle arti – vgl. Peitz, R.: Die »Decem quaestiones de medicorum statu«. Ein spätmittelalterlicher Dekalog zur ärztlichen Standeskunde, Pattensen/Han. 1978 (= Würzburger med.hist. Forsch., 12), S. 11–23 (mit weiterführender Literatur).

21 Vgl. Bergmann, H. und G. Keil: Das Münchner Pest-Laßmännchen. Standardisierungstendenzen in der spätmittelalterlichen deutschen Pesttherapie. In: Fachprosa-Studien. Beiträge zur mittelalterlichen Wissenschafts- und Geistesgeschichte, hrsg. von G. Keil. Berlin 1982, S. 318–330.

22 Werthmann-Haas, G.: Altdeutsche Übersetzungen des »Prager Sendbriefs« (»Missum imperatori«). Aufgrund der Ausgabe von Andreas Rutz (1972) neu bearbeitet (= Untersuchungen zur mittelalterlichen Pestliteratur, I), Pattensen/Han. 1983 (= Würzburger med.hist. Forsch., 27). V. Gräter: Der »Sinn der höchsten Meister von Paris«. Studien zu Überlieferung und Gestaltwandel (= Untersuchungen zur mittelalterlichen Pestliteratur, III, 1), med. Diss. Bonn 1974. Franke, H.-P.: Der Pest-»Brief an die Frau von Plauen«. Studien zu

Überlieferung und Gestaltwandel (= Untersuchungen zur mittelalterlichen Pestliteratur, III, 2), Pattensen/Han. 1977 (= Würzburger med.hist. Forsch., 9).

[23] Haage, 1977 (wie Anm. 14). Haage, B. D.: Handschriftenfunde und Nachträge zum »Pestgedicht des Hans Andree«. Sudhoffs Arch. 63, 1979, S. 392–406. Ders.: Zur Überlieferung eines altdeutschen Pestgedichts. In: gelêrter der arzenîe, ouch apotêker. 1982 (wie Anm. 10), S. 323–335.

[24] Bergmann, H.: »also das ein mensch zeichen gewun«. Der Pesttraktat Jakob Engelins von Ulm (= Untersuchungen zur mittelalterlichen Pestliteratur, II), med. Diss. Bonn 1972. Ders., Neufunde zum Pesttraktat Jakob Engelins von Ulm, Sudhoffs Arch. 62, 1978, S. 282–293. Ders.: Jakob Engelin (Meister Jakob von Ulm). In: Verfasserlexikon (wie Anm. 4), II, 1980, Sp. 561 ff.

[25] Vgl. das »Compendium de epidemia« des Straßburger Arztes Johannes von Sachsen, hrsg. von Sudhoff (wie Anm. 18), 1909–25, hier 16, 1925, S. 20–29. Dazu: Janus 28, 1924, S. 369–379, sowie Verfasserlexikon (wie Anm. 4), IV, 1983, Sp. 730 f.

[26] Vgl. die epidemiologisch beispielhafte Studie von Woehlkens, E.: Pest und Ruhr im 16. und 17. Jahrhundert. Grundlagen einer statistisch-topographischen Beschreibung der großen Seuchen, insbesondere in der Stadt Uelzen. Uelzen 1954 (= Schriften des Niedersächsischen Heimatbundes, N. F., 26).

[27] Das Folgende nach: Meyer-Ahrens, K.: Geschichtliche Notizen über das erste Auftreten der Lustseuche in der Schweiz und die gegen die weitere Ausbreitung der Krankheit in der Schweiz und namentlich im Canton Zürich getroffenen Maaßregeln, nebst einigen Notizen über den Aussatz. Schweizer. Zschr. Natur-Heilkde. 6, = N. F. 3 (1841), S. 322–341. Proksch, J. K.: Die Literatur über die venerischen Krankheiten, I–V. Bonn 1889–1891. Ders.: Die Geschichte der venerischen Krankheiten, I–II. Bonn 1895. Bloch, I.: Der Ursprung der Syphilis. Eine medizinische und kulturgeschichtliche Untersuchung, I–II. Jena 1901–1911. Sudhoff, K.: Aus der Frühgeschichte der Syphilis. Leipzig 1912 (= Studien zur Geschichte der Medizin, 9). Vgl. dazu: Haustein, H.: Die Frühgeschichte der Syphilis 1495–1498. Historisch-kritische Untersuchungen auf Grund von Archivalien und Staatsdokumenten, Arch. Dermat. Syph. 161 (1930), S. 255–388. Essed, W. F. R.: Over den oorsprung der syphilis. Amsterdam 1933. Huard, P.: La syphilis vue par les médecins arabo-persans, indiens et sino-japonais du XVe et XVIe siècles. Hist. Méd. 6 (1956), 7, S. 9–13. Møller-Christensen, V.: Evidence of tuberculosis, leprosy and syphilis in antiquity and the middle ages. In: Aktuelle Probleme aus der Geschichte der Medizin. Verh. XIX. Int. Kongr. Gesch. Med., hrsg. von R. Blaser und H. Buess, Basel usw. [1964] 1966, S. 229–237. Keil, G. und W. F. Daems: Paracelsus und die »Franzosen«. Beobachtungen zur Venerologie Hohenheims. I, Nova acta Paracelsica 9 (1977), S. 99–151.

[28] Im April 1498 ist er unter dramatischen Umständen seinem Leiden erlegen; Del Guerra, G.: La calata di Carlo VIII e il diario clinico della lue di Giovanni Mariani (1496–1497). Pisa 1955, S. 18 f.

[29] Siehe oben S. 116.

[30] Vgl. Müller-Jahncke, W.-D.: Astrologisch-magische Theorie und Praxis in der Heilkunde der frühen Neuzeit. Stuttgart 1985 (=Sudhoffs Archiv, Beiheft 25), S. 193–205.

[31] Verfasserlexikon (wie Anm. 4), IV, 1983, Sp. 866.

[32] Eis, G.: Fiebertherapie im 16. und 17. Jahrhundert, Med. Mschr. 11 (1957), S. 823–826.

[33] 1363 (wie Anm. 12), S. 104: »Et fuit ⟨illa pestis⟩ ita magna, vt vix quartam partem hominum dimiserit«.

[34] Vgl. zu konkurrierenden Ableitungsversuchen Graziani, R.: Fracastoro's »syphilis« and Priapus. Clio medica 16 (1981), S. 93–99.

[35] Ein gutes Beispiel für derart engagiertes Argumentieren liefert Guerra, F.: The dispute over syphilis: Europe versus America. Clio medica 13 (1978), S. 39–61. Ders.: The description of syphilis in Avicenna. In: XXVII Congresso internacional de historia de la medicina, 1980. Actas, Barcelona 1981, S. 731 ff. Vgl. dazu die Richtigstellung von Kahle, E.: The description of varicella by al-Baladī. In: The international medical conference »The Child and Arabic Medicine«. II, 1982. Tripoli 1984, S. 237–244, hier S. 242.

[36] Zum Englischen Schweiß zusammenfassend Hecker, J. F. C.: Der englische Schweiß. Berlin 1834. Püschel, E.: Der Englische Schweiß des Jahres 1529 in Deutschland. Sudhoffs Arch. 42 (1958), S. 161–183. Mann, G.: Nachwort zu: Euricius Cordus, Ein Regiment, Wie man sich vor der Newen Plage / Der Englische Schweis genant / bewaren / Vnd so man damit ergrieffen wird / darynn halten sall, Marburg a. d. L.: Franz Rode 10. Sept. 1529, Neudruck ebd. 1967.

Meinem Mitarbeiter Dr. Josef Domes danke ich für seine Hilfe beim Korrekturenlesen.

VILHELM MØLLER-CHRISTENSEN

Umwelt im Spiegel der Skelettreste vom Kloster Aebelholt

Im Zusammenhang mit einer medizinhistorischen Arbeit[1] war ich an mittelalterlichen Pinzetten interessiert, da zur damaligen Zeit nur wenige Exemplare bekannt waren. Insbesondere versuchte ich, durch archäologische Sondierungen Pinzetten oder Pinzettenreste in Ruinen nordischer mittelalterlicher Klöster zu finden. Leider war das Ergebnis meiner Nachforschungen insgesamt zunächst sehr unergiebig. 1932 entdeckte ich schließlich etwa sieben Kilometer westlich der Stadt Hillerød ein großes und ehemals berühmtes Augustinerkloster, das von 1175 bis 1550 bestand. Bis dahin war weder dem dänischen Nationalmuseum noch den ortsansässigen Historikern die Stelle bekannt, an der die Kirche und die übrigen Klostergebäude gestanden haben mußten. Im September 1935 schließlich gelang es mir, Ruinenreste des Hauptgebäudes zu finden, und in Zusammenarbeit mit dem Nationalmuseum begannen die Ausgrabungen auch, um Pinzetten zu finden (dies gelang schließlich auch mit Erfolg; insgesamt wurden fünf dänische und neun schwedische Pinzetten gefunden).

Natürlich dauerte es nicht lange, bis ich auf mittelalterliche Gräber mit ihren Skeletten stieß. Die Bauwerksarchäologen behandelten das Skelettmaterial als störende Fremdkörper, die sie wenig sorgsam freilegten und bargen, dabei sogar in erheblichem Umfange beschädigten. Nach dieser Erfahrung war ich sehr skeptisch in bezug auf Veröffentlichungen wie die damals gerade publizierte Arbeit von Euler[2], die sich mit der Häufigkeit der Zahnkaries in vorgeschichtlicher Zeit auseinandersetzte. Da diese Arbeiten sich auf Materialien bezogen, die ganz überwiegend in unzulänglicher Technik ergraben worden waren, entwickelte ich im Laufe der folgenden Jahre die Methode der Osteoarchäologie, als deren erstes großes Beispiel die Freilegung der Friedhofsanlage vom Kloster Aebelholt gelten kann.

Die Grabung und die Ergebnisse von Aebelholt markieren gewissermaßen einen Wendepunkt nicht nur in der nordeuropäischen Archäologie und Medizingeschichte. Aebelholt hatte – rückblickend betrachtet – initiierende Wirkung für nachfolgende Grabungen und Auswertungen insbesondere mittelalterlicher Gräberfelder. Zugleich steht Aebelholt forschungsgeschichtlich am Beginn einer langjährigen Beschäftigung mit pathologischen Affektionen an mittelalterlichen Skelettmaterialien, an deren Ende unter anderem die Formulierung der Knochenveränderungen durch Lepra und die Erweiterung der klinisch-diagnostischen Kenntnisse der rezenten Lepra stehen, wodurch eine sichere Früherkennung möglich wurde: *Mortui viventes docent.*

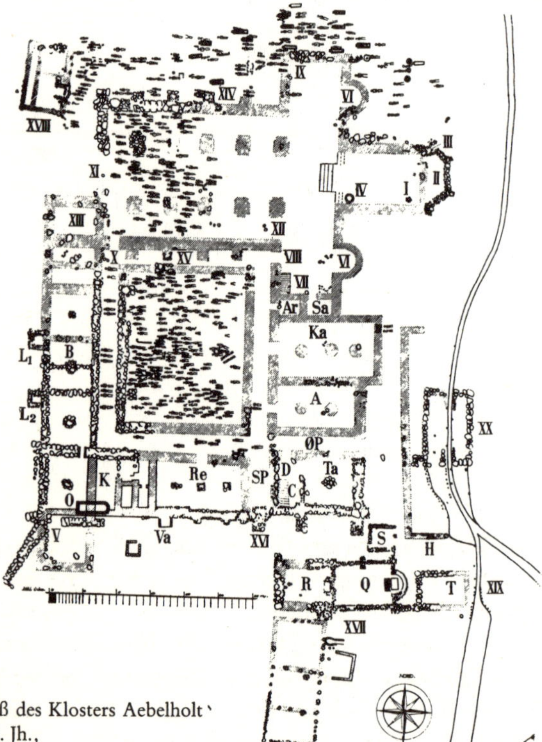

1 Grundriß des Klosters Aebelholt
(12. bis 16. Jh.,
Provinz Seeland, Dänemark)
mit eingezeichneten Skelettfunden.

Die Grabungskampagnen, die vor dem Kriege begonnen und erst nach ihm beendet werden konnten, förderten die Überreste von insgesamt 760 Skeletten zutage, die auf drei Komplexe innerhalb der Klosteranlage konzentriert sind (Abb. 1). Die Skelettfunde des Klosterhofes stellen dabei das größte Kontingent (s. Tabelle) mit einem annähernd ausgeglichenen Geschlechterverhältnis. Es spricht vieles dafür, hier die Gräber des verheirateten Klosterpersonals anzunehmen. Die beiden anderen Begräbnisplätze, die Kirche und der Friedhof, zeichnen sich durch einen deutlichen Männerüberschuß aus. Bemerkenswert ist auch die große Zahl von Kinderskeletten auf dem Friedhof.

Die Skelette stammen aus der Zeit zwischen 1200 und 1550, eine

Alters- und Geschlechtsverteilung innerhalb der Bestattungskomplexe

	Kirche				Klosterhof				Kirchhof				
	♂	♀	?	I+II	♂	♀	?	I+II	♂	♀	?	I+II	
inf.				16				23				56	95
juv.		2			4	12			3				21
ad.	8	5			8	8			3				32
mat.	42	13	6		54	43	2		34	15	2		211
sen.	2				9	5	1		1	1			19
	52	20	6	16	75	68	3	23	41	16	2	56	378
	94				169				115				

Aufgeführt sind hier nur Skelette aus Gräbern. Aus Streu- und Lesefunden wurden weitere 382 Individuen nachgewiesen.

genauere Stratifizierung läßt sich für den Einzelfall nur selten vornehmen. Insofern sind die demographischen Daten nur Eckwerte. Mögliche demographische Oszillationen während dieser dreieinhalb Jahrhunderte (fast 12 Generationen!) lassen sich nicht differenzieren.

Das mittlere Sterbealter der in Aebelholt Bestatteten betrug 32,2 Jahre, für Männer 34,0, für Frauen 27,7 Jahre. Mit rund 161 cm Körperhöhe waren die Frauen fast 10 cm kleiner als die Männer (etwa 171 cm).

Mehr als in demographischer Hinsicht vermögen die Skelettreste etwas über das diachrone Spektrum knochenrelevanter Erkrankungen der nordseeländischen Bevölkerung auszusagen. Ich möchte mich auf einige besonders herausragende Befunde konzentrieren.[3]

Zahnkaries, die von zahlreichen Umweltfaktoren beeinflußt wird, läßt sich bei etwas mehr als der Hälfte aller auswertbaren Individuen (197 mit vollständigen Gebissen) nachweisen. Bezogen auf alle untersuchten Zähne sind jedoch nur knapp 6 Prozent kariös. Natürlich lag der Prozentsatz etwas höher, da intravitale Zahnverluste nicht bewertet werden können. Kariöse Zähne sind bei den erhaltenen Kindergebissen sehr selten. Insgesamt liegt die Karieshäufigkeit deutlich unter der heutigen. Daß die damalige Nahrung die Selbstreinigung des Gebisses im Sinne antikariöser Wirkung unterstützte, darf zumindest vermutet werden.

Von größter ätiologischer Bedeutung ist meines Erachtens der nachweisbare Zusammenhang zwischen entzündlichen Erkrankungen der Zähne (Primärherd) und den degenerativ entzündlichen Sekundärerkrankungen der Wirbelsäule (Fokalinfektionen).

Die degenerativen Veränderungen der Wirbelgelenke weisen unterschiedliche Verteilungsbilder auf. Die Zwischenwirbelgelenke sind im oberen Hals- und im oberen Brustwirbelsäulenabschnitt am häufigsten betroffen, die Wirbelkörpergelenke hingegen im unteren Hals-, unteren Brust- und im gesamten Lendenwirbelsäulenbereich. Da die Veränderungen der Wirbelkörpergelenke mit zunehmendem Alter steigen, ist ihr primärer Zusammenhang mit körperlicher Beanspruchung offensichtlich. Anders verhält es sich mit den kleinen Gelenken der Wirbelbögen, die schon im Jugendalter nennenswerte Veränderungen aufweisen können. Mit steigendem Individualalter überwiegt die Erkrankung der Wirbelkörpergelenke sowie ihr Schweregrad. Individuen mit degenerativen Veränderungen der Wirbelsäule und gleichzeitigen Herdinfektionen an Zähnen zeigen einen deutlich stärkeren Ausprägungsgrad. Aus dem gesamten Material ist zu folgern, daß es eine ursächliche Verbindung zwischen Zahnerkrankungen und den degenerativen Veränderungen der Wirbelsäule gibt. In Aebelholt ist rund ein Drittel der degenerativen Wirbelsäulenerkrankungen auf Herderkrankungen an Zähnen zurückzuführen. Rheumatische Zustandsbilder waren demnach in nicht unerheblichem Maße verbreitet.

Das vergleichsweise häufige Auftreten arthrotischer Veränderungen im Halswirbelsäulenbereich kombiniert mit Zahnherden scheint mir ein Spezifikum zu sein. Über 90 Prozent der Skelette mit arthrotischen Veränderungen an Halswirbeln weisen zugleich entzündliche Prozesse der Zahnwurzeln auf, wie auch umgekehrt knapp 90 Prozent aller Individuen mit Zahnentzündungen zugleich Arthrosen der Halswirbelsäule zeigen. Die Korrelation und das Auftreten ist so hoch, daß ich hierin eine besondere Mittelalterkrankheit sehe, die ich *Morbus Aebelholt* genannt habe.

Arthrotische Veränderungen an den Gelenken der großen Arm- und Beinknochen sind bei den adulten und maturen Männern etwas häufiger als bei den Frauen.[4] In der senilen Altersgruppe sind beide Geschlechter gleichmäßig betroffen. Das Bild entspricht also durchaus der bekannten unterschiedlichen Beanspruchung der Geschlechter hinsichtlich schwerer körperlicher Anstrengung.

Medizinhistorisch bedeutsam sind zwei Fälle von Tuberkulose. Die Wirbelsäule eines etwa vierzigjährigen Mannes zeigte den typischen Buckel nach Befall der unteren vier Brustwirbel und der oberen drei Lendenwirbel (Abb. 2). Um den Beckengürtel dieses Mannes fanden sich vier eiserne Reifen als Bandagen gelegt. Ihre Aufgabe bestand in einer Entlastung der Unterleibsweichteile, die infolge der Buckelbildung durch den absackenden Oberkörper belastet waren.

2 Wirbelsäule und Beckengürtel eines vierzigjährigen Mannes mit Knochentuberkulose (Nr. 357).

Der zweite Befund betrifft ebenfalls das Skelett eines spätadulten bis frühmaturen Mannes, in dessen Thorakalraum dank sorgfältigster Präparationstechnik zwei »Panzerpleura« gefunden wurden (Abb. 3). Hierbei handelt es sich um Verkalkungen bindegewebiger Verdickungen des Brustfells, die Folgezustand von Brustfellentzündung sind. Entzündungen des Brustfells treten vorwiegend bei Tuberkulose auf.

Von hervorragender medizinhistorischer Bedeutung ist ohne Zweifel der Befund an einem Skelett einer etwa fünfundzwanzigjährigen Frau. Leider ist von diesem Individuum nur der obere Skelettbereich bis einschließlich zweitem Lendenwirbel erhalten. Im Zuge nachfolgender Bestattungen ist der untere Skelettabschnitt verlorengegangen. Von den erhaltenen Knochen sind Schädel, Rippen, Brustbein und Wirbel ohne Auffälligkeiten. Hingegen sind beide Arme im Ellenbogengelenk in maximaler Beugehaltung fixiert (Abb. 4). Hände und Finger fanden sich in tetanischer Verkrampfung. An den Skelettelementen ist ein progressiver Knochenschwund festzustellen, begleitet von gleichzeitigen schweren knochendestruierenden Markentzündun-

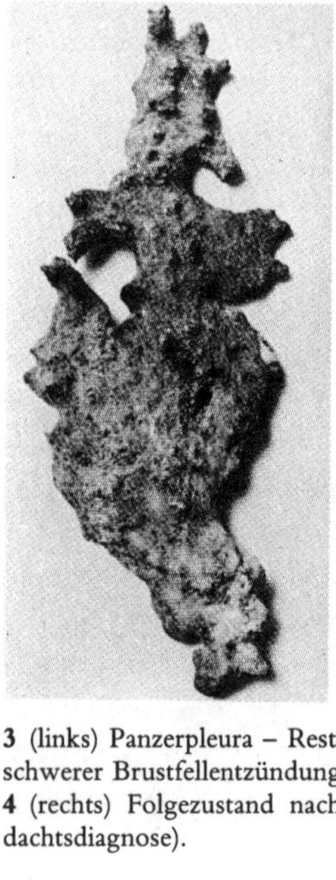

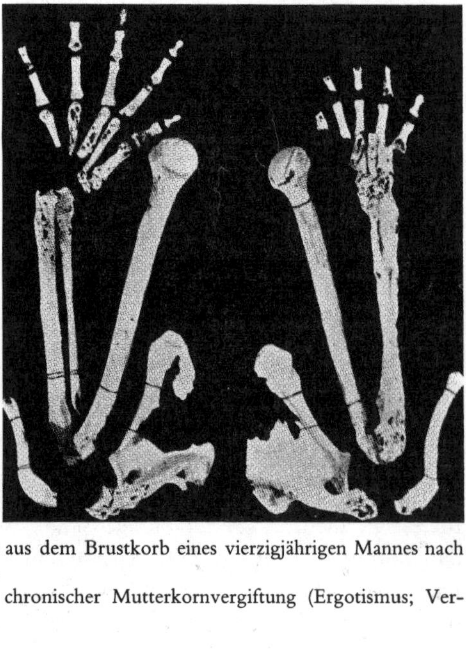

3 (links) Panzerpleura – Reste aus dem Brustkorb eines vierzigjährigen Mannes nach schwerer Brustfellentzündung.

4 (rechts) Folgezustand nach chronischer Mutterkornvergiftung (Ergotismus; Verdachtsdiagnose).

gen. Die Knochenmarkentzündungen finden sich am Schulterblatt, dem Ellenbogengelenk, dem Handgelenk, der Handwurzel, sämtlichen Mittelhandknochen und einzelnen Fingergrundgliedern sowie den größten Teilen der Diaphysen von Radius und Ulna. Die Intensität der Läsionen nimmt in Richtung der körperfernen Gelenke zu. Die Affektionen treten symmetrisch auf. Die linke Körperseite ist bevorzugt, insbesondere am linken Oberarm und den Fingern der linken Hand. Das distale Viertel der linken Ulna ist zu einem spindelförmigen massiven Knochenzapfen umgebaut, das Grundglied des linken kleinen Fingers auf etwa die Hälfte seiner normalen Länge eingeschrumpft. Die fehlenden Fingerknochen, vor allem Endglieder, sind zu Lebzeiten verlorengegangen.

Ursprünglich wurde Lepra als Verdachtsdiagnose gestellt: Diese, man kann sagen typische Krankheit des europäischen Mittelalters (»Aussatz«) war in ihren knochenrelevanten Auswirkungen zunächst unzureichend bekannt. Durch systematische Grabungen bei mittelalterlichen Lepraspitälern konnte ich jedoch einen differentialdiagnostischen Katalog von Knochenläsionen bei Lepra erstellen[5], der sich heute in der klinischen Diagnostik bei der Leprafrüherkennung bewährt. Es ist dies einmal das »Lepragesicht« (*facies leprosa,* Abb. 5) mit folgenden Merkmalen:

- Atrophie des vorderen Nasenstachels.
- Atrophie und Zurückweichen des Alveolarfortsatzes des Oberkiefers im Frontalbereich. Zentraler Beginn mit Lockerung und Verlust der Schneidezähne.
- Entzündungen des Naseninnenraumes bis zum Abbau der Nasenmuscheln und Perforation des knöchernen Gaumens.

Daneben treten im fortgeschrittenen Krankheitsstadium charakteristische Verstümmelungen an Händen und Füßen (Abb. 6) sowie Verdikkungen und Oberflächenveränderungen an den langen Extremitätenknochen auf. Auch hierbei können die Extremitätenabschnitte durch Gelenksankylosen in aberranten Positionen fixiert sein.

Im Vergleich mit nachweislich leprösen Skeletten zeigt das der jungen Frau von Aebelholt jedoch nicht die spezifischen Lepramerkmale. Da auch andere Krankheitsbilder, die dem Erscheinungsbild nahekommen (Syphilis, Tuberkulose, chronischer Gelenkrheumatismus, Boecks Sarkoid) ausgeschlossen werden können, bleibt Ergotismus als wahrscheinlichste Diagnose.[6] Mit dem seit dem hohen Mittelalter extensiv betriebenen Roggenanbau manifestiert sich durch den Genuß mutterkorninfizierten Getreides eine neue Krankheit, der Ergotismus. Ergotismus oder »St. Antonius-Feuer« tritt entweder akut oder chronisch als Folge der Vergiftung mit Mutterkornalkaloiden auf. Akute Zustände hatten oft einen schnellen Tod zur Folge. Die chronische Vergiftung führte zu schmerzhaften Krampfanfällen, Kontraktionen der Extremitäten, Lähmungen und Muskelschwund, zu Brandigwerden von Fingern und Zehen und deren Abstoßung. Zahlreiche spätmittelalterliche Darstellungen zeigen die offenbar recht zahlreichen Opfer solcher Vergiftungen.[7] Dennoch fehlen bislang gesicherte Skelettfunde. Die junge Frau von Aebelholt ist der einzige mir bekannte mittelalterliche Fall, auf den die Diagnose Ergotismus plausibel und mit hoher Wahrscheinlichkeit angewandt werden kann.

Unter den weiteren nachgewiesenen Erkrankungen wie Tumoren, Knochenmarksentzündungen usw. haben Avitaminosen einen sehr unmittelbaren Umweltbezug. Rachitis ist innerhalb des Kollektivs nicht sicher nachweisbar. Unter den insgesamt 50 Frauen im gebärfähigen Alter befand sich eine etwa vierzigjährige Hochschwangere mit einem Fetus in Steißlage. Das Becken dieser Frau wies rachitische Veränderungen auf. Ob einzelne Zahnschmelzhypoplasien in diese Richtung weisen, muß offen bleiben. Bemerkenswert ist das Ausmaß intravitaler Zahnverluste bei 28 Individuen (22 Männer, 6 Frauen), das nicht durch Karies oder durch Abrasion erklärt werden kann. Hier lautet die Verdachtsdiagnose Skorbut, die Vitamin-C-Mangel-Krankheit.

Unter den zeitlich jüngsten Skeletten von Aebelholt, deren Bestattungszeit zwischen 1450 und 1550 anzusetzen ist, befindet sich auch dasjenige einer fünfundzwanzig- bis dreißigjährigen Frau mit Syphilis. Wegen seiner chronologischen Einordnung ist das Individuum nicht geeignet, zur Ursprungsfrage der Syphilis beizutragen (vgl. Beitrag Keil, S. 109ff.).

Einblicke in Umweltbeziehungen auf unterschiedlichsten Ebenen gewähren auch traumatische Knochenläsionen. An insgesamt 68 Individuen waren rund 200 Einzelereignisse nachweisbar, wobei die mature Altersgruppe am stärksten vertreten ist, wie aus dem mittleren Sterbealter und der Akkumulation dieser Ereignisse zu erwarten ist. Die Geschlechter sind unterschiedlich betroffen: ein Drittel aller Männer, aber nur 13 Prozent der Frauen weisen traumatische Verletzungen auf. Dieses Bild entspricht im Prinzip der geschlechtsspezifischen

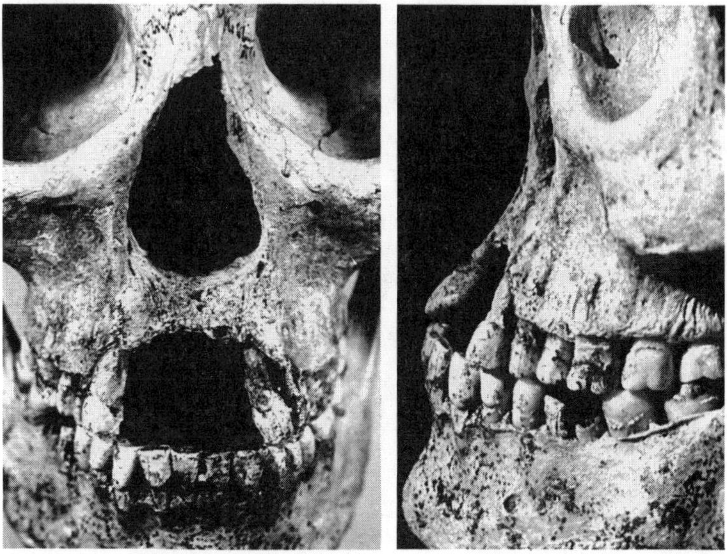

5 *Facies leprosa*. Charakteristische Veränderungen des Gesichtsskeletts: Abbau der knöchernen Nase und des Oberkiefers mit Schneidezahnverlust.

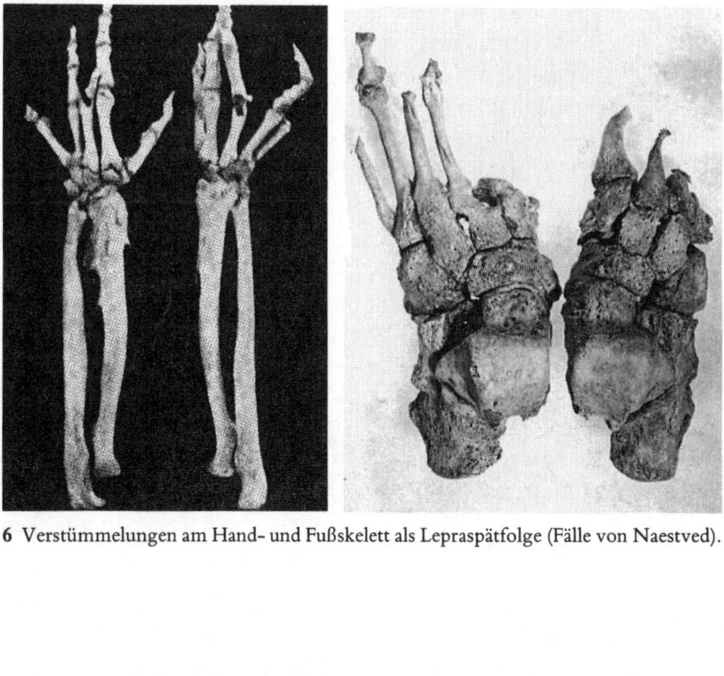

6 Verstümmelungen am Hand- und Fußskelett als Lepraspätfolge (Fälle von Naestved).

Verteilung von Knochentraumata, die sich aus den unterschiedlichen sozialen Wirkungskreisen ergeben.[8]

In dem Falle eines frühmaturen Mannes, der den Abschlag eines Knochenspanes aus dem linken Schläfenbein und die Durchtrennung des Jochbogens durch Schwerthieb überlebte (dabei war natürlich seine Kaumuskulatur inaktiviert), sind sechs Rippen der rechten Seite im Sinne einer Serienfraktur gebrochen und wieder verheilt. Am rechten Schulterblatt und Oberarm sind Spuren einer alten Luxation zu sehen, während das linke Schulterblatt einen alten Bruch aufweist.

Das rechte Schlüsselbein desselben Mannes weist an seinem schultergelenksnahen Ende die Spur eines alten Infektionsherdes auf, der mit einem Brandeisen behandelt wurde; das linke Ellenbogengelenk ist nach einem Bruch unter einem Winkel von 90 Grad versteift.

Die eigenartige Konzentration von traumatisierenden Ereignissen an diesem bedauernswerten Menschen ermöglichen uns zugleich beispielhaft Einblicke in den Stand der Heilbehandlung, über den die Mönche von Aebelholt verfügten. Die Behandlung der eitrigen Fistel am Schultergelenk mit dem Brandeisen ist eine Übernahme hippokratischer Vorschriften in die Mittelaltermedizin. Ebenfalls in dieser Tradition liegt die Fixierung des gelenknahen Bruches unter gleichzeitiger Ruhigstellung des linken Armes. Beide Versorgungsarten entsprechen dem damaligen Wissensstand. Die gefundenen medizinischen Instrumente wie Sonden, Lanzetten, Pinzetten, Skalpelle und Bleikatheter zeugen ebenfalls von einem beachtlichen wundärztlichen oder chirurgischen Tätigkeitsfeld. Unter den Skeletten von Aebelholt finden sich auch viele hier nicht näher zu behandelnde Befunde, die für die Deutung ähnlicher Funde in anderen Gräberfeldern wichtig waren, ob dies nun die zahlreichen Verletzungen durch Schwert oder Armbrust waren, ob es sich um einen Gehängten oder einen scheintot Begrabenen handelt. Aebelholt ist wegen seines breiten Spektrums der aus den Skeletten ablesbaren Befunde, die mittelalterliches Leben so beispielhaft illustrieren, ein bleibendes Beispiel osteoarchäologischer Arbeiten.[9]

Heute, mehr als 30 Jahre nach Abschluß der letzten Grabungskampagne in Aebelholt, sind die Klosterruinen ein nationales Monument. Integriert in die Anlage ist ein kleines Museum, das dem Besucher vor allem die osteologischen Befunde exemplarisch nahebringt und zugleich den Einblick in diesen Abschnitt des Menschen und seiner Umwelt im Mittelalter verdeutlicht.

Anmerkungen

Bei der Übertragung des Beitrags aus dem Dänischen war H. Schutkowski sehr behilflich.

[1] Møller-Christensen, V.: The History of the Forceps. Diss. Kopenhagen 1938.

[2] Christophersen, K. M. et al.: Die Zahnkaries im Lichte vorgeschichtlicher und geschichtlicher Studien. Mit einer Zusammenfassung von H. Euler, München 1939.

[3] Die gesamten Daten über die Skelettfunde einschließlich einer Darstellung des Klosters Aebelholt und seiner historischen Bedeutung sind zusammengefaßt in: Møller-Christensen, V.: Aebelholt Kloster. Kopenhagen [2]1982.

[4] Aus den Skelettresten kann nur auf das biologische Alter des Individuums geschlossen werden, wobei der Reifegrad des Skelettsystems maßgeblich ist. Die Reifegrade entsprechen folgenden Bereichen des Kalenderalters:
0 bis 6 Jahre – Infans I
6 bis 12 Jahre – Infans II
12 bis 18 (bis 22) Jahre – Juvenis, juvenil
20 bis 40 Jahre – Adultas, adult
40 bis 60 Jahre – Maturitas, matur
60 und darüber – Senilis, senil

[5] Die Ergebnisse der Leprastudien sind in drei Monographien zusammengefaßt: Møller-Christensen, V.: Ten Lepers from Naestved in Denmark. Kopenhagen 1953. Ders.: Bone Changes in Leprosy. Kopenhagen 1961. Ders.: Leprosy Changes of the Skull. Odense 1978.

[6] Tatsächlich ist im gesamten Aebelholt-Material kein Leprafall enthalten. Dies führen wir vor allem auf den Umstand zurück, daß Lepröse im Mittelalter in besonderen Spitälern konzentriert wurden.

[7] Darstellungen mit vermutlichen Opfern von Mutterkornvergiftungen sind auf Bildern unter anderem von Hieronymus Bosch bekannt. Ein beispielloses Dokument stellt der Isenheimer Altar von Matthias Grünewald dar, den Veit H. Bauer medizinhistorisch erschlossen hat: Das Antonius-Feuer in Kunst und Medizin. Berlin–Heidelberg–New York 1973 (= Sitzber. Heidelberger Akademie d. Wiss., Math.-Nat. Klasse, Suppl. zu Jg. 73). Vgl. auch Møller-Christensen, V. und P. Møller: Et tilfaelde af formodet spedalskhed fra Danmarks middelalder. Aarbøger for nordisk oldkyndighed og historie. 1946, S. 232–252.

[8] Grimm, H.: Neue Ergebnisse über Geschlechtsunterschiede in der Häufigkeit von Knochenverletzungen in urgeschichtlichem und historischem Skelettmaterial. Biometrische Z. 15 (1973), S. 431–438.

[9] Vgl. hierzu Møller-Christensen, V.: Osteoarchaeology as a medical-historical auxiliary science. Medical History 1973, S. 411–418.

VOLKER ZIMMERMANN

Ansätze zu einer Sozial- und Arbeitsmedizin am mittelalterlichen Arbeitsplatz

Die Auffassung von der Arbeit ist in der ersten Hälfte des Mittelalters noch ganz in alttestamentarischen Vorstellungen verhaftet. Durch den Sündenfall im Paradies ist Arbeit als Strafe Gottes über das Menschengeschlecht gekommen: »Im Schweiße deines Angesichts sollst du dein Brot essen, bis daß du wieder zu Erde werdest, davon du genommen bist« (Gen. 3,19). Die biblische Bewertung, die Arbeit als Strafe aufzufassen, wird so zu einem wesentlichen Element der christlichen Ethik vor allem des frühen Mittelalters. Jede manuelle Arbeit gilt als verpönt und wird abgelehnt. Lediglich die Arbeit der Bauern ist als gottgewollte Daseinsvorsorge ohne Sünde. Noch in der zweiten Hälfte des 13. Jahrhunderts erklärt Thomas von Aquin in seiner 1266 bis 1274 geschriebenen *»Summa theologica«*, daß nur die Notwendigkeit zur körperlichen Arbeit zwingen könne. Das Gebot der körperlichen Arbeit sei jedoch nicht allgemein verpflichtend.[1]

Entscheidenden Anteil an der Überwindung dieses negativen Arbeitsverständnisses kommt dem mittelalterlichen Mönchtum zu. Die Regel *ora et labora* durchzieht die Orden von den Benediktinern bis zu den Franziskanern. Bernhard von Clairvaux glaubt, daß durch Arbeit die Lust des Fleisches überwunden werde. Arbeit wird nun für jeden mittelalterlichen Menschen zu einer zwingenden Notwendigkeit. Die Ameise, die alle Zeit arbeitet, wird zum Symbol des menschlichen Lebens.[2] Der Wert und das Ansehen manueller Tätigkeit steigt. Das Handwerk steht nun auf der gleichen Stufe mit den »Freien Künsten«. Das Selbstverständnis der Arbeit findet so nach und nach seine moralische und religiöse Sanktion. Auf diesem Hintergrund ist es der Stadtarbeit des Mittelalters möglich, sich nicht nur enorm zu entwickeln, sondern sich auch innerhalb der Zünfte außerordentlich stark in einzelne Berufszweige aufzuspalten.

In sozial- und arbeitsmedizinischer Hinsicht wurde dieser Entwicklung bislang noch keine Aufmerksamkeit geschenkt. Die folgenden Untersuchungen unternehmen erstmals den Versuch, an kennzeichnenden Beispielen diesen Problemkreis zu konturieren. Um dabei ein möglichst breites Spektrum abzudecken, werden als Grundlage entsprechende Berufe aus dem künstlerisch-handwerklichen, aus dem heilkundlichen und aus dem rein handwerklichen Bereich ausgewählt.

Erste Ansätze zu einer Sozial- und Arbeitsmedizin lassen sich bei der mittelalterlichen »Bauhütte« erkennen. Bei der Bauhütte handelt es sich um eine Bruderschaft, die vom Geist der Zusammenarbeit geprägt ist. Genaue Bestimmungen über Aufnahme, Entlohnung, Arbeitszeit, Ausbildung der Arbeitskräfte und eine exakt festgelegte Hierarchie vom Meister bis zum Gesellen ermöglichen eine reibungslose Durchführung der Arbeitsteilung und der Arbeitsintegration. Am Beispiel der mittelalterlichen Bauhütte läßt sich darüberhinaus recht deutlich demonstrieren, wie sich aufgrund einer gewandelten Funktionalität der mittelalterliche Arbeitsplatz verändert. Diese Arbeitsgemeinschaft aus Handwerkern und Künstlern entwickelt sich aus der gemeinsamen Tätigkeit am Bau einer großen Kirche oder Kathedrale, die unter der Leitung eines Werkmeisters *(magister operis)* und eines Baumeisters *(magister lapium)* stattfindet. Während ein Teil der Handwerker und Künstler zum festen Bestand der Hütte gehört und auch bei einem Arbeitsplatzwechsel mitzieht, wechselt der andere Teil oft mitten in einer Arbeitsphase.

Als Arbeitsverband entspricht die Bauhütte einer Zeit, in der neben der Kirche die Städte mit ihren Profanbauten die einzigen Interessenten für Kunstwerke im weiteren Sinne waren. Aus diesem Grund sind die Handwerker und Künstler wiederholt gezwungen, den Arbeitsplatz zu wechseln, wollten sie eine neue Beschäftigung finden. Die Möglichkeit, sich einer anderen Bauhütte anzuschließen, ist dabei in der Regel gegeben. Bei den großen Bauhütten wie in Chartres, Paris, Reims, Straßburg, Köln oder Wien bietet sich die Möglichkeit eines permanenten Arbeitsplatzes. Ein solches Arbeitsverhältnis ist oft sogar über Generationen möglich.

Erst der wachsende Reichtum des städtischen Bürgertums schafft im Verlauf des 14. Jahrhunderts die Grundlage für einen selbständigen Arbeitsplatz. Die ersten, die sich von der Bauhütte lösen und sich als selbständige Meister in der mittelalterlichen Stadt niederlassen, sind die Maler und Bildhauer. Zur Sicherung ihrer wirtschaftlichen Existenz schließen sie sich in der Folge zu Zünften zusammen. Dabei bilden die Regeln ihrer alten Bruderschaft die Grundlage der neuen Zunftordnung. Die Werkstätte des Künstlers ist genauso organisiert wie der Arbeitsplatz eines Handwerkers, und die Tatsache, daß Maler und Sattler gemeinsam derselben Zunft angehörten, zeigt auch auf dieser Ebene keine Unterschiede.[3]

Der Bau gewaltiger Kathedralen ist für den Menschen mit erheblichen Gefahren verbunden, und nicht selten werden sie dabei das Opfer tragischer Unglücksfälle. Zu den wohl bekanntesten Opfern zählt der Franzose Wilhelm von Sens. Als beim Neubau der Kathedrale von Canterbury im Herbst 1178 das Gerüst zusammenbrach, stürzte er aus einer Höhe von etwa 15 Metern herab und wurde von Steinen und Balken schwer verletzt. Da seine Gesundheit nicht wiederhergestellt werden konnte, mußte er die Leitung des Bauwerkes aufgeben.[4]

Als nahezu zwangsläufig erscheint es darum, daß sich innerhalb der Bruderschaft ein Bewußtsein entwickelt, wie durch geeignete Schutzmaßnahmen derartige Unglücksfälle verhindert oder doch wenigstens gemildert werden können. Entsprechende Überlegungen finden sich in den Regeln der Bruderschaften. Diese Bestimmungen lassen auch in sozialmedizinischer Hinsicht einige Schlußfolgerungen zu. Eine genaue Abgrenzung zwischen Arbeits- und Ruhezeit schützt die Gesundheit. Zwar sind für Gesellen Arbeitszeiten von 17 bis 18 Stunden täglich keine Seltenheit, der Sonntag jedoch ist arbeitsfrei. Ein Kranker erhält eine finanzielle Unterstützung, die er später aber wieder zurückzahlen muß. Bei einem Todesfall wird ein Sterbegeld gezahlt. Die Bauhütte übernimmt ferner die Begräbniskosten und sorgt nicht zuletzt auch für die notwendigen Seelengottesdienste.[5] Bei besonders gefährlichen Arbeiten werden Schutzmaßnahmen verlangt. Sichere Gerüste und Festbinden schützen vor einem möglichen Absturz. Zum Schutze der Augen dienen Holz- oder Knochenleisten, die auf der Rückseite über den Augen einen Hohlraum und einen Sehschlitz besitzen sowie Gesichtsmasken aus engem Drahtgeflecht in Form eines Schleiers. Gegen Steinstaub und vor allem gegen die giftigen Dämpfe der im Mittelalter häufig benutzten Bleifarben helfen Mundtücher und Schwämme. Auch vor das Gesicht gebundene Schutzmasken aus Blasenhäuten oder anderen Membranen, ein Verfahren, das bereits in der Antike belegt ist[6], erfüllten diese Aufgabe.

Ähnlich vorbeugende Maßnahmen werden auch im Zusammenhang mit dem mittelalterlichen Pestarzt tradiert. Obwohl die Vorstellungen hinsichtlich der Übertragbarkeit der Pest in jener Zeit noch vage sind, werden bereits hygienische Maßnahmen entwickelt, um den Arzt bei seinen Krankenbesuchen zu schützen. In erster Linie dient dazu eine spezielle Kleidung. Sie besteht entweder aus einem eng anliegenden Ledergewand oder einem mantelartigen Überwurf mit Handschuhen und einer Maske, die vor Nase und Mund einen schnabelartigen Fortsatz hat. In diesem Schnabel steckt ein mit Essig oder wohlriechenden Kräutern getränkter Schwamm als Schutz vor dem penetranten Pestgestank. Große Glasbrillen schützen die Augen, die Füße stehen meist auf Stelzen, und in der Hand hält der Arzt eine Rute oder einen Stab, mit dem er den Kranken berührt.[7] Auch sein Verhalten am Krankenbett ist geregelt. Bei einer engen und schlecht gelüfteten Kammer muß der Pestkranke herausgetragen werden. Fenster und Türen sind tagsüber ständig offenzuhalten. Das Zimmer muß wiederholt mit einer Mischung aus Rosenwasser und Essig besprengt werden. Die einzige direkte Aufgabe des Arztes am Krankenbett ist, den Puls zu fühlen, ohne dabei aber die Kleidungsstücke des Kranken zu berühren. Das Harnglas muß stets zugedeckt bleiben, damit der giftige Dunst des Urins nicht ausraucht. Die Stuhlschau geschieht grundsätzlich im Freien. Insgesamt muß der Aufenthalt am Krankenbett möglichst kurz sein.

Auch an den Schutz der Umgebung wird gedacht. Um die Mitmenschen vor einer möglichen Ansteckung zu schützen, wird der Pestkranke hoch gelagert. Diese Maßnahme geht auf die Lehren Avicennas und Averroes' zurück, wonach die Bazillen nach oben steigen und die Luft deshalb an der Decke schlechter ist als am Boden. Erst zu Beginn des 16. Jahrhunderts verliert diese aus der arabischen Medizin stammende Anschauung ihre Geltung.

Auch beim Apotheker, der sich als eigenständiger Berufsstand im Verlauf des 13. Jahrhunderts von der allgemeinen Heilkunde abspaltet, lassen sich typische berufsspezifische Krankheiten ausmachen, deren Ursachen durch den Arbeitsplatz bedingt sind. Pflanzliche, mineralische und tierische Substanzen, die zur Herstellung der verschiedenen Arzneimittel dienen, setzen den Apotheker oft erheblichen gesundheitlichen Gefahren aus. Was den Mitmenschen Heilung bringen soll, kann den Hersteller krank machen. Folgende Beispiele sollen dies näher erläutern: Die Herstellung von Laudanum, einem im Mittelalter weitverbreiteten Beruhigungs- und Einschläferungsmittel, zu dessen wesentlicher Substanz Opium zählt, kann zur Schlafsucht führen. Beim Pulverisieren von Kantharidenkäfern entwickelt sich im Stößel ein penetrant scharfer Geruch und Dunst, der die Haut, die Augen, die Atmungsorgane und vor allem die Harnwege angreift. Blasen, Eiterungen, Entzündungen, Erbrechen, Leibschmerzen, Durchfälle, Atemnot, Koliken und mitunter auch Nierenentzündungen sind die Folge. Und schließlich führt das ungeschützte Berühren der Aronwurzel zu erheblichen Verbrennungen auf der Haut.

Doch nicht nur giftige Dämpfe und Verätzungen gefährden die Gesundheit des mittelalterlichen Apothekers, sondern Gefahren drohen ihm auch bei der Verarbeitung wohlriechender Stoffe. So führt beispielsweise die Herstellung von Sirup, zu dessen Bestandteil ein Sud aus Rosenwasser zählt, zu heftigen Kopfschmerzen und manchmal zu Durchfall.

Eine weitere Gefahrenquelle birgt die Verwendung getrockneter Pflanzen. So kann der Geruch von Belladonna-Extrakt, einem Trokkenextrakt aus den Blättern der Tollkirsche, zu heftigen Schwindelanfällen, der von Lindenblüten zu Kopfschmerzen führen. Der Dunst des Taxus, der zur Gattung der Eibe zählt, und der Dunst der Substanzen des Nußbaums führen zu Erbrechen und allgemeinem Unwohlsein.

Mineralische Substanzen wie Arsenik, Antimon und Quecksilber greifen mit ihren giftigen Dämpfen in erster Linie die Atmungsorgane an und führen in vielen Fällen zu Lungenschwindsucht und damit zum Tod.

Auch von den bereits fertiggestellten Arzneimitteln drohen der Gesundheit des Apothekers Gefahren. Zum einen verstärken die bereits erwähnten giftigen Substanzen in zusammengesetzter Form ihre Wirkung noch beträchtlich, zum andern können sich neue giftige Verbindungen bilden. Verätzungen im Gesicht und an den Händen und Verletzungen an den Augen zählen in diesem Zusammenhang zu den häufigsten berufstypischen Krankheiten.

Die mittelalterliche Heilkunde bietet in ihren Arzneibüchern für jede dieser Krankheiten zahlreiche Rezepte, ohne daß die empfohlenen heilkundlichen Verfahren allerdings in Zusammenhang mit berufsspezifischen Krankheiten eines Apothekers gebracht werden.

Sicherheitsvorkehrungen, die dem Apotheker als Schutz am Arbeitsplatz dienten, lassen sich auf den überlieferten Bildquellen erkennen. Aus verschiedenen Stoffen, darunter auch Glas, hergestellte Masken schützen gegen Gesichts- und Augenverletzungen. Die Mörser, deren pulverisierte Inhalte giftige Dämpfe verbreiten, werden mit Fellen oder Ledern abgedeckt. Für die beste Schutzvorrichtung innerhalb der Apotheke sorgt jedoch eine gute Belüftung. Sie wird mit Hilfe von Abzügen, Ventilatoren und geöffneten Fenstern erreicht.

Ein weiteres kennzeichnendes Beispiel für den mittelalterlichen Arbeitsplatz und für erste sozialmedizinische Ansätze bietet der Berufsstand der Gerber. Bereits der fiktive St. Galler Klosterplan aus der Zeit um 820 sieht bei den Werkstätten der Handwerker auch einen Arbeitsplatz für den Gerber vor.[8] Die frühesten Belege für die Existenz von Gerberzünften stammen für Gent aus dem Jahre 938 und für Straßburg aus dem Jahre 982.[9]

Das handwerkliche Verfahren des Gerbens bestimmt weitgehend die Funktionalität des Arbeitsplatzes. Die einzelnen Produktionsschritte verleihen dem mittelalterlichen Gerberhaus sein charakteristisches Aussehen, und der differenzierte und komplizierte Ablauf des Gerbvorgangs spiegelt sich auch in der Baustruktur, in der Raumaufteilung und in den einzelnen Hauselementen. Darüber hinaus zeigt das Gerberhaus recht augenscheinlich die Wechselbeziehung zwischen Arbeits- und Wohnstätte, einem wesentlichen Charakteristikum des mittelalterlichen Handwerks. Tendenzen zur Auflösung dieser Einheit von Arbeiten und Wohnen treten erst seit dem Ende des 16. Jahrhunderts auf.[10]

Bis zum Ende des Mittelalters läßt sich das Gerberhandwerk aufgrund der angewandten Technik in drei Verfahrensbereiche einteilen. So benutzt die Lohgerberei (vegetabilische Gerbart) neben Spezialgerbstoffen vor allem die Eichenlohe. Bei der Weißgerberei (mineralische Gerbart) wird das in der Tierhaut enthaltene und fäulnisanfällige Eiweiß durch Kalialaun in einen dauerhaften Stoff umgewandelt und bei der Sämischgerberei wird durch Walken oder Schmelzen Fett in die Haut eingearbeitet.

Beim Gerbvorgang sind nicht allein der Gerber, sondern auch die Umwelt wiederholt erheblichen gesundheitlichen Gefahren ausgesetzt. Die beim Reinigen der »grünen Haut« entstehenden Abfälle werden entweder direkt in das vorbeifließende Wasser oder einfach auf die Straße geworfen. Wegen dieser Umweltbelastung kommt es des öfteren zwischen den Gerbern und dem Rat der Stadt zu Unstimmigkeiten. Entsprechende Belege sind aus der nordfranzösischen Stadt Douai (1271), aus Nürnberg (14. Jahrhundert), Augsburg (1453) und Rom (1468) überliefert.[11] Wesentlich mehr Umweltbewußtsein zeigen die Gerber bei der Anlage der für die Lohgerberei benötigten Gruben. Diese Gruben, die bis zu zwei Meter tief und innerhalb der Werkstatt in den Boden eingelassen sind, werden mit Eichenbohlen ausgekleidet und mit Lehm abgedichtet. Sicherlich dient diese Maßnahme in erster Linie dazu, einen möglichen Verlust an Lohbrühe zu verhindern. Doch kann den Gerbern in diesem Zusammenhang auch nicht abgesprochen werden, daß sie damit eine Verschmutzung des Grundwassers verhindern wollen, zumal ihre eigenen Brunnen in unmittelbarer Nähe angelegt sind. Das Hämmern der Walkmühlen, die von der Gerberzunft gemeinschaftlich errichtet und betrieben werden, stellen dagegen für die Umwelt eine nicht unerhebliche Lärmbelästigung dar.

Noch durch weitere Arbeitsschritte belasten die Gerber die Umwelt ganz erheblich. Der Fäulnis- und Verwesungsgeruch der zum Enthaaren gelagerten Häute, der dabei benutzte Urin und der vor allem bei der Sämischgerberei zum Einfetten verwendete Fischtran führt zu einer enormen Geruchsbelästigung der Anwohner. Zu all dem kommt noch hinzu, daß es die Gerber auch außerhalb ihres Arbeitsplatzes mit der Sauberkeit und Hygiene nicht allzu genau nehmen und allen Unrat auf die Straße oder in den Fluß werfen. Seuchen können hier einen geeigneten Nährboden finden. Entsprechende Ratsverordnungen, Strafen und die Verlagerung des Gerberviertels an den Stadtrand versuchen hier Abhilfe zu schaffen.[12]

Doch nicht allein die Umwelt, auch der Gerber selbst ist im Zusammenhang mit den einzelnen Arbeitsschritten gesundheitlichen Belastungen ausgesetzt. Trotz der ledernen Schutzkleidung aus einer Schürze, Handschuhen und einer Kopfbedeckung lassen sich Verletzungen nicht immer ausschließen. Salz, Kalkmilch und Alaun können zu Verätzungen führen. Schnitte, Risse und Blattern haben bösartige, eitrige Entzündungen zur Folge. Die Dämpfe, die aus den Lohgruben aufsteigen, die giftigen Verwesungsstoffe, denen der Gerber bei seinem beständigen Hantieren und Bearbeiten der fetten, sich zersetzenden Häute ausgesetzt ist, schädigen in hohem Maße die Atmungsorgane. Dies führt zu unterschiedlichen Lungenerkrankungen. Die Gesichtsfarbe des Gerbers ist insgesamt bleich und leichenartig. Das häufige Arbeiten im und mit kaltem Wasser führt in der Regel zu sogenannten rheumatischen Erkrankungen. Für alle diese Gebrechen finden sich in der mittelalterlichen Heilkunde Rezepte.

Zu den berufstypischen Krankheiten der Gerber zählt auch die Verstopfung der Milz. Eine solche Krankheit ist nur auf dem Hintergrund der im Mittelalter vorherrschenden Krankheitsvorstellung von der Viersäftelehre zu verstehen. Die Milz gehört neben Gehirn, Herz und Leber zu den vier Kardinalorganen. Sie produziert die schwarze Galle. Neben der Aufgabe, die Psyche des Menschen zu regulieren, kommt dem Saft der Milz die Aufgabe zu, den Magen für die Verdauung zusammenzuziehen. Ferner besitzt die schwarze Galle stärkende Eigenschaften. Ist also die Milz verstopft, so bewirkt dieser Zustand Appetitlosigkeit. Eine verstopfte Milz medikamentös zu öffnen und dadurch den Appetit wieder anzuregen, ist die dafür übliche und im Mittelalter häufig angewandte Therapie.[13]

Erheblichen Krankheitsgefahren sind auch diejenigen Arbeiter ausgesetzt, die Metalle schmelzen und gießen. Die Dämpfe, die beim Verflüssigen von Antimon, Arsenik, Blei, Kupfer, Quecksilber und Zinn entstehen, sind metallhaltig, setzen sich in den Atmungsorganen nieder, schädigen diese und führen so zu Asthma und Lungenschwindsucht. Darüber hinaus verursachen die Metalle Koliken und – vor allem Quecksilber – konvulsivisches Zittern. Eine weitere berufstypische Krankheit sind Stockungen in der Milz. Dieses Krankheitssymptom, das seine Entsprechung bei den Berufskrankheiten der Gerber findet, ist bereits im »*Corpus hippocraticum*« belegt. In den »Epidemien« (4,13) wird von einem Metallgießer berichtet, dem die Milz angelaufen und Unterleib und Bauch geschwollen waren. Sein Atem ging schwer und seine Gesichtsfarbe war blaßbläulich.

Die Therapie erfolgt auf die gleiche Weise wie bei der bereits angeführten entsprechenden berufstypischen Erkrankung der mittelalterlichen Gerber.

Was nun die Schutzmaßnahmen betrifft, so dienen nasse Schwämme, die an Mund und Nase befestigt werden, und außerdem entsprechende Belüftungs- und Abzugsvorrichtungen.

Der enorme wirtschaftliche Aufschwung am Ausgang des Mittelalters führt auch zu einer Steigerung der Metallverarbeitung. Nahezu zwangsläufig ist damit eine Erhöhung der gesundheitlichen Gefährdung der in diesem Bereich arbeitenden Menschen verbunden. So zählen bei den Metallschleifern Verletzungen, die durch das Zerspringen der Schleifsteine und vor allem durch das Einatmen des Schleifstaubs verursacht werden, zu den berufsspezifischen Krankheiten. Es ist daher nicht verwunderlich, daß gerade bei den Metallschleifern die Sterblichkeitsrate durch Lungenerkrankungen im Spätmittelalter sehr hoch ist.[14] Feuchte Schwämme, die um Mund und Nase gebunden werden, sollen vor dem Einatmen des Schleifstaubs schützen. Später werden Drahtmasken mit Magneten oder Ledermasken mit Glaseinsatz benutzt. Doch gelingt mit diesen Maßnahmen nur bedingt ein vorbeugender Schutz der Gesundheit. Da sowohl das Atmen als auch das Sehen dadurch stark beeinträchtigt wird, verzichten die Metallschleifer lieber auf diese Schutzvorrichtungen.

Aus den sechs dargestellten Beispielen über die Situation am mittelalterlichen Arbeitsplatz lassen sich zusammenfassend einige allgemeingültige Schlußfolgerungen ziehen:

Auch im Mittelalter herrscht die Kenntnis vor, daß es berufsspezifische Krankheiten gibt, die durch den Arbeitsplatz und die damit verbundenen Arbeitsabläufe bedingt sind. Solche berufstypischen, gesundheitlichen Belastungen bleiben dabei jedoch nicht immer auf den jeweils Betroffenen beschränkt. Sie greifen auch vielfach über den eigenen Arbeitsbereich hinaus und führen dann zu einer nicht immer geringen Belastung der Mitmenschen und der Umwelt. Ferner zeigen die Beispiele, daß die an ihrem Arbeitsplatz gefährdeten Menschen Schutzvorkehrungen treffen. In der Regel vollzieht sich dies freiwillig und aufgrund eigener Erfahrungen. Nur wenn die Umwelt belastet wird, geschieht dies vereinzelt – wie bei den Gerbern – auch unter dem Druck der Obrigkeit.

Sicherlich beruhen alle diese Maßnahmen überwiegend auf Selbsthilfe und Eigeninitiative der jeweils Gefährdeten. Eine umfassende sozial- und arbeitsmedizinische Gesetzgebung, sieht man von einzelnen Verordnungen und Gesetzen, die aus mancher mittelalterlichen Stadt überliefert sind, ab, kennt das Mittelalter noch nicht. Doch zeigen die dargestellten Berufe recht deutlich, daß bereits im Mittelalter die Absicht vorhanden ist, gesundheitsgefährdenden Arbeitsprozessen wirksam entgegenzuwirken und dabei auch die Umwelt vor entsprechenden Gefahren für ihre Gesundheit zu schützen. So gesehen stellt das Mittelalter – vor allem in seiner zweiten Hälfte – in sozial- und arbeitsmedizinischer Hinsicht eine Früh- oder Vorstufe dar.

Der entscheidende Durchbruch gelingt der Sozialmedizin am Beginn der Neuzeit. Drei entsprechende Werke dokumentieren dies augenfällig. 1473 verfaßt der Augsburger Stadtarzt Ulrich Ellenbog für die Goldschmiede ein Flugblatt mit dem Titel »Von den gifftigen besen tempffen und reuchen«, das in den Werkstätten von Hand zu Hand geht und schließlich 1524 gedruckt wird.[15] Im ersten Drittel des 16. Jahrhunderts schreibt Paracelsus sein Buch »Von der Bergsucht und anderen Bergkrankheiten«[16], und Georg Agricola widmet sich in seinem Werk »Vom Berg- und Hüttenwesen«, das erstmals 1556 erschienen ist, den Krankheiten der Bergleute.[17]

Anmerkungen

1 Borst, O.: Alltagsleben im Mittelalter. Frankfurt/M. 1983, S. 338f.

2 Ebenda, S. 357.

3 Hauser, A.: Sozialgeschichte der Kunst und Literatur. München 1969, S. 256–265.

4 Deuchler, F.: Gotik. München 1978, S. 30 (= Belser-Stilgeschichte im dtv, Bd. 7).

5 Koelsch, F.: Beiträge zur Geschichte der Arbeitsmedizin. München 1967, S. 90 (= Schriftenreihe der Bayerischen Landesärztekammer, Bd. 8).

6 Plinius Gaius P. Secundus: Naturalis historia, hrsg. von D. Detlefsen. Berlin 1866–1882, Bd. XXXIII, S. 40.

7 Rath, G.: Die Pest. Ciba-Zeitschr. 73 Wehr/Baden (1955), S. 2421 f.

8 Reinhardt, H.: Der St. Galler Klosterplan. St. Gallen 1952, S. 7–34 (= 92. Neujahrsblatt, hrsg. vom Historischen Verein des Kantons St. Gallen). Fischer, H.: Mittelalterliche Pflanzenkunde. München 1929, S. 135ff. (= Geschichte der Wissenschaften. Geschichte der Botanik, Bd. 2).

9 Cramer, J.: Gerberhaus und Gerberviertel in der mittelalterlichen Stadt. Bonn 1981, S. 6 (= Studien zur Bauforschung, Nr. 12).

10 Ebenda, S. 7, 14, 16ff, 68, 98f.

11 Varron, A. G.: Hygiene im Mittelalter. Ciba-Zeitschr. 74 Wehr/Baden (1955), S. 2442.

12 Cramer, J.: (wie Anm. 9), S. 68f.

13 Herrlinger, R.: Die Milz. Ciba-Zeitschr. 90 Wehr/Baden (1958), S. 2984.

14 Koelsch, F.: (wie Anm. 5), S. 96.

15 Ellenbog, U.: Von den gifftigen besen tempffen und reuchen, hrsg. von Franz Koelsch und Friedrich Zoepfl. München 1927 (= Münchner Beiträge zur Geschichte und Literatur der Naturwissenschaften und Medizin, II. Sonderheft).

16 Paracelsus (Theophrastus von Hohenheim): Von der Bergsucht und anderen Bergkrankheiten, bearbeitet von F. Koelsch. Berlin 1925 (= Schriften aus dem Gesamtgebiet der Gewerbehygiene. Neue Folge, Heft 12).

17 Agricola, G.: Vom Berg- und Hüttenwesen. München 1977.

ULF DIRLMEIER

Zu den Lebensbedingungen in der mittelalterlichen Stadt: Trinkwasserversorgung und Abfallbeseitigung

Die gegenwärtig wieder zunehmende Beschäftigung mit dem Komplex »Umwelt« allgemein in der Vergangenheit und speziell auch im Mittelalter ist nicht allein mit der Rückprojektion aktueller Probleme zu erklären. Das neu erwachte Interesse steht auch in engem Zusammenhang mit der verstärkten Hinwendung zu Fragen der materiellen Kultur und der Sachüberlieferung, der Beschäftigung mit dem Wandel der Lebensbedingungen in vorindustrieller Zeit unter sozialgeschichtlichen Aspekten und besonders mit der zunehmenden Fülle konkreter Nachweise, die von der Mittelalter-Archäologie zur Verfügung gestellt werden.

Natürlich geht es nicht um oberflächliche Parallelisierungen zwischen den Umweltbedingungen des Mittelalters (oder jeder anderen Epoche der Vergangenheit) und der Gegenwart. Dazu sind die Voraussetzungen zu unterschiedlich: Europa ist im Mittelalter wesentlich dünner besiedelt, der Bevölkerungshöchststand um 1300 wird auf rund 73 Millionen veranschlagt. Nördlich der Alpen überschreiten die größten Städte, mit Ausnahme von Paris, kaum 30000 Einwohner, und die technischen Möglichkeiten, vielleicht auch der Wille zu bewußten Umweltveränderungen großen Maßstabs bleiben beschränkt. Vor allem aber: Die kaum abreißende Kette von Nachrichten über Hungersnöte, Seuchen, Überschwemmungen und andere Naturkatastrophen zeigt den Menschen in weitgehender Abhängigkeit von den jeweiligen Bedingungen seines Lebensraums. Damit sind zeitgenössisch für das Verhältnis zum Gesamtkomplex »Natur« ganz andere mentale Einstellungen vorauszusetzen als in der Gegenwart. Der Mensch des Mittelalters konnte sich zu Recht einer oft feindlichen Umwelt unterlegen fühlen. Die Unterstellung einer Schutzverpflichtung um der Natur selbst willen wäre völlig anachronistisch. Trotz dieser unterschiedlichen Ausgangslage ist aber auch festzustellen, daß es im Mittelalter sowohl anthropogene Umweltveränderungen als auch gezielte Schritte zur Verbesserung der äußeren Daseinsbedingungen zum Vorteil der Menschen gegeben hat: Das – hier nicht näher zu erörternde – Problem des Holzmangels aufgrund der Übernutzung der Wälder zwingt am Ende des Mittelalters zu umfangreichen Gegenmaßnahmen, und zeitlich schon früher greifbar werden die Versuche, in den Städten als Zentren der Bevölkerungsdichte Einrichtungen zur Ver- und Entsorgung zu schaffen.

Auf diesen Komplex stieß die Forschung erstmals im 19. Jahrhundert im Zusammenhang mit der Diskussion über die Flußverunreinigung, die Einführung der Schwemmkanalisation und den dafür erforderlichen Wasserleitungsbau. Auf der Suche nach den historischen Dimensionen des Problems wurden auch die mittelalterlichen Städte untersucht und wegen des Fehlens von zentralen Ver- und Entsorgungseinrichtungen außerordentlich negativ beurteilt. Damals entstand das vielfach bis heute bestimmende Bild vom schmutzstarrenden mittelalterlichen Alltag, von der vollständigen Gleichgültigkeit der Städter gegenüber gröbster Unsauberkeit jeder Art. Dieses Pauschalurteil ist sicher nicht ganz aus der Luft gegriffen, es übersieht aber wesentliche Kausalzusammenhänge und Entwicklungstendenzen:

1. Die mittelalterliche Stadt kennt keine *pax romana,* sondern erfüllt neben ihren anderen Funktionen immer auch die einer Großburg in potentiell feindlicher Umgebung. Das bedingt ihre typische räumliche Enge und erzwingt die Fähigkeit zur Autarkie im Konfliktfall. Damit verbietet sich beispielsweise von vornherein die Wasserversorgung durch Fernleitungen nach antikem Vorbild.

2. Die mittelalterliche Stadtgemeinde nördlich der Alpen hat die im Vergleich zum antiken und frühmodernen Staatszweck beschränkte Aufgabe, zunächst die Unabhängigkeit nach außen und die Rechtssicherheit der Bürger zu garantieren. Weite Bereiche der Daseinsvorsorge und -sicherung bleiben dagegen Privatsache oder Angelegenheit von Stiftungen und kirchlichen Institutionen. Erst allmählich und verstärkt seit dem 14. Jahrhundert beansprucht die Ratsobrigkeit dann alleinige und umfassende Kompetenzen innerhalb der Stadt und beginnt, reglementierend und organisierend in alle Lebensbereiche einzugreifen. Damit wird zunehmend auch Verantwortung für die innerstädtischen Lebensbedingungen übernommen.

Die Wasserversorgung der mittelalterlichen Städte nördlich der Alpen beruht seltener auf der Verwendung von Oberflächenwasser (meist aus stadtnahen Flüssen), überwiegend auf der Nutzung von innerstädtischem Grund- und Quellwasser, mit zunehmender Tendenz aber auch auf der ergänzenden Zuleitung von Wasser aus der nächsten Umgebung. Die hauseigenen, privaten Grundwasserbrunnen sind durch Grabungsbefunde gut dokumentiert, aber ihre Gesamtzahl in einer Stadt kann in der Praxis wegen der Unmöglichkeit flächendeckender Untersuchungen archäologisch kaum nachgewiesen werden. Für ihre Häufigkeit spricht die Erwähnung in zahlreichen Feuerlöschordnungen und in privaten Haushaltsbüchern. Die Rechnungsnotizen beispielsweise aus Nürnberger Patrizierhaushalten belegen auch den zumindest hier sorgfältigen Umgang mit den Hausbrunnen: Alljährlich werde das Seil des Schöpfeimers erneuert, etwas weniger regelmäßig wurde der Brunnen auch »gefegt«, das heißt ausgeschöpft und gereinigt. Nur ausnahmsweise sind genaue Zahlen zur Ausstattungsdichte mit Privatbrunnen überliefert: Im Bereich der Münchner Dienerstraße verfügten im 15. Jahrhundert 54 Prozent der Häuser über eigene Trinkwassergewinnung, zu Beginn des 19. Jahrhunderts wurden in München 2000 Hausbrunnen gezählt, die damit als Normalfall der Wasserversorgung anzusprechen sind. Haushalte, die ihr Wasser aus Brunnen beziehen mußten, die auf öffentlichem Grund und Boden lagen, waren dafür zur Wartung dieser Anlagen verpflichtet. Sie wurden zu diesem Zweck in Brunngemeinden zusammengeschlossen, deren Existenz und Pflichten in Deutschland seit dem 14. und bis in das 19. Jahrhundert überliefert sind.

Daneben gab es natürlich auch öffentlich-städtische Maßnahmen zur Wasserversorgung. Sie sind vermutlich so alt wie die Städte selbst, setzen ursprünglich aber nur ganz punktuell an, und erst vom 14. Jahrhundert an werden die Belege über öffentliche Schöpf- und (seltener) Laufbrunnen dichter und anschaulicher. Danach trat die Stadt überall da zuerst als unmittelbar und auch finanziell verantwortlich auf, wo Wasser nicht zur Versorgung von Privathaushalten, sondern vorwiegend zur kommerziellen Nutzung gebraucht wurde: Die ersten städtischen Brunnen stehen deswegen auf den Marktplätzen, ihre Ausgestaltung war, soweit dies erkennbar ist, funktional ausgerichtet. Erst vom ausgehenden 14. Jahrhundert an werden sie gern als Mittel repräsentativer städtischer Selbstdarstellung eingesetzt. Auch die zahlenmäßige

Zunahme der öffentlichen Brunnen wird gegen Ende des Mittelalters deutlich erkennbar: In Nürnberg gab es nach der Mitte des 15. Jahrhunderts schon 100 städtische Ziehbrunnen, gegen Ende des Jahrhunderts zählte man 120. Grob geschätzt kam auf knapp 300 Einwohner ein öffentlicher Grundwasserbrunnen, dazu kamen noch die gleich zu erwähnenden, neuen Leitungsbrunnen. Daß auch die öffentlichen Brunnen, wie die privaten, bei Bedarf repariert und in unterschiedlichen Abständen gereinigt wurden, bestätigen die Haushaltsabrechnungen ober- und niederdeutscher Städte. Die Anlage von Wasserleitungen in mittelalterlichen Städten hängt natürlich eng zusammen mit den örtlichen Gelände- und Gewässerverhältnissen, ganz besonders mit dem Zwang, unzureichende innerstädtische Wasservorkommen durch Zuleitung von außen zu ergänzen. Wo dieser Zwang fehlt, kamen auch bedeutende Städte wie beispielsweise Straßburg, Frankfurt und Hamburg erst spät, ab dem 16. Jahrhundert, zu Wasserleitungsbauten.

Entsprechend der oben festgehaltenen Entwicklung der Zuständigkeiten ist es bezeichnend, daß die ersten, seit dem frühen 13. Jahrhundert nachweisbaren Wasserleitungen in Städten von Klöstern und Kirchen erbaut wurden, beispielsweise in Regensburg und Basel, oder daß die Initiative von interessierten Gewerbetreibenden ausging wie in Lübeck: Hier wurde die erste »Wasserkunst« – eine mit Flußwasser der Wakenitz gespeiste Leitung – 1294 von den Bierbrauern errichtet, die dabei Mühe hatten, das Einverständnis des Rates zu erhalten. Vom frühen 14. Jahrhundert an häufen sich dann aber die Belege dafür, daß das Stadtregiment die Verantwortung für die Wasserversorgung selber übernahm und Leitungsbauten durchführen ließ: Bis Ende des 14. Jahrhunderts liegen Beispiele von Bern bis Bremen vor, und im 15. Jahrhundert nehmen Zahl und Umfang der städtischen Wasserleitungsanlagen weiter zu. Nürnberg besaß damals bereits ein ganzes Leitungssystem, bezeichnenderweise wurde der unterirdische Verlauf der hölzernen Rohre außerhalb der Stadtmauern aus Sicherheitsgründen als Staatsgeheimnis behandelt. Das zunehmende Engagement der Stadtobrigkeiten wird auch in der Organisation des Amtsapparates greifbar. Vom ersten Drittel des 14. Jahrhunderts an begegnen in der schriftlichen Überlieferung Brunnenmeister als städtische Bedienstete auf Zeit oder auf Dauer. Die Betreuung der Wasserversorgungsanlagen wird damit ein fester Bestandteil des städtischen Baubetriebs. Die

Folge ist eine deutliche Zunahme der Zahl der Laufbrunnen, die sich, wie bei den Schöpfbrunnen, exemplarisch belegen läßt: In Basel gab es im 13. Jahrhundert wahrscheinlich nur den Laufbrunnen auf dem Münsterplatz, um 1440 besaß die Stadt 40 öffentliche und 22 private Röhrenbrunnen. Nürnbergs erster, leitungsgespeister Marktbrunnen wurde 1396 fertiggestellt (der Schöne Brunnen), am Ende des Mittelalters gab es 23 öffentliche Laufbrunnen.

An den Fortschritten der Städte bei ihren Bemühungen um eine quantitativ verbesserte Wasserversorgung kann nicht gezweifelt werden. Auch technisch ist der am Ende des Mittelalters erreichte Stand in vorindustrieller Zeit nicht mehr grundsätzlich verändert worden: Die kombinierte Wasserversorgung durch innerstädtische Grundwasserbrunnen, selten über 10 Meter tief niedergebracht, und ergänzende Zuleitung in Holzröhrensystemen, teilweise mit Oberflächenwasser gespeist (wie in Lübeck und Paris), ist in den mitteleuropäischen Städten bis in das 19. Jahrhundert Standard geblieben. Über den gleichen Zeitraum hin war das Trinkwasser bekanntlich aber auch die chronische Ursache von Infektionskrankheiten bis hin zu schweren Seuchenausbrüchen. Dies hängt aufs engste zusammen mit der zeitgenössischen Praxis bei der Beseitigung privater und gewerblicher Abfälle.

Auch die Entsorgung der Privathaushalte von Schmutzwasser, Fäkalien und sonstigen Abfällen war in den mittelalterlichen Städten, wie nicht anders zu erwarten, vorrangig Privatangelegenheit. Einschlägige Vorschriften basierten auf einem strikten Verursacherprinzip: Die Beseitigung mußte ohne Belästigung der Nachbarn und möglichst auf dem eigenen Grundstück erfolgen. Eben wegen dieser privaten Zuständigkeit erfahren wir aus den Schriftquellen selten Einzelheiten über Einrichtung und normales Funktionieren der Entsorgungsanlagen, häufiger sind Nachrichten über Verstöße und daraus resultierende Streitigkeiten. Das hat in der älteren Literatur zu der Annahme geführt, vor dem 16. Jahrhundert habe es in Privathäusern generell kaum sanitäre Einrichtungen gegeben, die willkürliche Beseitigung – darunter das berüchtigte Ausschütten auf die Straße –, sei die Regel gewesen. Davon kann aber keine Rede sein: Häusliche Abfallgruben und Latrinenschächte werden als besonders wichtige Fundstätten regelmäßig bei Altstadtgrabungen erfaßt – dem Grundsatz der privaten Abfallbeseitigung verdankt die Wissenschaft hier reiches Anschauungsmaterial zum Alltagsleben. Ferner ist das Vorhandensein von Abzugsrinnen und -gräben in mitteleuropäischen Städten spätestens seit dem 12. Jahrhundert belegt (so für Goslar und Konstanz), und vom 14. Jahrhundert an wird auch die schriftliche Überlieferung ergiebiger. Kosten für Generalreinigungen eines durch die Stadt gezogenen Entsorgungsgrabens werden beispielsweise in den Frankfurter Stadtrechnungen notiert. Die Erwähnung von Grabenmeistern und Grabenfegern in den Steuerbüchern belegt zudem, daß hier die Entsorgung auch professionell betrieben wurde. Sehr konkrete Angaben bringen die Amtsaufzeichnungen des Nürnberger Stadtbaumeisters Endres Tucher aus den Jahren 1464 bis 1470. Er notiert die Existenz von gepflasterten Rinnen und »reihen«, engen Gängen zwischen den Häuserrückseiten, die auch Abfälle aufnahmen und die normalerweise von den Anliegern, vereinzelt aber auch von der Stadt zu unterhalten waren. Tucher ließ eine solche »reihen« im Wohnbezirk der Juden erstmals seit 18 Jahren (!) wieder räumen. Nachbarschaftliche Streitigkeiten wegen der Ableitung von Traufwasser und der Anlage von Aborten fielen dagegen nicht in seine Zuständigkeit, weil der Baumeister bezeichnenderweise nichts zu sagen hatte, wenn kein öffentlicher Grund betroffen war. Immerhin war er verpflichtet, dafür zu sorgen, daß keine Aborte in die »reihen« geleitet wurden. Nur weil zufällig vom Prinzip der städtischen Nichtzuständigkeit für private Entsorgungsprobleme abgewichen wurde, erfahren wir auch von frühen Ansätzen zu einer Art städtischer Kanalisation in Nürnberg: Auf Intervention einflußreicher Bürger beim Rat erhielt Tucher den Auftrag, vom »heimlichen gemach« (Abort) eines Hauses einen »dollen« zur Pegnitz zu bauen. Diese Ableitung wurde unterirdisch verlegt und mit Steinplatten abgedeckt. Die Existenz derart fortschrittlicher Anlagen ist auch in Städten wie Straßburg, Basel, Ulm, Köln überliefert, freilich nur für einzelne Häuser oder Straßenzüge. Dafür sind die nachweislich hohen Kosten für den Bau verantwortlich zu machen, die auch vermuten lassen, daß der Entsorgungsstandard in den reicheren und ärmeren Stadtvierteln sehr ungleich gewesen sein muß.

In guter Ergänzung zu den archäologischen Befunden geben die Schriftquellen auch Aufschlüsse über die Handhabung des Grubensystems zur Fäkalienbeseitigung. Nach den Vorschriften mittelalterlicher Stadtrechte mußten Abortgruben von Zeit zu Zeit geräumt werden – dem scheinen ungestörte Fundfolgen aus Jahrhunderten in archäologisch untersuchten Latrinen zu widersprechen. Trotzdem hat es die Grubenreinigung nachweislich gegeben: In Köln besorgten das die *mundatores latrinae,* in Frankfurt die »heymelichkeit-fegere«, in München die »Goldgrübler«. Während in Basel (die Totengräber) und Augsburg (der Henker) unehrliche Leute zuständig waren, gehörten die Nürnberger Grubenräumer, hier Pappenheimer genannt, zu den geschworenen Handwerkern, also zu den anerkannten, auf die städtische Ordnung verpflichteten Gewerben. Zu Beginn des 16. Jahrhunderts gab es neun Meister dieses Berufs. Die technischen Einzelheiten überliefern Endres Tuchers Baumeisterbuch und die Abrechnungen Nürnberger und Kölner Patrizierhaushalte des Spätmittelalters: Eine Abortanlage bestand danach aus dem »heimlichen gemach«, das durch eine Röhre mit dem »Kasten« verbunden war, einem unterirdischen Gewölbe, das in der Regel unter dem Wohnhaus selbst, ausnahmsweise auch daneben lag. Tucher betont besonders, daß der Kasten zum Schutz vor Geruchsbelästigungen vollständig unter der Erde liegen müsse. Aus dem gleichen Grund durften die Gruben nur während der kalten Jahreszeit geleert werden und aus dem gleichen Grund mußte der Aushub in Nürnberg in die Pegnitz gekippt werden – eine Entsorgungsmaßnahme, die entsprechend beispielsweise auch für Augsburg, München, Frankfurt und Köln überliefert ist.

Auch die ganze Problematik des Grubensystems hinsichtlich der Verunreinigung des Grundwassers wird durch Tuchers Notizen sehr anschaulich: Im Haus der Wechselstube am Markt mußte er den Abort räumen lassen, der übergelaufen war, weil seit Menschengedenken keine Leerung mehr durchgeführt wurde. Nachdem die Pappenheimer bis zum Keller vorgedrungen waren, wurde der Boden durchstoßen, darunter fand man ein gerundetes Mauerwerk, bis oben mit »unlust« gefüllt. Daraus wurden über 300 Schaff herausgetragen, bis etwa zwei Meter unter Kellerbodenniveau das Grundwasser erreicht war. Nachdem der Meister festgestellt hatte, daß Wasser nachlief, soviel man auch schöpfte, wurde die Aktion abgeschlossen. Tucher notiert, dieser Kasten sei ein alter Brunnen (!), er ließ ihn mit einer freiliegenden Platte verschließen, damit künftig erkennbar ist, wo geräumt werden muß: Für den Stadtbaumeister ist die ganze Anlage also unbedenklich.

Den gleichen Entsorgungsstandard in privaten Haushalten belegen die Rechnungsbücher Hermann v. Gochs (Köln) und der Familien Behaim und Tucher (Nürnberg) mit der routinemäßigen Verbuchung von Kosten für Grubenleerung und Abtransport des Aushubs. Das große Fassungsvermögen der Anlagen erlaubt dabei Abstände bis zu 30 Jahren. Nach den umgerechneten Maßangaben der Rechnungsbücher waren die Gruben der Häuser Behaim und Tucher zwischen vier und gut acht Meter tief bei einem Rauminhalt bis zu knapp 30 Kubikmetern. Ebenfalls nach den Angaben der Rechnungsbücher lagen auf dem gleichen Grundstück, im gleichen Haus auch die Schöpfbrunnen. Wie oben erwähnt, wurden sie durchaus sorgsam gewartet, aber nach der Länge der Brunnenseile zu schließen, waren sie kaum tiefer als die Abortkästen: Das Trinkwasser wurde aus der gleichen Schichttiefe entnommen, in der die Gruben mündeten. Entsprechende Verhältnisse werden durch Altstadtgrabungen von Zürich bis Lübeck bestätigt.

Es bleibt noch zu ergänzen: Im Spätmittelalter, vom Ende des 14. Jahrhunderts an, setzt sich in den Städten die Straßenpflasterung durch, sicher ein spür- und sichtbarer Fortschritt für mehr Wohnkomfort. Im Zusammenhang damit begegnen beispielsweise in Augsburg, Straßburg, Nürnberg erste Ansätze zu einer städtisch organisierten Abfuhr von Straßenabfällen, Bauschutt und Müll, die auf eigens ausgewiesenen Plätzen deponiert wurden. Bevorzugt, besonders auch bei gewerblichen Problemabfällen, wurden aber weiterhin Wasserläufe zur Entsorgung herangezogen: Die Säuren und Beizen der Nürnberger Metallhandwerker sollten in der Pegnitz beseitigt werden, die Rückstände der Augsburger Färberei wurden in den Lech geschüttet. Auch Aas und Tierkörperabfälle wurden schon im frühen Mittelalter im Wasser versenkt – wie die Funde vom Haddebyer Moor zeigen, empfohlen wurde diese Beseitigungsmethode aber noch im 19. Jahrhundert.

Die Frage drängt sich auf: Besaß man zeitgenössisch wirklich keinerlei Vorstellungen von den möglichen Folgen derartiger Entsorgungsmethoden? Grabungsbefunde und schriftliche Überlieferung sind widersprüchlich: Beispielsweise eine Zürcher Abfallgrube und Duisburger Latrinen waren mit Abdichtungen versehen. Auch städtische Bauvorschriften, beispielsweise in München, Straßburg, Nürnberg verlangen Isolierungen bei der Errichtung von Abortanlagen. Man wußte, daß eine zu enge Nachbarschaft zur Latrine das Brunnenwasser verderben konnte, genauso wie man wußte, daß ein Schöpfbrunnen gereinigt werden mußte, in dem ein Tier ertrunken war. Auch über den Zusammenhang von Wasserqualität und körperlichen Schäden wurde spekuliert. Es gab also Erkenntnisansätze in die nach heutigem Wissen zutreffende Richtung, aber ein Durchbruch gelang nicht: In Zürich liegt nahe bei der abgedichteten Abfallgrube eine bis ins Grundwasser reichende Latrine, bei den meisten archäologisch ausgewerteten Abfall- und Fäkaliengruben fehlen Baumaßnahmen zur Abdichtung ganz, und in Lübeck mündeten nahe den Schöpfwerken für die Wasserleitung die Schlachthausabfälle in die Wakenitz. Schlamperei, Bequemlichkeit und übertriebene Sparsamkeit sind sicher auch im Mittelalter an manchen vermeidbaren Mißständen schuld. Insgesamt vermitteln die hier skizzierten zeitgenössischen Vorstellungen und Maßnahmen aber einen ganz anderen Befund, den man als tragisch bezeichnen kann: Nicht Schlendrian und Gleichgültigkeit, sondern gerade die bewußt eingesetzten Methoden zu einer effizienten Abfallbeseitigung ohne Beeinträchtigung des Wohnumfeldes schädigen Grundwasser und stadtnahes Oberflächenwasser, führen also zu dem anthropogenen Infektionskreislauf Mensch – Abfallentsorgung – Wasser – Mensch. Aus diesem *circulus vitiosus* gab es vor den technisch-naturwissenschaftlichen Fortschritten des 19. Jahrhunderts keinen Ausweg, weil auch der bloß spekulativen Beschäftigung mit dem Zusammenhang zwischen Abfallbehandlung, Trinkwasser und menschlicher Gesundheit enge Grenzen gesetzt waren. Bekanntlich dominierte in Europa bis zum Beginn des 19. Jahrhunderts die seit der Antike tradierte Miasma-Theorie, die Lehre von der vorzugsweisen Krankheitsübertragung durch verdorbene Luft. Deswegen war die Vermeidung fäulnisverursachter Ausdünstungen vorrangig wichtig, und weil dadurch die *corruptio aeris* vermieden wurde, durfte die Abfallbeseitigung in Grund- und Oberflächenwasser guten Gewissens empfohlen werden.

Literatur

Zu dem einleitend erwähnten Problem der Holzverknappung vgl. Lohrmann, D.: Energieprobleme im Mittelalter: Zur Verknappung von Wasserkraft und Holz in Westeuropa bis zum Ende des 12. Jahrhunderts. In: Vierteljahrschrift für Sozial- und Wirtschaftsgeschichte 66 (1979), S. 297–316 und Gleitsmann, R.-J.: Der Einfluß der Montanwirtschaft auf die Waldentwicklung Mitteleuropas. Stand und Aufgaben der Forschung. In: Der Anschnitt, Z. für Kunst und Kultur im Bergbau. Beiheft 2 (1984), S. 24–39.

Zu den einschlägigen Grabungsbefunden vgl. Schneider, J. et al. (Ed.): Der Münsterhof in Zürich. Bericht über die Stadtkernforschungen 1977/78 (= Schweizer Beiträge zur Kulturgeschichte und Archäologie des Mittelalters, 9. u. 10). Olten–Freiburg i. Br. 1982. Krause, G.: Ausgrabungen im mittelalterlichen Duisburg in den Jahren 1983/84. In: Ausgrabungen im Rheinland 1983/84 (= Kunst und Altertum am Rhein. Führer des Rheinischen Landesmuseums Bonn Nr. 122). Köln–Bonn 1985, S. 188–196. Schmidt-Thomé, P.: Die Abortgrube des Klosters der Augustinereremiten in Freiburg: In: Archäologische Ausgrabungen in Baden-Württemberg 1983. Hrsg. vom Landesdenkmalamt Baden-Württemberg. Stuttgart 1984, S. 240–244. Archäologie in Lübeck. Hrsg. vom Museum für Kunst und Kulturgeschichte der Hansestadt Lübeck (= Hefte zur Kunst und Kulturgeschichte der Hansestadt Lübeck, 3). Lübeck 1980.

Zur Beschäftigung mit Umweltproblemen der Vergangenheit sowie mit der Ver- und Entsorgung vgl. v. Simson, J.: Die Flußverunreinigungsfrage im 19. Jahrhundert. In: Vierteljahrschrift für Sozial- und Wirtschaftsgeschichte 65 (1978), S. 370 bis 390. Troitzsch, U.: Historische Umweltforschung: Einleitende Bemerkungen über Forschungsstand und Forschungsaufgaben. In: Technikgeschichte 48, 3 (1981), S. 177–190. Kellenbenz, H. (Ed.): Wirtschaftsentwicklung und Umweltbeeinflussung (14.–20. Jahrhundert). Berichte der 9. Arbeitstagung der Gesellschaft für Sozial- und Wirtschaftsgeschichte (= Beiträge zur Wirtschafts- und Sozialgeschichte, 20). Wiesbaden 1982. Dirlmeier, U.: Die kommunalpolitischen Zuständigkeiten und Leistungen süddeutscher Städte im Spätmittelalter. In: Sydow, J. (Ed.): Städtische Versorgung und Entsorgung im Wandel der Geschichte (Stadt in der Geschichte, 8). Sigmaringen 1981, S. 113–150 (mit weiterführenden Quellen- und Literaturhinweisen). Wijntjes, W. C.: The Water Supply of the medieval Town. In: Rotterdam Papers IV (1982), S. 189–203. Busch, R.: Die Wasserversorgung des Mittelalters und der frühen Neuzeit in norddeutschen Städten. In: Meckseper, C. (Ed.): Stadt im Wandel, Ausstellungskatalog Bd. 4, Stuttgart-Bad Cannstatt 1985, S. 301–316.

BERND HERRMANN

Parasitologische Untersuchung mittelalterlicher Kloaken

Die zahlreichen Städtegründungen des Mittelalters konzentrierten Teile der Bevölkerung in erheblicher Dichte auf kleinem Raum. Daraus resultierende Versorgungsfragen sind in verschiedenen Beiträgen dieses Buches angesprochen. Nicht minder bedeutsam sind die Entsorgungsfragen. Einmal muß sich die mittelalterliche Stadt zunehmend mit umweltbelastenden Gewerbebetrieben auseinandersetzen (zum Beispiel Metall- und Fleischverarbeitung, Gerbereien), zum anderen ist die Abwasserfrage und die Beseitigung des häuslichen und gewerblichen Unrats, Abfalls und Mülls ein Dauerproblem »kommunalpolitischer Zuständigkeiten«.[1]

Zur Aufnahme des häuslichen Unrats befanden sich auf den Parzellen der mittelalterlichen Stadt Abfallgruben, die zugleich als Abort dienten, wenn nicht eine extra angelegte Fäkaliengrube zur Verfügung stand.[2] Viele derartige Abfallgruben oder Kloaken werden noch heute bei stadtarchäologischen Grabungen gefunden. Ihre Inhalte sind gesuchte materielle Quellen zur Rekonstruktion von Lebensbildern der mittelalterlichen Stadt.[3] Der neutrale bis schwach alkalische pH-Wert der Grubenfüllungen und das feuchte Liegemilieu gewährleisten sehr günstige Erhaltungsbedingungen für pflanzliches Material, für Knochen, aber auch Geschirr aus Ton oder metallene Gegenstände. Seit langem werden Abfallgruben und Kloaken botanisch und zoologisch ausgewertet, um das Nahrungsmittelspektrum in der mittelalterlichen Stadt zu rekonstruieren.[4] In jüngster Zeit werden Kloaken auch aus epidemiologischen Gründen untersucht. Über die Perspektiven dieser Untersuchung wird im folgenden berichtet.

Parasiten nehmen unter den Faktoren, die allgemein zur Dichte und zum Zustandsbild einer Bevölkerung beitragen, die auch innerhalb der Nahrungskette wirksam sind, eine zentrale Stellung ein. Ob Pest oder

Typhus, Pocken oder Syphilis, Masern oder Grippe, die fatalen Konsequenzen dieser durch Mikroparasiten verursachten Krankheiten für eine Bevölkerung, die weder über Sulfonamide noch Antibiotika verfügt, sind offensichtlich. Sie haben in erheblichem Maße bevölkerungsregulierende Auswirkungen.[5]

Unmittelbar nachzuweisen sind für das Mittelalter diese Krankheiten nur sehr vereinzelt. Zumeist wird aus Schriftquellen oder bildlichen Darstellungen geschlossen, ihrer faktisch einzigen Nachweismöglichkeit. Selbst der Streit über das Auftreten der Syphilis läßt sich mit Skelettfunden allein nicht gültig entscheiden.[6]

Im Verhältnis zu den Mikroparasiten bleiben die Makroparasiten aus unserer heutigen Sicht praktisch unbeachtet. Die Eingeweidewürmer des Menschen sind durch die in Europa verbreiteten hygienischen Maßnahmen in den Hintergrund gedrängt. Das Infektionsgeschehen und die Infektionswege fast aller Eingeweideparasiten des Menschen sind aber erst im 19. und 20. Jahrhundert entdeckt und aufgeklärt worden. Man muß annehmen, daß die Makroparasiten im mittelalterlichen Europa erhebliche Verbreitung hatten. Wurmmittel gehören zum festen pharmakologischen Bestand der mittelalterlichen Heilkunde; die Gefährlichkeit der Würmer, insbesondere für die Kinder ist bekannt, und man versucht ihre Bekämpfung.[7]

Im Gegensatz zu den Mikroparasiten können etliche Makroparasiten durch die Untersuchung der Kloakeninhalte direkt nachgewiesen werden. Ihre Eier haben sich über die Jahrhunderte erhalten (Abb. 1 bis 4), im wesentlichen die Eier vom: Spulwurm *(Ascaris),* Peitschenwurm *(Trichuris)*, Fischbandwurm *(Diphyllobothrium),* Großen Leberegel *(Fasciola),* Lanzettegel *(Dicrocoelium),* Madenwurm *(Enterobius)* und Schweine- und Rinderbandwurm *(Taenia saginata* und *Taenia solium).* Andere Parasiten sind in unseren Breiten von untergeordneter Bedeutung, in Kloaken noch nicht nachgewiesen beziehungsweise nicht nachweisbar.

Die (chronische) Infektion mit Eingeweideparasiten ist mit einem ganzen Repertoire von Zustandsbildern verknüpft. Hierzu gehören Übelkeit, Erbrechen, Leibschmerzen mit kolikartigem Charakter, Anämie, Ödeme, Mattigkeit, Schlaflosigkeit, bei Kindern Wachstums- und Entwicklungsstörungen. Beispielsweise entzieht der Fischbandwurm seinem Wirt bis zu fünfzigmal mehr Vitamin B_{12} als die anderen großen Bandwürmer[8], so daß die Gefahr der Anämie erheblich ist. Komplikationen bis zum letalen Ausgang können durch Darmverschluß durch Wurmknäuel vorkommen, oder durch Wanderung von Würmern in andere Körperregionen beziehungsweise das Einnisten von Entwicklungsstadien (unter anderem Larven in Leber, Gehirn, Milz, Nieren, Lunge).

Die Schwere der Erkrankung hängt nicht nur von der Zahl der Würmer ab, obwohl allgemein gelten kann, daß die meisten Parasiten in geringer Zahl keine ernste Erkrankung des Wirts verursachen können. Bei steigender Zahl und schlechter Immunitätslage stellen sich die bedenklichen Folgen rasch ein und sind dann der Beginn eines Teufelskreises. Ausgedehnte Durchseuchung der Bevölkerung gehört deshalb mit zu den Voraussetzungen, auf denen Folgeerkrankungen mit populationsdynamischen Konsequenzen beruhen (zum Beispiel in Subsistenzkrisen), weil bei reduzierter Abwehrlage infolge schlechten Allgemeinzustandes die mikroparasitisch bedingten Infektionskrankheiten erfolgreich sind.[9]

Makroparasiten scheinen für die Rekonstruktion von Lebens- und Umweltbedingungen gut geeignet, wenn man sich auf ihre Infektions- und Entwicklungswege bezieht:

Bei *Enterobius* erfolgt die Infektion noch auf dem kurzen Weg: vom juckenden After über den Finger in den Mund. Die Eier sind aber auch im Hausstaub (Bettzeug, Zimmerstaub) enthalten und können mit diesem aufgenommen werden. Bei *Ascaris* und *Trichuris* gelangen die über den Kot ausgeschiedenen Eier häufig über kopfgedüngtes Gemüse oder durch Kontakt mit dem Erdboden wieder durch den Mund in den Menschen. Hierbei spielen also die Verwendung der Fäkalien (als Düngemittel), der Genuß ungewaschenen, rohen Gemüses und die persönliche Hygiene eine Rolle. Interessant ist übrigens, daß die Infektionsfähigkeit von *Ascaris*-Eiern mit bis zu drei Jahren angegeben wird, während *Trichuris*-Eier kaum mehrere Monate überstehen.

Die Infektion mit dem Schweine- beziehungsweise Rinderbandwurm ist nur möglich durch den Genuß von rohem, unzureichend gekochtem oder geräuchertem Fleisch. Der Mensch wird mit der Finne, einem Larvenstadium, infiziert. Die Eier des Wurms verlassen den menschlichen Körper mit den Fäkalien und werden von den im Unrat stöbernden oder auf gedüngten Feldern nahrungsuchenden Großsäugern aufgenommen. Sehr kompliziert verlaufen Entwicklung und Infektion beim Fischbandwurm. Die von Menschen abgesetzten

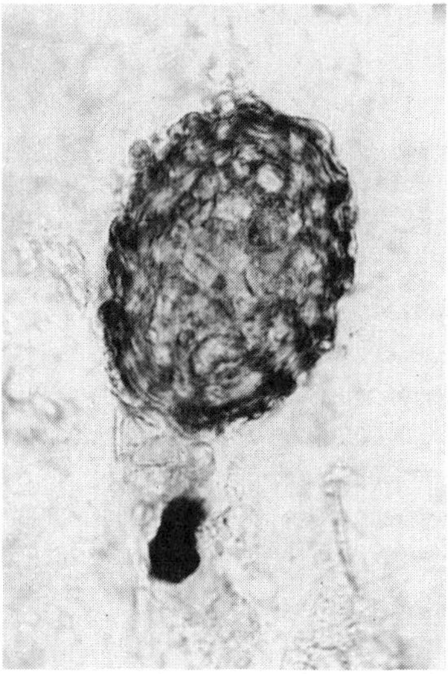
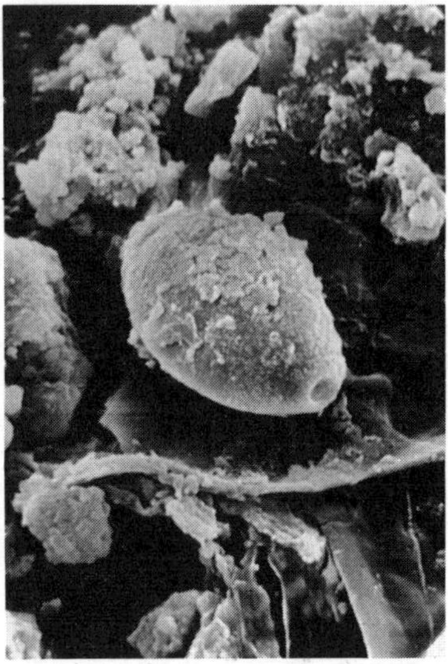

Wurmeier aus mittelalterlichen Kloaken
1 (oben links) Ascaris (Spulwurm), ca. 500fach, Braunschweig 14. Jh.
2 (oben rechts) Trichuris (Peitschenwurm), ca. 650fach, Braunschweig 14. Jh.
3 (unten links) Diphyllobothrium (Fischbandwurm), ca. 370fach, Lübeck 15. Jh.
4 (unten rechts) Fasciola (Leberegel), ca. 300fach, Freiburg 15. Jh.

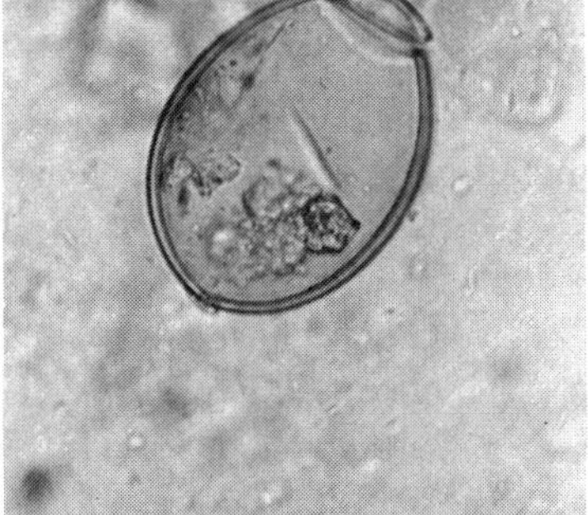
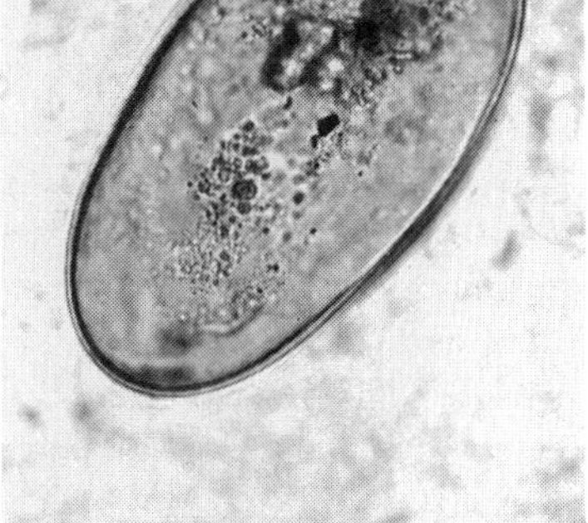

Eier entwickeln sich im Wasser, werden von einem Kleinkrebs aufgenommen und gelangen so in den Fisch. Wird das Fischfleisch in rohem oder ungenügend gekochtem oder geräuchertem Zustand gegessen, infiziert sich der Mensch. Beim Menschen seltener sind Infektionen mit *Fasciola* und *Dicrocoelium*. Beide sind bei Rind und Schaf häufig und können unter anderem auch beim Hirsch vorkommen. Denkbar ist die Aufnahme der Eier beim Essen der Leber infizierter Wiederkäuer. Die Eier passieren dann den Körper und gelangen in die Kloake, ohne daß der Mensch erkranken kann. Sowohl *Fasciola* als auch *Dicrocoelium* haben einen sehr spezialisierten Entwicklungsgang, innerhalb dessen Süßwasser- beziehungsweise Landschnecken als Zwischenwirte eine wichtige Rolle spielen.

In Großbritannien ist *Dicrocoelium* heute beschränkt auf einige Inseln vor der schottischen Westküste. Parasitologische Auswertungen mittelalterlicher Kloaken lassen vermuten, daß der Rückzug des Lanzettegels in England zwischen dem 10. und 14. Jahrhundert begann.[10] Die labil balancierten Gleichgewichte im Entwicklungsgang des Parasiten, der als weiteren Zwischenwirt noch Ameisen benötigt, können an vielen Stellen gestört worden sein und so seinen Rückzug bewirkt haben.

Die Beispiele mögen hinreichend illustrieren, daß die Infektionswege der meisten Darm- und Eingeweideparasiten über mehrere Stationen laufen. Diese sind zum einen »natürliche«, aus der Biologie vorgegebene Stationen, zum anderen sind sie »kulturell«, weil sie von der Wirtschaftsweise, von Eßgewohnheiten und der Hygiene abhängen.

Durch Untersuchungen an mittelalterlichen Kloaken sind in Europa bisher folgende Eingeweidewürmer nachgewiesen: *Ascaris, Trichuris, Diphylobothrium* und *Fasciola* (Abb. 5).

Der Nachweis von *Taenia* gelang bei Untersuchung von Abfallgruben beziehungsweise Dungschichten, ein Nachweis aus Latrinen (menschlicher Herkunft) steht noch aus. Der Hundebandwurm *(Echinococcus)* ist in Form seiner verkalkten Cysten im Brustraum zweier mittelalterlicher Bestattungen belegt.

Die von uns in den letzten beiden Jahren durchgeführten Untersuchungen am Kloakenmaterial aus der Bundesrepublik brachten im wesentlichen diese Ergebnisse: Analysiert wurden Proben aus Berlin, Breisach, Braunschweig, Freiburg, Göttingen, Hameln, Höxter,

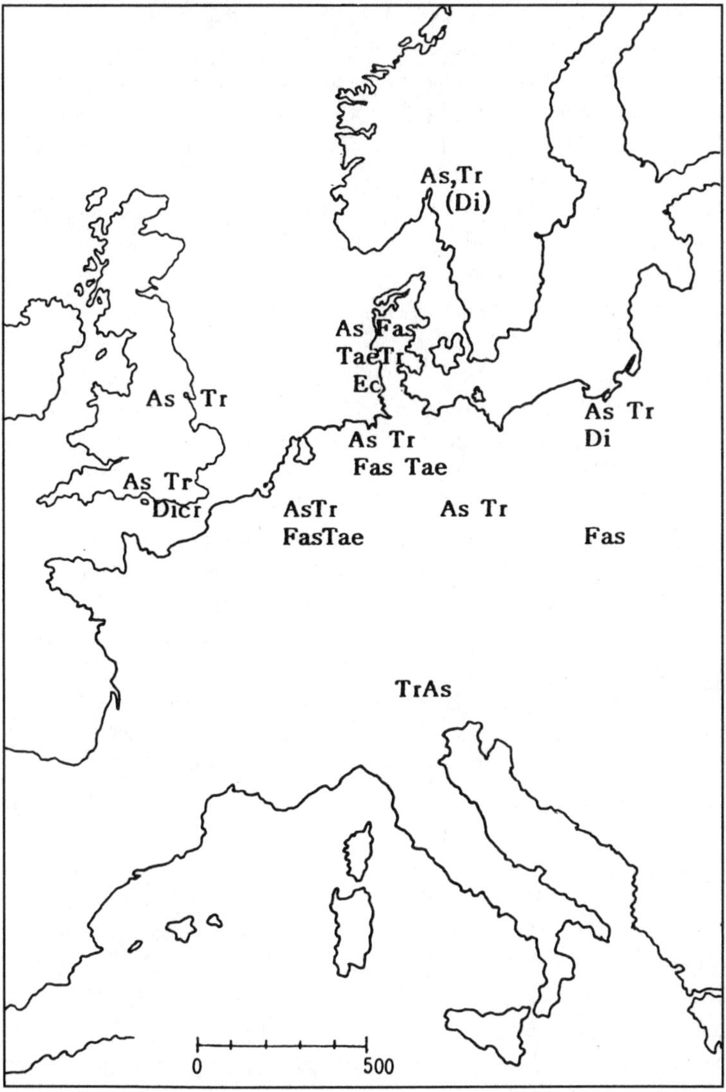

5 Bisher nachgewiesene Eingeweideparasiten des Menschen in Europa für die Zeit zwischen 500 v. bis 1500 n. Chr. As = Ascaris; Di = Diphyllobothrium; Dicr = Dicrocoelium; Ec = Echinococcus; Fas = Fasciola; Tae = Taenia; Tr = Trichuris. Mit Ausnahme der Fundorte Hallstatt (Salzbergwerk) und Ostpreußen (Moorleiche) sind alle anderen Funde mittelalterlich. Für England sind auch römerzeitliche Belege bekannt.

Landshut, Lübeck, Marburg, Regensburg und Schleswig. Das Probenmaterial datiert zwischen dem 11. und dem 16. Jahrhundert. In allen Proben fanden sich, in unterschiedlicher Konzentration, *Ascaris* und *Trichuris*-Eier. Darüber hinaus enthielten die Lübecker, Regensburger und Freiburger Proben des 15. und 16. Jahrhunderts *Diphylobothrium* und *Fasciola,* die sonst nirgends gefaßt werden konnten. Auch hier fehlen *Taenia*-Nachweise. Es wäre denkbar, dies als Erfolg mittelalterlicher Fleischbeschau zu werten, wenn man von den unklaren Erhaltungsaussichten absehen will.[11]

Nun gehen qualitative Nachweise, zumal sie aus unterschiedlichen Zeithorizonten und unterschiedlich zahlreichen Fundstellen in den einzelnen Städten stammen, zunächst nicht über das Kasuistische hinaus. Was die parasitologische Untersuchung der Kloakeninhalte gegenwärtig interessant macht, läßt sich mit Abbildung 6 veranschaulichen. Bei einer Lübecker und einer Freiburger Kloake, deren Schichten mehrere Meter Mächtigkeit aufweisen und die einen wohl mehrhundertjährigen Zeitraum repräsentieren, sind die Proben im Zehn-Zentimeter-Abstand genommen worden. Die gefundenen Eizahlen weisen Schwankungen auf, die quantifizierende Angaben erlauben. Obwohl die Freiburger Kloake sehr wahrscheinlich von mehr Personen benutzt wurde als die Lübecker, gibt es in Lübeck höhere Eizahlen. Unter bestimmten Einschränkungen[12] kann dies eine höhere Durchseuchungsrate für den Lübecker Personenkreis bedeuten oder zahlenmäßige Fluktuation der Benutzer. Besondere Aufmerksamkeit verdient das Auftreten von Fischbandwurm und Leberegel. In Lübeck sind beide Parasiten nur qualitativ nachweisbar, eine statistische Auswertung ist wegen zu geringer Eizahlen nicht möglich. In Freiburg ist der Leberegel durchgehend mit etwas höheren Zahlen vertreten. Der Fischbandwurm kommt in Freiburg jedoch nur in einem Horizont vor (hier durch zwei Proben repräsentiert) und dies mit ganz erheblichen Eizahlen. Ist dieses eine Folge der Diät zur Fastenzeit, einer veränderten Nahrungszubereitung, einer anderen Marktlage oder eines vorübergehenden hygienischen Desasters? Die Freiburger Kloake gehört zu einer Klosteranlage, die Lübecker Kloake zum Haushalt des Scharfrichters. Vergleicht man die Freiburger Werte mit einer Braunschweiger Kloake des 14. Jahrhunderts aus dem sehr wahrscheinlich von Klerikern bewohnten Teil des Klosterbezirks, dann liegen die Braunschweiger Werte um den Faktor 2 bis 4 höher. Eine zeitgleiche

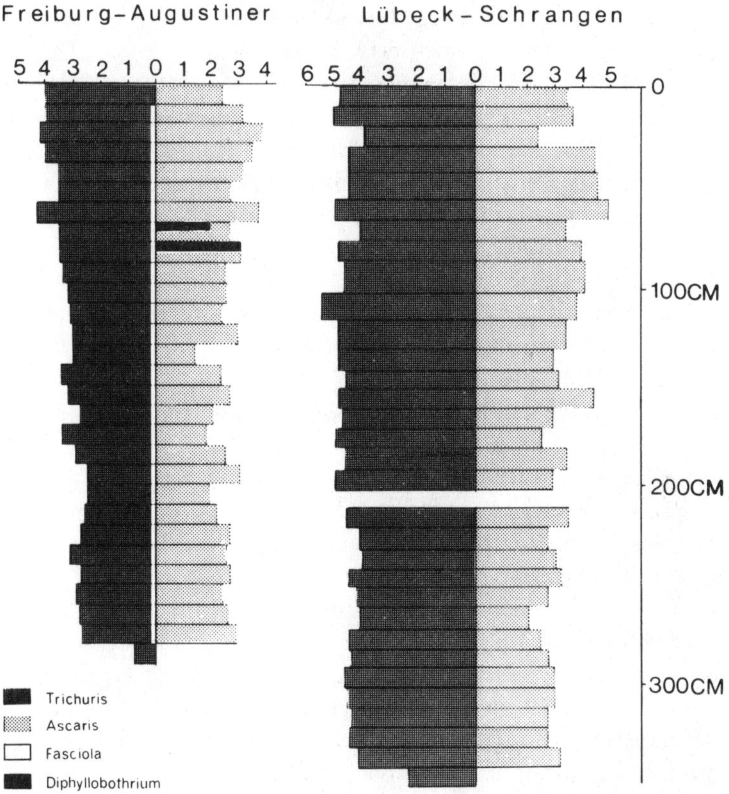

6 Mittelwerte von Parasiteneiern zweier mittelalterlicher Kloaken: Lübeck-Schrangen und Freiburg-Augustinerplatz. Die einzelnen Blöcke repräsentieren für die betreffende Parasitenart die Anzahlen, die logarithmiert (ln) aufgetragen sind. Die Proben wurden annähernd in 10-Zentimeter-Abstand entnommen. Die Skala rechts gibt die Schichtentiefe an.

Braunschweiger Kloake, die zu einem jüdischen Haushalt gehört, enthält in ihren älteren Schichten demgegenüber nur ein Zehntel des Wurmeibetrags. Allerdings steigen die Eizahlen in den jüngeren Schichten auf jene Höhe, die in der Kloake des Klosterbezirks gefunden wurde.

Die beiden letztgenannten Braunschweiger Beispiele führen, neben dem Hinweis auf soziale Faktoren sowie dem Problem der räumlich-zeitlichen Vergleichbarkeit, zurück auf den mehrfach angesprochenen

Bereich der persönlichen Hygiene. Diese war damals bestimmt problematischer als heute. Man hat in mittelalterlichen Kloaken Lappen gefunden, die man sich für diesen Zweck verwendet denken könnte. Frisches Gras und Blätter fanden sicher ihre Verwendung, wie es in einer bebilderten Handschrift aus dem Mittelalter beherzt zum Ausdruck kommt: »Si prendis ein kolblatt, tibi der finger in ars gat«.[13] Mooszöpfe wurden beispielsweise in Göttingen gefunden. Viele Kloaken enthalten Tonkrüge, die dort einem unachtsamen Benutzer hineingefallen sein mögen, als er seine Hand mit Wasser säubern wollte. Besonders die Reinlichkeit der Hände, sei es für die Nahrungszubereitung oder die Nahrungsaufnahme, ist für das Infektionsgeschehen von Bedeutung. Ob der Betreffende von der Feld- und Gartenarbeit oder vom Abort kommt, scheint dabei nicht von so großem Belang zu sein.

Die Beispiele verdeutlichen die vielfältigen Einbindungen des Themas in die unterschiedlichsten Ebenen »biologischen« und »kulturellen« Lebens. Eine ökologische Sichtweise, die zu quantifizieren sucht, was als kalkulierbare Randbedingungen innerhalb einer Region und eines Zeithorizontes zu berücksichtigen sind, sollte hier Ansatzmöglichkeiten finden, obwohl derartige Aussagen zum jetzigen Zeitpunkt noch überwiegend kasuistischen Charakter haben. Bis zur Entwicklung tragfähiger Interpretationsmodelle sind auch noch erhebliche methodische Probleme zu überwinden. Insbesondere betrifft dies die Aufklärung des Sedimentationsvorgangs in Kloaken und ihrer gelegentlichen Leerungen, die Standardisierung der Probenaufbereitung, die Speziesspezifität gefundener Parasiteneier und anderes mehr.[14] Dennoch öffnet sich hier eine Perspektive, zusammen mit den paläoethnobotanischen, archäozoologischen und prähistorischen Daten aus einer Kloake zu einer umfassenderen Umweltrekonstruktion für mittelalterliches Leben zu kommen.

Anmerkungen

[1] Vgl. die Beiträge von U. Dirlmeier und V. Zimmermann in diesem Band, S. 150ff. und S. 140ff.

[2] Die zahlreichen archäologischen Befunde können hier nicht referiert werden. Stellvertretend sind genannt: Berndt, H. und W. Neugebauer: Lübeck eine medizinhistorische Studie, Archeologia Lundensia 3 (1968), 53–90. Rötting, H. (Hrsg.): Stadtarchäologie in Braunschweig. Forschungen der Denkmalpflege in

Niedersachsen 3. Hameln 1985. Keene, D. J.: Rubbish in medieval towns. In: A. R. Hall und H. K. Kenward (Eds.): Environmental archeology in the urban context. CBA Research Report 43. London 1982, S. 26–30. Schmidt-Thomé, M.: Archäologische Befunde zur Entsorgung mittelalterlicher Städte am Beispiel Freiburgs. Archäologische Informationen 7 (1984), S. 125–135.

[3] Aus dem Alltag der mittelalterlichen Stadt. Hefte des Focke Museums Nr. 62, Bremen 1982.

[4] Die Beiträge von K.-E. Behre und U. Willerding in diesem Band sind zu einem erheblichen Teil auf derartige Analysen gegründet.

[5] Vgl. den Beitrag von G. Grupe in diesem Band, S. 24ff.

[6] Vgl. den Beitrag von G. Keil in diesem Band, S. 109ff.

[7] Vgl. in diesem Zusammenhang auch Hoeppli, R.: Parasites and parasitic infection in early medicine and science. Singapore 1959.

[8] Tischler, W.: Grundriß der Humanparasitologie. Stuttgart–New York 1977.

[9] Anderson, R. M. und R. M. May (Eds.): Population Biology of Infectious Diseases. Life Sciences Research Report, 25. Dahlem Konferenzen. Berlin, Heidelberg, New York 1982.

[10] Pike, A. W.: Parasite eggs. In: Platt, C. et al. (Eds.): Excavations in mediaeval Southampton 1953–1969. Leicester 1975, S. 347f.

[11] Z. B. Nürnberger Polizeiordnungen, 63. Publication des Literarischen Vereins in Stuttgart 14 (1861), S. 198. Auch: Varron, A. G.: Hygiene im Mittelalter. Ciba-Zeitschrift 74 (1955).

[12] Von der Eizahl kann nicht voraussetzungslos auf die Wurmzahl beziehungsweise auf den Schweregrad der Infektion und die Anzahl der betroffenen Individuen geschlossen werden. Hohe Eizahlen sprechen aber in jedem Fall für günstige Reproduktionsbedingungen der Parasiten. Eizahlen können daher als statistische Vergleichszahlen verwendet werden.

[13] Das Zitat verdanke ich dem freundlichen Hinweis von Herrn Kollegen Ulf Dirlmeier. In den Salzbergwerken Hallstatts hat man übrigens Pestwurzblätter neben den Exkrementen gefunden.

[14] Die genannten Eingeweideparasiten kommen zumeist nicht nur beim Menschen vor, sondern auch bei seinen Haustieren. Es ist daher zunächst immer unsicher, ob ein Befund ausschließlich auf einen infizierten Menschen zurückzuführen ist. Darüber hinaus gibt es bei einzelnen Parasiten eine gewisse Wirtsspezifität innerhalb der Gattungen. Leider überlagern sich die Variationsbreiten der Eigrößen so erheblich, daß im Einzelfall nicht zu entscheiden ist, ob das Ei aus einem Menschen oder etwa einem Schaf stammt.

WOLFGANG ERDMANN

Das mittelalterliche Stadthaus. Bemerkungen zu Form und Funktion anhand Lübecker Beispiele

Überall auf der Erde hat der Mensch zu allen Zeiten der Hausung bedurft, sich und seine Lebensnotwendigkeiten – Haus- und Handwerk, Handelsgut oder Vorräte sowie Vieh – vor direktem Einwirken der Witterung zu schützen, in unseren Breiten insbesondere vor Niederschlägen und Temperaturschwankungen. So zielt hier der Hausbau im wesentlichen einerseits darauf, einen effizienten Nässeschutz zu geben, andererseits eine wirksame Temperierung vorzunehmen, dies verbunden mit der Möglichkeit zu heizen.

Unsere Betrachtung des Hausbaus soll sich chronologisch auf das Mittelalter beschränken, geographisch auf Handelsstädte des niederdeutschen Küstengebietes, exemplarisch vertreten durch Denkmäler oder Untersuchungsergebnisse der Hansestadt Lübeck. Sowohl für den Zeitraum als auch für die Region sei vorab festgestellt, daß die beim Hausbau angewandten Techniken grundsätzlich seit langem bekannt waren, was das Architekturhandbuch des Vitruv ebenso bezeugt wie die Vielzahl von Monumenten im Westen des Altreiches – abgesehen von der speziellen Bauweise mit Backsteinen im »Klosterformat« mit seinen Abmessungen von etwa 1 auf ½ auf ⅓ Fuß. Dieses mehr oder weniger »genormte« Baumaterial, im niederdeutschen Bereich wie auch in Südskandinavien fast überall, wenn auch mit erheblichem Aufwand herzustellen, ersetzt den schwieriger oder kostspieliger zu beschaffenden Bruchstein und prägt – bis heute – Hausbau wie Monumentalarchitektur.

Die Verwendung des Backsteins bewirkt, gemeinsam mit dem restriktiven Baurecht hansischer Städte, eine Vereinheitlichung der Formen, vor allem aufgrund der »Normierung« des Einzelelementes und seiner relativ geringen Variationsmöglichkeit als Formstein. Bauen in Backstein führt somit zwangsläufig zu einer gewissen bautechnischen Perfektion des Gleichmaßes wie auch zur formalen Betonung der Wandflächen – bei manchen Bauten insbesondere durch die Verwendung von Glasurbacksteinen unterstrichen – und zur »scheibenartigen« Schichtung der Gliederungselemente.

Wann der Backstein in den niederdeutschen Sprachraum und nach Südskandinavien eingeführt wurde und dann zunehmend diese auch als Baulandschaft prägte, ist trotz intensiver Forschung seit der Mitte des letzten Jahrhunderts immer noch offen; denn es haben sich zu wenig diesbezüglich beurteilbare Bauten erhalten, die sich auch hinreichend präzise datieren lassen. Etwa seit der Mitte des 12. Jahrhunderts fand der Backstein jedenfalls weitere Verbreitung. In Lübeck ist er seit den siebziger Jahren jenes Jahrhunderts nachgewiesen: Wir dürfen davon ausgehen, daß zeitgleich mit den ersten Großbauten der Kirchen schon die erste Profanarchitektur wie auch die Stadtmauer in Backstein aufgeführt wurden, so daß grundsätzlich seit der Zweitgründung Lübecks 1158/59 mit dem Einsatz dieses Baumaterials gerechnet werden muß.

Woher man allerdings die Kenntnis der Backsteinproduktion und der materialspezifischen Bauweise nach Lübeck sowie in die oben umrissene Baulandschaft übertrug, ist letztgültig ebensowenig geklärt. Auffällig ist, daß manche Bau- wie Dekorationstechniken ihre engsten Parallelen in Oberitalien haben. Andererseits hat das Mauern mit dem »klosterformatigen« Stein durchaus im Westen des Altreiches – etwa am Niederrhein und in den Niederlanden zunächst mit Lavatuff, dann auch in einer Tuff-Backstein-Mischtechnik – eine Tradition, deren Kenntnis nach Nordosten gewandert sein kann.

Der Backstein scheint in Lübeck – so jüngst ergrabene Befunde – seit seiner Einführung sogleich auch im Fachwerkbau Verwendung gefunden zu haben, dann allerdings kaum in Mörtel, sondern in Lehm versetzt. Auch für die Dachhaut wurde bereits im 12. Jahrhundert gebrannter Ton in Form von Hohlziegeln (»Mönch und Nonne«) genutzt, ebenso wie Flachziegel (»Biberschwänze«). In den Grabungen fanden sich Reste solcher Ziegel in den entsprechenden Kulturschichten, ohne daß wir in jedem Fall auch die dazugehörenden Bauten kennen. Ferner sind Eichenschindel noch im frühen 14. Jahrhundert belegt. Den Befunden steht allerdings die Schwierigkeit gegenüber, archäologisch eine »weiche« Dachhaut, etwa aus Reet oder Stroh, nachzuweisen. Ziegelgedeckte Dächer stellen hingegen einen erheblich besseren Brandschutz gegen Funkenflug dar, unabdingbar in eng bebauten Siedlungen und in Städten, wie dies die vielen überlieferten Stadtbrände hier und anderswo sowie auch die oftmals bekannten Brandursachen hinreichend belegen. Dies galt insbesondere für Häuser, die noch ohne Schlot den Rauch durch das Dachwerk abziehen ließen, für die »Rauchhäuser« also.

Der unerwartet früh und offensichtlich gerade *nicht* zögernd einsetzende Backsteinbau sowie die anderweitige Nutzung der Backsteine beim Fachwerkbau darf uns nicht darüber hinwegtäuschen, daß dennoch ein Großteil der städtischen Gebäude in Holz errichtet worden war. Selbst zu einer Zeit, für die wir bereits eine stattliche Anzahl von Steinhäusern nachgewiesen haben, ist der Holzbau immer noch aktuell. Aus Lübeck kennen wir sowohl Stabbauten als auch Ständer- und Schwellbohlenbauten sowie andere Holzbautechniken, deren gemeinsames Merkmal zumeist die Konstruktionsweise über Schwellen oder Unterleghölzern und -steinen ist, also selten eingegrabene Pfosten oder Wandelemente zeigt, wie sie nicht nur in der Völkerwanderungszeit, sondern auch noch danach bis in das hohe Mittelalter zu Teilen üblich waren.

Zunehmend breitet sich in Lübeck die Verwendung des Backsteines aus. Die Holzkonstruktionen scheinen langsam zu verschwinden, um nur in Nebengebäuden wie Ställen und Schuppen weiter zu existieren. Der Fachwerkbau hingegen wird weiter gepflegt und ist in der Tat – oftmals übersehen – ein wesentlicher Bestandteil des Lübecker Stadtbildes im späten Mittelalter und der frühen Neuzeit, dies gilt mitnichten nur für Höfe, Gänge oder Neben- und Querstraßen, sondern auch für mehrgeschossige Verkaufs-*Buden* am Markt. Häuser gänzlich in Backstein errichten zu können, schien vor allem eine Kostenfrage zu sein. So sind es zumeist die von den vermögenden Familien erstellten Häuser, die – neben den kirchlichen und öffentlichen Großbauten – in Backstein aufgeführt wurden, später auch Häuser mittleren und kleineren Zuschnitts.

Entsprechend den unterschiedlichen Baumaterialien Holz und Backstein standen jeweils auch unterschiedliche Haustypen einander gegenüber. Zu Beginn der Entwicklung war dies ein recht breites Spektrum, welches sich dann, verstärkt seit der zweiten Hälfte des 13. Jahrhunderts, einengt und so zum schon immer festgestellten, relativ einheitlichen Stadtbild führt. Diese Entwicklung wird anhand einiger Beispiele näher zu erläutern sein. Dabei ist darauf zu achten, wie sich die unterschiedlichen Notwendigkeiten, den Bau heizen zu können, ebenso verändern wie der Haustyp, welcher naturgemäß vor allem von seiner Nutzung her bestimmt ist.

Aus der Gründungszeit Lübecks haben sich bisher keine Gebäude archäologisch nachweisen lassen. Gleiches gilt noch für das dritte Viertel des 12. Jahrhunderts. Es darf aufgrund der späteren Zustände, wie sie uns allerdings nur indirekt aus den schriftlichen Quellen entgegentreten, geschlossen werden, daß zunächst Großgrundstücke vorgeherrscht haben müssen, die – hofartig mit mehreren Gebäuden in unterschiedlicher Technik zu verschiedenen Zwecken bebaut – später aufgeteilt wurden. Auf jedem dieser verkleinerten Grundstücke wurde dann je ein Haus an der Straßenfront errichtet: Dieser Zustand ist uns erhalten, wobei in den Hauptstraßen die Häuser hauptsächlich giebelständig, in den Nebenstraßen und auch im Osten der Stadt zu großen Teilen auch traufständig stehen.

Von Hofbebauungen von Großgrundstücken ist uns bisher nur wenig und dieses höchst ausschnitthaft bekannt, so etwa ein zweigeschossiges Fachwerkgebäude aus der Zeit um 1173, das auf dem heutigen Grundstück Gr. Petersgrube 27 erfaßt wurde und vielleicht als Speicher anzusprechen ist. Eher haben in heutigen Kellern und Fundamenten verbaute, backsteinerne Wohntürme mit vereinzelten Befunden oder ganzen Wänden die Umbauten überstanden. Diese *Kemenaten* oder *Steinwerke,* deren Heizmöglichkeit mit übereinanderliegenden Eckkaminen bisher nur in einem einzigen Beispiel belegt ist, waren über quadratischem oder längsrechteckigem Grundriß zumindest zweigeschossig errichtete Gebäude, die auch einen Halbkeller besaßen. Sie standen weniger an der Straßenfront wie die zugehörigen Nebengebäude, sondern in der Grundstückstiefe. Die ältesten für Lübeck nachgewiesenen Bauten dieses Typs datieren um oder bald nach 1200.

Daneben, seit etwa 1220 bis 1240 mit den ältesten bisher bekannten Beispielen vertreten, finden sich, bevorzugt an den hervorgehobenen Ecklagen und an Plätzen, Großhäuser über rechtwinkligem Grundriß mit zwei voll ausgebauten Geschossen, die sogenannten Saalgeschoßhäuser, welche in Lübeck aber, westeuropäischen Vorbildern darin folgend, ein hallenartig überhöhtes Erdgeschoß aufweisen sowie, besonders in Hanglagen, großräumige Keller. Sie wurden als *Kaufkel-*

ler genutzt, so daß dieser Haustyp zu Recht in Quellen als *Haus des steinreichen Mannes* auftreten konnte. Zugleich wurde dieser Haustyp für »öffentliche« Bauten genutzt.

Die Saalgeschoßhäuser, welche sich aus den bischöflichen Palatien und Kurien der Domstifte sowie dem Burgenbau herleiten lassen, waren nicht nur im Erdgeschoß heizbar, sondern auch im Obergeschoß. Muldenförmig in die Wand eingetiefte Kamine mit darüberstehenden Schloten oder Eckkamine sind die Regel. Es kommen aber auch komplexere Heizsysteme vor, wie etwa Steinkammeröfen als Warmluftheizungen. Darüber hinaus muß mit transportablen Feuerpfannen und -töpfen gerechnet werden. Gekocht wurde an den Kaminen.

Schließlich sei der Haustyp des Dielenhauses genannt, der vor allem seit der Mitte des 13. Jahrhunderts gebaut wurde auf den inzwischen geteilten und daher schmalen, aber tiefen Grundstücken. Dabei stand Traufe an Traufe. Die Traufwände wurden, da beiden Grundstücksbesitzern gehörend, gemeinsam hochgezogen. Gegen Ende des Mittelalters waren die letzten hofartigen oder unbebauten Areale mit einbezogen worden, so daß geschlossene Straßenbebauungen auch in den hafenabgewandten Stadtvierteln entstanden. Das Dielenhaus ist ein neuer Steinhaustyp, der sich allerdings aus älteren Haustypen entwikkelt hat, so vor allem aus dem spezifisch lübeckischen Saalgeschoßhaus mit dem hohen Erdgeschoß sowie hölzernen oder fachwerkenen Hochständerbauten. Ferner sind Einflüsse sowohl aus dem Ostseebereich – vor allem wohl aus Gotland – als auch aus Westeuropa anzunehmen.

Das Dielenhaus ist durch sein überhohes Erdgeschoß, eben die Diele, charakterisiert. Darüber befindet sich ein niedrigeres Obergeschoß, der Unterboden, der, wie auch die nach oben weiter folgenden ausgebretterten Kehlbalkenlagen, vorrangig dem Speichern von Waren, zumeist dem Massengut Getreide, dient. In die Diele ist in Backstein oder Fachwerk die »Dornse« eingestellt, ein an der Straßenfront abgeteilter Raum, der, gesondert beheizbar, als »Kontor« dient. Dahinter, an der gleichen Traufwand, wird der Kamin plaziert, nicht nur zum Kochen, sondern zum Heizen, da das etwa ebenerdige Feuer zugleich die einzige Wärmequelle für die hohe Diele darstellt. Diese, eigentlich ein »unpraktischer« Raum seiner Höhe wegen, ist dann im späten Mittelalter und der frühen Neuzeit stärker in die Nutzung einbezogen worden, indem sogenannte Hangelkammern eingezogen wurden, hölzerne Räume, die an der Dielendecke »aufgehängt« waren – daher der Name. Die ältesten bisher nachgewiesenen dürften wohl noch ins 14. Jahrhundert gehören.

Zum Dielenhaus gehört in der Regel ein Flügelbau auf dem rückwärtigen Grundstück. Er setzt die Tradition der Kemenaten und Steinwerke fort, indem er, mehrgeschossig, oft einen Keller aufwies und auch heizbar war. Wir kennen ihn direkt an das Vorderhaus angebaut oder auch freistehend. Später ist er stets mit dem Vorderhaus verbunden und seine zu diesem unterschiedliche Geschoßebene über eine Treppe zugänglich. Die ausgesprochenen Wohnfunktionen dieses Flügels wandern vereinzelt seit dem 14. und 15. Jahrhundert, verstärkt seit dem 16. Jahrhundert in das Obergeschoß des Dielenhauses, das nun straßenwärts – etwa auch für Handelsgäste – besonders ausgebaut wird, sicherlich nicht unbeeinflußt vom Schloßbau.

Zur Entwicklung des städtischen Hausbaus in Lübeck während des Mittelalters wurden in den letzten Jahren viele Befunde sowohl im Boden als auch im aufgehenden Mauerwerk festgestellt und dokumentiert. Aus der Vielzahl werden hier nur zwei Beispiele vorgestellt, welche exemplarisch die Hausabfolgen auf einem Grundstück vertreten sollen.

Unter dem Hause Alfstraße 38 wurden westlich der Stadtmauer aus der Zeit um 1180, also außerhalb der damaligen *civitas,* zwei Holzhäuser erfaßt. Sie datieren (nach der Jahresringforschung an verbauten Hölzern) in die Jahre um 1184 und um 1195 und wurden über einer Grundfläche von etwa 5 auf 5 m und 3,84 auf 3,84 m errichtet. Es handelt sich dabei um Ständerbauten über Schwellen, die verbretterte Wände besaßen. Ein Haus war sicherlich bewohnt, denn vor der einen Giebelwand, jedoch nicht direkt an sie angelehnt, fanden sich Reste einer backsteinernen Herdstelle in Bodenniveau, neben der auch noch einige Keramikgefäße standen. Mutmaßlich war dies ein Rauchhaus ohne gelenkte Rauchabführung: Seine Bewohner waren dem ständigen physikalischen und chemischen Reiz des Rauchs ausgesetzt. Das andere Holzhaus mag ein Speicher gewesen sein.

Nach einem Schadenfeuer ist sodann im ersten Viertel des 13. Jahrhunderts über dem Brandschutt dieser Häuser ein monumentaler Neubau errichtet worden – ein Saalgeschoßhaus in Backstein über einer Grundfläche von etwa 24 auf 12,6 m. Er hat einen Kaufkeller, der in den Hang getieft ist, und ein 3,2 m hohes Erd- sowie ein 3,8 m hohes Saalgeschoß. Das Haus war über mehrere Kamine mit gelenkter Rauchabführung heizbar. Später mehrfach überformt, steht dieses Gebäude immer noch aufrecht und markiert in seiner Ecklage an der Alfstraße und der flußparallelen Straße An der Untertrave aufgrund seiner Größe einen bestimmten Entwicklungsstand früher auf den Fernhandel bezogener, mutmaßlich auch öffentlicher Gebäude.

Unter dem Hause Kapitelstraße 5 – es ist dies heute ein kleineres Gebäude – konnte als ältester Bau ein an der Straße stehender kleiner Holz- oder Fachwerkbau indirekt an seiner Fußbodenfläche nachgewiesen werden. Um die Mitte des 13. Jahrhunderts wird sodann etwa über quadratischem Grundriß ein *Steinwerk* oder eine *Kemenate* in Backstein aufgeführt. Erhalten haben sich Reste des halb eingetieften Kellergeschosses. Zur Straße hin steht vor dem turmartigen Gebäude ein Stall. Ersetzt wird dies Baugefüge erst um 1330, indem ein Dielenhaus über einer Grundfläche von etwa 7,5 auf 16 m neu gebaut wird, den alten Keller mit einbeziehend, ein neuer ist zwar geplant und fundamentiert, aber nicht ausgeführt. Offenbar liegt eine Feuerstelle frei in der Diele, so daß der Neubau noch als Rauchhaus anzusprechen ist. Erst ein zweiter Umbau, wohl in der Mitte des Jahrhunderts, legt an der einen Traufwandmitte einen Kamin mit einem darüberstehenden Lehmschlot an, ehe in der nächsten Bauperiode noch vor 1400 das Haus aufgestockt wird, um ein höheres Obergeschoß zu erhalten. Eine Vorderdornse läßt sich rekonstruieren.

1475 wird dann ein grundlegender Umbau vorgenommen, bei dem durch Tiefersetzen der Dielendecke ein volles Wohngeschoß im Obergeschoß entsteht. Zudem stellt man eine neue Fachwerk-Dornse ein, die heute noch erhalten ist. Für diese versetzt man auch das Portal in der Fassade, dann wird auch die Feuerstelle von der Traufwand an die Rückseite der Dornse verlegt, also um 90 Grad gedreht, um nun von einem Feuerplatz die Dornse besser beheizen und zugleich diesen als Herd nutzen zu können. Diese Situation wird dann im 16. Jahrhundert noch ausgebaut. Beim Neubau des Dielenhauses wird zugleich auch ein rückwärtiges Gebäude errichtet, das mit dem Vorderhaus zunächst nicht verbunden ist. Das geschieht erst später, wohl um 1400. Der grundlegende Umbau im Jahre 1475 greift auch auf den Flügelbau über: Es wird ein Fachwerkobergeschoß aufgesetzt, wahrscheinlich, um einem älteren an gleicher Stelle nachzufolgen.

Der städtische Hausbau wäre unzureichend beschrieben, wenn nicht auch auf die »Kleinhäuser« hingewiesen würde. Auf dem Schrangen wurde mit Büttelstraße 1 ein solches archäologisch erfaßt: Über einer Grundfläche von 12,5 m auf 9,3 m ist dieses allerdings gar nicht so klein! Wir beobachten eine Querteilung und in der nordöstlichen Hausecke eine ebenerdige Kaminstelle sowie einen kleinen, grubenartig eingegrabenen »Keller«. Der Aufriß ist unbekannt.

Ferner gibt es im 13. Jahrhundert bereits die *Buden,* ein- oder zweigeschossige Traufenhäuser. Bisher konnte keines aus einer so frühen Zeit ergraben werden; erhalten haben sich aber backsteinerne Buden des 14. Jahrhunderts.

Im späten Mittelalter werden dann, ausgehend von den bekannten Flügelbauten, die Hintergrundstücke oder Blockbinnenbereiche mit Zeilen zumeist zweigeschossiger Einraumhäuser bebaut, die durch einen Gang im jeweiligen Vorderhaus erreicht wurden. Es ist dies eine Art »Reihenhausbau« zur Kapitalanlage. Die Ganghäuser werden vermietet an die nicht als arm zu bezeichnenden Unterschichten, an Handwerker, Schiffer, Verlehnte usw. Ein solcher Mietshausbau, der sich auch entlang der Querstraßen, dort traufenständig, ausbreitet, nimmt zwar im 15. Jahrhundert seinen Anfang, erreicht aber seinen Höhepunkt erst nach dem Mittelalter und ist in Lübeck bei weitem nicht so ausgedehnt wie etwa in Hamburg.

Die wichtigen Fragen der Versorgung der Stadthäuser mit Wasser oder Brennmaterial und der Haushaltungen mit den täglichen Bedürfnissen an Nahrung sowie die Entsorgung kann nicht Gegenstand dieser Betrachtung sein, obwohl hierzu entsprechende Grabungsergebnisse in Lübeck vorliegen. Es wird statt dessen auf andere Beiträge in diesem Band verwiesen. Ebenso müssen die gewerblichen Bauten ausgespart bleiben. Deren Erforschung steht erst am Anfang, so etwa für Brauhäuser und (Groß-) Bäckereien.

Anmerkung und Literaturhinweis

Vorliegende Studie stellt eine Zusammenfassung anderer Arbeiten des Verfassers dar, welche im folgenden genannt werden; ihnen sind die Nachweise für Befunde, Quellen und Vergleiche zu entnehmen, die hier gebotener Beschränkung wegen zu unterbleiben haben.

Eine angemessene Bibliographie kann an dieser Stelle aber nicht gegeben werden. Es seien nur wenige Titel zu unserem Thema genannt. Dabei wurden möglichst jüngere Arbeiten angeführt, welche ihrerseits hinreichende Literaturhinweise enthalten sowie auf Befunde und Quellen Bezug nehmen und Entwicklungen aufzeigen.

Diese Zusammenfassung wurde als Referat in Göttingen am 20. Dezember 1984 vorgetragen und kommt hier – gekürzt um die Floskeln mündlicher Rede sowie einiger Befundbeispiele – in erneut komprimierter Form zum Abdruck. Für Hinweise wird Herrn J. C. Holst gedankt.

Binding, G.: Backsteinbau. In: Lexikon des Mittelalters, Bd. I/7. München 1980, Sp. 1329f.

Ders.: Bürgerhaus. In: Lexikon des Mittelalters, Bd. II/5, 1982, Sp. 1043ff.

Büttner H. und G. Meißner: Bürgerhäuser in Europa. Leipzig–Stuttgart 1981.

Erdmann, W.: Entwicklungstendenzen des Lübecker Hausbaus 1100 bis um 1340 – eine Ideenskizze. In: Lübecker Schriften zur Archäologie und Kulturgeschichte 7 (1982), S. 19–38.

Ders.: Zum staufischen Saalgeschoßbau Kleine Burgstraße 22 zu Lübeck, dem sogenannten »Cranenkonvent«. In: Zeitschrift des Vereins für Lübeckische Geschichte und Altertumskunde 63 (1983), S. 9–23.

Ders.: Die Küche im Mittelalter. Archäologische und baugeschichtliche Gedanken zu Herd, Herdnutzung und Herdgerät. In: Die Lübecker Küche (= Hefte zur Kunst und Kulturgeschichte der Hansestadt Lübeck 7). Lübeck 1985, S. 9–51.

Ders.: Hochmittelalterliche Siedlungsgeschichte und Holzbauten unter dem Hause Große Petersgrube 27 (Grabung Große Petersgrube Vorbericht II) mit einem Beitrag von H. Willkomm. In: Lübecker Schriften zur Archäologie und Kulturgeschichte 11 (1985), S. 89–116.

Ders.: Häusliche Feuerstellen des Mittelalters in Lübeck: Überlegungen zu ihrer Entwicklung und Funktion. In: Jahrbuch für Hausforschung 35 (1986), im Druck.

Ders. unter Mitarbeit von D. Mührenberg und M. de Palacios: Bau- und Besiedlungsgeschichte der Grundstücke Hundestraße 9–17 in Lübeck: Ein Zwischenbericht. In: Lübecker Schriften zur Archäologie und Kulturgeschichte 8 (1984), S. 23–31.

Ders. und P. Nielsen: Ein Testament, Baubefunde und Dendrochronologie. Der Umbau des Lübecker Bürgerhauses Kapitelstraße 5 im 15. Jahrhundert. In: Die Heimat. Zeitschrift für Natur- und Landeskunde von Schleswig-Holstein und Hamburg 89 (1982), Heft 6/7: Stadtarchäologie Lübecks, S. 233–245.

Fehring, G. P.: Fachwerkhaus und Steinwerk als Elemente der frühen Lübecker Bürgerhausarchitektur, ihre Wurzeln und Ausstrahlung. In: Offa 37 (1980), S. 267–281.

Ders.: Früher Hausbau in den hochmittelalterlichen Städten Norddeutschlands. In: Die Heimat. Zeitschrift für Natur- und Landeskunde von Schleswig-Holstein und Hamburg 91 (1984), Heft 12, S. 392–401.

Ders.: Städtischer Hausbau in Norddeutschland ca. 1150 bis 1250. In: Zeitschrift für Archäologie des Mittelalters (oder Beiheft zu dieser Zeitschrift), in Vorbereitung.

Frontzek, W. und M. Christensen-Streckebach: Das »Etagenmietshaus« An der Untertrave 96 – Raumgefüge und Innenraumausstattung eines Lübecker Fachwerkbaus von 1569. In: Zeitschrift des Vereins für Lübeckische Geschichte und Altertumskunde 65 (1985), S. 53–86.

Gläser, M.: Befunde zur Hafenrandbebauung Lübecks als Niederschlag der Stadtentwicklung im 12. und 13. Jahrhundert. Vorbericht zu den Grabungen Alfstraße 36/38 und Untertrave 111/112. In: Lübecker Schriften zur Archäologie und Kulturgeschichte 11 (1985), S. 117–129.

Hammel, R.: Hauseigentum im spätmittelalterlichen Lübeck. Methoden sozial- und wirtschaftsgeschichtlicher Auswertung der Oberstadtbuchregesten. In: Lübecker Schriften zur Archäologie und Kulturgeschichte 10 (1986), im Druck.

Holst, J. C.: Dat Hoghehus myt twen gevelen. In: Jahrbuch für Hausforschung 33 (1983), S. 63–101 [vgl. Bespr. in: Zeitschrift des Vereins über Lübeckische Geschichte und Altertumskunde 64 (1984), S. 322f.].

Ders.: Beobachtungen zu Handelsnutzung und Geschoßbildung an Lübecker Steinhäusern des Mittelalters. In: Jahrbuch für Hausforschung 35 (1986), im Druck.

Ders.: Lübeck, Koberg 2. Befunde und Quellen zur Biographie eines mittelalterlichen Hauses. Ing. Diss. Darmstadt 1986.

Kokkelink, G.: Hausbau und Hausnutzung in Lübeck vom 13. bis 17. Jahrhundert. In: Neue Forschungen zur Geschichte der Hansestadt Lübeck (= Veröff. z. Gesch. d. Hansest. Lübeck, Reihe B, Bd. 13). Lübeck 1985, S. 51–62.

Kruse, K. B.: Backsteine und Holz – Baustoffe und Bauweise Lübecks im Mittelalter. In: Jahrbuch für Hausforschung 33 (1983), S. 37–61 [vgl. Bespr. in: Zeitschrift des Vereins für Lübeckische Geschichte und Altertumskunde 64 (1984), S. 320ff.].

Meckseper, C.: Kleine Kunstgeschichte der deutschen Stadt. Darmstadt 1982.

Mührenberg, D.: Die Grabungen auf den Grundstücken Hundestraße 9–17 in Lübeck: Stratigraphie und Chronologie, Bau- und Besiedlungsgeschichte im Mittelalter, Magisterarbeit Hamburg 1984.

Nielsen, P. unter Mitarbeit von W. Erdmann: Das Haus Kapitelstraße 5 in Lübeck. Vorbericht zu einer exemplarischen Hausentwicklung lübeckischen Hausbaus. In: Lübecker Schriften zur Archäologie und Kulturgeschichte 11 (1985), S. 145 bis 153.

Scheftel, M.: Küchen in Lübecker Gangbuden. In: Die Lübecker Küche (= Hefte zur Kunst und Kulturgeschichte der Hansestadt Lübeck 7). Lübeck 1985, S. 51–58.

Ders. und M. Christensen-Streckebach: Kleinhausbebauung in Lübeck im 16. Jahrhundert – Zusammenhänge zwischen Eigentumsentwicklung und Baustruktur. In: Zeitschrift des Vereins für Lübeckische Geschichte und Altertumskunde 63 (1983), S. 145–169.

Wiedenau, A.: Katalog der romanischen Wohnbauten in westdeutschen Städten und Siedlungen (ohne Goslar und Regensburg) (= Das deutsche Bürgerhaus, Bd. 34). Tübingen o. J. (1984) [vgl. Bespr. in: Zeitschrift des Vereins für Lübekkische Geschichte und Altertumskunde 65 (1985), S. 352ff.].

Zaske, N.: Mittelalterliche Backsteinstädte der Hanse. Gestalt-Ikonologie. In: Kunst und Stadt. III. Jahrestagung des Jenaer Arbeitskreises für Ikonographie und Ikonologie (= Wissenschaftliche Zeitschrift für Friedrich-Schiller-Universität Jena, Gesellschafts- und sprachwissenschaftliche Reihe 30 (1981), Heft 3/4), S. 377–390.

SVEN SCHÜTTE

Zu Architektur und Funktion des mittelalterlichen Bürgerhauses in Nordwestdeutschland unter besonderer Berücksichtigung von Beispielen aus Göttingen

Drei bedeutende Ebenen müssen berücksichtigt werden, wenn man das mittelalterliche Stadthaus in Hinsicht auf seine Funktion und Architektur betrachtet.

Erstens muß man geographisch differenzieren: Die unterschiedlichen Ausgangsbedingungen von Region, Klima und damit Verkehrslage und Wohndichte, daraus resultierend auch die individuelle Entwicklungsdichte des jeweiligen städtischen Gebildes, rufen beträchtliche Unterschiede hervor.[1]

Zweitens muß man fragen, *wann* betrachten wir die Funktion und Architektur »des mittelalterlichen Stadthauses«? Ist »das Bürgerhaus« schon in den frühen Städten spätantiker Tradition vorhanden und wie entwickelte es sich bis zum Ausgang des Mittelalters, der ja auch geographisch unterschiedlich festgelegt wird?

Drittens muß berücksichtigt werden, daß sich die sozialen Unterschiede des Mittelalters nicht zuletzt in der Architektur niedergeschlagen haben. Ein reicher Stadtpatrizier wohnte anders als der kleine Handwerker oder Teile der niederen Geistlichkeit.

Beispielhaft soll hier die nördliche Region der deutschen Mittelgebirge von Nordhessen bis Südniedersachsen seit dem 13. Jahrhundert stehen.[2] Zwar liegen auch archäologische Befunde aus älterer Zeit vor, doch ist ihr Beitrag zur Entwicklungsgeschichte »des mittelalterlichen Bürgerhauses« bescheiden und noch wenig repräsentativ.

Das traditionelle geschichtliche Bild der Entwicklung des hölzernen Bürgerhauses ist spätestens dann ins Wanken geraten, als man in den letzten Jahren die ersten Holzbauten des 13. Jahrhunderts entdeckte. Für die von Südniedersachsen abgesetzte hessische Region mögen Bauten aus Limburg (Römer) und Marburg (»Schäfersches« Haus und vergleichbare Häuser)[3] stehen. Auch hier muß, wie in Südniedersachsen, konstatiert werden, daß eine schon im 13. Jahrhundert vorgefundene Entwicklung für einige Jahrhunderte stabil bleibt und erst im 15. Jahrhundert ein stärkerer Wandel erkennbar wird. Die sehr geringe Entwicklung zwischen dem Ende des 13. und dem Beginn des 15. Jahrhunderts wird im folgenden als entwicklungsgeschichtlich relative zeitliche Einheit betrachtet, wenn von »dem Bürgerhaus« des ausgehenden Mittelalters die Rede ist. Auch in einer noch so kleinen Stadt sind soziale Differenzierungen im Bautyp wiederzufinden. Zum einen gibt es kleinere Bautypen für untere Sozialschichten mit der unterschiedlichsten Funktion vom Handwerkerhaus bis zum Klerikerwohnsitz.[4] Daneben das größere hölzerne Bürgerhaus der mittleren Sozialschichten und der Oberschicht sowie des Stadtpatriziats, dessen Baumaterial »Holz« allein eine Fülle von Aussagen zuläßt (s. u.).

Neben den sozial differenzierten Bautypen sind auch die Nebengebäude und Hofflächen zu berücksichtigen einschließlich der Kloaken, Brunnen, Backhäuser, Ställe, privater Badestuben usw. Als Quellen hierfür stehen baugeschichtliche, historische und archäologische Aussagen zur Verfügung. Die historischen Quellen bestehen einmal neben den quantitativen Quellen wie Steuerlisten usw., die hier nicht weiter berücksichtigt werden sollen, aus Verordnungen und Erlassen zum Bauwesen, aus Brandschutzverordnungen und aus Vorgängen über Rechtsstreitigkeiten, aus denen bestimmte Merkmale von Häusern hervorgehen. Wichtigste Kategorie ist das »Inventar«, nicht das Testament.[5] Diese Inventare wurden von offizieller Seite, das heißt meist vom Rat der Stadt aufgenommen, wenn bestimmte Voraussetzungen vorlagen, unter anderem, wenn keine Erben vorhanden waren oder eine starke Verschuldung bestand. Bei einigen dieser Inventare kann man den Weg der Inventarisierenden durch das Haus verfolgen. Nachteil der historischen Quellen ist, daß sie, was die Inventare betrifft, überwiegend ins 15. Jahrhundert oder in noch jüngere Zeiten gehören. Sie sind zudem, wie auch die anderen Quellenkategorien, von relativer Unvollständigkeit und vermitteln nur selten einen Eindruck des Bauwerks selbst, weil räumliche Beziehungen zueinander nur manchmal angegeben werden. Baureglementierungen für den genannten Bereich gehen bis in die erste Hälfte des 14. Jahrhunderts zurück. Über Aussehen und Beschaffenheit von Häusern erfahren wir im 13. Jahrhundert so gut wie nichts Verwertbares.

In mancher Hinsicht ist es fraglich, inwieweit man Zustände, die am

Ende des 15. Jahrhunderts in Häusern vorgefunden werden, ohne weiteres hundert oder gar zweihundert Jahre zurückschreiben darf. Lediglich aus einer kritischen Zusammenschau der sehr unterschiedlichen Quellenkategorien läßt sich im Vergleich zwischen den Städten untereinander zukünftig ein Bild erzeugen, das der damaligen Realität weiter angenähert ist, als dies üblicherweise bisher der Fall war und dem der Charakter des Exemplarischen nicht mehr anhaftet. Sicher ist: »das mittelalterliche Stadthaus« schlechthin hat es in dieser Form nie gegeben.

Nehmen wir als Beispiel das größere hölzerne Bürgerhaus mittlerer und oberer Sozialschichten in Göttingen (Abb. 1). Belege für den Bautyp liegen von 1276 bis 1495 vor, wobei das Haus Johannisstraße 27 aus dem Jahre 1424 als besonders detailliert erforscht gelten darf.[6] Betrachten wir zunächst die äußere Erscheinung eines solchen Hauses: In der *Fassade* befindet sich rechts oder links, in manchen Fällen auch zentral, ein großes spitzbogiges Tor, hinter dem sich in aller Regel eine durch zwei Stockwerke reichende Halle befindet, die das ganze Haus durchzieht. Dieser große Eingang kann verschiedene Funktionen haben. Ursprünglich wurde angenommen, daß es sich um die Durch- oder Einfahrt für den Wagen des »Ackerbürgers« handelt, beziehungsweise des Kaufmannswagens oder daß dieser Eingang zum Hereintragen der großen Braupfanne angelegt wurde. Wie archäologische Befunde zeigen, ist dies nur teilweise zutreffend, denn zumindest einige dieser Eingänge besaßen eine hohe steinerne Schwelle, hinter der sich der Arbeitsplatz des Bewohners – im Falle der Johannisstraße 27 eines Metallhandwerkers – befand. Da dieser Werkplatz bereits bei Erbauung des Hauses angelegt wurde, läßt dies nur den Schluß zu, daß dem großen Eingang eine repräsentative Funktion zukommt und eine Funktion für Belichtung und Belüftung des großen, dahinterliegenden Hallenraums. Im südniedersächsischen Raum ist die Fassade durch senkrecht stehende parallele Hölzer gegliedert, die durch zwei Stockwerke reichen, beziehungsweise vom Boden bis zur Decke der Halle. Unten befindet sich ein massiver Steinsockel aus Kalk- oder Sandstein, auf dem eine Grundschwelle liegt, in die die senkrechten Hölzer eingezapft sind. Im »Seitenschiff« des Hauses ist ein weiteres Stockwerk eingefügt, so daß man in diesem Fall von einem Zwischengeschoß spricht. Das eigentliche Obergeschoß des traufständigen Baus (rechnet man das Zwischengeschoß mit, das zweite Obergeschoß)

1 Hölzernes Bürgerhaus um 1480, Göttingen, Jüdenstraße 14 (Städtisches Museum Göttingen).

kragt zur Straße aus. Massive, gebogene Knaggen tragen die Geschoßschwelle, über der sich das Obergeschoß erhebt. Die Zwischenräume der Balken sind mit Lehm-Flechtwerk-Konstruktionen gefüllt, und die Zwischenräume der Deckenbalken werden durch sogenannte Windbretter verschlossen, um ein Eindringen kalter Luft ins Innere zu verhindern.

Die farbliche Erscheinung der Fassade kann unterschiedlich sein. Es sind Befunde einer Rot-Fassung überliefert. Die Mehrzahl der mittelalterlichen Bauten dürfte jedoch keine farbige Fassade aufgewiesen haben. Es ist aber nicht auszuschließen, daß auf dem Lehmputz bestimmte Ornamente oder Farben angebracht wurden. Für Limburg ist vielleicht eine Art hölzerne Galerie mit Verzierung anzunehmen (Limburg Römer).[7]

Die Fenster im Erdgeschoß sind, wenn sie nicht schon verglast sind, entweder durch Luken oder durch geöltes Pergament verschlossen. Dies trifft auch für die Stube im ersten Obergeschoß zu. Die Öffnungen in der Wand des obersten Geschosses sind zumindest seit dem 16. Jahrhundert meist durch Stabgitterfenster verschlossen. Über der Fassade erhebt sich beim »durchschnittlichen« Göttinger Bürgerhaus ein steiles, hohes Dachwerk, das in einigen Fällen die Höhe der gesamten Unterkonstruktion erreicht und einen Neigungswinkel von mehr als 45 Grad aufweist. Das Baumaterial des Hauses ist im Idealfall Eichenholz, jedoch bestehen bereits bei den frühesten Bauten Sparren und Deckenbalken sowie weitere Teile der Konstruktion aus Fichtenholz. Aufgrund der Bestandslage der Fichte im 13. und 14. Jahrhundert ist mit hoher Wahrscheinlichkeit mit einer Einfuhr dieses Holzes von außerhalb zu rechnen. Da ein solches Haus aus etwa durchschnittlich 500 Metern Langholz (Vollstämme) besteht[8], mußten demnach rund 250 Meter eingeführt werden. Es ist an eine Herkunft beispielsweise aus Thüringen zu denken, da die Harz-Standorte offenbar nur eingeschränkt zur Massennutzung zur Verfügung standen.[9] Dies würde jedoch eine Flößerei auf der Werra bereits Ende des 13. Jahrhunderts voraussetzen. Unter diesem Aspekt der Holzbeschaffung gewinnt die Statusfunktion eines solchen Fachwerkbaus im Verhältnis zum Status der Steinbauten eine gänzlich andere Bedeutung. In einer Stadt wie Göttingen stehen um 1400 knapp eintausend Bauten, die Nebenbauten nicht eingerechnet, was bedeutet, daß bei Werten zwischen 500 und 1000 Metern Langholz rund 750 Kilometer Balkenwerk verwendet wurden, und dies wohlgemerkt für eine Mittelstadt von etwa 5000 bis 6000 Einwohnern in der genannten Zeit.

Betreten wir die große *Halle* hinter dem hohen Eingangstor: Hier befindet sich der Arbeitsplatz beziehungsweise ein »multifunktionaler« Raum. Im Dielenbereich kann ein einfacher Stampflehmboden vorhanden sein; in selteneren Fällen gibt es Plattenbeläge aus Ziegeln oder Sandstein. In aller Regel ist der Boden jedoch ungepflastert. Im Mittelalter kann die Trennung von Wohnen und Arbeiten nicht so scharf gezogen werden, wie dies seit dem 19. Jahrhundert der Fall ist.

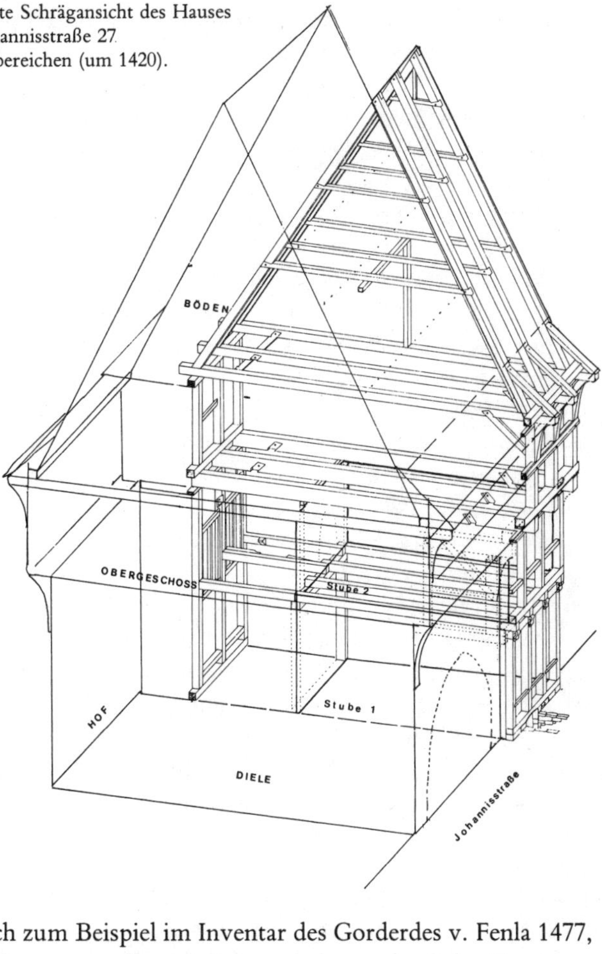

2 Schematisierte Schrägansicht des Hauses Göttingen, Johannisstraße 27 mit Funktionsbereichen (um 1420).

So findet sich zum Beispiel im Inventar des Gorderdes v. Fenla 1477, der Wollweber war, offensichtlich auch keine deutliche Trennung zwischen Diele und Herd- und Arbeitsbereich. Auch der Vorrat ist in dem vermutlich dielenartigen Bereich mit gelagert. Häufig trifft man in diesem Hausabschnitt die Feuerstelle an, die sich meist an einer der Wände befindet, in Göttingen meist als ebenerdige Platten von rechteckiger oder quadratischer Form, die von senkrecht stehenden Steinen umrahmt wird. Die Platte selbst besteht aus Lehm oder aus senkrecht gestellten ornamental eingerichteten Ziegelbruchstücken und ragt nur unwesentlich über die Lauffläche hinaus. In der Umgebung der Feuerstelle ist oftmals ein Topfbrett angebracht, auf dem Irdenware oder Metallkrüge gestapelt sind. Zusätzlich befindet sich in der Nähe ein Gestell zum Aufstellen von Zinn und anderem Metallgeschirr. Zur Feuerstelle direkt gehört sehr häufig ein sogenannter »spisekasten«, ein Holzkasten unbekannten Aussehens, in dem die direkt verwendeten Nahrungsmittel gelagert werden. Erwähnt werden Senfmühlen und ein Hackklotz. In der Diele stehen meist ein Tisch und einige Stühle. Die Belichtung des hallenartigen Raumes erfolgt in den wärmeren Jahreszeiten nur durch das große Eingangstor. Im Winter wird im geschlossenen Raum auf künstliche Beleuchtung zurückgegriffen, da der Raum sonst nicht belichtet ist, allenfalls durch eine kleine Luke oder ein Fenster in der Rückwand, sofern es sich nicht um eine »Durchfahrt« handelte. Der multifunktionale, hallenartige Dielenraum hat in einigen Fällen sowohl als Arbeitsplatz gedient als auch zum Kochen, zum »Wohnen« (Aufenthalt) im weitesten Sinne, aber auch als Durchgang und nicht zuletzt zur Repräsentation, das heißt zur Zurschaustellung des metallenen Hausgerätes.

Tritt man aus der Diele auf den *Hof* hinter dem Haus heraus, so findet sich regelmäßig eine Spültonne zur Reinigung des Hausgerätes.

Der *Keller* ist häufig vom Dielenbereich zugänglich. Es muß zwischen mehreren Kellertypen unterschieden werden, die auch unterschiedliche Funktionen besaßen. Zum einen gibt es mit ihrer Längsachse parallel zur Straße liegende, hallenartige Gewölbekeller mit Zugang direkt von der Straße, die in gewisser Weise auch »Wohnzwecken« gedient haben, was zahlreiche Lichtnischen und Rauchabzüge belegen. Diese Räume haben eine »Geschäftsfunktion« zur Lagerung und zur Ausstellung von Waren: Handelsaktivitäten im weitesten Sinne finden dort statt. Daneben gibt es reine Lagerkeller. Insbesondere finden sich im hinteren Teil der Diele bei den frühen Bauten oftmals kleine Tonnengewölbekeller, in denen das Bier und Vorräte gelagert werden. Aufwendigere Kellertypen wurden meist mit freistehenden Pfeilern als Kreuzgratgewölbe gebaut, aber im 13. Jahrhundert finden sich auch bereits Tonnengewölbe.

Von der Diele gelangt man in ein »Seitenschiff« des Hauses, das eine kleine *Kammer* im Erdgeschoß beinhaltet. Die Funktion dieser seitlichen Stube war vermutlich sehr unterschiedlich, sie konnte gelegentlich den Arbeitsplatz aufnehmen. In einigen Häusern erfüllte die kleine untere Stube auch eine gewisse Repräsentationsfunktion und diente als

Kontor. Beleuchtet wurde sie durch Fenster und Luken, so daß es sich im Gegensatz zum Dielenraum um einen relativ hellen Raum gehandelt hat. Dennoch muß angemerkt werden, daß im Inneren trotzdem relativ ungünstige Belichtungsverhältnisse geherrscht haben, da auch rautierte Glasfenster oder gar das geölte Pergament nur geringe Lichtmengen durchließen. Eine künstliche Beleuchtung war aus diesem Grund ständig vonnöten. Oberhalb dieser *Stube* befindet sich, meist über eine Außentreppe erreichbar, eine *zweite Stube,* überwiegend für Repräsentations- und Wohnzwecke. In ihr befand sich oftmals der einzige Kachelofen des Hauses. Sie war also die heizbare »Dorntze« und besaß manchmal eine ausgemalte Balkendecke. Glasfenster sind hier eher als in anderen Räumlichkeiten des Hauses spätestens seit dem 15. Jahrhundert vorauszusetzen, wenngleich archäologische Belege bereits aus der zweiten Hälfte des 13. Jahrhunderts vorhanden sind. Das relativ kleine Raumvolumen im Seitenschiff des Hauses ließ sich leichter beheizen und hat in der kälteren Jahreszeit die annehmbarsten Temperaturverhältnisse innerhalb des Hauses geboten. Eine Lehm-Flechtwerkwand, die häufigste Konstruktion von Wänden im mittelalterlichen Haus Nordhessens und Südniedersachsens, weist Wärmedämmwerte auf, die heutigen Standards durchaus entsprechen.[10] Die Wände innerhalb der Stube waren demnach relativ gut isoliert. Die Fußbodenkonstruktion bestand aus sogenannten Wellerungen, Konstruktionen, bei denen Stroh um horizontale Holzstäbe gewickelt wird, die mit Lehm verstrichen zwischen die Deckenbalken gespannt und mit Dielen überdeckt werden. Auch diese Konstruktion weist sehr gute Isolationseigenschaften auf. Die Dielung oder der darüber gestrichene Estrich stellen die gängigsten Fußbodenkonstruktionen dar. Der Ofen in der Stube bedingt auch andere Luftverhältnisse: Während der Rauch von Herdstelle und Arbeitsplatz in der Diele zunächst durch das geöffnete Eingangstor oder die Ritzen des Hauses abzieht, ist die Stube durch den von außen beheizten Ofen relativ rauchfrei. Die Wandoberflächen in der Diele sind dementsprechend nach einigen Jahren sehr stark geschwärzt und »versootet«.

Hingegen mußte man schon aus Gründen der Rücksichtnahme auf Mensch und Innendekoration für ein rauchfreies Klima im eigentlichen Wohnbereich sorgen. Bereits in den frühesten Fundschichten Göttingens sind Ofenkacheln einfacher zylindrischer Form überliefert, so daß zumindest das Wissen um den Kachelofen seit dem frühen 13. oder seit dem ausgehenden 12. Jahrhundert vorausgesetzt werden kann. Überliefert sind Stubenöfen als Befund erst seit der Mitte des 13. Jahrhunderts. Es ist zunächst nicht auszuschließen, daß der Rauch des von außerhalb der Stube beheizten Ofens durch das Balkenwerk abzog. Spätestens seit dem 15. Jahrhundert werden aber in Fachwerkbürgerhäusern auch Schornsteine eingebaut. Nach wie vor ist im Dielenbereich aber das offene Herdfeuer üblich. Die Temperatur dürfte – abgesehen von der Stube – im Rest des Hauses insgesamt allein durch die Durchlässigkeit nur relativ wenig über der Außentemperatur gelegen haben. Man konnte die Treppenaufgänge mit einer Art Falltür schließen, was die Möglichkeit der Regulierung der Luftzufuhr erlaubte. Bei den unteren Sozialschichten wurde der obere Raum zum Schlafen als auch zum Wohnen und einer bescheidenen Form von Repräsentation genutzt, während gleichzeitig bei gehobeneren Sozialschichten bereits eine räumliche Trennung von Repräsentations- und Schlafraum feststellbar ist. Die Beleuchtung erfolgte in diesem Falle häufiger durch einen metallenen Leuchter, wenn man nicht auf keramische Kienspanhalter zurückgriff. Weiterhin spielen Öllampen wie auch Kerzen eine wichtige Rolle. Der Energiebedarf für eine mittelalterliche Stadt für Heizung und Beleuchtung wie auch zur ständigen Unterhaltung der Herdfeuer ist beträchtlich gewesen, selbstverständlich mit den naturbedingten jahreszeitlichen Schwankungen. Bei tausend Haushalten beträgt nach Brothwell[11] der Anfall an Holzasche pro Jahr mehr als 81 000 Kilo, wobei der gewerbliche Asche- und Brennmaterialabfall nicht mitgerechnet ist.

Die Stube dient im Gegensatz zur Diele je nach Sozialschicht zu Wohn- und Schlafzwecken. In erster Linie jedoch zur Repräsentation und zum Aufenthalt in der kälteren Jahreszeit, so daß auch saisonale Nutzungsunterschiede innerhalb des Hauses zu vermuten sind. Einfache Arbeiten und Teile des Hauswerks werden hier ausgeführt (zum Beispiel das Spinnen der Wolle oder des Flachses), während bei Kaufleuten eine Funktion als Kontor hinzukommen kann, sofern nicht die Stube im Erdgeschoß dazu dient.

Betrachten wir die weiteren Räume des »durchschnittlichen« Stadthauses an unserem Göttinger Beispiel. Die oberen Räume, das heißt das *zweite Obergeschoß* oder das Hauptobergeschoß kragte bis zu 80 cm in die Straße vor. Bei den beträchtlichen Straßenbreiten in Göttingen ist nicht anzunehmen, daß Raumgründe, wie enge und kleine Grundfläche der Parzelle, hierfür allein eine Rolle gespielt haben. Welche Gründe genau zur Herausschiebung der oberen Stockwerke führten, muß beim gegenwärtigen Stand der Forschung offen bleiben. Das obere Geschoß ist in seiner Funktion sehr schwer zu bestimmen. Sicherlich werden Vorrats- und Lagerzwecke eine Rolle gespielt haben, jedoch ist auch eine Wohnnutzung im weitesten Sinne nicht auszuschließen, da Befunde zeigen, daß zum Beispiel großflächige Steinplatten als Unterkonstruktion für Öfen oder Heizanlagen vorhanden sind. Wohnräume für Mieter könnten sich hier befunden haben, aber auch Kammern für überzähliges Mobiliar usw. Zur Straße sind die Räumlichkeiten des Obergeschosses vermutlich meist durch Stabgitter, das heißt Lüftungsfenster verschlossen, soweit bekannt ist. Ob dieser Befund ohne weiteres ins Mittelalter zurückzuschreiben ist, muß jedoch beim gegenwärtigen Stand der Forschung fraglich bleiben. Oberhalb des Obergeschosses erhebt sich das hohe und steile Dachwerk der traufenständigen Bauten, wie sie in Göttingen üblicherweise vorhanden sind. In Nordhessen herrscht hingegen die giebelständige Bauweise auch schon bei früheren Holzhäusern vor.[12]

Die mehrgeschossigen, hohen *Dachwerke* des 13. bis 15. Jahrhunderts besitzen meist mehrere Laufflächen über Kehlbalkenlagen. Die Nutzung ist weitgehend unbekannt. Mit Sicherheit sind Lagerzwecke für Teile der Dächer anzunehmen, was auch durch das Vorhandensein von Lastenaufzugsrädern belegt wird. Für mittelalterliche Dachwerke gilt sehr oft, daß sie innen mit Ruß und Soot (Holzteer) überzogen sind. In einigen Fällen belegen kleine Speile aus Holz, die man in Ritzen der Querhölzer eingetrieben hat, daß möglicherweise Würste und Fleischvorräte dort gelagert oder geräuchert wurden.

Bis zu Beginn des 15. Jahrhunderts waren die Dächer mit Nonne- und Mönchziegeln gedeckt, die mit Mörtel untereinander verbunden waren. Diese Ziegel, die in Göttingen im 14. Jahrhundert *henge und storteygel*[13] genannt wurden, waren sehr schwer und erforderten massive Dachunterkonstruktionen. Ein Quadratmeter dieser Dachdeckung wiegt etwa 110 Kilogramm. In einigen Fällen waren die Ziegel gelb und grün glasiert. Neben der massiven Ziegeleindeckung gab es auch noch die Möglichkeit, das Dach mit Schiefer und nicht zuletzt mit Weichmaterialien wie beispielsweise Stroh oder Reet zu decken.

Schon sehr früh wurden jedoch in den Städten Bauordnungen erlassen, die auf eine Förderung der Harteindeckung hinausliefen. So heißt es in den Göttinger Statuten von 1340 »Van den husen to deckende. Vortme we eyn nyge hus buwet, de scal dar enne hert up slan eder scal oth decken mit teygele eder mit scheverstene; des dakes scal de stat den verden del bekostechen. Ouch mach de rad in jowelkem burschoppe beden jo des jares eyn hus to deckende mit teygele eder mit scheverstene eder mit eyme herde.« Das bedeutet, daß jemand, der ein neues Haus bauen will und Ziegel und Schiefersteine verwendet, ein Viertel der Kosten von der Stadt erstattet bekommt. Ebenso kann der Rat Besitzer schon bestehender Häuser bitten, ihre Häuser nunmehr mit Hartdächern zu versehen. Mit diesen Regelungen geht auch das Bestreben der Räte einher, Steinbauten zu fördern. Sehr erfolgreich scheinen diese Bestrebungen jedoch nicht gewesen zu sein, denn im 15. Jahrhundert müssen bereits Regelungen erlassen werden, die beim Abbruch von Steinbauten und deren Ersatz durch Fachwerk bindend vorschreiben, daß die Brandwände des alten Steinbaues stehenzubleiben hätten oder erst nach Besichtigung des Rates abgerissen werden dürfen. Es mag hieran auch ablesbar sein, daß offensichtlich nicht mehr so viele Steinbauten und mehr Fachwerkhäuser errichtet wurden, sei es aus wirtschaftlichen Gründen, sei es aus Modegründen.

Ein Rundgang durch ein Anwesen mittlerer Sozialschichten im spätmittelalterlichen Göttingen wäre unvollständig, betrachtete man nicht Hof- und Nebengebäude mit als funktionelle Teile des Bürgerhauses. Im Hof sind zunächst Brunnen und Kloaken zu nennen. Schon vor 1340 wird in Göttingen der Bauabstand von Koben (Ställen) und auch Kloaken zum Nachbarn reglementiert. Interessant ist hierbei, daß sowohl Kloaken unter der Erde als auch Kloaken über der Erde erwähnt werden. Um was für Konstruktionen es sich bei den oberirdischen Bauwerken gehandelt haben kann, läßt sich nur mutmaßen, wohingegen eine unterirdische Kloake in der Regel ein gemauerter runder oder quadratischer Schacht ist, der mehrere Meter tief in den Boden reicht mit einer hölzernen Oberkonstruktion und zum Teil mehreren Sitzlöchern. Bei Steinbauten scheint die Kloake direkt an das Haus angelehnt zu sein, während ein geringer Zwischenraum bei Holzbauten die Regel ist. Nur in geringem Umfang kamen in die Kloaken auch Haushaltsabfälle und Werkstattreste.

Neben den Kloaken und Brunnen befand sich auf dem Hof in der Regel noch ein Stall für das häusliche Nutzvieh und eine Scheune. Bei reicheren Bürgern kommt ein Pferdestall hinzu.

Zusätzlich konnte noch ein Backhaus existieren, in dem bei wohlhabenderen Bürgern der Eigenbedarf gedeckt wurde. Da die Bäcker ständisch straff organisiert waren, war für die privaten Backöfen gewerbliche Nutzung nicht möglich, es sei denn, es lag eine Sondergenehmigung vor.

Wurde zunächst nur das Bürgerhaus mittlerer und wohlhabenderer Schichten betrachtet, so ist es abschließend nötig, noch einen Blick auf die Wohnstätten der ausgeprägten Ober- und der Unterschicht zu werfen. Die Auswahl der Überlieferung ist jedoch einseitig. Durch schlechtere Baumaterialien und kleinere Volumina des Wohnraums haben Bauwerke der Unterschichten wesentlich geringere Überlieferungschancen. Dementsprechend ist nur ansatzweise bekannt, wie derartige Bauwerke ausgesehen haben könnten. In Göttingen handelt es sich im Spätmittelalter um kleinere Bauten ohne Obergeschoß, jedoch mit Zwischengeschossen versehen. Rechts und links einer Halle können Arbeits- und Wohnräume liegen. Ein noch kleinerer Bautyp besteht eigentlich nur aus der Halle und einer im hinteren Teil eingebauten Stube. Da die Überlieferung sehr punktuell ist und nur wenige Bauten erhalten blieben, lassen sich beim gegenwärtigen Stand der Forschung nur äußerst bedingte Aussagen treffen. Hinzu kommt, daß die Datierung von Häusern außerordentlich erschwert wird durch Hölzer, die sekundär im Gefüge verwandt wurden. Dieses Faktum schließt eine exakte dendrochronologische Einordnung nahezu aus. Prinzipiell kann man in verkleinertem Maßstab die Strukturen der größeren Bürgerhäuser jedoch wiedererkennen.

Weitaus bessere Überlieferungschancen besitzen die Bauten der oberen Sozialschichten. Sie bestehen teils aus Holz, teils aus Stein. In den im wahrsten Sinne des Wortes »gehobenen« (Höhenschichten) Wohnlagen kommen steinerne Saalgeschoßbauten und Wohntürme vor. Die größere Raumanzahl und die veränderte Nutzung sowie ein höherer Repräsentationsanspruch modifizieren die Architektur des Bürgerhauses der mittleren und oberen Schichten noch weiter: Feststellbar ist bereits eine Trennung von Schlafen und Wohnen, wobei diese Grenzlinie das gesamte späte Mittelalter hindurch noch fließend ist. Während im ein- bis zweiräumigen Haus der unteren Sozialschichten diese Vorgänge mehr oder minder in einem Raum vorzufinden sind, tritt eine Differenzierung ein, sobald mehr Fläche zur Verfügung steht. Die Darstellung des erreichten Lebensstandards spiegelt sich in der Ausstattung und in der Großzügigkeit der Räume. Im Patrizierhaus, wie wir es beispielsweise in Göttingen antreffen, gibt es zudem Räume, die wir in den anderen Bautypen nicht vorfinden. Die Existenz eines städtischen Patriziats in Göttingen wurde kürzlich durch Steenweg[14] für das 13. und 14. Jahrhundert klar nachgewiesen. Zum einen findet sich ein Saal für Festlichkeiten und Geschäfte, zum anderen kann der Keller besonders gestaltet sein, im weitesten Sinne auch zum »Wohnen« und für Geschäfte. Räumlichkeiten für Gesinde sind in größerem Umfang vorhanden. Weiterhin eine Art Küche, etwas abgeteilt von der Diele, und unter Umständen mehrere Stuben unterschiedlicher Ausstattung. Das Grundelement der Diele findet sich jedoch in gleicher Weise wie in den anderen Häusern, und auch die offene Feuerstelle ist dort anzutreffen. Die Beheizung mit Öfen dürfte für die einzelnen Räume weit verbreitet gewesen sein. Im Steinbau finden sich zahlreiche Wandnischen für Schränke und zur Beleuchtung, und das Mobiliar scheint variantenreicher und vor allem zahlenmäßig größer als bei den anderen Sozialschichten. Da eine gewisse Anzahl solcher Bauten bereits in der früheren Stadtgeschichte anzutreffen ist, bleibt zu fragen, ob es sich hierbei möglicherweise um städtische Ministerialensitze oder bereits um ausgeprägte »Bürgerhäuser« handelt, wie wir sie in Holz seit dem späten 13. Jahrhundert kennen. Die Architektur des Steinhauses eröffnet zudem weitere Möglichkeiten der Dekoration und der Repräsentation. In Nischen und auf Wänden lassen sich Malereien anbringen, Fenster und Türdurchgänge lassen sich skulptieren, und die Fußböden können aus Hartmaterialien (Ziegel oder Stein) bestehen. Trotz des besseren Überlieferungsstandards sind die Steinbauten, auch aufgrund ihrer geringeren Anzahl, im Arbeitsgebiet bislang weniger gut erforscht. Allein durch ihre äußere Form lassen sie einen Variantenreichtum erkennen, der eine standardisierte Aussage, wie sie beim Bürgerhaus der mittleren und oberen Sozialschichten möglich war, wesentlich erschwert.

Anmerkungen

1 Ennen, E.: Die europäische Stadt des Mittelalters. Göttingen 1979.

2 Aufgrund des unzureichenden Forschungsstandes sei auf folgende Publikationen verwiesen: Marburger Schriften zur Bauforschung. Veröffentlichungen des freien Instituts für Bauforschung und Dokumentation. Bd. 1, 1979; Bd. 5, 1985

mit weiteren Literaturangaben, und auf das Jahrbuch für Hausforschung ab Bd. 32, 1981, bes. Bd. 32, 1981: Beiträge F. J. Hamm, D. Grossmann, U. Klein, E. Deichsel u. a. und M. Gerner.

3 Grossmann, U.: Das Schäfersche Haus in Marburg. In: Jahrbuch für Hausforschung, Bd. 33, 1983, S. 137ff.

4 Steinbauten können nicht gänzlich unberücksichtigt bleiben, sei es als Annex eines Fachwerkbaus, als selbständiges Gebäude in Form eines Wohnturmes oder als Saalgeschoßbau – entweder mit offizieller oder mit privater Funktion. Im genannten geographischen Raum sind lediglich die größeren und aufwendigeren Bauten aus Stein dem Stadtpatriziat beziehungsweise den städtischen Oberschichten zuzuordnen. Auch hier muß die Einschränkung gemacht werden, daß die Aussagen auf das »Fachwerkgebiet« südlich der Lößgrenze bezogen sind und im Bereich des Backsteinbaues von den Küsten bis etwa Hannover/Hildesheim andere Verhältnisse herrschen. Gleichwohl dürften bestimmte Strukturen bei südlichen Steinbauten dennoch vergleichbar sein. Sieht man vom oberdeutschen Bereich ab, so herrscht für das Gebiet Hessens und Südniedersachsens bis heute ein schlechter Forschungsstand für Steinbauten.
Kaspar, F.: Bauen und Wohnen in einer alten Hansestadt. Zur Nutzung von Wohnbauten zwischen dem 16. und 19. Jahrhundert, dargestellt am Beispiel der Stadt Lemgo. Schriften der Volkskundlichen Kommission für Westfalen, Bd. 28, 1985, S. 41–51.

5 Zu den besonderen Auswahlkriterien von Inventar und Testament: Schütte, S., Bürgerliches Hausgerät des Hoch- und Spätmittelalters aus Nordwestdeutschland. Ausstellungskatalog Stadt im Wandel. Braunschweig 1985, S. 545f.

6 Vgl. Schütte, S.: 5 Jahre Stadtarchäologie. Das neue Bild vom alten Göttingen. Göttingen 1984.

7 Nach freundlicher Mitteilung von U. Klein, Marburg.

8 Nach neueren Untersuchungen muß dies bereits für den um 1200 in der Göttinger Johannisstraße 29 errichteten Holzbau für etwa ein Viertel des Holzes konstatiert werden.

9 Vgl. den Beitrag von M.-L. Hillebrecht in diesem Band, S. 275ff.

10 Nebel, H.: Sanieren und Modernisieren von Fachwerkbauten. Schriftenreihe des Bundesministers für Raumordnung, Bauwesen und Städtebau. 04.069, o. J.

11 Brothwell, D.: Linking urban man with his urban environment. CBA Research Report No. 43 (1982), S. 126ff.

12 Belege für Göttingen ab etwa 1200 (Dendrochronologie Johannisstraße 29, Juni 1985) durch H. H. Leuschner.

13 Ropp, G. Frhr. v. d.: Göttinger Statuten. Akten zur Geschichte der Verwaltung und des Gildewesens der Stadt Göttingen bis zum Ausgang des Mittelalters. Quellen und Darstellungen zur Geschichte Niedersachsens. Bd. XXV, 1907, S. 13, 47; 70.109, 4, 5. 225t. Ebenda entnommen, die im Text folgenden Angaben zum Bau.

14 Steenweg, H.: Untersuchungen zur Sozialtopographie der Stadt Göttingen im 14. Jahrhundert. Maschinenschriftl. Examensarbeit 1984.

HARTMUT BOOCKMANN

Das Leben in städtischen Häusern um 1500

Die Frage nach dem Leben in städtischen Häusern, nach der Einrichtung und Nutzung von Wohngebäuden und Wohnungen gehört zum Kernbestand dessen, was vor eineinhalb Jahrhunderten Altertumskunde hieß, später Kulturgeschichte genannt wurde und sich alsbald verflüchtigte. »Kulturgeschichte« wuchs seit dem Anfang unseres Jahrhunderts, schon bei Georg Steinhausen, dem Gründer des Archivs für Kulturgeschichte, und erst recht bei späteren Autoren, wie zum Beispiel Egon Friedell, zum Versuch einer Art von Supra-Geschichte, deren Erkenntnisziel der Geist eines Zeitalters und die Erklärung von dessen Hervorbringungen aus jenem Zeitgeist waren. Die ursprünglichen Gegenstände der Altertumskunde blieben dabei auf der Strecke, und so ist das älteste Buch über das mittelalterliche Wohnungswesen in Deutschland, verfaßt von Moritz Heyne, veröffentlicht im Jahre 1899, zugleich auch das neueste.

Dennoch wird man sich Heyne heute nicht ohne weiteres anvertrauen dürfen. Das Verhältnis von Wörtern zu Sachen ist inzwischen problematisch geworden. Heyne glaubte augenscheinlich, der Geschichte der Sprache und der Wörter ohne weiteres auch die Kenntnis der mit Wörtern bezeichneten Sachen entnehmen zu können. Für ihn lagen wortgeschichtliche Befunde, literarische Zeugnisse, gegenständliche Relikte und abbildende Quellen sozusagen auf einer Ebene. Er setzte voraus, daß diese so unterschiedlichen Überlieferungen die einstige Realität in gleicher oder doch ähnlicher Weise repräsentierten, und er fügte ohne die nötige Quellenkritik, ohne die Frage nach der einstigen Funktion und nach der Aussagekraft der so verschiedenartigen Dokumente, eine Art von Mosaik zusammen – ohne beispielsweise zwischen normativen, poetischen und pragmatischen Texten zu unterscheiden.

Es macht aber einen großen Unterschied, ob – mit Blick auf das Thema dieses Beitrages gesagt – ein Löffel in einer Silberschmiedeordnung genannt wird – das wäre ein normativer Text –, in einer Versnovelle oder – das könnte als Beispiel eines pragmatischen Textes gelten – in einem Testament, ob er in einer Museumsvitrine vor uns liegt oder in einer Abendmahlsdarstellung abgebildet wird. Solche Unterschiede machte Heyne nicht, und die ihm nachfolgende kulturgeschichtliche Literatur hat das ebenfalls nicht getan.

Inzwischen ist an die Stelle des Wortes Kulturgeschichte die Bezeichnung: Geschichte der materiellen Kultur, der Sachkultur oder der Realien getreten, und man kann hoffen, daß sich hinter dem Wandel der Bezeichnung eine Rückkehr zur Altertumskunde oder – genauer – zu einer diesmal auf Quellenkritik beruhenden Altertumskunde verbirgt. Und es ist zu erwarten, daß eine solche neue Altertumskunde ein neues Gesicht vor allem wegen der in sie einfließenden Resultate der Mittelalter-Archäologie erhalten wird.

Die Archäologie erschließt weite Bereiche der gegenständlichen Überlieferung, die bisher fast unbekannt waren. Aber sie ist ebenso wie die bisher bekannte Überlieferung realer Relikte von extrem ungleichmäßigen Überlieferungschancen abhängig. Bei den oberirdisch überlieferten Hinterlassenschaften der Vergangenheit dominieren die wertvollen, bei den unterirdisch erhaltenen die dauerhaften Gegenstände. Keramik ist also, was das Leben im Hause angeht, überrepräsentiert. Gegenstände aus Holz kennen wir, etwas zugespitzt gesagt, nur dort, wo die Kloaken im Nachmittelalter nicht geräumt und wo ihre Füllung von der Art war, daß Holzgegenstände konserviert wurden. Schuhe und Schuh-Reste haben sich ebenfalls in Kloaken oft erhalten, Fragmente von Kleidung schon seltener und ganze Kleidungsstücke gar nicht. Vielleicht sieht man hieraus am deutlichsten, wie weit die einstige Alltäglichkeit von Gegenständen und ihre heutige Seltenheit auseinanderklaffen können. Eine solche Einsicht aber ist um so wichtiger, als es noch weitere Umstände gibt, welche die Überlieferung verzerren. Metallgegenstände sind nicht nur durch Korrosion gefährdet, sondern noch mehr durch späteres Einschmelzen. Die spätere Verwendung des Materials hat beispielsweise auch verhindert, daß uns Glasscherben in dem Maße erhalten sind, wie die abzuschätzbare Häufigkeit des früheren Vorhandenseins von Glas annehmen ließe. Ähnlich gering ist die Überlieferung von Möbeln, also jener

Relikte, die man bei der Frage nach dem Wohnen in städtischen Häusern am dringendsten brauchen würde. Mobiliar aus städtischen Häusern des späteren Mittelalters ist nur selten erhalten. In aller Regel stammen die spätmittelalterlichen Möbelstücke, die wir haben, aus kirchlicher Überlieferung, wie etwa die vielen Truhen, in welchen Klosterfrauen ihre Aussteuer aufbewahrten. Welche Möbel und wie viele Möbel man in spätmittelalterlichen Häusern benutzte, ließe sich nur mit Hilfe der gegenständlichen Überlieferung nicht feststellen. Die bildliche und die schriftliche Überlieferung aber läßt sich, wie schon gesagt, ebenfalls nicht ohne Quellenkritik benutzen.

Wie soll man ein in Regensburg erhaltenes Relief verstehen, das ein geöffnetes Haus zeigt? Ganz unten sieht man einen Stall sowie einen Vorrats- oder Warenkeller. Darüber befinden sich zwei Wohnetagen. In der unteren links sieht man ein Bett, rechts daneben einen gedeckten Tisch, darüber links eine Truhe und rechts eine Frau vor einem Spiegel. Die Abbildung 1 zeigt, daß diese Hausdarstellung in einen größeren Zusammenhang gehört. Man erkennt einen Beter und ahnt einen gekreuzigten Christus.

Das Relief stammt von einem Altartriptychon und zeigt die Gedanken, die man beim Gebet nicht haben soll. Man soll nicht an wirtschaftliche Tätigkeiten (unteres Geschoß), nicht an Erotik (Bett) und Trinken (das Gefäß auf dem Tisch), nicht an Besitz (die Truhe) und irdische Schönheit (Spiegel) denken. Das Relief will uns nicht über den Aufbau eines Hauses belehren, sondern es will eine Ermahnung illustrieren. Diese Ermahnung kann aber nur dann wirken, wenn der Betrachter auf dem Relief die ihm vertraute Wirklichkeit wiederfindet, wenn ein spätmittelalterliches Stadthaus tatsächlich so aussah, wie es hier dargestellt wird. So hat man hier in der Tat ein typisches spätmittelalterliches Stadthaus vor sich, das sowohl durch die Zusammenfassung von Wirtschaften und Wohnen wie auch durch die Trennung von beidem sowie schließlich – für spätere Begriffe – durch eine deutliche Kargheit des Wohnens charakterisiert ist.

Bett, Truhe, Tisch (und Sitzmöbel) waren in der Tat nicht nur die wichtigsten, sondern oft auch die einzigen Möbel eines spätmittelalterlichen städtischen Hauses. Man sieht das in den im Hause spielenden neutestamentlichen Szenen vor allem des Marienlebens und des Lebens Jesu, die auf Altartafeln und Andachtsbildern des 15. Jahrhunderts dargestellt sind: an der Geburt Mariens, am Abendmahl sowie auch an

1 Ausschnitt aus dem 1488 von Siegmund Graner gestifteten Arme-Seelen-Altar. Regensburg (Museen der Stadt Regensburg. Foto: Hartmut Boockmann).

den Mahlzeiten, welche Christus und die Apostel am Tisch des Pharisäers Simon und der Martha und Maria genossen. Die Maler verlegen diese Szenen in die Wirklichkeit ihrer Zeit und kleiden die dargestellten biblischen Figuren – Christus ausgenommen – in zeitgenössische Gewänder, so daß diese Bilder einen Blick in das Innere spätmittelalterlicher Häuser gestatten.

So steht der um 1500 von einem uns nicht mit Namen bekannten Maler im Gebiet der heutigen Schweiz gemalte Tisch, an dem Christus und die Apostel von Martha bewirtet werden (Lukas 10,38ff.), in einem reichen Stadtbürgerhaus dieser Zeit (Abb. 2). Die großen Fenster sind nur mit Holzladen verschließbar, während man auf anderen

2 Christus bei Martha und Maria. Tafel von einem um 1500 im Gebiet der heutigen Schweiz entstandenen Altar. Donaueschingen (F. F. Gemäldegalerie. Foto: Beuroner Kunstverlag Beuron).

Gemälden dieser Jahrzehnte bereits Fenster sehen kann, die teilweise oder ganz verglast sind. Der Tisch ist reich gedeckt, wie namentlich die Trinkgläser sichtbar machen. In einem weniger wohlhabenden Hause hätte man aus billigeren Glasgefäßen aus grünem »Waldglas«, aus irdenen oder noch billigeren geböttcherten hölzernen Bechern getrunken.

Der abgebildete Eßtisch deutet Wohlstand an, obwohl er für unsere Begriffe nicht reich gedeckt ist. Der Maler hatte, wie man schon an der Kleidung der Apostel sehen kann, keineswegs etwa die Absicht, die Armut Christi und der Seinen anzudeuten. Was uns eine kärgliche Mahlzeit vermuten läßt, ist vielmehr die mittelalterliche, aus vielen Gängen bestehende Speisenfolge. Während heute – jedenfalls in Deutschland – Fleisch, Gemüse, Salat sowie Reis, Teigwaren oder Kartoffeln gleichzeitig serviert werden, hat man im Mittelalter in der Regel nur jeweils eine Speise aufgetragen und also zum Beispiel Fleisch, Gemüse und Salat hintereinander gereicht, begleitet nur von Brot, wie man auch auf dem abgebildeten Tisch sehen kann. Der Maler hat offensichtlich einen Gang abgebildet, der aus einem Fischgericht besteht, das in der Mitte des Tisches auf einem – wiederum Reichtum signalisierenden – Metallteller liegt. Christus und die Apostel haben sich von diesem Gericht bedient, indem sie kleine Portionen abschnitten und von vor ihnen liegenden runden Holzplatten gegessen haben, und zwar mit den Fingern. Gabeln gab es auf den spätmittelalterlichen Tischen nur zum Vorlegen. Flüssige Speisen wurden mit kurzstieligen Löffeln gegessen.

Am linken Bildrand erscheint Martha mit dem nächsten Gericht, einer gekochten Speise, die sie in einer Deckelschüssel aufträgt.

Eine Mahlzeit wird meistens auch bei der Darstellung der Geburt Mariens gezeigt. Während das neugeborene Kind gebadet wird, erhält die Mutter eine erste Stärkung nach der Geburt durch eine leichte Speise, ein Stück Geflügel bei Israel van Meckenem (Abb. 5) oder eine Suppe, wie man in dem Unterbau (Predella) eines heute in der Nürnberger St. Jakob-Kirche aufgestellten Altars von 1516 sieht (Abb. 3).

Das Bett, in dem Maria sitzt, ist so kurz, daß sie sich nicht ausstrekken könnte, doch sieht man auf anderen Bildern – wie zum Beispiel dem nächsten – längere, zum Liegen und Schlafen geeignete Betten. In beiden Fällen handelt es sich um Bettstellen, wie auch wir sie kennen, nämlich um Pfostenkonstruktionen mit einer geflochtenen oder ge-

3 Predella vom Hagelsheimer-Altar aus dem Jahre 1516. Nürnberg (Pfarrkirche St. Jakob. Foto: Bernhard Boockmann).

spannten Liegefläche. Dem Schnitzer kam es offensichtlich darauf an, die heilige Anna in einer mit Bettzeug reich ausgerüsteten Liegestatt zu zeigen und damit einem Standard zu entsprechen, der für seine eigene Lebenswelt charakteristisch war. Bettdecken und -kissen waren wertvoll und über mehrere Generationen in Gebrauch. Deshalb gehören sie zu den Gegenständen, über die in den Testamenten der Zeit besonders oft verfügt wird.

Der Maler des wohl bald nach 1460 entstandenen Altarflügels im Stuttgarter Landesmuseum (Abb. 4) und der Kupferstecher Israel van Meckenem haben das Bett mit einem Himmel ausgestattet, der wohl zu den Ausstattungsstücken gehörte, die in den meisten wohlhabenden Haushalten zu finden waren. Auf allen drei Darstellungen stehen Truhen, eine Sitzbank oder ein Klapptisch neben dem Bett. Der Maler zeigt außerdem einen kleinen Tisch, auf dem die Mahlzeit angerichtet wird. Man erkennt ein Tischtuch, einen metallenen Deckelkrug, ein Brot sowie einen Löffel, dessen sich Anna, der eine Magd Suppe reicht, gleich bedienen wird.

Gleichzeitig wird das Kind gebadet – in einem mit dem Schnitzmesser gearbeiteten Holztrog auf dem Nürnberger Relief, in einer geböttcherten Holzwanne in den beiden anderen Darstellungen. Der Maler

4 Geburt Mariens und Verkündigung an Maria von einem bald nach 1460 entstandenen Altar aus Unterlimpurg. Stuttgart (Württembergisches Landesmuseum. Foto: Gebrüder Metz, Tübingen).

und der Kupferstecher zeigen irdene Tragkrüge, in denen das Wasser aus einem Brunnen hinter dem Hause, einem öffentlichen Brunnen oder günstigstenfalls von einer Zapfstelle innerhalb des Hauses zum Wärmen auf den Küchenherd und dann neben die Badewanne gebracht worden ist. Der Schnitzer läßt die Magd einen Krug mit Wasser gerade ausgießen und dabei mit der Hand die Temperatur des Wassers prüfen, während auf dem Kupferstich dieser Test mit dem Fuß vorgenommen wird.

Die so das Wasser prüfende Frau unterscheidet sich von den barhäuptigen Mägden oder unverheirateten Verwandten nicht nur durch ihre Haube, sondern vor allem durch den Beutel und den Schlüsselbund an ihrem Gürtel. In anderen Darstellungen der Mariengeburt sieht man den Schlüsselbund der Kindbetterin neben ihr auf der Truhe liegen. Hier hat sie ihre Hausfrauenrolle für die Zeit der Geburt einer Vertrauensperson abgetreten. Auch der Nürnberger Schnitzer macht durch Kopfbedeckungen beziehungsweise durch Barhäuptigkeit deutlich, daß sich Frauen und Jungfrauen um die Kindbetterin bemühen. Jedenfalls ist die Wochenstube hier wie bei allen anderen Darstellungen der Mariengeburt ein Raum ohne Männer, so wie auch in der städtischen Wirklichkeit um 1500 Geburten und die Unterstützung der Wöchnerinnen eine Sache nur der Frauen gewesen sind.

Der Meister der Stuttgarter Tafel hat neben die Mariengeburt die Verkündigung der Geburt Christi an Maria gestellt. Wie stets in dieser Szene wird Maria im Gebet, und zwar an einem Betpult in einem Gebetbuch lesend dargestellt. Maria ist also des Lesens kundig, und die Ehefrauen wohlhabender Stadtbürger um 1500 waren das auch. Infolgedessen zeigt auch diese Leseszene ein Stück häuslichen Milieus, zumal es andere Darstellungen der Verkündigung gibt, die nicht – wie hier – in einen Kirchen-, sondern in einen Wohnraum verlegt sind.

Der Kupferstecher hat die Wochenstube etwas reichhaltiger ausgestattet. Unterhalb der Nebenszene, welche die auf die Geburt Mariens vorausweisende Begegnung an der Goldenen Pforte zwischen Joachim und Anna zeigt und auf diese Weise die Darstellung des Innenraums aufbricht, sieht man einen Rosenkranz an der Wand hängen. Er ist gewissermaßen ein Stellvertreter für der häuslichen Andacht dienende Gegenstände, die man sich in die Stadthäuser dieser Zeit hineindenken muß und die gelegentlich auch im Bild gezeigt werden: abgesehen von Büchern, die immer noch teuer waren, kleine Einblattdrucke mit Gebetstexten und Heiligenbildern, kleine Heiligenfigürchen aus sogenanntem Pfeifenton, wie sie in großen Mengen im Boden erhalten sind.

Weiterhin zeigt Israel van Meckenem eine Wiege, an der das quergespannte Band auffällt, das Maria vor dem Herausfallen schützen wird, sowie Kissen auf der Sitzbank unterhalb des eben erwähnten Rosen-

5 Die Geburt Mariens und die Begegnung an der Goldenen Pforte. Kupferstich von Israel van Meckenem (aus Anni Warburg: Israel van Meckenem. Bonn 1930).

kranzes und im Hintergrund einen Handtuchhalter. Auf anderen Darstellungen dieser Szene sieht man einen sogenannten Waschkasten: einen schmalen Schrank, in dessen oberem Teil ein kleines Wasserreservoir angebracht ist oder ein schwenkbarer Kessel, unter dem ein Becken das Wasser auffängt. Solche Handwaschgeräte waren an die Stelle von einfachen Gießgefäßen getreten und machten das schon erwähnte Essen ohne Gabeln auch für unsere Vorstellungen von Hygiene erträglich.

Auch ein solches Lavabo hätte die von Israel van Meckenem dargestellte Stube in unseren Augen immer noch kärglich möbliert erscheinen lassen, obwohl die Kleidung der Frauen und das Metallgeschirr keinen Zweifel daran lassen, daß der Stecher die heilige Anna als wohlhabend darstellen wollte. Moralisierende Darstellungen, welche die Menschen vor Luxus und irdischen Eitelkeiten warnen wollten und zu diesem Zweck abschreckende Beispiele ins Bild setzen, liefern eine Art von Gegenprobe. Auch diese ausdrücklich luxuriös gemeinten Interieurs sehen nicht anders aus als die hier besprochenen.

Aber woran messen wir eigentlich, wenn wir solche Räume als spärlich ausgestattet empfinden? Wir orientieren uns an der bürgerlichen Wohnstube, die wir seit der Biedermeierzeit kennen und die sich seitdem weiter mit Mobiliar gefüllt hat: teils – wie bei Polstermöbeln und Schauschränken – in Nachahmung adlig-fürstlichen Mobiliars, teils zur Befriedigung von neuen Wohnbedürfnissen, deren Wurzeln in einer wachsenden Freizeit und sich verlängernden Lebenserwartung lagen. Aber was heißt eigentlich Wohnen? Wenn damit Tätigkeiten jenseits von Arbeit, Essen und Schlafen gemeint sind, war der Bedarf an entsprechend ausgestatteten Räumlichkeiten auch in den reicheren Stadthäusern um 1500 nicht groß.

Auf der anderen Seite finden wir aber hier dennoch die unmittelbaren Vorläufer der späteren, mit Möbeln gefüllten und zu Freizeittätigkeiten einladenden Wohnstube. Die entscheidenden Neuerungen haben die abgebildeten Wohnräume schon hinter sich, da es sich bei ihnen eben um Wohnräume handelt. Die Arbeit sowohl der Handwerker wie auch der Kaufleute fand in der Regel zwar im Hause statt – im unteren Geschoß, wie das Regensburger Relief andeutet –, aber sie ist doch räumlich vom Wohnen getrennt. In den abgebildeten Räumen findet zwar häusliche, aber keine gewerbliche Wirtschaft statt. Und die Hauswirtschaft ist immerhin insoweit aufgespalten, als die Vorbereitung und das Kochen der Speisen in einen eigenen Raum, die Küche, verwiesen sind. Der auf solche Weise vom Herdfeuer getrennte Wohnraum aber wird durch einen offenen Kamin oder durch einen von außen her heizbaren Kachelofen gewärmt. Weder das eine noch das andere ist auf unseren Bildern zu sehen, während andere Darstellungen aus der Zeit uns auch zeigen, wie das Zimmer beheizt werden kann, in dem Maria die Botschaft des Engels empfängt. Wie es scheint, zeigen diese Darstellungen einen Kamin, aber keinen Kachelofen, während die hausgeschichtliche Forschung den Ofen – jedenfalls in süddeutschen Häusern – für charakteristisch hält. Diese Diskrepanz macht darauf aufmerksam, daß spätmittelalterliche Darstellungen, wie sie hier als Quellen benutzt worden sind, nicht in allen Details als Abbilder von zeitgenössischer Realität und vor allem nicht als Zeugnisse der Realität ihres Entstehungsortes in Anspruch genommen werden dürfen. Sie stehen in Bildtraditionen, und man muß damit rechnen, daß manche Details, die uns heute auf süddeutschen Tafelbildern des späteren 15. Jahrhunderts begegnen, ihren Ursprung in niederländischen Vorlagen des Malers haben.

Literatur

Aus dem Alltag der mittelalterlichen Stadt. Hefte des Focke-Museums, 62. Bremen 1982.

Boockmann, H.: Leben und Sterben in einer spätmittelalterlichen Stadt. Göttingen 1983.

Boockmann, H.: Spätmittelalterliche deutsche Städte. München 1986.

Essenwein, A.: Kulturhistorischer Bilderatlas 2, Mittelalter. Leipzig 1883.

Hampe, Th. (Ed.): Gedichte vom Hausrat aus dem 15. und 16. Jahrhundert. Straßburg 1899.

Haverkamp, A. (Ed.): Haus und Familie in der spätmittelalterlichen Stadt. Köln usw. 1984.

Heyne, M.: Das deutsche Wohnungswesen. Fünf Bücher deutscher Hausaltertümer, 1. Leipzig 1899.

Holbach, R.: Inventar und Testament des Scholasters Arnold von Hohenecken (†1422). In: Kurtrierisches Jahrbuch 19, 1979.

Kohl, W.: Inventar eines Kölner Hauses aus dem Jahre 1519. In: Jahrbuch des Kölnischen Geschichtsvereins 31/32 (1957), S. 165–183.

Kronshage, W.: Hausinventare Göttinger Bürger im ausgehenden Mittelalter. In: Göttinger Jahrbuch 1955/56.

Kühnel, H. (Ed.): Alltag im Spätmittelalter. Graz usw. 1984.

Das Leben in der Stadt des Spätmittelalters. Sitzungsberichte der Österreichischen Akademie der Wissenschaften. Philosophisch-historische Klasse 325. Wien 1977.

Majar, E.: Der Basler Hausrat im Zeitalter der Spätgotik. In: Basler Jahrbuch 1911.

Schütte, S. (Ed.): 5 Jahre Stadtarchäologie. Das neue Bild des alten Göttingen. Göttingen 1984.

Schwarz, D. W. H.: Sachgüter und Lebensformen. Einführung in die materielle Kulturgeschichte. Berlin 1970.

Spiegel des alltäglichen Lebens. Archäologische Funde des Mittelalters aus Köln. Köln 1982.

The Secular Spirit: Life and Art at the End of the Middle Ages. New York 1975.

Stange, A.: Deutsche Malerei der Gotik. München usw. 1934–1961.

Stange, A.: Kritisches Verzeichnis der deutschen Tafelbilder vor Dürer. München 1967 ff.

Aus dem Wirtshaus zum Wilden Mann. Funde aus dem mittelalterlichen Nürnberg. Nürnberg 1984.

DIETRICH DENECKE

Straße und Weg im Mittelalter als Lebensraum und Vermittler zwischen entfernten Orten

Die Erforschung des vorgeschichtlichen und mittelalterlichen Verkehrsnetzes und der Verkehrsbeziehungen ist bisher weitgehend einem empirischen Ansatz gefolgt. Die empirische Wege- und Verkehrsforschung, von Landeshistorikern und historischen Geographen getragen, bezog und bezieht sich auch heute noch auf die Rekonstruktion alter Wegetrassen, Wegenetze und Verkehrsrouten, auf die Untersuchung der Geschichte verkehrsorientierter Anlagen und Einrichtungen, auf die Erforschung der Verkehrs- und Handelspolitik, auf den Versuch einer Ermittlung von Verkehrsfrequenzen sowie auf die Geschichte von Transportarten und Transportgütern. Eine ausgesprochen problemorientierte oder auch eine theoretische Forschung ist auf diesem Gebiet bisher noch kaum entwickelt.

Altwegeforschung als historisch-geographische Kulturlandschaftsforschung

Die Erforschung alter Wege und Straßen verschiedener prähistorischer und historischer Epochen hat sich zu einer eigenen historisch-geographischen Teildisziplin entwickelt, der »Altstraßenforschung« oder »Altwegeforschung«, die – von den traditionellen Wissenschaften her gesehen – eine interdisziplinäre Forschung ist.[1] Geländeforschung (Feldforschung) und archivalische Forschung ergänzen einander, wenn sie auch methodisch deutlich voneinander getrennt sind und in der Forschungspraxis auch oft nur einseitig angewandt werden.[2] Großräumige historisch-geographische Geländeaufnahmen von Wegerelikten führen zur Rekonstruktion einzelner Wegezüge oder auch ganzer Wegenetze historischer Zeiträume.[3] Archäologische Befunde mittelalterlicher Wege liegen bisher nur vereinzelt vor und sind noch nicht systematisch in größeren räumlichen Zusammenhängen erarbeitet worden.

Die Altwegeforschung ist weitgehend eine auf die Rekonstruktion topographischer Verhältnisse ausgerichtete Altlandschaftsforschung. Fragestellung und Forschungsziel ist die möglichst authentische Darstellung der Nah- und Fernverkehrsnetze für verschiedene historische Epochen sowie die Entwicklung und Bedeutung der Verkehrsverbindungen im Verlaufe der Geschichte. Die Altwegeforschung gehört damit in den weiten Rahmen der historisch-geographischen Kulturlandschaftsforschung und im engeren Sinne zur historischen Verkehrsgeographie.

Weg und Verkehr im Zusammenhang von Mensch und Umwelt

Stellt man nun die Wege- und Verkehrsforschung in einen Zusammenhang mit humanökologischen Fragestellungen, so beschreiten wir damit weitgehend wissenschaftliches Neuland. Es werden damit nicht nur Fragestellungen verfolgt, die bisher vernachlässigt oder nicht erkannt worden wären. Entscheidender ist noch, daß damit komplexe, auf menschliche Raumbezüge gerichtete Zusammenhänge beleuchtet werden sollen, für deren Klärung es nur – insbesondere für die weit zurückliegenden Epochen – sehr bruchstückhafte Anhaltspunkte gibt. Der geringe Forschungsstand und die mangelhaften historischen Belege zwingen damit grundlegend zu einem anderen methodischen Ansatz, zu einer problemorientierten Forschung, die nicht an die Aussagekraft und den Beleg der Quellen allein gebunden sein kann, sondern losgelöst allgemeine Fragestellungen entwirft und sie mit Erklärungshypothesen und Erklärungsmodellen zu beantworten sucht.

Humanökologische Fragestellungen für den mittelalterlichen Lebensraum des Menschen und sein Verhältnis zum eigenen Lebensumfeld, zum bekannten weiteren Umland sowie zu einer erlebten und zur unbekannten Ferne können unter anderem gerichtet sein:

- auf die Beziehung des sich im Raum bewegenden Menschen zu einer Umgebung, zu einem Lebensraum und einem Aktionsraum;
- auf die Beziehung und Einstellung des Menschen zur Nähe und Ferne (Einschätzung und Erleben von Distanzen);

- auf die Möglichkeiten und Impulse zu einer Raumüberwindung, zur räumlichen Mobilität;
- auf die Möglichkeiten und Erfordernisse eines Gütertransports und Güteraustauschs (Handelsspannung);
- auf die Kommunikation über weitere Distanzen (Nachrichtenübermittlung, Zug in die Ferne, Suche nach der Fremde).

Im folgenden werden eher Forschungsfragen angeregt als Forschungsergebnisse vorgelegt, da diese bisher kaum vorhanden sind.

Verkehrsbeziehungen im wirtschaftlichen und siedlungsgeographischen Umfeld des Menschen

Die Beziehungen des Menschen zu seinem räumlichen Umfeld hängen unmittelbar mit seiner Siedlungs- und Wirtschaftsweise zusammen. Bindet der Ackerbau den Menschen an einen eng begrenzten und mit der permanenten Ansiedlung direkt verbundenen Lebensraum und bietet eine darauf basierende Subsistenzwirtschaft keine Notwendigkeit zu einem Austausch von Gütern täglichen Bedarfs aus weiter entfernt liegenden Gebieten, so ist der Nomade oder Wanderhirte durch seine extensive Weidewirtschaft zur Überwindung größerer Entfernungen gezwungen, und seine einseitige Wirtschaft macht den Eintausch vieler Güter des täglichen Bedarfs notwendig. Das Verhalten beider Wirtschaftsgruppen zum Raum, zur Verlagerung des Aufenthaltsortes und zur Überwindung von Distanzen ist grundsätzlich unterschiedlich. Es entwickeln sich, beeinflußt durch den unterschiedlichen Raumbezug, unterschiedliche Kulturen mit unterschiedlichen räumlichen Verhaltensweisen.

Es ließen sich danach unter dem Gesichtspunkt der Distanz und der wirtschaftlichen wie sozialen Raumbezogenheit unterscheiden:

- Häusliche Örtlichkeit (Wohnstandort);
- Örtliche Nachbarschaft;
- Geschlossene Siedlungs- und Wirtschaftsräume mit in sich geschlossenen Wirtschafts- und Lebensraumeinheiten (täglicher Lebens- und Aktionsraum: Einzelhof, dörfliche Gemarkung, Arbeitsplatz/ Raum täglicher Tätigkeit);
- Benachbart liegende wirtschaftliche Austauschräume mit Wirtschaftseinheiten, die partiell von anderen Siedlungs- und Wirt-

schaftsräumen abhängig sind (Marsch/Geest, Gebirge/Vorland und Tallandschaft, Stadt/Land);

- Offene Wirtschaftsräume, die von Beziehungen nach außen abhängig sind (Städte, Bergbaugebiete);
- Großräumige wirtschaftliche Aktionsgebiete und Reiseziele (Nomadengebiete, Fernhandelsnetze, Pilgerziele).

Es ist anzunehmen, daß die ländliche Bevölkerung bis in das 13. Jahrhundert hinein weitgehend isoliert in ihren Dörfern lebte und autark wirtschaftete. Eine Wende in diesen Verhältnissen setzte seit dem Ende des 12. Jahrhunderts ein. Seit dieser Zeit treten viele Bezeichnungen von Ortsverbindungen auf, aus denen sich dann im späten Mittelalter hier und da auch Fernverbindungen entwickelten. Ganz sicher steht in diesem Zusammenhang auch die gleichzeitige Umstrukturierung des Siedlungssystems, die Entwicklung zentraler Orte, meist städtischer Siedlungen mit einem Umland, das durch ein sich sternförmig entwickelndes Wegenetz mit zugehörigen zentralen Orten verbunden war. Bezeichnungen wie »Butterweg« oder »Stadtstieg« weisen auf stadtorientierte Wegeverbindungen hin (Marktwege), die speziell von umliegenden Dörfern aus benutzt worden sind.

Eine weitgehende Isolierung ländlicher Siedlungen, die regional oder lokal allerdings zu differenzieren ist, muß sich niedergeschlagen haben in einer geringen Beteiligung dieser Siedlungen an Importen (zum Beispiel Keramik), einer eingeschränkten Innovationsfreudigkeit, sehr engen Heiratskreisen, konservativen Wirtschaftsweisen und Gewohnheiten und letztlich vielleicht auch darin, daß eine Ausbreitung von Seuchen vom Verkehr abgelegene Orte weit weniger erfaßte als Orte mit stärkeren, laufenden Kontakten. Dies sind Vorgänge und Verhaltensweisen, die für jüngere Epochen zu belegen sind, die jedoch auch bereits im Mittelalter eine Rolle gespielt haben müssen. Außer Zweifel ist auch schon für prähistorische Zeiten ein Fernverkehr und Fernhandel nachzuweisen, der sich auf einem eigenen Fernverkehrsnetz abspielte. Es war eine weiträumige Verkehrsspannung vorhanden, die im Verlauf der Geschichte und auch regional Wandlungen unterworfen war. Sie beruhte vor allem auf dem Austausch besonderer Rohstoffe und Luxusartikel, seltener auch besonderer Nahrungsmittel (zum Beispiel Salz).

Über weite Strecken auf den Höhenzügen entlangführend (Fast- oder Firstwege) oder dem Hangfuß von Tal- und Stufenhängen folgend

(Hellwege), waren die Fernwege der prähistorischen Zeit und des frühen Mittelalters vornehmlich relieforientiert und kaum siedlungsorientiert. Die relieforientierten Trassen des frühen Mittelalters waren auf natürliche Zwangspunkte ausgerichtet, auf günstige Flußübergänge, Gebirgspässe oder Landbrücken in Sumpf- und Moorgebieten. Die Zwangspunkte, die durch das Zusammenlaufen von Wegen aus verschiedenen Richtungen oft zu Verkehrskreuzungen oder -knoten wurden, waren häufig strategisch gesichert oder ließen Siedlungen überörtlicher Bedeutung und Funktion entstehen. In sächsischer und ottonischer Zeit sind dies die Pfalzen, Burganlagen und ersten Fernmärkte, die ein weitmaschiges Netz fernzentraler Orte bildeten.

Seit der zweiten Hälfte des 12. Jahrhunderts beginnt dann eine Umstrukturierung dieses Netzes durch die Bildung eines neuen Städtesystems, mit dem auch ein neues und weit dichteres Fernverkehrsnetz angelegt oder herausgebildet wird, das auf die wachsenden Städte als Knotenpunkte gerichtet ist (städtezentriertes Fernverkehrsnetz).

Zwischen der Herausbildung eines Städtesystems und der Entwicklung eines auf die Städte bezogenen Wegesystems besteht allgemein ein enger genetischer Zusammenhang. Städtische Siedlungen sind an Verkehrsknotenpunkten gegründet oder ausgebaut worden, es sind aber oft auch Verkehrsrouten auf gezielt geförderte Zentren gelenkt, wofür es zahlreiche Beispiele gibt.

Mit der durchgehenden Benutzung einzelner Ortsverbindungen entstanden im späten Mittelalter und in der frühen Neuzeit weitere Regional- und Fernstraßen, die letztlich alle Siedlungen mit einem durchgehenden Wegenetz verbanden.

Bemühungen um die Erhaltung und Abgrenzung der Straßen

Die Straße war nicht nur Lebensraum, der von Gruppen mobiler Menschen genutzt und auch in nicht geringem Maße abgenutzt wurde, sondern bereits im Mittelalter hat man sich hier und da bemüht, vor allem bedeutendere Fernstraßen zu pflegen, auszubessern oder sogar auszubauen.[4] Hinter diesen und ähnlichen Maßnahmen stand häufig eine gezielte Wirtschafts-, Verkehrs- und Territorialpolitik, der Versuch, die Verkehrsströme durch das eigene Territorium und in dessen Städte sowie auch zu den Zollstätten zu leiten. Sehr deutlich faßbar werden diese politischen Hintergründe vor allem für die Paßstraßen der Alpen.[5] So wissen wir unter anderem von den Bemühungen König Stephans von Ungarn, der sich bereits im 11. Jahrhundert um die Sicherung und einen »Ausbau« der großen Fernstraße durch Ungarn (Ungarnweg) kümmerte, oder von den Maßnahmen der Verbesserung oder Neuanlage der Pilgerstraße nach Santiago de Compostela, die Alfonso VI. von Kastilien Ende des 11. Jahrhunderts vornahm. Vielfache Baumaßnahmen sind besonders im späten Mittelalter für einzelne Paßstraßen der Alpen nachzuweisen.[6]

Der Ausbau von Straßen im Mittelalter bestand in einer Festlegung der Trasse in einer möglichst günstigen Linienführung, in einer teilweisen Befestigung mit Holz, Schotter oder einer Pflasterung, in der Anlage von Abzugsgräben, im Bau von Brücken und im Gebirge in der Errichtung von Stützmauern. Seltener und auf das Gebirge mit festem Gesteinsuntergrund beschränkt sind zugerichtete Geleisestraßen, bei denen man Wagengeleise in den Fels eingeschlagen hat, in denen die Wagen, ohne zu den Seiten hin abzugleiten, laufen konnten.[7] Die meisten mittelalterlichen Straßenbauten finden sich in den Alpen, wo sie auch noch am besten in Resten erhalten sind.

Tätig für die Besserung der Wege und bereit zur Hilfe für Pilger und Reisende waren im späten Mittelalter auch viele Klausner, Einsiedler, die sich in bescheidenen Behausungen unmittelbar an den Fernstraßen niedergelassen hatten, um als »Straßenwärter« und Helfer in der Not ein gottgefälliges Werk zu tun. Nur zu wenig ist bisher von der wegbezogenen Tätigkeit dieser Klausner bekannt.

Wie sehr manchen alten Reisenden und Kaufleuten die Straßen und ihre Erhaltung am Herzen lagen, zeigen auch viele letzte Verfügungen, in denen Geldbeträge für die Besserung von Handelsstraßen ausgesetzt wurden. Auch war die Kirche im Mittelalter in besonderer Weise um den Bau von Brücken bemüht und um die Anbringung von Brückenheiligen.

Die Verkehrsteilnehmer

So wie das Straßen- und Wegenetz in sich nach Funktion und Distanz differenziert gewesen ist, so waren auch diejenigen, die sich auf dem Wege befanden, recht unterschiedlicher Natur. Die Reisenden waren eine bunte Gesellschaft. Auf den großen Fernstraßen (*via regia, via publica,* Heerstraße, gemeine Landstraße, Geleitstraße) traf man den *peregrinus,* den Fremden, der sich von seiner Heimat entfernt hatte, Pilger, heimatlose arme Leute, fahrende Leute (Sänger, Schausteller), Händler, Söldner, Handwerksleute usw. Mit einer Zunahme des Reiseverkehrs im 11. und 12. Jahrhundert entwickelten sich auch die gezielten frommen Reisen zu heiligen Stätten, die Pilgerfahrten.[8] Mönche waren unterwegs zu anderen Klöstern ihrer Kongregation, um Verhandlungen zu führen oder Nachrichten zu überbringen.[9] Boten der Städte[10] oder anderer Institutionen reisten oft weite Strekken. Durch sie wurden vor allem die politischen Kontakte aufrechterhalten. Auch der deutsche Kaiser, Handelsorganisationen verschiedener Art oder der Deutsche Orden[11] unterhielten eigene Botensysteme. Handelszüge, Kaufleute, Frachtfuhrleute und Krämer beherrschten die Fernstraßen, zunehmend seit dem späten Mittelalter. Dabei war dieser Boten- und Frachtverkehr im 15. und 16. Jahrhundert zum Teil bereits regelmäßig organisiert. Ein Beispiel hierfür ist das Transportunternehmen des »Mailänder Boten«, mit dem einmal wöchentlich von Lindau nach Mailand und umgekehrt ein Frachtzug organisiert war. Mit der Gründung der Taxisschen Post durch Maximilian I. begann der systematische Ausbau eines regelmäßigen Nachrichten- und Personenverkehrs auf festgelegten Routen.

Eine Besonderheit waren die Reisen der deutschen Kaiser und Könige, deren Itinerare anhand der Ortsangaben von Urkunden rekonstruiert worden sind.[12] Auch manche bereits zusammengestellten Itinerare einzelner Persönlichkeiten vermitteln einen Eindruck von der Reisetätigkeit im Mittelalter, die sich oft auf sehr wenige größere Reisen beschränkte.[13]

Das Verhalten des reisenden Menschen zu den natürlichen Geländeverhältnissen und die Herausbildung von Linienführungen und Wegetrassen

Dem Landverkehr, der sich in der frühen Zeit weitgehend zu Fuß, mit Reit- oder Tragtieren und seit dem hohen Mittelalter zunehmend auch mit Karren vollzog, waren keine gravierenden Grenzen gesetzt. Die direkteste Strecke wurde bei möglichst geringem Steigungsverlust gewählt, wobei hier und da auch starke Steigungen in Kauf genommen wurden. Gebirgsvorsprünge sind als natürliche Aufgänge genutzt worden. In einem Weg schräg zum Hang suchte man im Mittelgebirge nur dort die Höhen zu gewinnen, wo die Hangneigung keine besonderen Ausbauten notwendig machte, um eine ebene Fahrbahn zu schaffen. Serpentinen, die im Hochgebirge bereits im Mittelalter üblich waren, sind im Mittelgebirge allgemein erst seit dem 19. Jahrhundert gebaut worden, noch nach der Anlage der ersten Chausseen.

Bis in das hohe Mittelalter hinein suchten die Menschen vornehmlich Höhenwege einzuschlagen, wo der Untergrund allgemein trockener war, der Steigungsverlust gering gehalten werden konnte und die Berührung mit Siedlungen und Fluren weitgehend vermeidbar war. Auch war hier die Orientierung leichter. Die Ansprüche an die Linienführung und Trasse waren, je nach der Art der Fortbewegung, unterschiedlich. So bildeten sich Wege heraus, die vornehmlich allein von Reisenden zu Fuß genutzt wurden (Stiegen, Stege), Reitwege und Fahrwege. Häufig allerdings – und dies gilt besonders für die großen Durchgangsstraßen – waren die verschiedenen Verkehrsarten auf einer Trasse vereint. Es ist dabei jedoch allgemein davon auszugehen – und einige direkte Belege hierfür lassen sich in Relikten mittelalterlicher Trassen finden –, daß die Geleise und Hohlwege des rollenden Verkehrs von Reitern und Fußgängern gemieden worden sind. Diese suchten sich vielmehr einen Pfad zwischen den Hohlwegen und Geleisen, der vom Untergrund her bequemer und ebener war.

Die Wegetrassen waren im Mittelalter allgemein als Spurenstränge ausgebildet, das heißt sie bestanden aus mehreren parallel verlaufenden Geleisen und Pfaden. Bei Gefällstrecken erweiterten sich die Stränge zu Spurenbündeln und Spurenfeldern, da hier die Erosion stärker zerstörend wirkte und deshalb immer wieder neue Spuren eingeschlagen wurden. Die vergleichsweise wenigen erhaltenen Reste dieser Art, die uns eine Vorstellung von den Naturwegen der Zeit vor dem Chausseebau im 18. Jahrhundert vermitteln, sind allerdings, wenn auch oft im Mittelalter angelegt, erst mit dem anwachsenden Verkehr im 17. und 18. Jahrhundert so stark ausgeprägt worden.

Die einzigen Hindernisse neben Sumpf- und Moorgebieten waren größere Flüsse, die nur an bestimmten Furtstellen oder mit einer Fähre überquert werden konnten. Hier war der Reisende oft auf örtliche Hilfe angewiesen, und außer Zweifel sind bereits in frühester Zeit an den wichtigsten Flußübergängen kleine verkehrsorientierte Ansiedlungen entstanden, die sich in ihrer Wirtschafts- und Sozialstruktur beziehungsweise ihrer Funktion deutlich von den übrigen ländlichen Siedlungen unterschieden.

Reisegeschwindigkeiten, Rastorte und Einzugsbereiche

Die möglichen Reisegeschwindigkeiten und Tagesleistungen des Mittelalters machen nicht nur deutlich, welche Zeit aufgewandt werden mußte, um ein entferntes Ziel zu erreichen oder eine Botschaft zu überbringen. Die möglichen Tagesleistungen bestimmten vielmehr auch die Abstände der Entwicklung von Etappen- und Rastorten oder auch den Radius von Einzugsbereichen zentraler Orte.

So ist die Tagesleistung eines Frachtfuhrwerkes im späten Mittelalter von 20 bis maximal 30 Kilometern ein häufig zu findender Abstand zwischen mittelalterlichen Städten an alten Handelsrouten, der allerdings nicht unbedingt die Ursache für die planmäßige Gründung einer Stadt oder gar einer Städtekette am jeweiligen Ort gewesen sein muß. Die mögliche Tagesleistung und die Nachfrage nach Rast und Unterkunft haben jedoch zu einer wirtschaftlichen Entwicklung von Orten in jeweiligen Abständen einer Tagesleistung beigetragen, die oft auch territorial- und verkehrspolitisch ausgenutzt worden ist.[14]

Für die Organisation des fränkischen Reiches im frühen Mittelalter ist eine seit dem Beginn des Jahrhunderts vieldiskutierte These aufgestellt worden, die von einer regelmäßigen Anlage von Etappenstationen und befestigten Rastplätzen an fränkischen Fernstraßen ausgeht, aus denen sich dann später teilweise Städte oder Märkte entwickelt haben.[15]

Der seit dem 11. Jahrhundert zunehmende Pilgerverkehr, besonders nach Santiago und Rom, führte zu einem Ausbau von Pilgerherbergen und Hospitälern entlang den großen Pilgerrouten. An der Straße nach Santiago in Spanien lagen die Herbergen in Abständen von 10 bis 12 Kilometern, teilweise jedoch noch dichter.[16] Aber auch an vielen anderen Routen, die von Pilgern benutzt wurden, entstanden Pilgerherbergen. Ein anderes System von Unterkünften, die auch von Pilgern, vor allem aber von reisenden Mönchen benutzt wurden, waren die Klöster wie auch eigens eingerichtete Hospize und Herbergen verschiedener Orden.[17]

Fuhrleute kehrten in den Herbergen der Städte und Kaufleute sehr häufig bei befreundeten Geschäftspartnern ein. Hochgestellte Persönlichkeiten, die sich auf Reisen befanden, waren ebenfalls meist privat untergebracht, wobei dies oft schon vor der Reise vorgeplant worden ist. Manche Städte richteten in Orten, mit denen der Rat wie auch die Kaufleute der Stadt in engen Beziehungen standen, eigene Herbergen ein, die bevorzugt von ihren eigenen Bürgern auf Reisen aufgesucht werden konnten. Häuser dieser Art gab es zum Beispiel in Lübeck, Hamburg, Frankfurt, Leipzig und anderen großen Handelsstädten.

Reisetagesleistungen und die Notwendigkeit der Unterkunft und Versorgung führten somit zur Entwicklung von Systemen von Einrichtungen zur Rast und Herberge.

Der lokale Verkehr, so vor allem der Weg zum regionalen Markt, war so eingestellt, daß, an den langen Sommertagen, der Weg an einem Tag, höchstens in zwei Tagen zu Fuß oder mit dem Karren hin und zurück bewältigt werden konnte. Vor allem zu den Wochenmärkten kamen fast ausschließlich Bäuerinnen und Bauern der nächsten Umgebung, die am Abend wieder nach Hause zurückkehrten. Dies gilt auch für die Zulieferung von Getreide, Bauholz, Brennholz usw. vom Umland in die Städte. Anders war dies bei Hausierern oder Warenhändlern, die weitere Routen abliefen.

Die Tagesleistungen, beziehungsweise die effektiven Kilometerleistungen pro Stunde konnten allerdings auch sehr unterschiedlich sein. Sie hingen ab von den Geländeverhältnissen, vom Zustand der Wege, von der Jahreszeit und dem Wetter, von dem benutzten Verkehrsmittel und von der Organisation eines Pferdewechsels (vgl. Tabelle S. 217). Immerhin lag die Tagesleistung eines Boten zu Pferde im Mittelalter bei 50 bis 60 Kilometern, und der reitende Eilbote konnte mit Pferdewechsel sogar über 100 Kilometer pro Tag zurücklegen, was etwa einer Geschwindigkeit von 15 Kilometern pro Stunde entspricht.

So läßt sich für jede Entfernung leicht berechnen, wie lange es dauerte, um eine Nachricht zu überbringen oder eine Antwort zu erhalten, wobei noch zu bedenken ist, daß bei den spätmittelalterlichen Postkursen nur an bestimmten Tagen der Woche ein Bote abging. Die Kommunikation war damit eingeschränkt, der Abstand zwischen Absender und Empfänger war lang.

Massengüter wurden vor dem 12. Jahrhundert zu Lande kaum über

Tagesleistungen des Landverkehrs in historischer Zeit

km/Tag (= 12 Stdn.)	Verkehrsart	Jahreszeit	Epoche
23	Frachtfuhrwerk		Mittelalter
28–30	Frachtfuhrwerk (max.)	Sommer	Mittelalter
46	Bote, ohne Pferdewechsel (Post)	Winter	16. Jh.
53	Bote, ohne Pferdewechsel (Post)	Sommer	16. Jh.
56	Sonderbote zu Pferd	Dezember	1192
56–60	Sonderbote zu Pferd (max.)	Sommer	Mittelalter
91	reitender Eilbote, mit Pferdewechsel (Post, max.)	Winter	16. Jh.
106	reitender Eilbote, mit Pferdewechsel (Post, max.)	Sommer	16. Jh.

Kilometerleistungen pro Stunde

km/h	Verkehrsart	Epoche
6	Pferd im Trab	–
8	Postwagen	17. Jh.
8	Pferd im Schnelltrab	–
11	Abordnung zu Pferd	–
12,5	Bote zu Pferd	Römerzeit
15	reitender Stafettendienst	Mittelalter
18	Pferd im Galopp	–

weite Strecken transportiert, wohl aber zu Wasser, so daß sich an den Flüssen und Küsten schon früh ein Austausch von Massengütern (Bausteine, Holz, Getreide usw.) entwickelt hat, der auf dem Lande nur in sehr beschränktem Maße mit Karren oder Tragtieren möglich war.

Der Fernverkehr war, auch noch im späten Mittelalter und in der frühen Neuzeit, weitgehend saisonal auf die Sommerzeit beschränkt.

Das Verhältnis der Bevölkerung und der »Anrainer« zur Fernstraße und zum Fernverkehr

Historisch-geographische Wegeforschungen haben gezeigt, daß im frühen Mittelalter die Fernwege vielfach am Rande der Siedlungsgebiete verliefen und dort, wo sie eine Siedlungslandschaft durchzogen, die Siedlungen selbst meist nur tangierten. Ländliche Siedlung und Fernverkehr haben sich offensichtlich gegenseitig gemieden. Die ansässige Bevölkerung hatte kein Interesse daran, den Fernverkehr in den Ort hineinzuziehen, und der Jäger, Fernhändler und Pilger zog es vor, möglichst wenig Kontakt mit den Siedlungen zu bekommen. Auch hinderten die durch Wege kaum erschlossenen Acker- und Nutzflächen einen durchgehenden Verkehr.

Dies ist eine Hypothese, die sich aus der Beobachtung der allgemeinen Trennung von Siedlung und Fernweg bis ins hohe Mittelalter hinein ergibt, wie auch aus jüngeren Parallelen aus unterentwickelten Räumen. Deutlich greifbar wird dann die allgemein ablehnende Haltung der Anrainer gegen den Fernverkehr seit der frühen Neuzeit wegen der Wege- und Flurschäden im Bereich der Fernstraßen und der Heranziehung zur Wegebesserung an Fernstraßen, das heißt zur aufwendigen Behebung von Schäden, die andere verursachten an Straßen, die für den eigenen Bedarf kaum genutzt wurden.

Die Anrainer versuchten, die ständig ausufernden Trassen durch parallel gezogene Gräben und Wälle einzuengen oder die Bildung weiterer Fahrspuren durch quer verlaufende Wälle (Wegesperren) zu verhindern. Diese Maßnahmen waren jedoch nicht immer erfolgreich, suchten sich doch die Fuhrleute und Reisenden immer wieder festen und auch ebenen Untergrund, der in den zerfurchten Hohlwegen sehr oft nicht gegeben war.

In der frühen Neuzeit herrschte bei der Bevölkerung, auch in den Städten, offenbar noch immer ein begrenztes lokales Raumverständnis vor, was darin deutlich wird, daß auch die Teilstücke passierender Fernstraßen vornehmlich nach unmittelbar benachbarten Zielorten bezeichnet worden sind. Wenig ist bekannt von dem geographischen Horizont, den räumlich-geographischen Kenntnissen oder den Grenzen der bekannten geographischen Räume des mittelalterlichen Bürgers und Bauern.[18] Ganz sicher ist dieser geographische Horizont nach verschiedenen Gruppen zu differenzieren. Aber auch im Lebenslauf des einzelnen Menschen mag dieser sich oft entscheidend verändert haben, bei einem Bauern etwa nach der Beteiligung an einem Kriegszug oder bei einem Geistlichen oder Adligen nach der Teilnahme an einer Pilgerreise.

Besonders interessant in einem humanökologischen Zusammenhang ist die Frage, wieweit der Fernverkehr und der damit gegebene Kontakt zur »Außenwelt« im Bereich großer Fernstraßen die Lebensqualität, die kulturellen Verhältnisse, den Aktionsraum oder auch die allgemeine Raumvorstellung der Menschen (etwa »Weltoffenheit«) in den Kontaktzonen beeinflußt haben. Die Annahme liegt auf der Hand, daß in den durch große Fernstraßen berührten Siedlungen die Vertrautheit mit Importen und damit auch mit fremden Gestaltungs- und Produktionstechniken, mit einer Geldwirtschaft oder auch mit anderen Kulturen und Sprachen weit besser entwickelt waren als in den vom Verkehr abgelegenen Gebieten. Auf diesem Zusammenhang aufbauend hat die archäologische Forschung schon früh versucht, aufgrund von Verbreitungskarten von Importen, Münzen oder Hortfunden für prähistorische Epochen weiträumige »Handelsstraßen« oder »Völkerstraßen« zu rekonstruieren. In einem sehr generalisierten Maßstab mag dies auch gelten können, Straßenzüge selbst lassen sich damit allerdings nicht festlegen.

In jedem Fall kann jedoch davon ausgegangen werden, daß die Lebensbedingungen in den Knotenpunkten des Fernverkehrs und Fernhandels sich in vieler Hinsicht unterschieden vom peripheren ländlichen Raum, auch bereits in der Zeit, als ein Städtesystem noch nicht entwickelt war. Dazu gehört nicht nur der Austausch von Gebrauchs- und Luxusgütern, ein Geldumlauf oder ein Austausch von Nachrichten über ferne Orte und Länder, sondern auch eine Zuwanderung fremder Menschen.

Diese Siedlungen mit überörtlichen Beziehungen waren, oft in großen Abständen, an den großen Durchgangsstraßen aufgereiht. Eine noch nicht befriedigend gelöste Frage ist es, wieweit diese Zentren mit einem Fernkontakt auch ein zugehöriges Umland beeinflußten. Hierzu fehlen ganz allgemein noch sorgfältige Landesaufnahmen, die etwa die Ausbreitung von Importen von einem Zentrum aus deutlich werden lassen.

»Weg und Steg« als Erlebnisraum

Der Weg selbst wird für den Menschen, der sich auf diesem befindet, zu einem ganz eigenständigen Erlebnisraum. Er führt ihn in die »Fremde«, zu bisher Unbekanntem, das von dem Wege aus erschlossen wird. Und bekannt wird dabei nur das, was am Wege liegt. Dem Fernkaufmann, dem Frachtfuhrmann oder dem Boten hingegen waren viele Wege vertraut, sie erkannten sie stets wieder, Richtung, Verhältnisse, Möglichkeiten zur Rast und andere Situationen waren ihnen bekannt durch wiederholte Begegnung. Die Wege waren mit Erlebnissen verbunden, die sie zu einer vertrauten Umwelt machten.

Dichtung, Erzählung und Reisebericht geben über das Erleben des Weges oft anschauliche Auskunft. Die Beschwerlichkeit des Reisens allgemein, das Erleben neuer Eindrücke, der schlechte Zustand der Wegestrecke, Begegnungen und Ereignisse, dies sind Aspekte, die an dem Wege festgemacht werden.

Viele, die im Mittelalter auf den Fernwegen unterwegs waren, kannten die Wege, die einzuschlagen waren, anderen schwebten nur Ziele vor, die sie zu erreichen suchten. Vielfach wurde der Weg erfragt, man schloß sich anderen an, man sammelte selbst Erfahrung in der Orientierung. Es gab aber seit dem späten Mittelalter auch bereits »Reisehandbücher«, Führer, Itinerarwerke und Meilenzeiger, die Richtungen, Etappen und Entfernungen angaben oder sogar zu besuchende Ziele beschrieben. Vor allem für Pilger wurden Führer dieser Art erstellt, da der Weg ja allgemein neu für sie war. Ein solches Pilgeritinerar ist zum Beispiel die Romwegkarte von E. Etzlaub aus dem Jahre 1500, aus der dann die erste Straßenkarte Mitteleuropas entwickelt worden ist.[19]

Die Vorstellung, wie die Straße und ihr Umfeld im Mittelalter von einem Reisenden aufgenommen worden ist, kann nur aus Reiseberichten oder Reisetagebüchern herausgearbeitet werden, ergänzt durch die Rekonstruktion zeitgleicher Landschafts- und Städtebilder.[20]

Oft wird jedoch auch versucht, mittelalterliche Reisewege in der heutigen Landschaft nachzuvollziehen und »auf den Spuren« mittelalterlicher Reisender zu wandern. Dieser Versuch einer Zurückversetzung, vor allem bei Darstellungen, die einen touristischen Einschlag haben, kann allgemein nur bruchstückhaft gelingen, weil Landschaft wie auch Gebäude sich so grundlegend verändert haben.[21]

Anmerkungen

[1] Vgl. hierzu die allgemeinen methodischen Beiträge von Schäfer (1977) und Denecke (1979, bes. S. 434ff.).
[2] Vgl. hierzu Denecke (1979), Übersicht 1.
[3] Vgl. hierzu grundlegend Denecke (1969), besonders auch die Übersichtskarte.
[4] Zu Straßenausbesserung und Straßenbau allgemein vgl. Denecke (1969, S. 69–85).
[5] Vgl. u. a. Güterbock (1908).
[6] Als Beispiele vgl. Conrad (1934) oder Aerni (1975 u. 1979).
[7] Vgl. hierzu Bulle (1947).
[8] Vgl. hierzu besonders Dietze (1957), Kriss-Rettenbeck u. Möhler (1984) sowie Bayer. Nationalmuseum (1984). Vor allem der letztgenannte Ausstellungskatalog vermittelt ein anschauliches Bild von der mittelalterlichen Wallfahrt.
[9] Vgl. z. B. Störmer (1966).
[10] Die Botengänge städtischer Boten lassen sich recht gut in den städtischen Kämmereiregistern fassen, da sie öffentliche Kosten verursachten. Systematische und grundlegende Untersuchungen liegen zu diesem Problemkreis jedoch noch nicht vor.
[11] Das Botensystem des Deutschen Ordens in Ostpreußen ist anhand der Dorsalvermerke des Briefverkehrs des Ordens für die erste Hälfte des 15. Jahrhunderts rekonstruiert und auch kartographisch dargestellt worden (Mortensen und Wenskus, 1968).
[12] Vgl. Rieckenberg (1942) und Mayer (1963).
[13] Vgl. zum Beispiel die Karte der Reisen Martin Luthers (Irsigler, 1983).
[14] Zum Zusammenhang zwischen Rastort und Stadtentwicklung vgl. u. a. Dörries (1925).
[15] Vgl. u. a. Rübel (1904), Görich (1952) oder Fingerlin (1982).
[16] Es gibt bisher keine systematisch angelegten und größere Räume umfassenden Arbeiten zu diesen verschiedenen mittelalterlichen Systemen von Etappenorten, sondern nur verstreute einzelne Belege. Zum Problem der Herberge und Gastlichkeit im Mittelalter allgemein vgl. den von C. Peyer (1985) herausgegebenen Sammelband.
[17] Vgl. u. a. Schreiber (1951).
[18] Interessant ist in diesem Zusammenhang die Studie von H. Ammann: Vom geographischen Wissen einer deutschen Handelsstadt des Spätmittelalters: (1955), in der eine vom Rat der Stadt Ulm aufgestellte Einladungsliste zu einer geplanten ersten Ulmer Messe (1439) ausgewertet wird. Hinter der »geographischen Kenntnis« stehen in diesem Falle sehr wesentlich auch die vorhandenen, beziehungsweise bekannten Handelsbeziehungen der Stadt.
[19] Vgl. Krüger (1958). Zur Auswertung von Itinerarwerken vgl. auch Krüger (1963) oder Denecke (1983). Ein bedeutender Führer für Rompilger ist die 1472 erstmalig erschienene »Mirabilia (urbis) Romae«, ein Führer durch die Heiligtümer der Stadt.
[20] Ein auch unter methodischen Gesichtspunkten angelegtes Beispiel dieser Art ist

die Darstellung des Reiseweges von Martin Luther von Erfurt nach Rom im Jahre 1510/11 (Denecke, 1983).

[21] Anschauliche Beispiele hierfür sind die Arbeiten von Goez (1972) oder Harms und Wohlfahrt (1983).

Literatur

Aerni, K.: Gemmi – Loetschen – Grimsel. Beiträge zur bernischen Paßgeschichte. In: Jahrb. d. Geogr. Ges. Bern 51 (1973/74), S. 23–61, (1975).

Aerni, K.: Die Entwicklung des Gemmipasses. Ergebnisse aus der Erforschung von Gelände und historischen Quellen. Schweizer. Z. f. Gesch. 29 (1979), S. 53–83.

Ammann, H.: Vom geographischen Wissen einer deutschen Handelsstadt des Spätmittelalters (Ulm). In: Ulm und Oberschwaben 34 (1955), S. 36–65.

Atiya, A. S.: Kreuzfahrer und Kaufleute. Stuttgart 1964.

Bayr. Nationalmuseum und Adalbert Stifter Verein (Eds.): Wallfahrt kennt keine Grenzen. Katalog der Ausstellung im Bayerischen Nationalmuseum. München 1984.

Bruns, F. u. H. Weczerka: Hansische Handelsstraßen. Quellen u. Darstellungen z. Hansischen Geschichte NF. 13, Teil 1 u. 2. Köln, Graz 1962, Weimar 1967.

Bulle, H.: Geleisestraßen des Altertums, Sitzungsber. d. Bayr. Akad. d. Wiss., Phil.-hist. Kl., Jg. 1947, H. 2.

Conrad: Neue Feststellungen auf dem Septimer. Bündner Monatsbl., (1934), S. 1 bis 13 u. 193–205; (1935), S. 266–277; (1938), S. 225–242.

Csendes, P.: Die Straßen Niederösterreichs im Früh- und Hochmittelalter. Wien 1969.

Denecke, D.: Methodische Untersuchungen zur historisch-geographischen Wegeforschung im Raum zwischen Solling und Harz. Ein Beitrag zur Rekonstruktion der mittelalterlichen Kulturlandschaft. Göttinger Geogr. Abh. 54. Göttingen 1969.

Denecke, D.: Methoden und Ergebnisse der historisch-geographischen und archäologischen Untersuchung und Rekonstruktion mittelalterlicher Verkehrswege. In: Geschichtswissenschaft u. Archäologie. Vorträge u. Forschungen 22 (1979), S. 433–483.

Denecke, D.: Wege und Städte zwischen Wittenberg und Rom um 1510. Eine historisch-geographische Studie zur Romreise Martin Luthers. In: Würzburger Geogr. Arb. 60 (1983), S. 77–106.

Dietze, L.: Das Pilgerwesen und die Wallfahrtsorte des Mittelalters. Diss. Jena 1957.

Dörries, H.: Die Städte im oberen Leinetal – Göttingen, Northeim und Einbeck. Landeskundl. Arb. d. Geogr. Sem. d. Univ. Göttingen 1. Göttingen 1925.

Fingerlin, G.: Kastellorte und Römerstraßen im frühmittelalterlichen Siedlungsbild des Kaiserstuhls. Archäologische Aspekte fränkischer Herrschaftssicherung im südlichen Oberrheintal. Vorträge u. Forschungen 25 (1982), S. 379–410.

Görich, W.: Rastorte an alter Straße. Festschr. f. E. Stengel, Münster–Köln 1952, S. 373–394.

Goez, W.: Von Pavia über Parma – Lucca – San Giminiano – Siena – Viterbo nach

Rom. Ein Reisebegleiter entlang der mittelalterlichen Kaiserstraße Italiens. Köln 1972.

Güterbock, F.: Die Lukmanierstraße und die Paßpolitik der Staufer. Quellen u. Forsch. aus italienischen Archiven u. Bibliotheken 11. Rom 1908.

Harms, H. und H.-J. Wohlfahrt: Die alte Salzstraße im Wandel der Zeit. Schriftenreihe d. Stiftung Herzogtum Lauenburg 5. Neumünster 1983.

Irsigler, F.: Itinerar Martin Luthers, 1483–1546. In: Bott, G. (Ed.): Martin Luther und die Reformation in Deutschland. Ausstellung zum 500. Geburtstag Martin Luthers. Frankfurt 1983. (Karte).

Kriss-Rettenbeck, L. und G. Möhler (Eds.): Wallfahrt kennt keine Grenzen. München 1984.

Krüger, H.: Des Nürnberger Meisters Erhard Etzlaub älteste Straßenkarten von Deutschland (1500–1501). Jahrb. f. fränk. Landesforschung 18 (1958), S. 1–407.

Krüger, H.: Hessische Altstraßen des 16. und 17. Jahrhunderts nach zeitgenössischen Itinerar- und Kartenwerken (1500–1650). Hessische Forschungen zur geschichtl. Landes- und Volkskunde 5. Kassel 1963.

Mayer, T.: Das deutsche Königtum und sein Wirkungsbereich (mit Karten der Königsitinerare). In: Ritterbusch, P. et al. (Eds.): Das Reich und Europa. Leipzig 1941, S. 51–63.

Mortensen, H. und G. und R. Wenskus: Die Postwege des Deutschen Ordens in der ersten Hälfte des 15. Jahrhunderts. 5 Blätter (M. 1 : 300 000), mit Erläuterungen. Historisch-geographischer Atlas des Preußenlandes, Liefg. 1. Wiesbaden 1968.

Peyer, C. (Ed.): Gastfreundschaft, Tavernen und Gasthaus im Mittelalter. Schriften des Historischen Kollegs, Kolloquien 3. Frankfurt 1985.

Rieckenberg, H. J.: Königsstraße und Königsgut in liudolfingischer und frühsalischer Zeit (919–1056). Archiv f. Urkundenforschung 17 (1942), S. 32–154.

Rübel, K.: Die Franken, ihr Eroberungs- und Siedlungssystem im deutschen Volkslande. Bielefeld u. Leipzig 1904.

Schäfer, H. P.: Überlegungen zur Altstraßenforschung. Mitt. d. Oberhess. Geschichtsver. NF. 62 (1977), S. 63–97.

Schreiber, G.: Mittelalterliche Alpenpässe und ihre Hospitalkultur. Miscellanea Giovanni Galbiati 3 (= Font. Ambrosiani 27). Milano 1951.

Störmer, W.: Fernstraße und Kloster. Zur Verkehrs- und Herrschaftsstruktur des westlichen Altbayern im frühen Mittelalter, Z. f. bayer. Landesgesch. 29 (1966), S. 299–343.

WALTER JANSSEN

Mittelalterliche Gartenkultur. Nahrung und Rekreation

Innerhalb der Wirtschafts- und Kulturgeschichte des Mittelalters fand die Gartenkultur im Vergleich zu anderen Bereichen der Landwirtschaft bisher nur geringe Beachtung (neuerdings: Franz, 1984). Das muß um so mehr auffallen, als die Geschichte der Gartenkultur ein ausgesprochen interdisziplinäres Thema darstellt und das Interesse vieler verschiedener Wissenschaften finden müßte.

Die Geschichtswissenschaft trägt Schriftquellen im weitesten Sinne zum Thema bei: Urkunden, erzählende Quellen, aber auch fachkundige Traktate garten- und heilpflanzlichen Inhalts, literarische und poetische Texte aller Art. Hierhin gehören sowohl das bekannte *»Capitulare de villis«* als auch der sogenannte *»Hortulus«* des Walahfrid Strabo sowie der berühmte Klosterplan von St. Gallen. Alle diese Quellen beschreiben die Gartenkultur der Karolingerzeit (Vogellehner, 1984).

Aus dem Bereich der Kunstgeschichte stammt eine weitere Gruppe verschiedenster Quellen zur mittelalterlichen Gartenkultur (Crisp, 1924; Czygan, 1985). Im fortgeschrittenen 13. Jahrhundert setzen Bilderhandschriften ein, die im 14. und 15. Jahrhundert in großer Zahl zur Verfügung stehen und immer wieder das Thema »Garten« behandeln und darstellen. Gemälde, Stiche, Grafiken, mit Pflanzen illustrierte Kalendarien, botanische und heilkundliche Bilderhandschriften, die mittelalterliche Tafelmalerei und andere Quellen treten hinzu. Eine eigene Gruppe sind die Pflanzendarstellungen in der mittelalterlichen Bauplastik: Kapitelle, Friese, Bögen tragen oft nicht nur stilisierte, sondern auch realistische Pflanzendarstellungen, wie sie sich zum Beispiel am Dom zu Altenberg bei Köln (Roth, 1976) oder am Naumburger Dom vorfinden.

Uralte, weit in die Geschichte zurückreichende Traditionen des Gartenbaus und der Gartenkultur erschließt die Volkskunde mit Hilfe heute noch existierender Altformen der Gartenkultur, etwa in Form der rezenten Hausgeräte in den Alpenländern oder in den Freilichtmuseen (Dörfliche Vegetation, 1981).

Mit völlig neuen Fragestellungen, Arbeitsmethoden und Ergebnissen wenden sich seit kurzem auch die Archäologie des Mittelalters und die eng mit ihr verbundene Paläo-Ethnobotanik der mittelalterlichen Gartenkultur zu (Willerding, 1984 b). Ihr Interesse richtet sich vor allem auf die wirtschafts- und kulturgeschichtlichen Aspekte des Gegenstandes. Die starke Ausweitung der Grabungstätigkeit in Verbindung mit einer Verfeinerung der Ausgrabungs- und Konservierungsmethoden und schließlich die Mitarbeit naturwissenschaftlicher Nachbardisziplinen in der Archäologie ermöglichen seit neuestem umfassende Erkenntnisse über die mittelalterliche Gartenkultur und die Landwirtschaft im allgemeinen, die mit den traditionellen Disziplinen nicht zu erreichen gewesen wären.

Dem gläubigen Menschen des Mittelalters assoziierten sich mit dem Begriff »Garten« vor allem jene Gärten der Bibel, in denen zentrale heilsgeschichtliche Ereignisse abliefen: der Garten Eden, aus dem Adam und Eva nach dem Sündenfall vertrieben wurden, der Garten Gethsemane mit den schlafenden Jüngern oder der Garten der Auferstehung. Christus wird nicht selten selbst als Gärtner dargestellt. In mittelalterlichen Bildern vom Garten Eden erscheint fast stets das wichtigste Kennzeichen eines Gartens: seine Einfriedung. Eine massive Mauer, ein Holzzaun, Hecken, Bohlenwände oder anderes grenzen den Garten als einen besonderen Bezirk ein, schließen ihn von der Außenwelt ab. Die meisten Darstellungen solcher heilsgeschichtlich bedeutsamer Gärten kennzeichnet die Sparsamkeit der Ausstattung mit Pflanzen. Lediglich ein Brunnen in der Mitte des Gartens fehlt fast nie.

In der konsequent dargestellten Umzäunung mittelalterlicher Gärten spiegelt sich, wenn auch noch völlig in der ursprünglichen religiösen Vorstellungswelt beschlossen, eine Funktion des Gartens, die wir auch beim neuzeitlichen Garten zu schätzen wissen: der Garten als besonders begrenzte Zone für Ruhe, Erholung, Einkehr und Besinnung. Es ist jene Grundfunktion, die der mittelalterliche Klostergarten schon zu erfüllen hatte: Der Klostergarten, umschlossen von den Klostermauern, sollte der *vita activa* das unverzichtbare komplementäre Element, die *vita contemplativa* hinzufügen. Er sollte der Ort des

Gebetes ebenso sein wie das Werk des arbeitenden Menschen. Insofern entsprach er dem in der Benediktinerregel verankerten Prinzip *ora et labora*.

Mittelalterliche Gartenkultur ist in karolingischer Zeit in die Klosterkultur eingebunden. Diese wiederum überliefert antikes Vorbild und antike Traditionen, sowohl was die Idee des Gartens als auch die darin angebauten Pflanzen angeht. Nicht immer liegen die Traditionsstränge zwischen den beiden Epochen klar und jedem sichtbar vor Augen. An der Existenz von Zusammenhängen zwischen beiden Kulturen bestehen jedoch kaum Zweifel. Gleichwohl blieb die aus Antike und frühmittelalterlicher Klosterkultur ererbte Gartenkultur keineswegs auf den Bereich der Klöster beschränkt. Nach den Klöstern eroberten Gartenbau und Gartenkultur bald die Burgen. Am Anfang mögen die Burggärten vorwiegend praktische Funktionen erfüllt haben, indem sie zum Überleben einer belagerten Burgbesatzung beitragen konnten. Schon bald aber entwickelt sich dieser zunächst bescheidene Garten zum spätmittelalterlich-frühneuzeitlichen Lustgarten. Diesen fürstlichen Garten erfüllt bald höfisches Leben. Er wird zum Hintergrund für die Ereignisse des Rosenromans, ebenso aber auch zur Folie der spätmittelalterlichen Marienverehrung, wie sie in Form der Darstellung Mariens im Rosenhag Ausdruck findet.

Nicht dieses religiös und geistig überhöhte Verständnis vom mittelalterlichen Garten soll uns im folgenden weiter beschäftigen. Wir fragen vielmehr nach den wirtschaftlichen und sozialen Funktionen mittelalterlicher Gärten und versuchen, diese Fragen mit Hilfe der neuen Befunde der Archäologie des Mittelalters und der Paläo-Ethnobotanik zu lösen. Aus fast allen Teilen Mitteleuropas besitzen wir heute eine Fülle paläo-ethnobotanischer Fundkomplexe und Ergebnisse. Sie betreffen in erster Linie Fragen des Ackerbaus und beziehen sich nur sehr selten auf Probleme der Gartenkultur. In den meisten botanischen Arbeiten werden Art und Anteil der angebauten und konsumierten Getreide, der Hülsenfrüchte und anderer im Feldbau kultivierter Pflanzen untersucht. Über die Pflanzen des Gartens hingegen erfährt man nur selten Genaueres.

Schon die Quellen aus der Karolingerzeit stellen den Garten als ein funktional gegliedertes Gebilde dar. Der St. Galler Klosterplan (Hecht, 1983, mit der gesamten älteren Literatur) verzeichnet im östlichen Drittel drei Gärten: einen Gemüsegarten, *hortus* genannt, einen medizinischen Kräutergarten, *herbularius,* und einen Baumgarten, der zugleich als Friedhof diente, wie ein in seiner Mitte stehendes Hochkreuz andeutet. Wir haben damit die drei klassischen Formen des Gartens im Mittelalter vor uns, die bis hinunter zum einfachen Bauerngarten und bis in die Neuzeit wiederkehren. In St. Gallen lagen alle drei Gärten innerhalb der Klostermauern; alle drei zeigen unterschiedliche Größen und sind, jeder für sich, eingefriedet. Gemüse- und Kräutergarten sind in schmale rechteckige Beete aufgeteilt, die jeweils zu zwei Reihen angeordnet sind. Beim Kräutergarten schließen nochmals Randbeete auf allen vier Seiten die Innenbeete ein. Auch im Obstgarten ordnen sich die Bäume und Sträucher in Reihen. Die einzelnen Kulturpflanzen der St. Galler Gärten sind mehrfach aus botanischer Sicht behandelt worden (Fischer, 1929; Metz und Verhulst, 1983; Vogellehner, 1984). Ich beschränke mich deshalb an dieser Stelle auf knappste Aufzählung der verzeichneten Pflanzen:

a) Gemüsegarten: 1. Zwiebeln, 2. Porree, 3. Sellerie, 4. Koriander, 5. Dill, 6. Mohn, 7. Rettiche, 8. Feldmohn, 9. Mangold, 10. Knoblauch, 11. Schalotten, 12. Petersilie, 13. Kerbel, 14. Salat, 15. Bohnenkraut, 16. Pastinakwurzeln oder Mohrrüben, 17. Kohl, 18. Schwarzkümmel.

b) Medizinischer Kräutergarten: Innenbeete: 9. Salbei, 10. Raute, 11. Schwertlilie, 12. Polei (pulegium), 13. Krauseminze, 14. Kreuzkümmel, 15. Liebstöckel, 16. Fenchel / Außenbeete: 1. Lilie, 2. Rose, 3. Bohne, 4. Bohnenkraut, 5. Frauenminze, 6. Griechisch Heu, 7. Rosmarin, 8. Minze.

c) Obstbaumgarten: 1. Apfelbaum, 2. Birnbaum, 3. Pflaumenbaum, 4. Pinie, 5. Speierling, 6. Mispel, 7. Lorbeer, 8. Edelkastanie, 9. Feigenbaum, 10. Quittenbaum, 11. Pfirsichbaum, 12. Haselnußstrauch, 13. Mandelbaum, 14. Maulbeerbaum, 15. Walnußbaum.

Längst ist bekannt, daß es zwischen den Pflanzen des St. Galler Klosterplanes einerseits und den im *»Capitulare de villis«* und im *»Hortulus«* des Walahfrid Strabo genannten Gewächsen andererseits viele Übereinstimmungen, aber auch Abweichungen gibt. Diese Quellen sind also zweifellos miteinander verwandt, jedoch nicht identisch. Wichtig erscheint mir der paläo-ethnobotanische Nachweis vieler der in diesen Quellen genannten Pflanzen durch archäologische und paläo-ethnobotanische Forschungen, die in Burgen und Städten durchgeführt wurden. In der frühmittelalterlichen Niederungsburg Haus Meer am Niederrhein hat K.-H. Knörzer für die Zeit des 10. bis 12. Jahrhunderts folgende Gartenpflanzen des St. Galler Klosterplanes nach botanischen Resten nachgewiesen (Janssen und Knörzer, 1971):

a) aus dem Gemüsegarten: 3. Sellerie, 4. Koriander, 5. Dill, 10. Knoblauch, 12. Petersilie, 6. Schlafmohn, 16. Pastinak, 17. Kohl;
b) aus dem Kräutergarten: 2. Rose, 3. Bohne;
c) aus dem Obstbaumgarten: 1. Apfel, 2. Birne, 3. Pflaume, 6. Mispel, 8. Edelkastanie, 9. Feigenbaum, 11. Pfirsichbaum, 12. Haselnußstrauch, 15. Walnußbaum.

Es ist unvermeidlich, dem St. Galler Klosterplan und seinen Gärten die Angaben des *»Liber de cultura hortorum Strabi seu Strabonis feliciter«* des Reichenauer Abtes Walahfrid Strabo gegenüberzustellen (Stoffler, 1978). Der Reichenauer Hortulus lag, wie der St. Galler, innerhalb der Klausur, wie die Regel des heiligen Benedikt es verlangte. Er schloß sich östlich an die Abtswohnung an und bot dem Abt jederzeit direkten Zutritt (Hort. 33). Der Garten bestand aus 24 Beeten, die als *areolae* bezeichnet wurden (Hort. 281–283) und teilweise überdacht waren. Die *areolae* waren in Reihen geordnet (Hort. 361, 387) und mit Hölzern eingefaßt, damit die aufgehäufelte Erde der Beete nicht verfließen konnte (Hort. 47). Das Schema der in Reihen angeordneten Beete, wie wir es sowohl im St. Galler Plan als auch bei Walahfrid vorfinden, bestimmte die gesamte Gartenkunst des Mittelalters bis zu den Bauerngärten, die in der Schweiz selbst heute noch diesem Grundprinzip folgen (Hennebo und Hoffmann, 1962; Christ, 1923; Hauser, 1976). Der in der Praxis durchgeführten Gartenkultur tritt schon im Mittelalter eine ausgedehnte Literatur theoretischer Abhandlungen zum Gartenbau an die Seite. Sie gehen zum Teil auf antike Schriftsteller wie Dioscurides, Galenus, Palladius, Columella oder Varro zurück. Hervorragende mittelalterliche Autoren, die sich unter anderem mit dem Gartenbau befaßten, waren Hildegard von Bingen (1098–1179) und Albertus Magnus (um 1200–1280). Des Albertus Magnus Hauptwerk *»De vegetabilibus«* von 1256/57, führt nicht nur 390 Pflanzenarten in alphabetischer Ordnung auf, sondern erwähnt im Zusammenhang mit Klostergärten auch Blumen, die des Vergnügens wegen, ihres schönen Aussehens und ihres angenehmen Geruchs halber gezogen wurden. Wir würden heute vom Erholungswert oder Rekreationswert des

Gartens und seiner Blumen sprechen. Als wichtige Einzelheit erwähnt Albertus Magnus die Düngung, und zwar sowohl in Form der Viehdüngung als auch in Form der Humusdüngung (Kompostierung) und der Mergeldüngung. Hier treten die wirtschaftlichen Funktionen des Gartens deutlich hervor. In die gleiche Richtung weist des Albertus Magnus Empfehlung, Apfel-, Pflaumen-, Birn- und Walnußbäume durch Pfropfen zu veredeln. Die Frage, inwieweit Quellen wie der St. Galler Klosterplan, das *»Capitulare de villis«,* die Schriften der Hildegard und des Albertus Magnus lediglich antike Angaben wiedergeben und mit der gelebten Wirklichkeit nicht übereinstimmen, wird auch heute noch diskutiert.

Im späteren Mittelalter entwickeln sich die Klostergärten zu gartenbaulichen Großbetrieben. Ihre Geschlossenheit und innere Struktur lassen Abbildungen des 15. bis 17. Jahrhunderts erkennen, die zum Beispiel innerhalb westdeutscher Städte wie Bonn, Köln oder Neuss große klösterliche Wirtschaftskomplexe ausweisen, die von den Immunitätsmauern eingeschlossen werden. In diesen Wirtschaftsbetrieben gibt es unter anderem auch Gemüsegärten, Obstgärten und Baumschulen. Sie dienten nicht mehr nur der Eigenversorgung der Klöster, sondern auch der Produktion von Überschüssen landwirtschaftlicher und gartenbaulicher Erzeugnisse. Andere kirchliche Einrichtungen verfügten nicht über derartig umfassende Möglichkeiten der Selbstversorgung. Sie mußten Gartenerzeugnisse auf den Märkten und in der Stadt ankaufen. So ging es dem Almosenhaus Sankt Petri zu Rom, von dem wir aus den Jahren 1285/86 detaillierte Register über die angekauften *ortaggi* besitzen (Cortonesi, 1981, S. 193–225). Da werden zum Beispiel Ausgaben aufgeführt für Lattich, Kohl, Kopfsalat, Portulak, Kürbis, Rüben, Fenchel, Karotten, Senf, Petersilie, Kümmel, Radieschen, Zwiebeln, Knoblauch, sealongo (?), Porree, senecione (?), Küchenkräuter (herbae). Dazu werden, stets zusammen, Pfeffer und Safran sowie Oliven angekauft.

Gibt es zur Frage der Klostergärten und ihrer Pflanzen nur geringe paläo-ethnobotanische Befunde, so stehen sie mittlerweile aus Burggärten in wachsender Zahl zur Verfügung. Bis etwa zum 12. Jahrhundert waren die Burgen noch sehr eng und primitiv, so daß sie einen Garten im Inneren kaum zu beherbergen vermochten. Gartenmäßiger Pflanzenanbau fand in der Frühzeit der Burgen noch in ihrer Umgebung statt. Erst als vom 12. Jahrhundert an die Burgen größer wurden, gab es innerhalb der Burgmauern regelmäßig Nutz- und Ziergärten (Crisp vol. I, S. 101 ff. über *castle gardens*). Im Belagerungsfall wurden diese Burggärten für die Versorgung der Verteidiger mit Nahrungsmitteln wichtig. Frühmittelalterliche Pflanzenfunde, die aus planmäßigem Gartenbau hervorgegangen sein könnten, kennen wir aus dem Gebiet der befestigten Stadt Mikulčice, einem Hauptort des Großmährischen Reiches, im 8./9. Jahrhundert (Opravil, 1978, S. 97 bis 106). So hat man dort Rübenkohl *(Brassica cf. rapa)*, Gurke *(Cucumis sativus L.)* nachgewiesen, die höchstwahrscheinlich in Gärten kultiviert wurden. Hanf, Lein und Erbse hingegen können auch in der Nachbarschaft von Mikulčice im Feldbau angebaut worden sein. Für Opravil (1978, S. 98, 104, 106) gibt es keinen Zweifel, daß zur Burgwallzeit regelrechte Gemüsekulturen in Gärten existierten, von denen die Gurke nur ein zufälliges Beispiel darstellt.

Der umfangreichste paläo-ethnobotanische Fund, den wir bisher kennen, stammt von der Niederungsburg Haus Meer, die etwa 10 Kilometer nördlich von Neuss in einer verlandeten Rheinschlinge lag und etwa vom Jahre 1000 bis in den Beginn des 13. Jahrhunderts bestanden hat (Müller-Wille, 1968; Janssen und Knörzer, 1971; Knörzer und Müller, 1968). In allen vier Perioden der Burg wurden nicht nur die Reste hölzerner Wohn- und Wirtschaftsbauten in Stabbauweise nachgewiesen, sondern es fanden sich auch viele organische Materialien unter den Funden, etwa Textilien, Leder, pflanzliche und tierische Abfälle, und nicht zuletzt umfangreiche Kulturpflanzenreste, die erst zum Teil durch K.-H. Knörzer ausgewertet wurden.

Schon die ersten botanischen Proben aus Haus Meer, die 1968 zutage traten, veranlaßten K.-H. Knörzer (Knörzer und Müller, 1968), einen vielseitigen gärtnerischen Obstanbau im Umkreis der Burg vorauszusetzen. Neue Funde bestätigten diese Annahme (Janssen und Knörzer, 1971). Man fand:

a) Steinobst: Kirsche, Pflaume, Pfirsich, Schlehe, Zwetschge;
b) Kernobst: Birnbaum, Apfelbaum, Mispel;
c) Beerenobst: Schwarzer Holunder, Attich, Brombeere, Himbeere, Kratzbeere, Erdbeere, Weinrebe, Rose, Waldbeere, Eingriffliger und Zweigriffliger Weißdorn;
d) Trockenfrüchte: Haselnuß, Walnuß, Rotbuche, Eßkastanie, Stieleiche.

Einen Anbau in Form der Gartenkultur nimmt Knörzer nicht nur für die einheimischen Gewächse an, sondern auch für Pfirsich, Walnuß, Eßkastanie und Weinrebe. Einheimische Wildpflanzen beziehungsweise deren Früchte, wie Schlehe, Haselnuß, Holunderbeere, Brombeere, Weißdorn, Buchecker, ergänzten das Nahrungsangebot. Die Bedeutung der Eichelmast im Gebiet von Haus Meer wird nicht nur durch die botanischen Befunde, sondern auch durch entsprechende Zeugnisse in den Urkunden bestätigt.

In einer weiteren, bisher unveröffentlichten Liste aller in Haus Meer vorgefundenen Pflanzen vom 27. Juli 1971 weist Knörzer eine Reihe weiterer Kulturpflanzen aus, von denen viele in Gärten angebaut worden sein müssen:

Amaranthus sativus	– Amarant
Anethum graveolens	– Dill
Apium graveolens	– Sellerie
Cannabis sativa	– Hanf
Daucus carota	– Karotte (Möhre)
Fragaria vesca	– Erdbeere
Pisum sativum	– Erbse
Sambucus ebulus	– Attich
Sinapis arvensis	– Senf
Valerianella dentata	– Feldsalat
Valerianella rimosa	– Feldsalat
Portulaca sativa	– Portulak
Pastinaca sativa	– Pastinak
Vicia faba	– Pferdebohne
Lens culinaris	– Linse
Allium sativum	– Knoblauch
Brassica spec.	– Kohl
Cicer arietinum	– Kichererbse
Ficus carica	– Feige
Trigonella foenum graecum	– Bockshornklee
Coriandrum sativum	– Koriander
Petroselinum sativum	– Petersilie
Centaurium umbellatum	– Tausendgüldenkraut
Hyoscyamus niger	– Bilsenkraut
Physalis alkekengi	– Judenkirsche
Papaver somniferum	– Schlafmohn
Reseda luterola	– Färber-Reseda

Zu den botanischen Ergebnissen von allgemeiner Gültigkeit gehören auch Beobachtungen zum Entwicklungsstand verschiedener Obstsorten. Bei den Kirschen wurde zum Beispiel festgestellt, daß ihre Steine größer waren als die der Wildkirschen, aber kleiner als diejenigen modern gezüchteter Hochformen der Süßkirsche. Trotzdem ist sicher, daß die Kirschen von Haus Meer »gezüchtet« waren und aus Gärten in der Umgebung der Burg stammten. Es lassen sich bei ihnen auch zwei verschiedene, aber nebeneinander existierende Sorten unterscheiden. Wenn hier für das Mittelalter von »Züchtung« gesprochen wird, so ist dieser Ausdruck nicht im Sinne der modernen Pflanzenzucht und -veredelung zu verstehen. Es handelt sich vielmehr um die Auswahl der jeweils größten, kräftigsten, widerstandsfähigsten Früchte und Pflanzen für Ackerbau, Gartenbau und Fortpflanzung, also um eine Zuchtwahl der besten Pflanzen durch den Menschen und damit durchaus um eine einfache Form der Züchtung.

Auch bei den Pflaumen ergeben sich in Haus Meer große Unterschiede. Etliche Steine zeigen den neuzeitlichen Züchtungsstand, andere dagegen sind recht klein und gehören der sogenannten Haferpflaume oder Krieche an *(Prunus domestica L. ssp. insititia, var. Juliana)*. Die rezenten Steine der Haferpflaume sind nur geringfügig größer als diejenigen aus Haus Meer. Es besteht kein Zweifel, daß auch die Haferpflaume in den Gärten um Haus Meer gezogen wurde. Eine dritte Pflaumensorte bilden die Ovalpflaumen, auch sie eine angebaute Kulturpflanze des 10. bis 12. Jahrhunderts. Zur vierten Sorte, der Rundpflaume, gehört die große Masse der in Haus Meer gefundenen Pflaumensteine. In Größe, Wölbung und Oberflächenbildung sind die Steine dieser Pflaume unseren heutigen Mirabellen ähnlich. Von den Pfirsichen ist sicher, daß während der Besiedlungszeit von Haus Meer zwei verschiedene Sorten kultiviert worden sind, was in den klimatisch günstigen Teilen der niederrheinischen Bucht nichts Besonderes ist (Janssen und Knörzer, 1971, S. 144f.). Beim Pfirsich ist überdies sicher, daß er seit römischer Zeit im Rheinland ununterbrochen kultiviert wurde.

Daß es sich aber bei den Befunden von Haus Meer keineswegs um einen Einzelfall handelt, belegen paläo-ethnobotanische Ergebnisse von der spätmittelalterlichen Burg Brüggen im westlichen Rheinland (Grabungen: Rech, 1979; botan. Untersuchungen: Knörzer, 1979). In der Burg Brüggen wird man Erbsen und Lein dem spätmittelalterlich sich ausbreitenden Feldbau zurechnen müssen. Feldsalat ist zu dieser Zeit keine Anbau-, sondern eine Wildpflanze, die gesammelt wurde. Dill, Kohl (Rübenkohl), Koriander, Fenchel, Gagel, Petersilie, Senf, die in Brüggen nachgewiesen wurden, kommen sämtlich als Gartengewächse in Betracht. Fenchel wurde im Spätmittelalter wie auch Anis gegen Mundgeruch verwendet (Tuchman, 1983, S. 57), daneben natürlich als Gemüse. Gagel, in Brüggen in größeren Mengen gefunden, wurde zum Bierbrauen verwendet. In Haithabu kommt der Gagel in relativ geringen Mengen vor, und Behre ist der Ansicht, daß dort das Bier mit Hopfen gebraut wurde, der häufig vertreten ist. Dagegen gab es in Dänemark Gagelbier (Behre, 1983, S. 52f., S. 59ff.). Noch weitere in Brüggen nachgewiesene Kulturpflanzen kommen für einen Gartenbau in Betracht, so die Runkelrübe, die Walnuß und viele Obst- und Beerenfrüchte, etwa die Erdbeere, weiterhin Apfel, Mispel, Süßkirsche, Sauerkirsche, Zwetschge, Haferschlehe, Ovalpflaume, Rundpflaume, Schlehe, Süßschlehe, Birne, Weinrebe. Als Wildpflanzen wurden gesammelt: Brombeere, Himbeere, Heidelbeere, Schwarzer Holunder. Vielleicht wurde die eine oder andere dieser zuletzt genannten Pflanzen auch im Garten geduldet oder gar gefördert. Die Pflanzenfunde in Brüggen stimmen weitgehend mit jenen in Haus Meer überein, die dort im Garten kultiviert wurden. Sie zeigen eine anspruchsvolle und differenzierte Versorgungswirtschaft mit pflanzlichen Nahrungsmitteln, Gewürzen und Heilpflanzen, die sich sowohl auf den Gartenbau, den Feldbau, das Sammeln wilder Früchte als auch auf den Import fremdländischer Pflanzen und ihrer Produkte gründete.

Im Gegensatz zum Klostergarten und zum Burggarten ist über den Garten des ländlichen Wirtschaftshofes im Mittelalter sehr wenig bekannt. Dennoch lebte der weitaus größte Teil der mittelalterlichen Gesellschaft bis in ihre oberen Schichten hinauf von der Landwirtschaft und vom Gartenbau. Fraglich muß bleiben, ob die Angaben des »*Capitulare de villis*« aus dem 9. Jahrhundert zum Gartenbau und zu den Anbaupflanzen auf alle Höfe des Mittelalters übertragen werden dürfen (Verhulst, 1965; Metz, 1971; Brühl, 1971; Franz, 1974; Vogellehner, 1984; Fischer, 1929; Genewein, 1947). Wenn die Angaben des »*Capitulare de villis*« in bezug auf den Gartenbau nicht als der Modellfall für alle ländlichen Gärten schlechthin gelten können, bleibt zu fragen, wie die Obst-, Gemüse- und Heilpflanzengärten der mittelalterlichen Höfe ausgesehen haben. Gibt es überhaupt Möglichkeiten, solche Gärten bei normalen Bauernhöfen des Mittelalters nachzuweisen? Man weiß bisher über diese Gärten außerordentlich wenig. Ausschnitthafte Kenntnisse für das frühe Mittelalter gründen sich auf Funde von Garten- und Heilpflanzen in den Gräbern der sogenannten Reihengräberzivilisation des 5. bis 8. Jahrhunderts. Sie enthalten neben Waffen,

Ausrüstungsgegenständen, Schmuck, Hausgerät und anderen unvergänglichen Gütern in günstigen Fällen auch pflanzliche Beigaben. Manchmal haben sich diese Pflanzenbeigaben bis heute erhalten; in zunehmendem Maße werden sie auch von den Archäologen beachtet und geborgen (Koenig, 1982, S. 96ff.). In Bullen und Kapseln, Beuteln und Kästchen verwahrt, finden sich Blätter, Blüten, Früchte, Samen, Knollen, Wurzeln, Zwiebeln oder ganze Zweige inländischer und exotischer Pflanzen in den Gräbern. In Form von Pulver, Breien, Extrakten, Lösungen aller Art fanden sie zu Lebzeiten der Bestatteten als Heilmittel Verwendung. Den Toten wollte man sie zum Gebrauch im Jenseits ebenfalls nicht vorenthalten. So erscheinen zum Beispiel die Blätter von Bilsenkraut *(Hyoscyamus niger)*, Färberkamille *(Anthemis tinctoria)*, Samenkörner von Wolfsmilch *(Euphorbia lathyris)*, Früchte einer Löwenmäulchenart *(Antirrhinum spec.)*, Ackerziest *(Stachys annuus)*, Gewürznelken, eine Dattel, Haselnüsse, Walnüsse, Eßkastanie, Fruchtstände des Hopfens und anderes mehr in den Gräbern (Willerding, 1978, S. 141; 1982, S. 551f.; Hopf, 1963). Wichtig sind auch Blumengebinde oder ins Grab gestreute Pflanzenlagen, die in frühmittelalterlichen Reihengräbern vorkommen und wichtige Hinweise auf die damals in Gärten kultivierten Pflanzen gestatten.

Die gleiche Zeit betreffen die sicher nicht von Zufälligkeiten freien Angaben des Gregor von Tours (538–594) über Pflanzen. Immerhin befinden sich unter den erwähnten Kulturpflanzen auch solche, die einen Gartenbau in der Merowingerzeit zweifelsfrei belegen, zum Beispiel Weinrebe, Lorbeerbaum, Eßkastanie, Ölbaum, Pflaumenbaum, Birnbaum, Maulbeerbaum, Salbeistrauch. An Gemüsen finden sich *crumelum* und *legumen*, womit wohl Hülsenfrüchte gemeint sind. Es gibt bei Gregor weiterhin Kohlsorten, die als *holus* oder *olus* bezeichnet werden. Neben Kichererbsen *(cicer)* findet man an Kräutern: *herba agrestis, herba odorans*, Wermut – *absentium*, Safran – *crocum, croceus*, Zwiebel – *caepa*, Mispel – *mespilus*. An Blumen erscheinen Rose, Lilie und das Veilchen, das allerdings auch ein wildes Veilchen sein kann. Pflanzen oder Pflanzenteile wurden im frühen Mittelalter auch als Reliquien auf Reisen mitgeführt oder von Pilgerreisen und Wallfahrten mitgebracht (Weidemann, 1982, S. 165ff.). Neben Moos kommen als Reliquienpflanzen Wein, Salbei, Lorbeer, Maulbeerbaum in Betracht. Pflanzenreliquien stammen auch nicht selten vom Heiligen Grab oder von den Gräbern anderer Heiliger, von denen zum Teil

Lorbeerblätter entnommen wurden, auf die man die Leichname gebettet hatte. Manche exotische Pflanze mag auf diesem Wege vom Orient nach Mitteleuropa gelangt sein, wie etwa Datteln, Feigen, Mandeln, Ölfrüchte und Reis aus Indien (van Winter, 1971, S. 13). Insgesamt zeigen die Pflanzenbelege der Merowingerzeit eindeutig, daß es einen inländischen Gartenbau bereits in dieser Zeit gegeben hat. Das Weiterleben römischer Kenntnisse und Praktiken des Gartenbaus liegt im merowingerzeitlichen Gallien sehr nahe.

Zur Frage nach den an das Haus anschließenden Nutz- und Ziergärten hätten die Archäologen Grund gehabt, die von Zäunen und anderen Einfriedungen eingeschlossenen Hofareale daraufhin zu überprüfen, ob hier nicht auch Gärten gelegen hatten. Die Höfe bäuerlicher Anwesen können zu mannigfachen Zwecken genutzt worden sein: zum Unterstellen von Ackergerät, zur Lagerung von Dünger oder Feldfrüchten, zur Haltung von Nutzvieh usw. Die Gärten aber würde man am ehesten in jenen Teilen des Hofes vermuten, die unmittelbar an die Rückfront des Bauernhauses anschließen. Dort wird man sie nur mit Hilfe subtiler archäologischer Untersuchungen sowie auf dem Wege von Phosphatuntersuchungen aufspüren können. Nicht alle mittelalterlichen Höfe und Dörfer kennen Zäune. In fragmentarischem Zustand wurden zum Beispiel die Reste von Zäunen in den frühmittelalterlichen Siedlungen von Warendorf in Westfalen (Winkelmann, 1958) und von Gladbach bei Neuwied im Rheinland bekannt, doch ist die Funktion dieser Umzäunungen nicht vollständig geklärt (Donat, 1980, S. 92ff.). Gut erhaltene Einzäunungen kennt man aus der karolingischen Siedlung von Odoorn in den Niederlanden (Waterbolk, 1973). Durch mehrere Siedlungsperioden hindurch grenzten hier hofumschließende Zäune verschiedene rechteckige Hofgrundstücke ab und ließen zwischen sich rechtwinklig zueinander orientierte innerörtliche Wege frei. Nur etwa 10 bis 20 Prozent der eingezäunten Flächen wurden von Hofgebäuden eingenommen. Der übrige Platz konnte unter anderem für einen Garten genutzt werden. Für Odoorn liegen auch paläo-ethnobotanische Untersuchungen vor (van Zeist, 1968 [1970], S. 132ff.). Immerhin ist die Zucht von Pflaumen *(Prunus insititia)* in Odoorn erwiesen, der Apfel kommt ebenfalls vor, auch die Haselnuß, wohl aber als Wildpflanze.

Zahlreiche durch Zäune begrenzte Höfe kennzeichnen auch die kaiserzeitlich bis wikingerzeitliche Siedlung von Vorbasse, unweit von

Ribe in Dänemark (Hvass, 1982). In Vorbasse gibt es große Hofeinfriedungen, die Flächen von 80 × 80 m Größe einschlossen. Innerhalb dieser Areale lagen nicht nur die Hofgebäude. Sie umschlossen höchstwahrscheinlich auch Gärten. Gute archäologische Nachweise über Einzäunungen und Mauern als Hofbegrenzung stammen aus der slawischen Siedlung von Pfaffenschlag in Mähren, die im 11. und 12. Jahrhundert begründet wurde und bis ins 15. Jahrhundert bestanden hat (Nekuda, 1975; 1982). Hier waren die einzelnen Gehöfte einer zweizeiligen Reihensiedlung auf beiden Ufern eines Baches von Mauern eingeschlossen. Leider wurden die Hofareale nicht ausgegraben, so daß Pflanzen aus dem Gartenbau nicht nachgewiesen wurden. Pollenanalytisch sind nur Kirsche und Walnuß nachgewiesen und die Johannisbeere. In einer anderen südmährischen Wüstung ist der Weinbau sowohl botanisch als auch durch Funde von Rebmessern erwiesen, so in Kovalov (Nekuda, 1982, S. 22).

Zum Gartenbau sind spezifische Werkzeuge und Geräte nötig, die auch im archäologischen Fundgut erscheinen. Neben einer leichten oder auch schweren Hacke, mit der man Erdschollen lösen und wenden konnte, sind vor allem eine kleine Egge und der im gesamten mittelalterlichen Europa verbreitete, mit Metallstreifen beschlagene Spaten zu erwähnen. Letzteren kennen wir sowohl aus archäologischen Funden als auch aus Bildquellen. Dieser Holzspaten diente zum Umgraben des Gartens in einer Weise, wie sie auch heute noch mit dem Spaten mit eisernem Blatt praktiziert wird.

Luftaufnahmen englischer Wüstungen des Spätmittelalters zeigen oft mit besonderer Klarheit die Hofeinzäunungen, die dort meist aus niedrigen Mauern bestehen. Nicht selten sind aber auch die gesamten fossilen Fluren, die zu Hof- oder Dorfwüstungen gehören, hervorragend erhalten. In den aus Wölbäckern bestehenden Flurkomplexen finden Gärten keinen Platz. Sie können nur in den umzäunten hof – anschließenden Arealen gesucht werden, wo man sie durch archäologische und paläo-ethnobotanische Forschungen mit Sicherheit auch antreffen wird. Der Garten erweist sich damit nicht als Bestandteil der Flur, sondern als Zubehör des bäuerlichen Hauses oder Wirtschaftshofes. Diese seine mit dem landwirtschaftlichen Haus verbundene Funktion sollte bei der weiteren Erforschung der mittelalterlichen Gartenkultur nie vergessen werden.

Die Geschichte des Gartens innerhalb der mittelalterlichen Stadt muß in drei Zeitphasen gegliedert werden:

- Die Zeit der frühstädtischen Zentren und Handelsplätze des 9. bis 11. Jahrhunderts vom Typ Haithabu;
- die Zeit der vollentwickelten hochmittelalterlichen Stadt vom Typ Lübeck;
- die Zeit der spätmittelalterlichen Großstadt vom Typ Nürnberg.

Die Verhältnisse in der frühstädtischen Handelsniederlassung Haithabu, die von etwa 800 bis 1200 bewohnt war, lassen sich dank der paläo-ethnobotanischen Publikationen von K.-E. Behre (1983) recht gut überschauen. Danach scheint es innerhalb des Halbkreiswalles von Haithabu keinen ausgeprägten Gartenbau gegeben zu haben. Grundsätzlich könnte man die in Haithabu nachgewiesenen Kulturpflanzen Pflaume, Süßkirsche, Apfel, Hopfen, Schlehe, Himbeere, Gagel, Sellerie auch dem Gartenbau zuweisen, doch ist ihre Kultivierung wie auch beim Lein und der Pferdebohne, im Feldbau nicht auszuschließen. Nachdem es immer wahrscheinlicher wird, daß Haithabu als Siedlung von Schleswig abgelöst wurde, lohnt sich ein Vergleich der paläo-ethnobotanischen Funde aus beiden Siedlungen (K.-E. Behre, 1978, S. 161–179; ders., 1983, S. 34 u. 77ff.). Ein solcher Vergleich ergibt unter anderem, daß der einen Pflaumensorte von Haithabu in Schleswig wenig später eine Variantenvielfalt von vier verschiedenen Formtypen gegenübersteht, die recht deutlich eine systematische Züchtung und Veredlung, wahrscheinlich unter Einschluß der Pfropftechnik, erkennen läßt. Man geht davon aus, daß die Züchtung und Veredlung von Pflanzen im 11. Jahrhundert unter dem Einfluß der aufblühenden Klöster in Schleswig stattfand. Behre zögert auch nicht, das Auftreten des Hopfens als Anbaufrucht im Raume Haithabu mit dem durch Klöster bewirkten Vordringen neuer Kulturpflanzen in den Norden in Zusammenhang zu bringen (Behre, 1983, S. 79).

Im hohen und späten Mittelalter tritt die Bedeutung der innerstädtischen Gärten für die Versorgung der städtischen Bevölkerung immer deutlicher in Erscheinung. Bereits 1961 wurden in Neuss aus zwei Faßlatrinen und aus einem Steinbrunnen auf den Grundstücken Oberstraße 77 und 79, heute Kaufhaus Horten, südöstlich des Münsters St. Quirin, umfangreiche botanische Reste geborgen, die einwandfrei auf die Existenz innerstädtischer Gärten hinweisen (Knörzer und Müller, 1968, S. 131ff.). Aus dem 15. und 16. Jahrhundert wurden zum Beispiel Steinobst, Kernobst, Beerenpflanzen, Gemüsepflanzen, Heilpflanzen und Zierpflanzen sowie Ölpflanzen und Nüsse aufgefunden (Knörzer und Müller, 1968, S. 138f.). Mehrere Bodenaufschlüsse des 12. bis 18. Jahrhunderts bestätigten inzwischen die damaligen Untersuchungsergebnisse von Knörzer (Knörzer, 1975). In Neuss finden sich allein vier verschiedene Pflaumenarten, die alle in innerstädtischen oder stadtnahen Gärten gezogen worden sein müssen. Bei den Kirschen fällt der Unterschied zwischen den kleinen Steinen der Wildformen und der größeren der gezüchteten Sorten auf. Auch die Süßschlehe scheint in Gärten gezogen worden zu sein. Von beträchtlicher Tragweite ist die Beobachtung Knörzers, daß die Steingröße von Kirsche, Zwetschge und Schlehe in Neuss erheblich über derjenigen entsprechender Früchte aus Haus Meer liegt (Knörzer, 1975, S. 166). Zwischen den nur 10 Kilometer entfernten Befunden aus dem 11. bis 12. Jahrhundert in Haus Meer und den spätmittelalterlichen aus Neuss liegt also ein deutlicher züchtungsbedingter Unterschied.

Die Feige ist in Neuss Importfrucht. Apfel, Birne, Mispel und Speierling wurden in Gärten kultiviert. Die Walnuß wurde angebaut, der Haselstrauch in seiner Wildform abgeerntet und gefördert, Himbeere, Brombeere und Erdbeere sind im spätmittelalterlichen Neuss noch Wildformen. Eine ganze Reihe von Gemüsepflanzen stammt mit Sicherheit aus der Gartenkultur, so Amarant, Sellerie, die Mangoldrübe, Möhre, Pastinak, Portulak, Linse und Erbse. Die beiden zuletzt genannten Früchte wurden im Spätmittelalter bereits außerhalb der Stadt im Feldbau angebaut und dienten auch als Zwischenfrucht auf dem Brachland (Besömmerung). Gleiches gilt für die Pferdebohne und die Wicke. Wichtig als Pflanzen innerstädtischer Gärten sind Dill, Kümmel, Koriander, Fenchel, Petersilie, Bohnenkraut usw. Viele dieser Gewürze dienten im Mittelalter sowohl als Heilkräuter als auch als Geschmacksverbesserer bei Speisen. Viel zu wenig wird ihre Funktion als Verdauungshilfen gewürdigt, die das Aufschließen der sehr schweren Speisen des Mittelalters unterstützten. *Hyoscyamus niger* (Bilsenkraut) ist uns bereits im frühen Mittelalter begegnet. Es ist die einzige ausgesprochene Arzneipflanze, die in Neuss nachzuweisen war. Dort dienten Blumen als Zierpflanzen, so etwa die Margerite und Vergißmeinnicht, Akelei und Judenkirsche und nicht zuletzt die Rose. Im übrigen ist der Gartenbau in mittelalterlichen Städten nicht nur durch die kultivierten Pflanzen selbst, sondern leichter und sicherer durch die mit ihnen vergesellschafteten Unkräuter nachzuweisen. Sie finden sich sehr häufig in den Kloaken und Abfallschächten, welche im hinteren Teil städtischer Grundstücke lagen und die ausgejäteten Unkräuter des nahen Gartens aufnehmen mußten.

Aus den Stadtkerngrabungen in Lübeck kommt der umfangreichste botanische Fundstoff, der je in einer mittelalterlichen deutschen Stadt geborgen wurde. Die Auswertung dieses Materials hat erst begonnen (Kroll, 1978; Lynch und Paap, 1982, S. 339–360; Paap, 1982, S. 172 bis 183). Auch in Lübeck sind es die unbebauten Hinterhöfe der Hausgrundstücke, auf denen die Gärten lagen (Berndt und Neugebauer, 1968). Aus Göttingen könnte man ähnliche Beispiele beisteuern. Für Handelsstädte mit weitreichenden Wirtschaftsbeziehungen wie Lübeck muß ein Zustrom pflanzlicher Erzeugnisse sowohl aus dem näheren Umland als auch aus den Fernhandelsgebieten vorausgesetzt werden. Lübeck gehört zu jenen spätmittelalterlichen Städten, für die eine sogenannte »Vergartung« seit dem 13. Jahrhundert charakteristisch ist (Irsigler, 1982, S. 180ff.). Breite Gürtel mit Obstkulturen und Gemüseanbau umgeben auch die Städte Hamburg (Altes Land), Köln und Bonn (Vorgebirge), Breslau (sogenannte Kräuterei), Nürnberg, Bamberg, Erfurt, Würzburg und andere Städte. Der Gemüse- und Obstanbau erreichte hier die Form großmaßstäblicher Sonderkulturen, die für die Versorgung der städtischen Bevölkerung unentbehrlich waren (Abel, 1967, S. 95). Die italienischen Ursprünge dieses großgewerblichen Gemüseanbaus und des dazugehörigen Vertriebssystems sind durchaus bekannt.

Für Göttingen ist die Existenz innerstädtischer Gemüsegärten nicht nur durch Schriftquellen, sondern auch durch entsprechende paläoethnobotanische Reste für das Spätmittelalter einwandfrei erwiesen (Willerding, 1984a). Neben Gemüse- und Gewürzgärten sind auch Obstgärten nachweisbar, etwa durch schriftliche Zeugnisse für die Jahre 1313 und 1417. Innerhalb und außerhalb der Stadtmauern müssen Gärten angenommen werden (Willerding, 1984a). Zierpflanzen werden in Gärten oder Kästen an den Fenstern kultiviert. Hier erscheinen Akelei *(Aquilegia vulgaris)*, Madonnenlilie *(Lilium candidum)*, Maiglöckchen *(Convallaria majalis)*, Osterglocke *(Narcissus pseudonarcissus)*, Pfingstrose *(Paeonia officinalis)*, Rose *(Rosa sp.)*, Schwertlilie *(Iris germanica)* und Veilchen *(Viola odorata)*. In einer schriftlichen Quelle von 1313 ist für Göttingen ausdrücklich umfangreicher Obstanbau sowie das Vorhandensein von Hopfengärten bezeugt. Viele Göttinger Gärten lagen knapp außerhalb der Stadtmauer auf den ehemaligen und nunmehr zugeschütteten Befestigungsgräben.

Auch in Duisburg ist innerstädtischer Gartenbau im Zuge der neuesten archäologischen Grabungen einwandfrei nachgewiesen (K.-H. Knörzer, 1983, S. 78ff.). Gemüse- und Salatpflanzen, Obstfrüchte, Heilpflanzen und anderes wurde in innerstädtischen Gärten gezogen. In Kloaken und Abfallgruben haben sich die Reste jener Pflanzen gut erhalten.

Ein besonders schönes Beispiel für innerstädtischen Gartenbau kennt man aus Klosterneuburg. Hier wurde der rückwärtige Teil des Grundstücks Wilhelm-Lebsaft-Gasse 3 archäologisch untersucht. Botanische Funde, Werkzeuge, historische Zeugnisse und Grabungsbefunde ermöglichten es, auf dem an der Stadtmauer gelegenen Grundstück den Hausgarten, einen Baumgarten und mehrere darin gelegene Brunnen und Zisternen sowie den »Langen Safrangarten« zu identifizieren (Eisterer, 1984, S. 53ff.).

Diese Art innerstädtischen Gartenbaus war in Klosterneuburg wie auch in vielen anderen mittelalterlichen Städten für die Versorgung der städtischen Bevölkerung von großer Bedeutung (Abel, 1967, S. 95). Vor allem ging es darum, die nötige vitaminreiche Kost bereitzustellen, und dies geschah in erster Linie durch die Erzeugnisse des innerstädtischen oder stadtnahen Gartenbaus. Bis zur industriellen Umformung der Stadt im 19. Jahrhundert hat sich an der Gartenwirtschaft im städtischen Bereich kaum etwas geändert. Ein schönes Beispiel liefert für das 18. Jahrhundert Johann Wolfgang von Goethes Schilderung des großelterlichen Gartens in der Friedberger Gasse zu Frankfurt am Main (Dichtung und Wahrheit, 1. Teil, 1. Buch). Erst heute, im Zeitalter der Umweltzerstörungen, beginnen wir, diese uralten Funktionen des Gartens wiederzuentdecken.

Literatur

Abel, W.: Geschichte der deutschen Landwirtschaft vom frühen Mittelalter bis zum 19. Jahrhundert. In: Deutsche Agrargeschichte, hrsg. v. G. Franz, Bd. II. Stuttgart [2]1967.

Behre, K.-E.: Formenkreise von Prunus domestica L. von der Wikingerzeit bis in die frühe Neuzeit nach Fruchtsteinen aus Haithabu und Alt-Schleswig. Ber. der Deutschen Botanischen Gesellschaft 91 (1978), S. 161ff.

Behre, K.-E.: Ernährung und Umwelt der wikingerzeitlichen Siedlung Haithabu. Die Ergebnisse der Untersuchungen der Pflanzenreste. Neumünster 1983.

Berndt, H. und W. Neugebauer: Lübeck. Eine medizinhistorische Studie. In: Res Mediaevales, Fs. Ragnar Blomqvist, Karlshamn 1968, S. 53–90.

Brühl, C.: Capitulare de villis. Codex Guelf. 254 Helmstadiensis d. Herzog August-Bibliothek. Wolfenbüttel 1971.

Christ, H.: Zur Geschichte des alten Bauerngartens der Schweiz und angrenzender Gegenden. Basel 1923.

Cortonesi, A.: Le spese in victualibus della Domus Helemosine sancti Petri di Roma. Archeologia Medievale 8 (1981), S. 193–225.

Crisp, F.: Mediaeval Gardens. 2 vols. London 1924.

Czygan, F.-Chr.: 4000 Jahre Ätherische Öle, eine kunst- und kulturhistorische Exkursion: In: Informationen der Bayerischen Maximilians-Universität Würzburg. Heft 1 (1985), S. 6–12.

Dörfliche Vegetation im Freilichtmuseum. Erhaltung dörflicher Pflanzengesellschaften und historischer Nutzpflanzenkulturen. Internationales Symposium im Rheinischen Freilichtmuseum in Kommern. 1981.

Donat, P. L.: Haus, Hof und Dorf in Mitteleuropa vom 7.–12. Jahrhundert. Berlin 1980.

Eisterer, H.-D.: Der Garten. In: Ausstellungskatalog der Sonderausstellung Klosterneuburg 1440–1519. 1984, S. 53–56.

Fischer, H.: Mittelalterliche Pflanzenkunde. München 1929, Neudruck Hildesheim 1967.

Franz, G. (Ed.): Quellen zur Geschichte des Deutschen Bauernstandes im Mittelalter. Freiherr v. Stein-Gedächtnisausgabe, hrsg. v. R. Buchner, Bd. XXXI. Nr. 22. Wiss. Buchgesellschaft, Darmstadt 1974.

Franz, G. (Ed.): Geschichte des deutschen Gartenbaues. Deutsche Agrargeschichte, Bd. 6. Stuttgart 1984.

Genewein, C.: Des Walahfrid Strabo von der Reichenau Hortulus und seine Pflanzen. Ungedruckte Med. Diss. München 1947.

Hauser, A.: Bauerngärten der Schweiz. Zürich 1976.

Hecht, K.: Der St. Galler Klosterplan. Sigmaringen 1983.

Hennebo, D. und A. Hoffmann: Geschichte der Deutschen Gartenkunst; bes. Bd. I: Hennebo, D.: Gärten des Mittelalters. Hamburg 1962.

Hopf, M.: Walnüsse und Eßkastanie in Holzschalen als Beigaben im fränkischen Grab von Krefeld (Gellep). Jahrb. RGZM 10 (1963).

Hvass, S.: Ländliche Siedlungen der Kaiser- und Völkerwanderungszeit in Dänemark. Offa 39 (1982), S. 184–215.

Irsigler, F.: Die Gestaltung der Kulturlandschaft am Niederrhein unter dem Einfluß städtischer Wirtschaft. In: Wirtschaftsentwicklung und Umweltbeeinflussung (14.–20. Jh.), hrsg. v. H. Kellenbenz. Wiesbaden 1982, S. 173–195.

Janssen, W. und K. H. Knörzer: Die frühmittelalterliche Niederungsburg bei Haus Meer. Stadt Meerbusch, Kreis Grevenbroich. Schriftenreihe des Kreises Grevenbroich, Nr. 8. Neuss 1971.

Knörzer, K.-H. und G. Müller: Mittelalterliche Fäkalien-Faßgrube mit Pflanzenresten aus Neuss. In: Rheinische Ausgrabungen 1 (1968), S. 131–169.

Knörzer, K.-H.: Mittelalterliche und jüngere Pflanzenfunde aus Neuss am Rhein. In: Z. f. Archäol. d. Mittelalters 3 (1975), S. 129–181.

Knörzer, K.-H.: Spätmittelalterliche Pflanzenreste aus der Burg Brüggen, Kr. Viersen. Bonner Jahrb. 179 (1979), S. 595–611.

Knörzer, K.-H.: Mittelalterliche Pflanzenfunde unter dem Alten Markt. In: Duisburg im Mittelalter. 1100 Jahre Duisburg 883–1983. Begleitschrift zur Ausstellung. Duisburg 1983.

Koenig, G. G.: Schamane und Schmied, Medicus und Mönch. Ein Überblick zur Archäologie der merowingerzeitlichen Medizin im südlichen Mitteleuropa. In: helvetia archaeologia 13 (1982), S. 75–154, bes. S. 96ff.

Kroll, H.: Kirschfunde aus dem 13./14. bis 16. Jahrhundert aus der Lübecker Innenstadt. Ber. d. Dt. Botan. Ges. Bd. 91 (1978), S. 181–185.

Lynch, A. und N. Paap: Untersuchungen an botanischen Funden aus der Lübecker Innenstadt. Ein Vorbericht. Lübecker Schriften zur Archäol. u. Kunstgeschichte 6 (1982), S. 339–360.

Metz, W.: Zur Erforschung des karolingischen Reichsgutes. München 1971, bes. S. 8–21.

Metz, W. und A. E. Verhulst: Capitulare de villis. In: Lexikon des Mittelalters, 2. Bd., 7. Liefer. (1983), S. 1482f.

Müller-Wille, M.: Eine Niederungsburg bei Haus Meer, Gem. Büderich, Kreis Grevenbroich. In: Rheinische Ausgrabungen 1. Köln–Graz 1968, S. 1–55.

Nekuda, V.: Pfaffenschlag. Zaniklá stredoveká ves u Slavonic. Brno 1975.

Nekuda, V.: Das mittelalterliche Dorf Mährens im Licht der archäologischen Forschung. Ausstellungskatalog. Brünn 1982.

Opravil, E.: Synanthrope Pflanzengesellschaften aus der Burgwallzeit (8.–10. Jh.) in der Tschechoslowakei. Ber. d. Dt. Botan. Ges. Bd. 91, Heft 1 (1978), S. 97 bis 106.

Paap, N.: Botanischer Beitrag zu archäologisch-baugeschichtlichen Beobachtungen und Teiluntersuchungen im Haus Engelsgrube 56 und seinen Nachbarhäusern in Lübeck. Lübecker Schriften zur Archäol. u. Kunstgeschichte 6 (1982), S. 172 bis 183.

Roth, H. J.: Die Pflanzen in der Bauplastik des Altenberger Domes. Ein Beitrag zur Kunstgeschichte und zur mittelalterlichen Botanik. Bergisch Gladbach 1978.

Stoffler, H.-D.: Der Hortulus des Walahfrid Strabo. Sigmaringen 1978.

Tuchman, B.: Der ferne Spiegel. Das dramatische 14. Jahrhundert. München 1983.

Verhulst, A. E.: Karolingische Agrarpolitik. Das Capitulare de villis und die Hungersnöte von 792/793 und 805/806. Z. f. Agrargesch. u. Agrarsoziol. 13 (1965) S. 175–189.

Vogellehner, D.: Garten und Pflanzen im Mittelalter. In: G. Franz (Ed.): Geschichte des deutschen Gartenbaues. Stuttgart 1984, S. 69–98.

Waterbolk, H. T.: Odoorn im frühen Mittelalter. Bericht der Grabung 1966. Neue Ausgrabungen und Forschungen in Niedersachsen 8 (1973), S. 25–89.

Weidemann, M.: Kulturgeschichte der Merowingerzeit nach den Werken des Gregor von Tours. Mainz 1982.

Willerding, U.: Paläo-ethnobotanische Befunde an mittelalterlichen Pflanzenresten aus Süd-Niedersachsen, Nord-Hessen und dem östlichen Westfalen. Ber. d. Dt. Botan. Gesellsch. Bd. 91, Heft 1 (1978), S. 129–160.

Willerding, U.: Funde mittelalterlicher Pflanzenreste aus der Altstadt von Göttingen. In: Das neue Bild des alten Göttingen. 5 Jahre Stadtarchäologie. Hrsg. v. S. Schütte. Göttingen 1984 a, S. 57–62.

Willerding, U.: Ur- und Frühgeschichte des Gartenbaues. In: G. Franz (Ed.): Geschichte des deutschen Gartenbaues. Stuttgart 1984 b, S. 39–68.

Winkelmann, W.: Die Ausgrabungen in der frühmittelalterlichen Siedlung bei Warendorf in Westfalen. Neue Ausgrabungen in Deutschland. Hrsg. v. W. Krämer. Berlin 1958.

Winter, J. M. van: Van Soeter Cokene. Bussum 1971.

Zeist, W. van: Prehistoric and early historic Food Plants in the Netherlands. Palaeohistoria 14 (1968/1970), S. 14–173; u. a. über Dorestad und Odoorn.

ULRICH WILLERDING

Landwirtschaftliche Produktionsstrukturen im Mittelalter

Über die während des Mittelalters in Zentraleuropa verbreiteten Produktionsstrukturen der Landwirtschaft geben recht unterschiedliche Quellen Aufschluß. Neben schriftlichen und ikonographischen Zeugnissen sind dies die in der Landschaft noch vorhandenen Spuren landwirtschaftlicher Tätigkeit und insbesondere auch die Überreste der damals angebauten beziehungsweise genützten Pflanzen sowie die Funde von Agrargerätschaften, die bei archäologischen Ausgrabungen erschlossen werden können.

Naturgemäß ergibt sich die Frage nach dem Aussagewert der einzelnen Quellentypen. So informieren schriftliche Quellen vor allem über die jeweils produzierten Früchte, wie dies zum Beispiel Zehntverzeichnisse, Lagerbücher und Zollrollen tun. Agrartechnische Verfahrensweisen, Landschaftszustand und Aussehen der Früchte werden vielfach aus den ikonographischen Quellen ersichtlich, beispielsweise in den Kalenderbildern der Stundenbücher, dem *Tacuinum sanitatis* und frühneuzeitlichen Markt- und Küchenstücken sowie den frühen Kräuterbüchern.

Reste der mittelalterlichen Anbaustrukturen selbst sind auf uns überkommen in Form von Wölbäckern, Ackerterrassen oder Waldrandstufen der Wüstungsfluren. Auch Relikte extensiver Gehölz- und Grünlandnutzung bieten Hinweise auf die im Mittelalter üblichen Nutzungsstrukturen. Dies gilt für Hudewald, Laubwiese und Schaftrift ebenso wie für Mittelwald, Niederwald und Kopfholzbestände oder Heideflächen. Aus Gründen der Erforschung derartiger alter Nutzungsstrukturen ist es ebenso wie aus didaktischen und musealen Belangen dringend erforderlich, daß bezeichnende Reste solcher Nutzungsformen als flächendeckende Natur- oder Kulturdenkmäler geschützt werden, wie das beispielsweise im Bereich des als Urwald bezeichneten Hudewaldes an der Sababurg und mancher Heide- oder Kalktriftfläche geschehen ist. Diese Beispiele machen aber zugleich deutlich, daß es sich um einen Erhaltungsschutz handeln muß, bei dem die Beibehaltung ehemaliger Nutzung festzuschreiben ist. Aufgrund der den extensiven Formen der Landnutzung eigenen, oft mosaikartig gegliederten Standortsverhältnisse empfehlen sich derartige Schutzgebiete zugleich vorzüglich als Flächen des Artenschutzes. Dort können auch Pflanzengesellschaften, die den modernen Nutzungsstrukturen nicht mehr entsprechen, erhalten bleiben.

In diesem Zusammenhang sind auch Feldflorareservate zu nennen, wie das auf der Beutenlay bei Münsingen. Hier sind ebenso wie bei dem seit geraumer Zeit entwickelten Konzept der herbizidfrei gehaltenen Ackerrandstreifen Erhaltungsräume für eine vielfältige Ackerunkrautflora gegeben, die während des Mittelalters als Quelle mancher Heildroge und als Lieferant von Farbstoffen sowie von Notnahrung von größerer Bedeutung gewesen ist. Zugleich werden auf diese Weise die Lebensgrundlagen oft stark spezialisierter Insektenarten gewährleistet.

Bei der paläo-ethnobotanischen Untersuchung mittelalterlicher Pflanzenreste müssen umfangreiche methodische Analysen über die Voraussetzungen der Präsenz der Belege sowie über ihren Repräsentanzwert durchgeführt werden. Ähnlich ist es bei der Erschließung von Resten mittelalterlicher Agrargerätschaften, wie zum Beispiel Pflugschar, Egge, Spaten und Hacke oder auch bei Pflug- oder Spatenspuren im Boden. Derartige direkte Überreste der Produktionsgüter oder der Produktionsgeräte erlauben oftmals besonders zuverlässige Informationen über die damaligen Produktionsstrukturen. So führt beispielsweise die kritische Analyse von Lebensform, Wuchshöhe und Standortsansprüchen nachgewiesener Unkrautarten zu wertvollen Einsichten in die von Agrartechnologie und Standortsbedingungen beeinflußten Produktionsverhältnisse.

Aussagen über landwirtschaftliche Produktionsstrukturen vergangener Zeiträume werden demnach offenbar auf der Grundlage interdisziplinär angelegter Untersuchungen ermöglicht. Dabei kommt freilich den Ergebnissen paläo-ethnobotanischer Forschungen ein besonderer Stellenwert zu.

Einige grundlegende Erkenntnisse über die landwirtschaftlichen Produktionsstrukturen im Mittelalter sind im folgenden zusammengestellt. Dabei wurde allerdings meist auf die Erörterung der jeweiligen Quellensituation und der damit verbundenen methodischen Probleme verzichtet, da dies unter anderem in den im Literaturverzeichnis genannten Untersuchungen des Verfassers ausführlich geschehen ist. Dies gilt entsprechend auch hinsichtlich des derzeitigen Forschungsstandes der Mittelalter-Paläo-Ethnobotanik.

Ackerbau

Das Ackerland des Mittelalters war geprägt durch den Anbau von Getreidearten.[1] Unter ihnen spielte seit dem Frühmittelalter der Roggen *(Secale cereale)* eine zunehmend wichtige Rolle. Er herrscht in vielen mitteleuropäischen Fundkomplexen vor. Dies gilt für die Gebiete der heutigen Weizen-Zuckerrüben-Böden der Lößbördenlandschaften ebenso wie für die nährsalzarmen Böden des nordwestdeutschen Altpleistozängebietes.

Daneben wurde Saat-Weizen *(Triticum aestivum* s. l.), Gerste *(Hordeum vulgare)* und Saat-Hafer *(Avena sativa)* in größerem Umfange angebaut. Dinkel *(Triticum spelta)* und Rispenhirse *(Panicum miliaceum)* hatten zumindest regional noch eine gewisse Bedeutung behalten, während die Anteile von Emmer *(Triticum dicoccon)* und Einkorn *(Triticum monococcum)* weiterhin abnahmen. Auf den armen Böden Nordwestdeutschlands gedieh zudem der Sand-Hafer *(Avena strigosa)*. Der Anbau des aus Zentralasien stammenden und zu den Knöterichgewächsen gehörenden Buchweizens *(Fagopyrum esculentum)* begann anscheinend erst im 14. Jahrhundert.

Lein- und Mohnfelder *(Linum usitatissimum, Papaver somniferum)* sorgten während der Blütezeit mit ihren leuchtenden Blau- beziehungsweise Weißtönen für eine gewisse farbliche Belebung der Landschaft. Dies gilt auch für den seit der Bronzezeit kultivierten Leindotter *(Camelina sativa)*, der gelegentlich noch angebaut wurde. Zu den Ölfrüchten ist schließlich noch der Hanf *(Cannabis sativa)* zu zählen; seine Früchte fanden insbesondere zur Herstellung von Fastenspeisen Verwendung.

Angesichts der gelegentlich größeren Vorratsfunde verkohlter Leguminosen-Samen ist damit zu rechnen, daß Ackerbohne *(Vicia faba)*, Erbse *(Pisum sativum)* und Linse *(Lens esculenta)* wenigstens teilweise feldmäßig angebaut worden sind. Das mag auch mit ihrer wiederholt schriftlich belegten Verwendung als Mehl- und Breifrucht zusammenhängen. Andererseits ist ihre Kultur im Garten nicht völlig auszuschließen, ebenso wie die freilich nicht belegte Nutzung von Ackerbohne und Erbse als Frischgemüse.

Die aus Grabungskomplexen geborgenen verkohlten Belege vieler Kulturpflanzen des Ackerlandes deuten darauf hin, daß diese Arten in einer erstaunlichen Formenfülle vorgelegen haben. Dies gilt beispielsweise auch für Roggen-Vorratsfunde des Frühmittelalters aus dem slawischen Burgwall von Oldenburg/Kr. Ostholstein und des Spätmittelalters aus der Wüstung Holzheim/Schwalm-Eder-Kreis. Hier liegen jeweils neben auffällig kurzen, schmalen oder breiten Körnern auch recht lange Karyopsen unterschiedlicher Breite und Höhe vor. Da diese Formenunterschiede weder als Folgen des Verkohlungsgeschehens aufzufassen sind, noch modifikativ bedingt sein können, ist mit dem Anbau eines formenreichen Roggengemisches zu rechnen. Entsprechend muß wohl allgemein das Vorhandensein unterschiedlich leistungsfähiger Formen einer Kulturpflanzenart innerhalb der Feldflur einer Siedlung und wahrscheinlich auch eines Ackers angenommen werden. Die intraspezifischen Konkurrenzverhältnisse unterschieden sich demnach wesentlich von den heute vorhandenen, wo genetisch weitgehend gleichartige Hochzüchtungen auf einem Acker wachsen.

Derartige Befunde deuten zugleich darauf hin, daß der Züchtungsstand der Kulturpflanzen des Ackers im Mittelalter nicht besonders einheitlich und weit entwickelt gewesen ist. Dies äußert sich beispielsweise auch in der insgesamt recht geringen Größe der fossilen Belege. So beträgt die mittlere Länge mittelalterlicher Roggenkörner etwa knapp vier bis sechs Millimeter, während bei modernen Hochzuchten acht Millimeter und mehr erreicht werden.

Daß Roggen und Weizen als Wintergetreide angebaut worden sind, geht unter anderem auch aus der in Vorratsfunden häufig angetroffenen Beimischung von Diasporen bezeichnender Winterfruchtunkräuter hervor. In diesem Zusammenhang seien genannt: Acker-Frauenmantel *(Aphanes arvensis)*, Acker-Hahnenfuß *(Ranunculus arvensis)*, Finkensame *(Neslia paniculata)*, Einjähriges Knäuelkraut *(Scleranthus annuus)*, Kornblume *(Centaurea cyanus)*, Kornrade *(Agrostemma githago)* und Windenknöterich *(Fallopia convolvulus)*. Der zum Teil sehr hohe Anteil von Kornrade-Samen und Mutterkorn im Erntegut hat zu erheblichen Gesundheitsschäden geführt. Bekannt ist die weite Verbreitung des vom Mutterkorn ausgelösten Ergotismus (Antonius-Feuer). Während für Gerste Winter- und Sommeranbau anzunehmen ist, stellten Hafer, Rispenhirse sowie Ölfrüchte und Leguminosen typische Sommerfrüchte dar.

Bei den zahlreichen, heute als Sommerfruchtarten geltenden Unkräutern ist oftmals unklar, ob sie aus dem Sommergetreide, aus dem Ölfrucht- oder Leguminosenanbau beziehungsweise aus dem Gartenland stammen. Angesichts der wohl nicht immer dicht geschlossenen Wintergetreidebestände mag aber manches spätkeimende Sommerfruchtunkraut damals auch dort zusagende Entwicklungsbedingungen gefunden haben.

Hinweise auf Vorhandensein einer Fruchtfolge ergeben sich gelegentlich bei der Analyse von Vorratsfunden, denen Belege einer zweiten Getreideart mit geringem Anteil (etwa 2 bis 10 Prozent) beigemischt sind. Sie stammen vermutlich aus dem Anbau der Vorjahresfrucht, von der einige Körner bereits vor oder bei der Ernte ausgefallen waren. Aus ihnen konnten sich die Pflanzen dann als Beimengung im Bestand des folgenden Jahres entwickeln, ihre Körner gelangten so in das neue Erntegut.

Erkenntnisse über die Standortsverhältnisse auf den Produktionsflächen lassen sich durch die Auswertung der Unkrautfunde mit Hilfe der von Ellenberg (1979) vorgelegten Zeigerwerte gewinnen. Demnach besaßen die vorwiegend als »frisch« zu bezeichnenden Böden der damals ackerbaulich genutzten Flächen eine hinreichende Wasserversorgung. Außer den nährsalzreichen Böden der Lößlandschaften waren auch flachgründige Kalkböden sowie arme Böden der Sand- und Sandsteingebiete in Nutzung genommen worden. Die zu erwartenden Unterschiede in der Basenversorgung lassen sich an den Zeigerwerten der jeweils angetroffenen Unkrautartenkombination gut erkennen. Entsprechendes gilt auch hinsichtlich des Stickstoffangebotes, das jedenfalls auf Sandböden recht gering gewesen ist. Auffällig ist freilich, daß einige, heute als Säure- oder Verarmungsanzeiger geltende Arten während des Mittelalters auch in den Lößgebieten zahlreich vorgekommen sein müssen. Dazu gehören unter anderem Acker-Frauenmantel *(Aphanes arvensis)*, Einjähriges Knäuelkraut *(Scleranthus annuus)* und Kleiner Sauerampfer *(Rumex acetosella)*. Dies mag zum Teil allerdings auch damit zusammenhängen, daß diese konkurrenzschwachen Arten damals auch in den weniger dicht geschlossenen Getreidefeldern besserer Böden gedeihen konnten.

Die allenthalben vorhandenen, meist sehr mächtigen Deck- und Auenlehmablagerungen machen deutlich, daß im Gefolge der Bodenerosion während des Mittelalters immer wieder neue Bodenschichten freigelegt worden sind. Dies dürfte sich hinsichtlich der Basenversorgung günstig ausgewirkt haben. Eine derartig starke Bodenabtragung, die in Sandgebieten durch heftige Bodenverwehung und Dünenbildung ergänzt worden ist, ergab sich offenbar durch die Verwendung des schollenwendenden Pfluges im deutschen Altsiedlungsgebiet. Bezeichnenderweise setzt die Bodenerosion in slawischen Gebieten, in denen noch weit bis in das Mittelalter hinein der den Boden schonende Haken in Gebrauch war, meist erst mit Beginn der deutschen Ostkolonisation ein, also zu dem Zeitpunkt, als auch dort der schollenwendende Pflug zum Einsatz kam.

1 Das Juli-Bild aus einem Stundenbuch des 15. Jh. zeigt die bodennahe Ernteweise des Getreides mit einer gezähnten Sichel. Die Garben werden mit Stroh gebunden. Im Hintergrund sichtbare Gehölze deuten auf eine niederwaldartige Nutzung hin.

Während des Mittelalters setzte sich die bodennahe Ernteweise endgültig durch. Das bezeugen neben aufschlußreichen bildlichen Darstellungen, wie sie beispielsweise aus den Stundenbüchern vorliegen (Abb. 1), auch die in vielen Vorratsfunden enthaltenen Diasporen niedrigwüchsiger Unkräuter sowie Halmknotenstücke. Die im Strohlehm der Fachwerkhäuser enthaltenen Strohteile mit Halmknoten und die zur Umwicklung frühneuzeitlicher Wellerhölzer dienenden langen Roggenhalme sind ebenfalls als Zeugen des Wandels im Ernteverfahren anzusehen. Lein, Leindotter und Ackerbohnen wurden, wie entsprechende fossile Belege zeigen, durch Herausziehen der ganzen Pflanze geerntet.

Der Drusch erfolgte, wie ebenfalls aus den Kalenderbildern zu ersehen ist, mit dem Dreschflegel. Zur Speicherung des Erntegutes dienten Speicher verschiedener Bauart. Im slawischen Siedlungsgebiet wurden über lange Zeit hinweg auch die seit alters her bewährten Erdspeicher genutzt.

Die bodennahe Ernteweise hatte einen hohen Biomasseentzug zur Folge. Zum Ausgleich des Stoffentzuges wurde Düngung erforderlich. Sie konnte in Form von Mergelauftrag oder auch Mistdüngung erfolgen. Letztere dürfte die Ursache für den im Umkreis mittelalterlicher Dörfer verbreiteten Scherbenschleier sein. Eine Nährsalzanreicherung des Bodens im Bereich der ehemaligen Kernflur läßt sich oft noch mit Hilfe der Phosphatkartierung feststellen. In Nordwestdeutschland war als Sonderform der Nährsalzkonzentrationswirtschaft die Plaggendüngung (Düngung mit Gras- bzw. Heidesoden) seit dem 10. Jahrhundert entstanden (Behre, 1980).

Gartenbau

Als Produktionsort für Gemüse, Gewürzpflanzen, Heilpflanzen und Obst waren im Mittelalter verschiedene Formen von Gärten verbreitet.[2] Ihre Anlage war wesentlich durch das um 800 erschienene *»Capitulare de villis«* beeinflußt worden. Die Klöster, insbesondere die der Zisterzienser und Benediktiner, haben dann im Hochmittelalter wesentlich zur Ausbreitung der Gartenkultur, der Heilpflanzen und des Obstanbaues beigetragen. Viele nachmalige Zierpflanzen wie Akelei *(Aquilegia vulgaris)*, Madonnenlilie *(Lilium candidum)* und Schwertlilie

(Iris germanica) waren zunächst christliche Bedeutungsträger gewesen und hatten meist auch als Heilpflanzen Verwendung gefunden.

Obgleich die paläo-ethnobotanische Nachweischance für Gemüse- und Salatarten ziemlich schlecht ist, zeigen doch Diasporenfunde, daß es eine Fülle solcher Arten gab. Dazu gehören Amaranth *(Amaranthus lividus)*, Kohl und Kohlrübe *(Brassica* sp.), Kresse *(Lepidium sativum)*, Mangold *(Beta vulgaris)*, Portulak *(Portulaca oleracea)*, Rettich *(Raphanus sativus)*, Sellerie *(Apium graveolens)* und Spinat *(Spinacia oleracea)*. Von den Gewürzarten wurden unter anderem Bohnenkraut *(Satureja hortensis)*, Dill *(Anethum graveolens)*, Fenchel *(Foeniculum vulgare)*, Kümmel *(Carum carvi)*, Petersilie *(Petroselinum hortense)* und Schwarzer Senf *(Brassica nigra)* angepflanzt.

Die Obstkultur erstreckte sich auf folgende Arten: Apfel *(Malus sylvestris)*, Birne *(Pyrus domestica)*, Maulbeere *(Morus nigra)*, Mispel *(Mespilus germanica)*, Pfirsich *(Prunus persica)*, Pflaume *(Prunus insititia)*, Quitte *(Cydonica oblonga)*, Sauerkirsche *(Prunus cerasus)*, Süßkirsche *(Prunus avium)*, Walnuß *(Juglans regia)*, Weinrebe *(Vitis vinifera)* und Zwetschge *(Prunus domestica)*. Die meisten dieser Arten kamen in verschiedenen Sorten vor, wie an den schriftlich überlieferten Namen oder auch an den Fruchtsteinen (Behre, 1978) abzulesen ist. Erstaunlicherweise wurde zusätzlich Wildobst in großer Menge gesammelt, so Brombeeren *(Rubus fruticosus)*, Himbeeren *(Rubus idaeus)*, Schlehen *(Prunus spinosa)* und Walderdbeeren *(Fragaria vesca)*. Dafür geeignete Wuchsorte hat es offenbar in der stark mosaikartig gegliederten Landschaft hinreichend gegeben.

Die Gärten befanden sich im Bereich der Stadt und ihrer Nähe. Wie beispielsweise die zahlreichen Funde von Obstresten im Brunnen der Wüstung Leisenberg/Kr. Northeim zeigen, hat es Gärten aber auch im Gebiet der dörflichen Siedlungen gegeben.

Sonderkulturen

Zahlreiche alte Flurbezeichnungen lassen erkennen, daß Anbauflächen für Wein und Hopfen während des Mittelalters in vielen Regionen Mitteleuropas vorhanden gewesen sind. Sie lagen meist auf günstig exponierten Hängen.

Änderungen des Anspruchsniveaus und die Verbesserung der

Transportmöglichkeiten führten dazu, daß der Anbau der beiden für die Getränkeherstellung wichtigen Arten in den klimatisch weniger begünstigten Landschaften zunehmend aufgegeben worden ist.

Grünland

Während des Mittelalters lagen die Grünlandflächen vermutlich vor allem in Gebieten, die für den Ackerbau nicht in Betracht kamen. Das waren insbesondere die Feuchtgebiete der Bach- und Flußtäler, in denen es zu Überschwemmungen und damit auch zur Sedimentierung von Auenlehm kam. Auf derartigen, wohl durch das Mikrorelief stark gegliederten Flächen befanden sich vorwiegend einschürig genutzte Feuchtwiesen. Aus solchen Pflanzengesellschaften stammen jedenfalls die meisten der aus mittelalterlichen Fundkomplexen nachgewiesenen Grünlandarten. Als Weideflächen kamen derartige Regionen weniger in Betracht, allenfalls für Rinder und Schweine. Auf trockenen Hängen gelegene Magerrasen dürften vornehmlich als Schafweide gedient haben. Paläo-ethnobotanische Nachweise derartiger Flächen sind bislang allerdings selten.

Gehölze

Bis weit in die Neuzeit hinein gehörten die Waldflächen wenigstens teilweise in den Bereich der bäuerlichen Landnutzung.[3] Dies wurde besonders deutlich im Zusammenhang mit der Viehhaltung, solange Wald und Weide noch nicht getrennt waren. Rinder und Schweine wurden in den Hudewald getrieben. Zahlreiche Bilder der Kalenderbücher geben ein eindrucksvolles Zeugnis der weitverbreiteten Eichelmast. Weitere Bestandsauflichtungen führten zur Entstehung der noch von Gehölzgruppen locker bestandenen Laubwiesen und schließlich zur Offenland-Weide. Je nach naturräumlichen Voraussetzungen und weidender Tierart konnte das kräuterreiches Grünland oder auch Heide sein. Junge, durch Schneiteln gewonnene Zweige dienten als Laubfutter. Selbst die Laubstreu des Waldbodens wurde vielerorts gesammelt und fand als Streumaterial im Viehstall Verwendung.

Aber auch der enorme Bedarf an Bau-, Werk-, Brennholz und Flechtwerk veränderte das Aussehen der bereits in ur- und frühgeschichtlicher Zeit weithin beeinflußten Wälder zusehends. So entstanden als gemäße Nutzungsformen die sogenannten Mittel- und Niederwälder, die sich aus Stockausschlag regenerierten. Hier wie auch in Kopfholz-Beständen konnten neben Brennholz vor allem Knüppel, Stöcke und Ruten gewonnen werden, die die Herstellung des damals sehr verbreiteten Flechtwerks ermöglichten. Es war erforderlich in Gefachen von Fachwerkhäusern, für Flechtzäune, Uferbefestigungen, größere Behälter und Körbe.

Diese verschiedenartigen Gehölzbestände trugen wie auch wegbegleitende Hecken und Gebüsche sowie Landwehren und Knicks zu der mosaikartigen Gliederung der Landschaft bei. Sie boten eine Vielfalt von Standorten und schufen damit die Voraussetzungen für einen großen floristischen und faunistischen Reichtum.

Da auch städtischer und gewerblicher Holzbedarf für eine weitere Auflichtung und Zerstörung der Wälder sorgte, ergab sich allmählich ein immer katastrophaler werdender Holzmangel. In diesem Zusammenhang muß besonders auf einen enormen Holzkohlenbedarf der Glashütten und der Erzhütten hingewiesen werden. Als dann im Laufe der Neuzeit mit Hilfe geregelter Forstwirtschaft neue geschlossene Waldbestände begründet wurden, ging der floristische Reichtum allmählich zurück. Dies hat schließlich um die Jahrhundertwende zur Entwicklung des Naturschutzgedankens beigetragen.

Ländlicher Hausbau

Der ländliche Hausbau mag abschließend als Beispiel dafür dienen, daß bis in die Neuzeit hinein Baustoffe pflanzlicher Herkunft eine große Bedeutung gehabt haben. Die tragende Konstruktion des Fachwerks bestand meist aus Eichenholz, die Dachkonstruktion oft aus leichterem Weichholz. Das Flechtwerk der Gefache war aus Hasel- oder Hainbuchenruten hergestellt. Dem darauf angebrachten Strohlehm wurden Strohteile und Druschreste beigefügt. Wie die Analysen des Verfassers an Material aus dem Untereichsfeld, dem östlichen Westfalen und dem Gebiet um Nürnberg zeigen, hatten dabei vor allem Roggenreste Verwendung gefunden. Allerdings wurde dazu auch der bei der Gewinnung von Leinfasern anfallende Abfall (Leinscheben) genutzt, der in ungebrannten Lehmsteinen ebenfalls als Magerung diente.

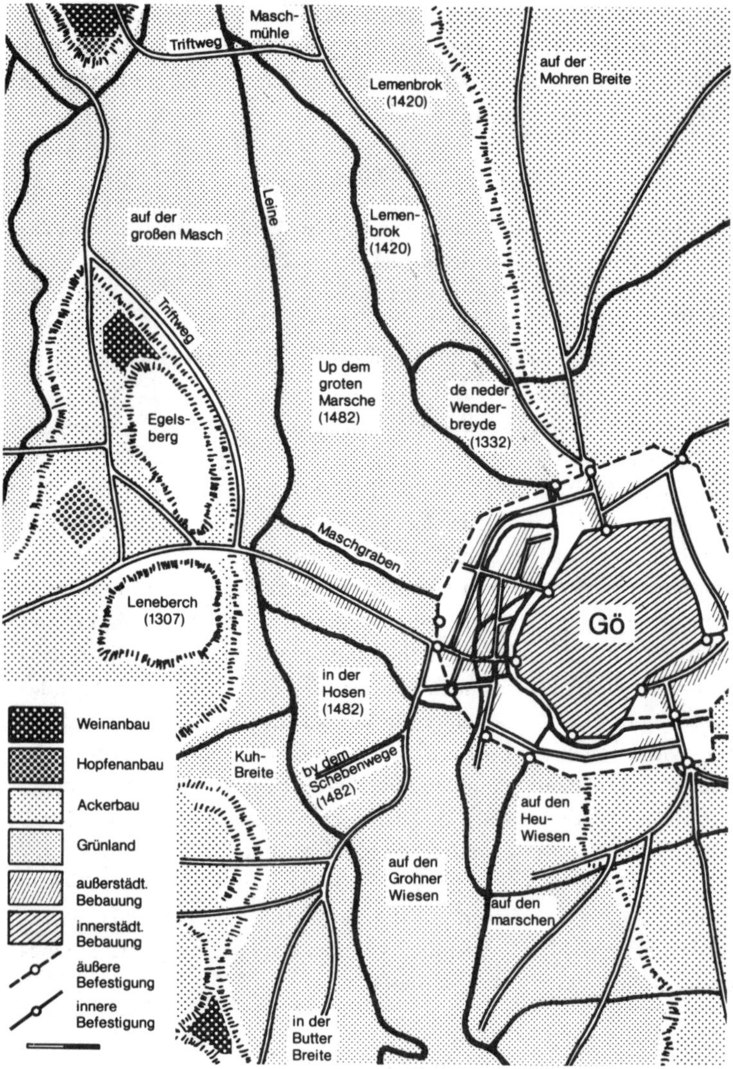

2 Die Rekonstruktion der Landnutzung in der Umgebung von Göttingen während des Spätmittelalters beruht auf der Auswertung alter Flurnamen und paläo-ethnobotanischer Befunde. In der heute nahezu ausschließlich agrarisch genutzten beziehungsweise überbauten Landschaft beeinflußte damals das naturräumliche Potential die Landnutzung noch weitgehend. Die starke, mosaikartige Gliederung des Nutzlandes läßt sich aber kaum darstellen.

Die zwischen den Stockwerken befindlichen sogenannten Fehlböden waren häufig mit Druschresten ausgefüllt. Als Isoliermaterial konnten unter anderem Druschreste von Hafer und Lein festgestellt werden.

Ausblick

Zusammenfassend ist festzustellen, daß die landwirtschaftlichen Produktionsstrukturen des Mittelalters sich in vielfältiger Weise von den heute vorhandenen unterschieden haben. Daher können sich leicht Mißverständnisse einschleichen, wenn für damalige und moderne Nutzung gleiche Begriffe verwendet werden. Wenn auch die Nutzungsintentionen in Feld und Grünland weitgehend gleich geblieben sind, so hat sich ihre Manifestierung im Landschaftsbild doch weitgehend geändert.

Im Zuge der auch die Landwirtschaft zunehmend erfassenden Intensivierung und Ökonomisierung mußten die für die mittelalterliche Landnutzung so bezeichnenden klein strukturierten und mosaikartig angeordneten Nutzflächen (Abb. 2) weitgehend modernen Großflächensystemen weichen. Dies trägt im Verein mit Zucht, Düngung und Kulturtechnik nachhaltig zur Behebung des früher auch in Mitteleuropa immer wieder auftretenden Hungernotstandes bei. Es führte andererseits aber zu einer Nivellierung der Standortsverhältnisse und damit, wie schon zuvor im Bereich der Gehölznutzung (siehe oben), zu einer weiteren Verarmung der Tier- und Pflanzenwelt Mitteleuropas. Um so notwendiger ist es, daß heute in geeigneten Reservaten Reste der alten Landnutzungsstrukturen und mit ihnen auch die Vielfältigkeit von Lebensräumen und Lebewesen erhalten bleiben. Entsprechend der naturräumlichen Gliederung Mitteleuropas müssen diesen Forderungen gerecht werdende flächendeckende Schutzgebiete in vielen Regionen eingerichtet werden.

Anmerkungen

[1] Zur Ernährung während des Mittelalters vgl. in diesem Band den Beitrag von K.-E. Behre, S. 74ff.

[2] Vgl. auch die Ausführungen von W. Janssen in diesem Band, S. 224ff.

[3] Vgl. die Beiträge von E. Schubert und M. L. Hillebrecht in diesem Band, S. 257ff. und S. 275ff.

Literatur

Zahlreiche Arbeiten zu dem hier behandelten Themenkreis sind der paläoethnobotanischen Mittelalter-Bibliographie und weiteren Veröffentlichungen des Verfassers zu entnehmen. Außer diesen wurden hier daher nur einige grundlegende neuere Arbeiten zitiert.

Behre, K.-E.: Formenkreise von Prunus domestica L. von der Wikingerzeit bis in die frühe Neuzeit nach Fruchtsteinen aus Haithabu und Alt-Schleswig. Ber. der Deutschen Botanischen Gesellschaft 91 (1978), S. 161–179.

Ders.: Zur mittelalterlichen Plaggenwirtschaft in Nordwestdeutschland und angrenzenden Gebieten nach botanischen Untersuchungen. Akad. Wiss. Göttingen, Philosoph.-Histor. Kl., 3. Folge, Nr. 116 (1980), S. 30–44.

Ellenberg, H.: Zeigerwerte der Gefäßpflanzen Mitteleuropas. Scripta Geobotanica 9, ^{2}1979.

Hansen, W.: Kalenderminiaturen der Stundenbücher. Mittelalterliches Leben im Jahreslauf. München 1984.

Kühnel, H.: Alltag im Spätmittelalter. Graz–Wien–Köln 1979.

Willerding, U.: Bibliographie zur Paläo-Ethnobotanik des Mittelalters in Mitteleuropa 1945–1977. Teil 1. Z. f. Archäologie d. Mittelalters 6 (1978, 1979), S. 173 bis 223.

Ders.: Paläo-ethnobotanische Untersuchungen über die Entwicklung von Pflanzengesellschaften. Ber. Int. Symp. Int. Ver. Vegetationsk. »Werden u. Vergehen von Pflanzengesellschaften« (1979), S. 61–109.

Ders.: Anbaufrüchte der Eisenzeit und des frühen Mittelalters, ihre Anbauformen, Standortsverhältnisse und Erntemethoden. Akad. Wiss. Göttingen, Phil.-Hist. Kl., 3. Folge, 116, Teil 2 (1980), S. 126–196.

Ders.: Bibliographie zur Paläo-Ethnobotanik des Mittelalters in Mitteleuropa 1945 bis 1977, Teil 2. Z. f. Archäol. d. Mittelalters 7 (1979, 1981), S. 207–225.

Ders.: Ur- und frühgeschichtliche sowie mittelalterliche Unkrautfunde in Mitteleuropa. Z. Pflanzenkrankh. u. Pflanzenschutz. Sonderh. 9 (1981), S. 65–74.

Ders.: Paläo-Ethnobotanik und Ökologie. Verh. Ges. Ökologie 11 (= Festschrift Ellenberg) (1983), S. 489–503.

Ders.: Paläo-ethnobotanische Befunde und schriftliche sowie ikonographische Zeugnisse in Zentraleuropa. In: W. van Zeist u. W. A. Casparie: Plants and Ancient Man – Studies in palaeo-ethnobotany. Proceedings of the sixth symposium of the international work group for palaeo-ethnobotany, Groningen, 30. May – 3. June 1983. Rotterdam 1984, S. 75–98.

Ders.: Ur- und Frühgeschichte des Gartenbaues. In: G. Franz (Ed.): Deutsche Agrargeschichte VI. Geschichte des Gartenbaues in Deutschland. 1984, S. 39–68.

Ders.: Ernährung, Gartenbau, und Landwirtschaft im Bereich der Stadt. Stadt im Wandel. Katalogband zur Niedersächs. Landesausstellung 1985. 1985, S. 569 bis 605.

ERNST SCHUBERT

Der Wald: wirtschaftliche Grundlage der spätmittelalterlichen Stadt

Viel Holz, so klagt Anfang des 15. Jahrhunderts der Rat zu Göttingen, liege »unbequemelken« vor den Häusern auf der Straße, jedermann solle es nur dort lagern, wo es niemanden behindere.[1] Brennholz kann mit dieser Bestimmung nicht gemeint sein; vor den Häusern wäre es des Nachts dauernder Diebstahlsgefahr ausgesetzt gewesen. Wuchtige Stämme für den Hausbau werden ebenfalls diese Ratssatzung nicht hervorgerufen haben, denn Baustellen bilden Ausnahmen, die mit ihren Behinderungen als unvermeidlich hingenommen wurden. Es muß sich um »Werkholz« gehandelt haben, das in ungefügen Stapeln vor den Häusern lagernd von den verschiedensten Handwerkern gebraucht wurde. Holz – so die allgemeine Aussage einer speziellen Ratssatzung – gehört zum Bild einer mittelalterlichen Stadt. Das äußere Bild läßt auf wirtschaftliche Grundlagen schließen.

Wie wichtig der Wald für die städtische Entwicklung war, wußte zum Beispiel der Hochadel, der zwischen dem 12. und 14. Jahrhundert viele Städte in Deutschland gründete und mit Waldrechten begabte.[2] Zäh haben die Stadträte im Spätmittelalter durch Privilegienerwerb die Nutzungsrechte erweitert[3], haben – konsequenter als der Adel – konkurrierende bäuerliche Waldrechte, wo es nur anging, beschnitten[4], notfalls auch durch umfangreiche Käufe die wirtschaftliche Grundlage ihrer Gemeinde erweitert.[5] Noch Anfang des 17. Jahrhunderts konnte der Nürnberger Chronist Johannes Müllner bemerken, jedermann sei »bekannt, daß ohne diese Wäld die Stadt Nürnberg nit hätte können aufkommen, daher in alten Briefen gemeldet wird, daß die Stadt Nürnberg auf diese Wäld gestiftet sei«.[6] Dennoch ist in der thematisch breit gefächerten modernen Stadtgeschichtsforschung dem Walde kaum Beachtung geschenkt worden.[7] Man überschätzte zu leicht wie etwa Fritz Rörig »die Bedeutung der Stadtmauer als einer scharfen

Zäsur zwischen den größten Gegensätzen, dem leeren Feld vor ihr, dem dichtbewohnten Stadtraum hinter ihr«.[8]

Die neuere Forschung blickt nicht mehr so fixiert allein auf die Verhältnisse innerhalb der Stadtmauern, sie beginnt urbane Entwicklungen auch aus den engen Verflechtungen von Stadt und Umland zu verstehen. Um auf unser Thema zu kommen: Die gleichen Schweine, die, von den Bürgern gehalten, noch im Spätmittelalter frei auf den Gassen herumlaufen und die Stadt verunreinigen, werden im Herbst zur Eichelmast in den Stadtwald getrieben.[9] Der Honig, unverzichtbares Süßungsmittel, Grundlage des Lebküchner-Handwerks, wird durch Waldbienenzucht gewonnen.[10] In den Gehölzen vor den Mauern suchen arme Leute, ebenso wie es auf dem Land üblich ist, Beeren und Wildobst, fangen mit Leimruten oder Garnnetzen Vögel zum Verzehr. Gestreift sei mit diesen Beispielen nur die Bestimmung des Waldes als »Nährwald«, denn vor allem geht es im folgenden um seine Bedeutung als Energie- und Rohstofflieferant, ohne welchen die städtische Wirtschaft schlechterdings nicht möglich war.

Bauholz, Werkholz, Brennholz

Unerläßlich war der Wald für den Hausbau; denn selbst im Spätmittelalter waren Steinhäuser selten, bildeten deshalb auch die Familiennamen ihrer Besitzer: Steinhauser. Noch im ausgehenden 15. Jahrhundert fiel italienischen Reisenden auf, daß in Deutschland die Häuser aus Holz und nicht aus Stein gebaut waren, daß Öfen die in Italien gewöhnlichen Kamine ersetzten.[11] Mächtige Eichen- oder Tannenstämme wurden gebraucht, um ein Bohlenständerhaus, dessen Statik von den vier Außenwänden getragen wurde, oder um einen Firstsäulenbau zu errichten, wo in der Mittelachse wuchtige Holzsäulen die Firstpfette und damit das Dach stützten.[12] Ziegel und oft lediglich ein lehmverkleistertes Weidengeflecht füllten beim Fachwerkbau den vom Holzrahmen gesteckten Raum aus. Aus Holz bestand auch meist das Dach, aus Schindeln, die wegen der Brandgefahr erst im Verlauf des Spätmittelalters, bisweilen mit finanzieller Unterstützung der Obrigkeit, durch die etwa ein Drittel teureren Ziegel ersetzt wurden.[13] Holz war ebenfalls dort verbraucht worden, wo Häuser als Wohlstandszeichen in Butzenscheiben gefaßte Glasfenster aufwiesen; denn vor der Einführung von Soda im ausgehenden 18. Jahrhundert hatten die waldfressenden Glashütten einen enormen Bedarf an Pottasche.[14]

Auch für massive Steinbauten wurden große Mengen wertvollen Nutzholzes gebraucht. Im Dachstuhl der Hamburger Petrikirche sind ohne die Sparren mehr als 400 alte Eichen verbaut.[15] Gerüste und Verschalungen hatten weiterhin viel Holz verschlungen: Ein großer Wald ist für den Bau einer solchen Kirche nötig. So mußten zwischen 1468 und 1488 auf der Isar rund 20000 Stämme für den Bau der Münchener Frauenkirche angeflößt werden.[16] Ein unterirdischer Wald bildete vielfach das Fundament großer Steinbauten. Eichen-, Erlen- und Ulmenstämme, empfahlen erfahrene Baumeister, zehnmal so lang wie ihr Umfang, sollten in den Boden getrieben werden, um dem Mauerwerk den festen Untergrund zu geben.[17]

Dendrochronologische Untersuchungen des zwischen 1252 und 1307 errichteten Tannengebälks im Freiburger Münster ergaben, daß die Stämme ungeregelt im stadtfernen Bergwald geschlagen wurden.[18] Weil man die Stämme nach ihrer Eignung auch in abgelegenen Wäldern aussuchte, kann bereits anfangs des 13. Jahrhunderts Wolfram von Eschenbach die unberührte Wildnis um Munsalvaesche damit charakterisieren, daß im Umkreis von dreißig Meilen kein Baum zu Bauholz gefällt wurde.[19] Nebenbei: Der Transport mächtiger, aus Haltbarkeitsgründen nur im Winter zu schlagender Stämme über große Entfernungen hinweg stellt eine bedeutende Leistung des wenig beachteten mittelalterlichen Fuhrwesens dar. Ochsen, meist vierspännig, zogen das Langholz über unwegsame Schneisen, ihre Treiber mußten die starken Bäume oft mühsam mit Sattelschlepper und Lenkholz über Abhänge hinab manövrieren.

Viele Handwerke waren direkt vom Wald abhängig. Wir können sie gar nicht alle aufzählen, denn die Vielfalt der Waldnutzung ermöglichte erst handwerkliche Vielfalt, vom Wagner, der bestes astfreies Eichenholz verarbeitete, über den Drechsler, der aus Buchsbaum die Büchsen herstellte, bis hin zu dem meist armen Seiler, der den Bast abgeschälter Baumrinden verwertete. Die Möbelherstellung steht keineswegs so im Vordergrund, wie es von heutigen Verhältnissen ausgehend anzunehmen wäre. Tischler und Schreiner sind keine dominierenden Zünfte; denn die Wohnungen selbst der Wohlhabenden waren nur sparsam möbliert. Vererbt wurde das teure Interieur, das keinem raschen Modewandel unterworfen war. Ein holzverarbeitender Beruf aber ist in seiner Bedeutung gar nicht zu überschätzen: der des Böttchers, Küfers oder Büttners. Ohne die Verarbeitung des Taugenholzes, wie das meist von Eichen stammende Faßholz genannt wurde, wäre die Ausweitung des Transportwesens im Spätmittelalter gar nicht möglich gewesen, hätte weder Rheinwein ins preußische Deutschordensland noch Einbecker Bier nach München exportiert werden können, hätte der hansische Hering nicht die oberdeutschen Märkte erreicht. In Hamburg, dem sprichwörtlichen Brauhaus der Hanse, wurden 1375 neben 457 Brauereien 104 Böttcherbetriebe gezählt.[20]

Selbst Handwerke, die auf den ersten Blick nichts mit dem Wald zu tun haben, sind doch indirekt von ihm abhängig. Zum Beispiel der Schuhmacher: Sein Arbeitsgerät, der sprichwörtliche Leisten, ist aus Holz. Seine Schusterzwecken stammen von der Hainbuche, deren Hartholz für viele technische Zwecke gesucht wird, von Schrauben bis zu den Radzähnen, Triebhämmern und Spulen der frühen Montanindustrie.[21] Das Schusterpech wird aus dem Harz der Nadelwälder gewonnen, von den »Pechern« sowohl zum mittelalterlichen Alleskleber als auch zum Universalschmiermittel weiterverarbeitet.[22] Vor allem aber ist das Leder, das nicht nur die Schuhmacher, sondern die ebenfalls bedeutenden Gewerbe der Sattler, Beutler und Riemenschneider brauchen, vom Wald abhängig. Die rötlichbraune Färbung des von den Rotgerbern hergestellten Produkts stammt von der Eichenlohrinde, die als Gerbrinde von jungen Stockausschlägen im Niederwaldbetrieb gewonnen und in Lohmühlen zermahlen wurde.[23] Im Gegensatz zu den meist kapitalkräftigeren Rotgerbern waren die Weißgerber, die mit dem leichter zu transportierenden Alaun arbeiteten, nicht von Eichenwäldern standortabhängig. Der Bedarf an Bau- und Werkholz ließ im Spätmittelalter eine frühe Industrie entstehen: die Sägemühlen. Die Säge, beim Stand der hochmittelalterlichen Eisenverarbeitung nur schwer herzustellen, blieb bis ins ausgehende 18. Jahrhundert ein der Waldarbeit fremdes Gerät: Bäume wurden mit der Axt geschlagen und bearbeitet.[24] Die Sägemühlen aber, die seit dem 14. Jahrhundert an Wasserläufen in der Nähe von Nadelwäldern entstanden – am frühesten auf deutschem Boden in Kirchheim/Teck und Pfaffenweiler bei Villingen, 1310 und 1314 erwähnt[25] – stellten »Knarholz«, dünne Bretter her, ersetzten die Arbeit der noch mit Axt und Keil hantierenden »breder speltere« und verhinderten, daß die

Brettschneider sich zu einem zünftigen Handwerk entwickelten. Durch die Sägemühlen konnte das Bauholz, das zuvor nur mit dem Beil abgeglichen und geschlichtet wurde, genau vierkantig zugeschnitten werden.[26] Wo sich diese Betriebe ausbreiteten, wurden sie dem Wald so gefährlich, daß sie 1458 der Nürnberger Rat, sofern sie nicht von alters her bestünden, verbieten wollte – und damit scheiterte: Zu groß war der Bedarf an zugeschnittenem Bau- und Werkholz.[27]

Ohne Holz war nicht nur die städtische und handwerkliche Entwicklung, sondern auch das alltägliche Leben undenkbar, wie das Beispiel eines niederösterreichischen Zisterzienserklosters zeigen mag, das um Dispens zur Heizung des Speisesaals nachsucht: Zur Winterszeit gefriere Essen und Trinken.[28] Wenn Stadtordnungen wie etwa die Heidelberger von 1471 sich einläßlich mit der Brennholzversorgung befassen[29], wird das Bedürfnis nach Herd- und Ofenwärme sichtbar. Die Ausweitung der spätmittelalterlichen Badekultur in Stadt und Land ist nicht nur eine Frage der Hygiene. Diese saunaähnlichen Badestuben mit ihrem hohen Holzverbrauch dienten in kalten Zeiten auch dem Durchwärmen, waren Lebensbedürfnis für Knechte und Gesellen, denen damals kein Trinkgeld, sondern ein Badegeld gewährt wurde. In den Haushalten ihrer Meister nämlich wurden, wie allgemein üblich, nur ein bis bestenfalls zwei Stuben beheizt. Immerhin verbrauchte ein solcher Haushalt für Ofen und Herd jährlich etwa 4 bis 6 Festmeter Holz.[30]

Der Brennholzbedarf sollte unter möglichster Schonung des Nutzholzes gedeckt werden, durch »liegendes Holz« etwa, das Wind- und Schneebrüche hinterlassen hatten, durch »Schwachholz«, das im Wald verkauft wurde, durch »Leseholz«, das – wie Abbildungen zeigen – zumeist von Kindern und ärmlich gekleideten Frauen gesammelt wurde: dürre abgefallene Äste. Brennholz war allgemein von minderer Qualität, selbst dort, wo im wiederkehrenden Aushieb des stockschlägigen Unterholzes oder durch Köpfung von Hainbuchen und Buchsbäumen die Nachfrage befriedigt wurde.[31] Kein anheimelndes Feuer wie in heutigen Kaminen brannte in mittelalterlichen Öfen, es stank in geheizten Stuben. Mit Gewürzen, besonders beliebt war Thymian, wurden die Gerüche zu mildern versucht.

Regelmäßige Brennholz- oder Holzkohlenzufuhr war für viele Handwerke, für Schmiede, Brauer, Bäcker, Salzsieder, Kerzengießer usw., existenznotwendig. Ohne den Wald hätte darüber hinaus im sonnenarmen Mitteleuropa gar nicht das lebensnotwendige Salz gewonnen werden können. Um die im Spätmittelalter oft über 200 m^2 großen eisernen Sudpfannen befeuern zu können, war eine enorme Energiezufuhr notwendig. (Erst Ende des 16. Jahrhunderts kamen langsam die Gradierwerke auf, die den Bedarf an Brennmaterial milderten.) Durch Zuweisung ganzer Sudwälder, die im Niederwaldbetrieb bei möglichst geringen Umtriebszeiten bewirtschaftet wurden, konnte der Energiebedarf alpenländischer Salinen jahrhundertelang weitgehend – wenngleich temporäre Engpässe nicht ausschließend – gedeckt werden.[32] Für jene Salinen hingegen, die nicht in der Nähe scheinbar unerschöpflicher Bergwälder lagen, war die Brennholzversorgung ein existentielles Problem. Raubbau zugunsten der Lüneburger Sudpfannen vernichtete schon im Spätmittelalter den Wald des Umlandes, ließ die Lüneburger Heide entstehen. Nunmehr mußte das Holz selbst aus mecklenburgischen Wäldern in schwierigster Treidelflößerei elbaufwärts durch eigene Floßkanäle herangeführt werden.[33] Halle an der Saale sollte dann im 16. Jahrhundert zeitweise zu Torf, Wasen und Stroh als Brennmaterial Zuflucht nehmen, was eine erhebliche Qualitätsminderung des Salzes bedeutete[34], und die Saline zu Artern an der Unstrut stellte 1585 wegen Holzmangels gar ihren Betrieb ein.[35]

Noch bevor die im 15. Jahrhundert aufblühende Montanindustrie gesteigerten Bedarf anmeldete, kündeten immer zahlreicher werdende Rauchsäulen der Kohlenmeiler in den Wäldern von steigendem Energiebedarf. Außer dem Familiennamen Köhler erinnert heute fast nichts mehr an den einst so wichtigen Beruf, der so viele Kenntnisse, schon allein um die Luftzufuhr in den Meilern zu regulieren und Waldbrände zu verhüten, verlangte und der dennoch schlecht entlohnt wurde. Holzkohle wurde ein Massenartikel, transportiert auf langen hohen Wagen, die selten mehr als 330 kg fassen konnten und an deren Ende ein kippbarer Korb aus dichtem Weidengeflecht angebracht war.[36] Dieser Korb stellte zugleich die Maßeinheit beim Verkauf dar.

Bekannt waren zwar die Steinkohlen (schon um 1200 hatte im Lütticher Raum ihr Abbau begonnen), aber eine nennenswerte Rolle bei der Energieversorgung spielten sie nicht. Immerhin stellt es einen wichtigen Indikator für die immer bedrängender werdende Holzarmut dar, wenn die im Tagebau gewonnene Steinkohle seit dem Spätmittelalter steigende, wenngleich nicht entscheidende Marktanteile gewinnt.

Noch isoliert steht 1429 eine Nachricht von »steynekolen« im saarländischen Neumünster.[37] Am Ende des Jahrhunderts aber zeigen rheinische Zollrechnungen, daß die waldarmen Niederlande beginnen, diese Kohlen aus dem Ruhr- und Saargebiet zu importieren.[38] Als seit 1540 im Wallis Steinkohlen abgebaut werden, vermerkt der Chronist, daß dadurch das Holz geschont würde, und: »Dise Kolstein braucht man auch im Niderland, in Braband, im Gstifft zuo Lüttich, und in andern landen da kein holtz ist.«[39] 1560 sollte dann die Sooden-Allendorfer Saline beginnen, belgische Steinkohle zu verfeuern.[40] In Halle an der Saale aber wurde erst seit dem 18. Jahrhundert Braun- und Steinkohle verwendet.[41]

Bauholz, Werkholz, Brennholz: Wie die heutige Wirtschaft vom Öl, so war die des Mittelalters abhängig vom Wald, der sowohl Grundstofflieferant als auch wichtigster Energieträger war. Die Gefahr bedenkenlosen Ausnutzens der Ressourcen drohte schon damals.

Raubbau und Waldschutz

Als Zeit der Waldverwüstung ist die Epoche vom Spätmittelalter bis ins 18. Jahrhundert charakterisiert worden.[42] Wenn auch nicht immer so dramatisch wie im Fall der Lüneburger Heide, hatte sich die Welt doch verändert, war die Erde vielerorts ihres Waldkleides beraubt worden. Um 1300 fiel einem Dominikaner in Colmar diese Veränderung auf, als er das Elsaß beschrieb, wie es vor hundert Jahren bestanden habe: »Es gab damals im Elsaß viele Wälder, welche das Land unfruchtbar machten.« Der Mönch sah bereits Folgen der Rodung: »Gießbäche und Flüsse waren damals nicht so groß wie jetzt, weil die Wurzeln der Bäume die Feuchtigkeit von Schnee und Regen längere Zeit in den Bergen zurückhielten.«[43] Im norddeutschen Tiefland sind offene Sanddünen, wie sie heute nur noch auf den ostfriesischen Inseln bekannt sind, in der frühen Neuzeit als Indikatoren der Waldvernichtung vielfach bezeugt.[44]

Und doch: Der Bedarf an Holz führt nicht nur zum Raubbau, er erzwingt zu gleicher Zeit auch die Waldschutzmaßnahmen, die Anfänge einer planmäßigen Forstwirtschaft. Dieses Nebeneinander zeigt sich am deutlichsten im Umland spätmittelalterlicher Städte. Hier hatten – sofern nicht Steilhänge in den Bergforsten und Versumpfungen in den Auwäldern Einhalt geboten – Viehweide und Holznutzungen in einem stetig erweiterten Umkreis die Wälder verlichtet. Innerhalb der Bannmeile blieben oft nur vereinsamte Gehölze inmitten von Wiesen und Feldern stehen. In Frankfurt verschwand im Laufe des Spätmittelalters der Baumbestand in der Stadtgemarkung, ohne daß der Rat eingegriffen hatte.[45] Andernorts aber, wo nicht wie in Frankfurt durch den Dreieichenhain die Ressourcen gesichert waren, konnten die Ratsherren einer solchen Devastierung nicht tatenlos zusehen. Nürnberg hatte seit seiner ältesten Waldordnung von 1294 konsequent die Reichswälder vor den Toren der Stadt gegen Raubbau geschützt.[46] Seit dem 14. Jahrhundert mehren sich die Nachrichten, daß eine Übernutzung der stadtnahen Wälder verhindert werden sollte.

1359 wird erstmals für den Erfurter Stadtwald von einer geregelten Schlageinteilung berichtet.[47] Von solchen Ordnungen, oft schon verbunden mit natürlicher und künstlicher Verjüngung der Bestände, ist in der Folgezeit an vielen Orten zu hören. Die Mittelwaldwirtschaft entsteht. Die Städte und nicht erst die territorialstaatlichen Forstordnungen des 16. Jahrhunderts machen die Hege bestimmter Waldteile zum Instrument forstlicher Verjüngungstechnik.[48] So schreibt etwa der Hildesheimer Rat vor, »dat me twe dele hegede und den dridden hauwede«.[49] Die jungen Schläge, die »jungen haue« werden geschützt, »gebannt«, um in der Sprache der Zeit zu bleiben.[50] Durch strenge, auf kleine Flächen bezogene Hiebregelungen gehörte seit dem Beginn des 15. Jahrhunderts der Zürcher Sihlwald zu den bestgepflegten Forsten in Europa.[51] Als Faustregel mag gelten: Je größer und damit holzabhängiger eine Stadt war, um so früher entwickelt sie Waldschutzmaßnahmen; Nürnberg und das durch Waidhandel bedeutsame Erfurt ergriffen schon im 14. Jahrhundert Maßnahmen, für die Mittelstädte wie Memmingen[52] sich manchmal noch bis ins 16. Jahrhundert hinein Zeit lassen konnten.

Städtische Maßnahmen zum Schutze des Waldes: Die Schweinemast wird einschränkenden Regelungen unterworfen, die Waldweide von Ziegen und Schafen wegen der großen Verbißschäden verboten. Die Kohlenmeiler müssen sich in stadtferne Areale zurückziehen. Die von Stadt zu Stadt verschiedenen, in ihrer Vielfältigkeit gar nicht aufzuzählenden weiteren Maßnahmen lassen sich auf ein Prinzip zurückführen: auf die Einschränkung der Allmendnutzung. Denn ursprünglich stand auch der Wald als Teil der städtischen Allmende allen Einwohnern als

Nutzungsreserve offen. Zunächst wird der Kreis der Berechtigten eingeschränkt, die Knechte und Mägde sowie alle ohne Bürgerrecht Ansässigen werden ausgeschlossen. Sodann wird die Nutzung nur noch zu bestimmten Zeiten und schließlich – bei dem wertvollen Bauholz – allein noch gegen Zahlung eines »Stammgeldes« gestattet.[53] Aus der Allmende wird »des Rats Wald«. Der Obrigkeit verpflichtete Forstknechte, Bannwarte, haben den Bürgern die Holznutzungen anzuweisen. Sie sollten etwa darauf sehen, daß »niemand langes Holz haue, wo ihm kürzeres wohl täte«. Genauestens wird zum Beispiel in Freiburg darauf geachtet, daß kein kostbares Bauholz verwertet wird, wo schon einfaches genüge, daß für Fensterrahmen als erstes »liegendes Holz« verbraucht werden müsse.[54] Bis ins Pedantische gehen bisweilen die Vorschriften für die Anweisung des Werkholzes. Den Badern in Erfurt werden eigens die Bäume bezeichnet, von denen sie Quästen, die Reiser, mit denen die Badenden ihre Durchblutung fördern, schneiden dürfen.[55] Besondere Fürsorge galt den Eichengehölzen in der Stadtmark. Sie werden beispielsweise durch Gräben vor den Karren und Wagen geschützt, die, immer die günstigste Fahrspur suchend, eine mittelalterliche Landstraße mit einem Gewirr von Nebenwegen umrandeten. All diese Schutzmaßnahmen sollten durch regelmäßige Waldbesichtigungen erfahrener Ratsherren überprüft werden; denn diese Maßnahmen waren ein Teil dessen, was als »gute Polizei« zum Wohle der Stadt galt, waren Teil der vom Gedanken des »Gemeinen Nutzens« legitimierten Gesetzgebung.

Daß die städtischen Waldschutzmaßnahmen in einer Vielzahl von Einzelverordnungen zersplittert überliefert sind, hat dazu geführt, allein in den territorialstaatlichen Forstordnungen seit dem 16. Jahrhundert die Grundlagen der modernen Forstwirtschaft zu suchen.[56] Aber der frühneuzeitliche Fürstenstaat hat von den Städten des Mittelalters erst gelernt, hat die hier erprobten Maßnahmen dann in seinen Forstgesetzen gebündelt.

Nicht nur zur besseren Hege des Waldes führte der Holzmangel im Spätmittelalter, sondern auch zu planmäßigen Aufforstungen, die oft zu Unrecht als Indikator einer Agrardepression mißverstanden wurden. Dabei handelte es sich nicht um die Wertminderung des Kulturlandes, sondern um die Wertsteigerung des Waldes.[57] Der Wald sei für den Bischof wichtiger als Menschen, wurde um 1365 im Bamberger Hochstift als Begründung dafür angegeben, daß im Frankenwald drei

Wüstungen nicht wieder aufgesiedelt wurden. Im ausgehenden 14. Jahrhundert begegnet häufiger eine obrigkeitliche Anordnung, wie sie – möglicherweise erstmals – 1343 für Dortmund bezeugt ist: Haus- und Hofbesitzer werden zum Anbau von Laubholzbäumen verpflichtet, wobei die Wildlinge ausgegraben und an die gewünschten Stellen verpflanzt werden.[58]

Die Bemühungen um planmäßige Aufforstung und künstliche Verjüngung der Bestände erfahren seit 1369 entscheidende Impulse, als Peter Stromer im Nürnberger Reichswald die künstliche Tannensaat erstmals erfolgreich erprobte:[59] Der Samen wurde im Winter durch langsames Darren in der Wärme vorbereitet und im April bei abnehmendem Mond ausgesät.[60] (Ein Erfahrungswert offenbar, denn in Analogie zum üblichen Saat-Aberglauben hätte der zunehmende Mond bevorzugt werden müssen.) Auch bei Laubbäumen gelangen alsbald Versuche künstlicher Nachzucht.[61] Obwohl die älteste Nachricht über die Eichelsaat erst aus dem Jahre 1398 stammt[62], stand die Eiche alsbald, zumindest in Norddeutschland, noch vor der Buche an der Spitze. Nadelhölzer wurden nur auf schlechteren, für den Laubholzanbau ungeeigneten Böden angesät.[63]

Auch wenn die künstliche Nachzucht bei großen regionalen Unterschieden im wesentlichen erst seit dem 16. Jahrhundert allgemeinere Verbreitung fand[64], auch wenn noch lange Eichenheisterpflanzungen neben der künstlichen Verjüngung bezeugt sind[65], so war diese doch bereits im Spätmittelalter in ihrer Bedeutung für die Forstwirtschaft erkannt und genutzt worden.[66] Schon um 1400 bestand in Nürnberg eine Waldsamenhandlung.[67] Die Reichsstadt blieb der bedeutendste Waldsamenlieferant in Europa. Als Experten wurden in ganz Mitteleuropa Nürnberger Waldsäer herangezogen, und Johannes Cochlaeus rühmt 1512 in seiner *»Brevis Germaniae Descriptio«* die Nürnberger, weil sie die Kunst des Säens von Bäumen ersonnen hätten.

Holzhandel

Trotz der Bedeutung des Waldes für die städtische Wirtschaft entwikkeln sich Holzmärkte nicht so früh und so regelmäßig wie die Kornmärkte. Die Vielfältigkeit und die saisonal diktierten Absatzbedingungen der Waldnutzung lassen leichter Kaufsysteme als Märkte entstehen. Ein Beispiel: Erst im 18. Jahrhundert erzwingt der Mangel an Lohrinde im deutschen Südwesten eigene Märkte für den Bedarf der Rotgerber.[68] Im Spätmittelalter entwickelt allein der Bau- und Brennholzbedarf in größeren Städten eigene einfuhrabhängige Märkte. Schon 1303 rechnet die Bremer Zollordnung mit beträchtlichem Holzimport.[69] Um 1400 ist Bern ein großer Umschlagplatz für Holzprodukte.[70] Aus dem Schwarzwald beginnen Städte wie Schaffhausen, Straßburg und Köln ihren Bedarf zu decken.[71] Die Märkte beginnen eng zu werden, erste Ausfuhrverbote werden erlassen – der Zürcher Richtebrief ist ein frühes Beispiel dafür[72] –, Köln versucht am Ende des 15. Jahrhunderts das rheinabwärts verschiffte Holz stapelpflichtig, das heißt für den eigenen Bedarf verfügbar zu machen[73], denn gerade am Rhein, der wichtigsten Handelsstraße im Reich, hatte der Holzhandel in diesem Jahrhundert einen lebhaften Aufschwung genommen.[74]

Die waldarmen nördlichen Niederlande mußten den größten Teil ihres Werk- und Brennholzes importieren. (Selbst Holzschuhe kamen damals noch als westfälischer Exportartikel nach Holland.) Maastricht wurde ein Zentrum dieses Handels.[75] Aus den Ardennen, die Petrarca als ein »Meer von Holz« beschrieben hatte[76], und aus dem südlichen Westfalen, in kleineren Quantitäten vorerst noch aus dem Schwarzwald, wurde im 15. Jahrhundert Holz rheinabwärts geführt. Beträchtliche Mengen an Brettern, Balken und Stämmen passierten die jülichsche Zollstätte Lobith.[77] Eigene »Flotschiffe« wurden für diesen Handel gebaut, relativ groß, weil ein *doirganck holts,* das übliche Maß für eine Partie, 24 m lang war.[78]

So wichtig der rheinische Handel auch war, so konnte er doch nicht den immensen Holzbedarf Flanderns, der entwickeltsten europäischen Städtelandschaft neben der Lombardei, decken. Hansische Kaufleute nutzten die Marktchancen. Nachdem schon mit dem ausgehenden 13. Jahrhundert Export aus Wolgast, Anklam und Stettin mit ihrem waldreichen Hinterland bezeugt ist[79], werden riesige Holzmengen aus dem Düna- und Weichselgebiet, ja selbst aus Litauen von preußischen Städten, vor allem von Danzig[80], nach Flandern verschifft.[81] Gotländische Hölzer bilden auf dem Markt von Brügge einen festen Handelsartikel.[82] Hamburger Schiffe bringen Holzladungen aus Norwegen.[83] Hamburg ist auch der Stapelplatz für alles elbabwärts angelandete Holz, das in großen Mengen für den Bau von Schiffen, Kähnen und Rudern (»koggenbretter, kanenblocke, remenholz«) oder als Bauholz, wie die im ausgehenden 15. Jahrhundert berühmten Magdeburger Dielen, in den Niederlanden gebraucht wird.[84] Nach Getreide und Bier ist Holz der wichtigste Massenartikel des Hamburger Exports.

Gestreift sei nur, daß der Seehandel auch ein Handel mit Waldprodukten wie Asche und Teer war, was – ohne Scheu vor weiten Entfernungen – selbst aus russischen Wäldern über Riga nach Flandern verschifft wurde.[85] Die hansische Holzausfuhr kannte ein breites Sortiment von Qualitäten, von den überaus teuren Bäumen für die Schiffsmasten[86] über das hochwertige »Wagenschoß«, das, für den Schiffsbau bestimmt, keine Risse aufweisen durfte, bis hin zum »Wrak-Holz«, das um die Hälfte billiger war als gute Qualitäten.[87] Am teuersten aber waren die Eiben, die aus preußischen Häfen verschifft wurden, das beste Material für die Bogenmacher. So wichtig war der Handel mit diesem aus polnischen Wäldern stammenden Holz, daß 1404 der Deutsche Orden durch ein Ausfuhrverbot die englische Krone zu treffen trachtete[88]; denn die weitberühmten englischen Bogenschützen, die *archers,* führten den Eibenbogen. Internationalität also: Eiben aus polnischen Wäldern, verfrachtet auf preußischen Schiffen, begründeten 1415 bei Azincourt den Sieg englischer Bogenschützen über die französische Reiterei.

Neue Wirtschaftsformen

Der gegen Ausgang des Mittelalters allenthalben immer stärker ansteigende Bedarf erzwang eine Ausweitung des Handels und damit neue Transportformen über größere Entfernungen hinweg. Deshalb gewinnt seit Mitte des 15. Jahrhunderts die Flößerei auf deutschen Wasserläufen ständig wachsende Bedeutung[89], verdrängt die einfache Holztrift, bei der die Stämme allein einen Fluß hinuntertreiben, was aber nur über kürzere Entfernungen möglich war. Am Ende des Jahrhunderts sind die Zeiten vorbei, da auf dem Rhein so viele »lordannen«, »luerdennen« zu sehen waren, stromabwärts fahrende Schiffe, die an ihrem Bestimmungshafen vollständig abgetakelt und als Bauholz verkauft wurden.[90]

Durch die Flößerei konnte der Reichtum an Nadelbäumen etwa des Frankenwaldes oder des Schwarzwaldes ausgebeutet werden. Von »Holländerbäumen« wußte man in abgelegensten Bergregionen. Um

1580 wurden allein auf der Murg jährlich 40 000 Festmeter wertvollen Nutzholzes verflößt (die Brennholzflößerei begann erst bei den gestiegenen Preisen im 18. Jahrhundert rentabel zu werden).[91]

Nicht immer fand die Flößerei so günstige natürliche Bedingungen vor wie etwa auf der Werra mit ihren ungewöhnlich langen Triftstrekken. Ausweitung der Flößerei hieß auch eine vom ausgehenden 15. bis ins 18. Jahrhundert reichende Arbeit an den Wasserwegen: Bewegliche Holzrechen, beeindruckende technische Meisterwerke, durchspannten die Flüsse, konstruiert, um Massen freischwimmender Stämme aufzufangen (bis zu einem Drittel des Holzes konnte beim Wassertransport verlorengehen)[92] und gleichwohl Schiffen und Flößen Durchfahrt zu gewähren. Man lernte, selbst Waldbäche durch Anlage von Schwemmteichen und Klausenschleusen flößbar zu machen, Floßkanäle anzulegen und Wasserläufe zu begradigen.[93]

Weil durch die Flößerei die Waldnutzung bis tief in die Bergwälder hinein rentabel wurde, mußten die Glasbläser aus angestammten Revieren weichen. Glashütten und Flößerei schlossen einander aus.[94] Denn die neue Transportform bedeutete in aller Regel Abtrieb durch Kahlschlag im Walde. Im Akkord- oder Stücklohn für den abgelieferten Klafter wurden die Arbeiter bezahlt, und an diesen harten Bedingungen wurden alle Mahnungen zuschanden, daß »nit soviel junger Bäum usgeholzt« werden sollten.[95] (Allein die Buchenwälder waren weitgehend geschützt, weil die Floßmeister aus Erfahrung wußten, daß die Buche höchstens 12 Meilen flößbar war.)[96]

Hinter dem Raubbau auch in entlegenen Revieren steht häufig ein neuer Großabnehmer: die mit dem 15. Jahrhundert sprunghaft sich entwickelnde, in ihrer »städtebildenden Kraft« aber zumeist überschätzte Montanindustrie.[97] Schmelz- und Kupfersaigerhütten, vor allem aber die Hammerwerke hatten einen riesigen Holzbedarf, waren doch etwa 15 Zentner Holzkohle nötig, um einen Zentner Eisen auszuschmieden.[98] Anders als bei der weitgehend verrechtlichten Holznutzung, zu der die spätmittelalterlichen Städte gelangt waren, anders auch als bei den grundherrschaftlich gebundenen oder eingeschränkten Salinen griff nunmehr das Großkapital der Montanherren in einem bisher unbekannten Ausmaß in die Waldwirtschaft ein. Nur ein Beispiel: Bei dem sogenannten Abtrieb auf Stockraum[99] pachteten Montanunternehmer für bestimmte Zeit ganze Reviere, lockten den in zersplitterten, kaum monetär rationalisierten Grundrenten kalkulierenden Adel mit plötzlichem Bargeldsegen und unterließen, allein am Holzertrag interessiert, die nur langfristig Nutzen bringenden Maßnahmen der Waldpflege.

Trotz allem, was an Raubbau im Umkreis spätmittelalterlicher Städte zu beobachten und durch Waldschutzmaßnahmen vielfach nur noch zu begrenzen war, hat doch letztlich nicht die Entwicklung des spätmittelalterlichen Städtewesens das Ausmaß der frühneuzeitlichen Waldverwüstung bewirkt. Zu einer Forstordnung wie der Tiroler von 1541, die den Wald nur als Annex der Bergwerke betrachtete und die Waldverwüstung in den Hochtälern bis zur Schneegrenze ermöglichte[100], hätten sich die spätmittelalterlichen Stadtväter nicht verstanden. Sie wußten, wie sehr das Gedeihen ihrer Stadt vom Walde abhing – bezeichnenderweise geht die frühneuzeitliche Devastierung der Nürnberger Reichswälder[101] parallel mit dem Niedergang der Reichsstadt –, sie wußten, wie es eine eidgenössische Ordnung von 1480 formuliert, daß der Wald geschont werden müsse, weil auch »die Nachkommen des Holtzes deheinst nottürftig« sein würden.[102]

Anmerkungen und Literatur

1 Von der Ropp, G. (Bearb.): Göttinger Statuten (Quellen und Darstellungen zur Geschichte Niedersachsens, 25). Hannover 1907, S. 106, Nr. 100 § 6 (vor 1415).

2 Bernhardt, A.: Geschichte des Waldeigentums, der Waldwirtschaft und Forstwissenschaft in Deutschland. 3 Bde. Berlin 1872–1875 (Neudruck 1966), Bd. 1, S. 106.

3 Hauser, A.: Wald und Feld in der alten Schweiz. München 1972, S. 37. Ein Beispiel für systematische Mehrung von Nutzungsprivilegien bietet Nürnberg, das sich etwa in den Jahren zwischen 1331 und 1355 vier kaiserliche Privilegien für die Reichswälder geben und das zusammenfassende Privileg von 1355 auf eigene Kosten durch die Goldbulle besiegeln läßt. Johannes Müllner: Die Annalen der Reichsstadt Nürnberg von 1623. Teil II: Von 1351–1469. Hrsg. von G. Hirschmann. Nürnberg 1984, S. 25.

4 Beispiele: Brandl, H.: Der Stadtwald von Freiburg (Veröffentlichungen des Archivs der Stadt Freiburg i. B. 12). Freiburg i. Br. 1970, S. 33, 38, 111. Köppke, J.: Hildesheim, Einbeck, Göttingen und ihre Stadtmark im Mittelalter. Untersuchungen zum Problem von Stadt und Umland. Hildesheim 1967, S. 88 f. (für Hildesheim).

5 So erwarb 1252 Rostock seinen rund 6000 ha großen Stadtwald. Bernhardt (wie Anm. 2), S. 107. Beispiele für sauerländische Städte: Stievermann, D.: Städtewesen in Südwestfalen. Die Städte des Märkischen Sauerlandes im späten

Mittelalter und in der frühen Neuzeit (Spätmittelalter und Frühe Neuzeit 6). Stuttgart 1978, S. 161.

[6] Müllner (wie Anm. 3), S. 252.

[7] Eine Ausnahme bildet der bahnbrechende Aufsatz von Pfeiffer, G.: Wasser und Wald als Faktoren der städtischen Entwicklung in Franken. Jb. für fränkische Landesforschung 32 (1972), S. 151 ff.

[8] Rörig, F.: Die europäische Stadt und die Kultur des Bürgertums im Mittelalter. Göttingen [3]1955, S. 115.

[9] In Freiburg i. B. erbrachte die Eichelmast 15 Prozent aller Einnahmen aus dem Stadtwald. Brandl (wie Anm. 4), S. 113.

[10] Bischoff, J.: Die Zeidelhuben und Bienenpflege im Sebalder Reichswald zwischen Erlangen und Nürnberg in siedlungs- und waldgeschichtlicher Sicht. Jb. f. fränkische Landesforschung 16 (1956), S. 29 ff. Mager, F.: Der Wald in Altpreußen als Wirtschaftsraum. 2 Bde. Köln–Graz 1960, Bd. 1, S. 298 ff.

[11] Voigt, K.: Italienische Berichte aus dem spätmittelalterlichen Deutschland. Von Francesco Petrarca zu Andrea de Franceschi (1333–1492). Stuttgart 1973, S. 45.

[12] Sage, W.: Einflüsse auf die Herausbildung bürgerlicher Haustypen. In: Arbeit und Volksleben. Marburg 1967, S. 83. Binding, G., U. Mainzer und A. Wiedenau: Kleine Kunstgeschichte des deutschen Fachwerkbaus. Darmstadt 1975.

[13] Englisch, E. und G. Jaritz: Das tägliche Leben im spätmittelalterlichen Niederösterreich. St. Pölten–Wien 1976, S. 58. Zehnder, L.: Volkskundliches in der älteren schweizerischen Chronistik. Basel 1976, S. 18.

[14] Vgl. etwa: Greiner, K.: Die Glashütten in Württemberg. Wiesbaden 1971, S. 4 ff. Mager (wie Anm. 10), Bd. 2, S. 64 ff..

[15] Timm, A.: Die Waldnutzung in Nordwestdeutschland im Spiegel der Weistümer. Köln 1960, S. 41.

[16] Wilsdorf, H.: Holz – Erz – Salz. Das Transportproblem im Montanwesen. In: Wilsdorf, H. et al.: Bergbau – Wald – Flöße (Freiberger Forschungshefte D 28). Berlin 1960, S. 10, Anm. 2.

[17] Pfarr, K.: Geschichte der Bauwirtschaft. Essen 1983, S. 57.

[18] Brandl (wie Anm. 4), S. 71 f. Vgl. (auch für das Konstanzer Münster): von Hornstein, J.: Die Tannengebälke des Konstanzer und Freiburger Münsters und ihre geschichtliche Auswertung. Alemannisches Jahrbuch 1964/65. 1966, bes. S. 267 ff.

[19] Parzival V. 250, 22 ff.

[20] Kiesselbach, G. A.: Die wirtschaftlichen Grundlagen der deutschen Hanse und die Handelsstellung Hamburgs bis in die zweite Hälfte des 14. Jahrhunderts. Berlin 1907, S. 225. Vgl. Stefke, G.: Ein städtisches Exportgewerbe des Spätmittelalters in seiner Entfaltung und ersten Blüte. Untersuchungen zur Geschichte der Hamburger Seebrauerei des 14. Jahrhunderts. Diss. Hamburg 1979, S. 120 f.

[21] Rubner, H.: Die Hainbuche in Mittel- und Westeuropa (= Forschungen zur dt. Landeskunde 121). Bad Godesberg 1960, S. 52 f.

[22] Schubert, E.: Arme Leute, Bettler und Gauner im Franken des 18. Jahrhunderts. Neustadt/Aisch 1983, S. 80.

[23] Hendinger, H.: Vom Gerberhandwerk zur Lederindustrie. Jb. für fränkische Landesforschung 30 (1970), S. 18ff.

[24] Als die Säge am Ende des 18. Jahrhunderts von der Obrigkeit eingeführt wird, erhebt sich Widerstand der Holzknechte. Koller, E.: Forstgeschichte des Landes Salzburg. Salzburg 1975, S. 54 und 149ff. Vgl. u. a. auch Koch, J.: Wald und Waldwirtschaft der Stadt und des Hospitals Biberach an der Riß. Biberach a. d. R. 1963, S. 43.

[25] Jänichen, H.: Zur Geschichte der Sägmühlen im Mittelalter mit Ausblicken auf die Bestockungsgeschichte südwestdeutscher Wälder. Mitt. des Verbandes für forstliche Standortkunde 17 (1967), S. 46–51.

[26] Wilsdorf (wie Anm. 16), S. 11 mit Anm. 3.

[27] Hirschmann, G.: Mühlen, Sägen und Hämmer um die Nürnberger Wälder 1458/1464. Altnürnberger Landschaft 8 (1959), S. 89ff.

[28] Englisch und Jaritz (wie Anm. 13), S. 18.

[29] Menzel, K. (Bearb.): Regesten zur Geschichte Friedrichs des Siegreichen (Quellen und Erörterungen 2). München 1862, S. 462ff. Nr. 321. Vgl. auch allgemein: Mager (wie Anm. 10), Bd. 1, S. 368ff.

[30] Brandl (wie Anm. 4), S. 108 für die Zeit um 1600.

[31] Brandl (wie Anm. 4), S. 71 und Hauser (wie Anm. 3), S. 17.

[32] Koller (wie Anm. 24), S. 15 und 43ff. (für Reichenhall und Hallstadt). Palme, R.: Rechts-, Wirtschafts- und Sozialgeschichte der inneralpinen Salzwerke bis zu deren Monopolisierung. Frankfurt/Main–Bern 1983, S. 232ff. (für Hall i. T.), S. 294ff. (für Hallein), S. 379ff. (für Hallstadt).

[33] Wilsdorf (wie Anm. 16), S. 14.

[34] Koch-Sternfeld, J. E. von: Die deutschen, insbesondere die bayerischen und österreichischen Salzwerke zunächst im Mittelalter. 2 Teile. München 1836, Neudruck 1969, Teil 2, S. 51f.

[35] Ebenda, S. 55.

[36] Wilsdorf (wie Anm. 16), S. 44 Abb. 7.

[37] Grimm, Jacob: Weisthümer, 7 Bde. Göttingen 1840–1878, Neudruck 1957, Bd. 2, S. 34.

[38] Alberts, W. J.: Der Rheinzoll Lobith im späten Mittelalter (Rheinisches Archiv 112). Bonn 1981, S. 33 und 43.

[39] Zit. nach Zehnder (wie Anm. 13), S. 113.

[40] Koch-Sternfeld (wie Anm. 34), Teil 1, S. 77.

[41] Ebenda, Teil 2, S. 54.

[42] Hesmer, H. und F.-G. Schroeder: Waldzusammensetzung und Waldbehandlung im niedersächsischen Tiefland westlich der Weser und in der Münsterschen Bucht bis zum Ende des 18. Jahrhunderts (Decheniana Beihefte 11). Bonn 1963, S. 227.

[43] Die Zustände des Elsasses im Beginn des 13. Jahrhunderts. In: Die Geschichtschreiber der deutschen Vorzeit. Zweite Gesamtausgabe. Bd. 76. Leipzig 1897, S. 133f.

[44] Hesmer und Schroeder (wie Anm. 42), S. 131f. Vgl. ebenda S. 278ff. zur Waldverwüstung in Nordwestdeutschland; zu der in Preußen: Mager (wie Anm. 10), Bd. 2, S. 225ff.

[45] Kriegk, G. L.: Frankfurter Bürgerzwiste und Zustände im Mittelalter. Frankfurt/M. 1862, S. 236f.

[46] Pfeiffer (wie Anm. 7), S. 161ff.

[47] Bertsch, K.: Geschichte des deutschen Waldes. Hannover ³1951, S. 106.

[48] Mantel, K.: Forstgeschichte des 16. Jahrhunderts unter dem Einfluß der Forstordnungen und Noe Meurers. Hamburg 1980, S. 134.

[49] Köppke (wie Anm. 4), S. 214.

[50] Brandl (wie Anm. 4), S. 71.

[51] Hauser (wie Anm. 3), S. 45.

[52] Wilsdorf (wie Anm. 16), S. 23.

[53] Vgl. Hauser (wie Anm. 3), S. 34 sowie für Freiburg i. B. mit Verweisen auf Villingen und Breisach: Brandl (wie Anm. 4), S. 55ff.

[54] Brandl (wie Anm. 4), S. 88.

[55] Berg, E. von: Geschichte der deutschen Wälder bis zum Schlusse des Mittelalters. Dresden 1871 (Neudruck Amsterdam 1966), S. 339.

[56] Vgl. Mantel (wie Anm. 48); Timm (wie Anm. 15), S. 106ff.; Mager (wie Anm. 10), Bd. 1, S. 224ff. Vangerow, H. H.: Vom Stadtrecht zur Forstordnung. München und der Isarwinkel bis zum Jahr 1569. München 1976. Hauff, D.: Zur Geschichte der Forstgesetzgebung und Forstorganisation des Herzogtums Württemberg im 16. Jahrhundert (Schriftenreihe der Landesforstverwaltung Baden-Württemberg 47). Stuttgart 1977.

[57] Jäger, H.: Wüstungsforschung in geographischer Sicht. In: Jankuhn, H. und R. Wenskus (Eds.): Geschichtswissenschaft und Archäologie (Vorträge und Forschungen 22). Sigmaringen 1979, S. 228 (auch für das folgende).

[58] Hesmer-Schroeder (wie Anm. 42), S. 273.

[59] Sporhan, L. und W. v. Stromer: Die Nadelholz-Saat in den Nürnberger Reichswäldern zwischen 1469–1600. Zs. f. Agrargesch. u. Agrarsoz. 17 (1969), S. 79ff.

[60] Mantel, K.: Forstgeschichtliche Beiträge. München 1965, S. 135.

[61] Elsner, F.: Frühe Lärchenanbauten in Franken. Forstwissenschaftliches Centralblatt 92 (1973), S. 328ff. Mantel (wie Anm. 48), S. 129ff.

[62] Bertsch (wie Anm. 47), S. 107.

[63] Hesmer-Schroeder (wie Anm. 42), S. 274f.

[64] Vgl. Mantel (wie Anm. 48), S. 656ff. und (als Beispiel für eine Mittelstadt) Koch (wie Anm. 24), S. 43.

[65] Berg, von (wie Anm. 55), S. 352f.

[66] Vgl. die Hinweise bei Hauser (wie Anm. 3), S. 57.

[67] Bertsch (wie Anm. 47), S. 107.

[68] Hendinger (wie Anm. 23), S. 55.

[69] Wilsdorf (wie Anm. 16), S. 11 mit Anm. 3.

[70] Hauser (wie Anm. 3), S. 24.

[71] Ebenda, S. 37. Vgl. das Beispiel bei Kieß, R.: Die Rolle der Forsten beim Aufbau des württembergischen Territoriums bis in das 16. Jahrhundert. Stuttgart 1958, S. 82.

[72] Hauser (wie Anm. 3), S. 37f.

[73] Daenell, E.: Die Blütezeit der deutschen Hanse. 2 Bde. Berlin 1905/06 (Neudruck 1973), Bd. 2, S. 58.

[74] Kuske, B.: Quellen zur Geschichte des Kölner Handels und Verkehrs im Mittelalter. 4 Bde. Bonn 1917–1934 (Neudruck 1978), Bd. 4, S. 477 f. (Register unter Holzwaren und Holz).

[75] Alberts (wie Anm. 38), S. 44.

[76] Voigt (wie Anm. 11), S. 30.

[77] Alberts (wie Anm. 38), S. 44.

[78] Ebenda, S. 51.

[79] Kiesselbach (wie Anm. 20), S. 49 f. mit Anm. 72 f.

[80] Stark, W.: Lübeck und Danzig in der zweiten Hälfte des 15. Jahrhunderts. Weimar 1973, S. 99 ff. und 111 f.

[81] Kiesselbach (wie Anm. 20), S. 154 und 157; Daenell (wie Anm. 73), Bd. 1, S. 89.

[82] Kiesselbach (wie Anm. 20), S. 156.

[83] Ebenda, S. 59 und 175.

[84] Ebenda, S. 110 f.

[85] Daenell (wie Anm. 73), Bd. 2, S. 256. Vgl. auch Stark (wie Anm. 80), S. 113 ff.; Mager (wie Anm. 10), Bd. 1, S. 267.

[86] Stark (wie Anm. 80), S. 97 mit Anm. 40.

[87] Ebenda, S. 96.

[88] Daenell (wie Anm. 73), Bd. 1, S. 69; Mager (wie Anm. 10), Bd. 1, S. 269.

[89] Wilsdorf (wie Anm. 16), S. 131 verweist auf die 1435 in einer Basler Zollrechnung erwähnte Flöße. 1438 ist die Flößerei auf der Mulde bezeugt: von Berg (wie Anm. 55), S. 107. 1440 findet sich die erste Nachricht von der Flößerei auf der Alb bei Frauenalb: Seeger, M.: Beitrag zur Geschichte der Waldungen der Stadt Ettlingen. Diss. ing. Karlsruhe 1908, S. 55 (»die alb jetzend flötzig gemacht«).

[90] Alberts (wie Anm. 38), S. 44 und 51; Kuske (wie Anm. 74), Bd. 4, S. 484 (Register unter »lordanne«).

[91] Hausrath, H.: Aus der Waldgeschichte des Schwarzwaldes (Freiburger Universitätsreden 26). Freiburg i. B. 1938, S. 17.

[92] Brandl (wie Anm. 4), S. 105.

[93] Ebenda, S. 90 f.; Tscherter, K. F.: Die einstige Flößerei im Wiesental. Stuttgart 1925, S. 39 ff.

[94] Hausrath (wie Anm. 91), S. 21.

[95] Brandl (wie Anm. 4), S. 91.

[96] Wilsdorf (wie Anm. 16), S. 57.

[97] Dagegen zu Recht: Mitterauer, M.: Produktionsweise, Siedlungsstruktur und Sozialformen im österreichischen Montanwesen des Mittelalters und der frühen Neuzeit. In: Ders. (Ed.): Österreichisches Montanwesen. München 1974, S. 234 ff.

[98] Görgner, D.: Der Seebarnhammer – ein technisches Kulturdenkmal. Schönere Heimat 63, Heft 3, (1974), S. 563 ff.

[99] Wilsdorf (wie Anm. 16), S. 24 f.

[100] Ebenda, S. 28.

[101] Die Reichswälder bei Nürnberg – Aus der Geschichte des ältesten Kunstforstes (Mitt. aus der Staatsforstverwaltung Bayerns Heft 36). Kallmünz 1968.

[102] Hauser (wie Anm. 3), S. 48.

MARIE-LUISE HILLEBRECHT

Eine mittelalterliche Energiekrise

Bis in das 19. Jahrhundert hinein hatten das Holz und das fließende Wasser die größte Bedeutung als Energieträger für den Menschen. Dabei entspricht die Wärmeenergie einem elementaren Bedürfnis des Menschen. Von ihr hängen Heizung, Zubereitung des Essens und die Herstellung geschmiedeter Werkzeuge ab. Wichtig – aber nicht ganz so unverzichtbar – war die Energie aus dem Wasser, die teilweise zur Substitution der Wärmeenergie herangezogen wurde.

Im frühen Mittelalter ist der Wald in unseren Breiten auch sicherlich groß und reproduktionsfähig genug gewesen, um den Bedarf des wirtschaftenden Menschen zu decken. Doch ist es auch in dieser Zeit schon kleinräumig in Gebieten mit wandernden Metallschmelzen (Rennfeuern), Töpfereien, Glasöfen und Salinen zu einer gewissen Erschöpfung kleinerer Waldbestände gekommen.[1]

Einschneidende Beschränkungen erfährt der Wald durch den mittelalterlichen Landesausbau des 10. bis 13. Jahrhunderts, in dem die Waldfläche enger begrenzt wird. Higounet[2] gibt an, daß der Wald nördlich der Alpen in dieser Zeit die stärksten Beschränkungen seit dem Neolithikum erfahren habe. Gleichzeitig aber steigt der Bedarf nach einer Nutzung des Waldes als Folge einer expandierenden Bevölkerung.

Mit der Aufnahme und Ausbreitung des Bergbaus im Mittelgebirgsraum kommt ein unersättlicher Holzabnehmer hinzu: die Bergwerke und Hütten. Ähnlich große Abnehmer sind in anderen Regionen zum Beispiel die Lüneburger Saline, im Salzkammergut konkurrierend Salinen und Hütten, in Nordfrankreich schon sehr früh, in Deutschland etwas später die Glashütten und in den Töpfereizentren (zum Beispiel an Weser, Werra und Rhein) die Töpfereien.

Soweit eine Reihe von Anhaltspunkten, die deutlich machen, daß das Holz einer der wichtigsten Rohstoffe des Mittelalters war. Auf ihn waren so viele verschiedenartige Interessen gerichtet, daß Probleme der Nutzung und Rohstoffversorgung sehr wahrscheinlich werden.

In diesem Zusammenhang sind auch verschiedene Hinweise auf Beschränkungen des Zugangs zum Walde zu verstehen. Schon im Sachsenspiegel aus der ersten Hälfte des 13. Jahrhunderts ist vom Schutz des Waldes in Form von drei Bannforsten im Lande der Sachsen die Rede, in die nicht mehr jedermann freien Zugang hatte.[3]

Für Nürnberg gibt es Nachrichten[4], daß im 13. Jahrhundert der Reichsforst von der Stadt erworben und nach einer seit dem 10. Jahrhundert andauernden Zerrüttung durch Eisenhütten wieder aufgeforstet wurde. Erste Besamungsversuche fanden statt. Die waldfressende Industrie der Reichsstadt war zu dieser Zeit aber schon in weiter entfernte Gebiete verlegt worden.

Klagen über einen zu großen Holzbedarf in Zusammenhang mit Eisen- und anderer Metallproduktion sowie mit weiterer »industriell-gewerblicher« Nutzung liegen im wesentlichen erst seit dem 14. Jahrhundert vor. Aufmerksamkeit beanspruchen können aber schon frühere Urkunden, die sich mit dem Erwerb von Waldungen, Waldnutzungsrechten und Rechten an Gewässern auseinandersetzen. Zahlreiche Hinweise finden sich in den Urkunden der im 12. Jahrhundert neugegründeten Klöster, namentlich bei den Zisterziensern.[5] Teilweise ist eine so enge Verzahnung von Bergrechten mit Rechten am Wald ersichtlich, daß der Erwerb von Waldbesitz in direktem Zusammenhang mit dem Bergwerksbesitz gesehen werden muß. Einher mit dem Erwerb von Waldbesitz durch Klöster, Städte oder den Adel geht eine Restriktion im Waldzugang für andere Interessenten.

Diese Quellen erfassen nicht die Anfangsphasen einer krisenhaften Entwicklung. Auch ist ihr Inhalt im Hinblick auf den Waldzustand, das Holz und die Energieproblematik äußerst spärlich, da es sich im wesentlichen um Kauf- und Besitzurkunden handelt. Aus ihnen ist indirekt auf die Notwendigkeit des Walderwerbs zur Deckung des Energiebedarfs zu schließen.

Ein gutes Beispiel für das Harzgebiet ist die Forstpolitik des Klosters Walkenried. 1129 zogen in Walkenried die Mönche ein. Bereits 1157 erhielt das Kloster ein Viertel der Erzausbeute des Rammelsberges von Friedrich Barbarossa zugesprochen[6], vermutlich in Anerkennung der Leistungen des Klosters bei der Urbarmachung des südöstlichen Harzvorlandes. Gleichzeitig durften die Mönche für 12 Mark Silber im Harzwald Kohle brennen, ohne daß Einschränkungen gemacht wurden. Bereits 1224 und in den folgenden Jahren erwarb das Kloster umfangreichen Waldbesitz im Westharz, ein Zeichen dafür, daß in gewissem Maße eine vorausschauende Bedarfsdeckungspolitik betrieben wurde. Die alleinige Nutzung des Waldes ohne Nebennutzungen (wie die Hude) erschien dem Kloster wichtig. Gleichzeitig können die Erwerbungen als Indiz dafür gewertet werden, daß bereits Anzeichen der Energieverknappung da waren, die den Aufwand des Forstkaufs rechtfertigten. Mangelsituationen sind hier wenigstens hundert Jahre vor dem Erliegen des örtlichen Bergbaus ersichtlich. Durch die auf den Erwerb von Waldungen gerichtete Forstpolitik wurde die Expansion des Bergbaubetriebes mit Schürfungen auf anderen Oberharzer Gängen erst möglich.

Sicherlich nicht unwichtig auf dem Hintergrund der Bevölkerungsentwicklung war die Möglichkeit, auch als Laie, das heißt als Konverse neben den Konventualen (den Angehörigen des Ordens) den Lebensunterhalt zu verdienen. Mit der Expansion des Bergbaus und der Holzverkohlung wurde eine große Anzahl von Arbeitskräften notwendig: die Berg- und Hüttenleute als die *montani* und die Förster, Köhler, Holzfäller, Fuhrleute usw. als die *silvani*. Hinzu kamen weitere Bevölkerungsschichten, die indirekt vom Bergbau abhingen: weiterverarbeitende Handwerker und Künstler, Kaufleute usw.

Man darf davon ausgehen, daß die Klosterunternehmungen wie ein großer Konzern im modernen Sinne geführt wurden mit dem Mutterhaus in Walkenried und Zweigniederlassungen am Harzrand und in anderen Gebieten (Ostkolonisation).

Wie aus der kurz skizzierten Quellenlage hervorgeht, sind Aufzeichnungen, die direkte Rückschlüsse auf Waldnutzung und Energieversorgung zulassen, äußerst spärlich und für die Anfangsphasen nicht vorhanden. Auch sind in den häufiger vorkommenden hochmittelalterlichen und frühneuzeitlichen Quellen die Informationen oft viel zu speziell, da nur das Bemerkenswerte (zum Beispiel drei dicke Buchen im Forstort X) festgehalten wurde, und die Situation des Waldes im kleinräumigen Bereich dunkel bleibt.

Die Pollenanalyse kann die Lücke zwischen Archivalien und tatsächlichem Beginn von Bergbau und Holzverkohlung, also dem massiven Eingriff des Menschen in den Wald, nur bedingt schließen. Es müssen pollenführende Schichten und Moore vorhanden sein, desgleichen fruchttragende Bäume, um überhaupt einen Pollenniederschlag zu erhalten. Das ist bei der früheren Praxis des »auf den Stock Setzens«[7] der Bäume zur Bestandserhaltung nicht immer gegeben. Ferner schlagen sich Eingriffe des Menschen erst zeitlich verzögert nieder (Birkenanstieg nach Entwaldung). Es ergibt sich oft ein generelles Bild, in dem kleinräumige Verhältnisse nicht ausreichend repräsentiert sind. Ein weiteres Problem ist die Erhaltungsfähigkeit der Pollen, ein Problem, das am Beispiel des Ahorn auftaucht, wo ein Pollen ebenso einen ganzen Wald wie einen einzigen Baum repräsentieren kann.

Weiterführende Aufschlüsse haben archäologische Untersuchungen erbracht. Ungeheuere Mengen Holz wurden in Gruben- und Platzmeilern zu Holzkohle für den Bedarf des Berg- und Hüttenwesens verkohlt.[8] Dabei ist die Verkohlung in Gruben die ältere primitivere Form der Verkohlung, die im wesentlichen im 16. Jahrhundert, teilweise schon früher, von der Köhlerei auf Plätzen abgelöst wurde. Beibehalten wurde die Grubenköhlerei neben der Köhlerei auf Plätzen für geringmächtige Holzsortimente und für die Stukenköhlerei (Holzkohlegewinnung aus Stubben).

Die Relikte der wirtschaftlichen Nutzung des Waldes zur Holzkohleherstellung sind noch heute in großer Vielzahl in den ehemaligen

1 Verkohlung von Wurzelholz in einer Grube. Der Köhler rechts schichtet Wurzelholz in eine Kohlgrube, der Köhler links überwacht einen bereits in Betrieb befindlichen abgedeckten Meiler. (Nach einem Holzschnitt in der »Pirotechnica« des Vanoccio Biringuccio aus Siena, Venedig 1540)

2 Verkohlung von Scheitholz in einem Platzmeiler. Der linke Meiler ist fertig abgedeckt und in Betrieb, der rechte befindet sich im Aufbau. (Nach einem Holzschnitt in der »Pirotechnica« des Vanoccio Biringuccio aus Siena, Venedig 1540)

Verkohlungsgebieten (zum Beispiel im Harz und Siegerland) als Eintiefungen (Grubenmeiler) oder Verebnungen (Platzmeiler) zu erkennen. Größtenteils ist eine Holzkohleauflage oder eine mit Holzteer durchsetzte Schicht vorhanden. Auf dem Acker sind Meiler als runde schwarze Verfärbungen kenntlich.

Untersuchungen[9] an ehemaligen Meilerstätten und Schlackenplätzen (Aufnahme der Relikte im Gelände, Analyse der Holzkohlen nach Holzart, Durchmesser, Qualität usw.) ergaben für den Harz und sein Vorland klare Abhängigkeiten zwischen den wirtschaftlichen Belangen des Harzer Bergbaus und einer schrittweisen Veränderung des Waldbildes, was sich sicher auch für andere Gebiete nachweisen lassen wird.

In der ersten erfaßten Zeit des mittelalterlichen Bergbaus im Harz um die Jahrtausendwende standen die Wälder in den Randbereichen als natürliche Wälder zur Verfügung. Vorher waren sie nur der üblichen dörflichen und städtischen Nutzung unterworfen gewesen und hatten sich natürlich regeneriert. In den unzugänglicheren Bereichen im Inneren des Harzes, in die der Bergbau im Sinne eines Prospektierens fortschritt, darf man einen ursprünglichen, vom Menschen weitgehend unberührten Wald annehmen. So standen zu Beginn des geschichtlichen Bergbaus im Harz den Interessenten noch reiche Holzvorräte zur Verfügung. Das Aussehen dieses Waldes läßt sich aus den Holzkohlen rekonstruieren.

Im Gegensatz zum heute vorherrschenden Waldbild waren die Fichtenareale auf die hohen und moorigen Lagen beschränkt. Der Harz dürfte weitgehend von einem ursprünglichen Laubdunkelwald aus Ahorn und Buche bestanden gewesen sein, dem in Bestandslücken (zum Beispiel nach Windwurf) oder an Moorrändern in geringem Umfang andere Hölzer beigemischt waren.

Aufgelockerte bunte Laubmischwälder aus Eiche, Buche, Ahorn, Erle, Birke, Linde, Esche usw. bedeckten die Harzränder. Der radikale Eingriff des Menschen in diese Wälder aus Hütten- und Bergwerksbelangen ohne Schonung bestimmter Arten wird aus der Zusammensetzung der Holzkohlen deutlich.

Standen zu Beginn des von den Rändern zum Harzinneren hin fortschreitenden Bergbaus noch reiche Waldreserven zur Verfügung, so kam es schon kurz nach der Jahrtausendwende in den Randbereichen zu Energieverknappungen – im Inneren entsprechend später –, die auf die Übernutzung des Waldes für die Hütten zurückzuführen sind.

Anzeiger der intensiven Nutzung sind zum Beispiel die große Meilerdichte in einem Areal, die mehrfache Benutzung derselben Meilerstelle im selben Verkohlungszeitraum und eine gute Verkohlungstechnik. Auf die Übernutzung des Waldbestandes weist die gemeinsame Verkohlung des holzkohletechnisch unterschiedlichen »harten« (Buche, Ahorn, Eiche) und »weichen« Holzes (Birke, Pappel, Weide) hin, die starke Zunahme der Destruktionsanzeiger wie Birke, Hasel, Pappel, Weide und Eberesche sowie die Verwendung geringmächtiger Holzsortimente. Ganz offensichtlich bestand schon ein Zwang, alles vorhandene Holz zur Energiebedarfsdeckung zu verwenden.

Nach den Untersuchungen von Holzkohlen aus Meilern und Schlackenstellen ist daher der Niedergang des Waldes durch alle diese Anzeiger schon sehr früh nachweisbar. Eine bereits vorprogrammierte Energiekrise wird sichtbar, während Archivalien noch einen florierenden Bergwerks- und Hüttenbetrieb belegen. Durch die zu starke Ausnutzung der Ressourcen wird die auf dem Betrieb von Berg- und Hüttenwerken basierende Lebensgrundlage unterhöhlt.

Aufgefangen werden konnte die krisenhafte Situation auf dem

Energiesektor zeitweise durch die Praxis, das zu verhüttende Erz dem Wald hinterherzufahren. Umgekehrt war der Transport der Holzkohlen zum Erz über weite Strecken unrentabel: Die Holzkohle büßte durch den Transport auf schlechten Wegen an Qualität ein. Mengenmäßig wurde sie in erheblich größerem Umfang als das Erz benötigt, so daß der Aufwand beim Transport unverhältnismäßig größer gewesen wäre.

Der Deckung des Energiebedarfs diente auch die angeführte auf den Erwerb von Waldungen gerichtete Forstpolitik, wie sie zum Beispiel von den Goslarer Gewerken, dem Kloster Walkenried und anderen Bergwerks- und Hütteneignern bekannt ist. Mit den längeren Transportwegen zwischen Holz und Erz wurden Aufwand und Kosten für die Bergwerksprodukte größer, was sich wirtschaftlich negativ auswirken mußte.

Die Übernutzung der Wälder aus kurzsichtigen kommerziellen Interessen und eine nicht frühzeitig genug einsetzende Waldpflege sowie die ungenügende Befolgung von Schutzbestimmungen aus mangelnder Einsicht in eine langfristig krisenhafte Entwicklung trugen neben anderen Erschwernissen wie Wassereinbrüchen, Mißernten im Vorland, Seuchen usw. ganz wesentlich zum Erliegen des Bergbaus bei und führten durch ein vorangegangenes überzogenes Gewinnstreben die mittelalterliche Wirtschaft vielerorts in die Rezession.

Nach der Untersuchung der Relikte der Holzkohleherstellung aus dem Mittelalter kann nicht von einer Wirtschaft als Summe aller Maßnahmen zur langfristigen Bedarfsdeckung gesprochen werden. Die Ansätze hierzu sind inselhaft. Eine deutliche Diskrepanz zwischen Theorie und Praxis ergeben die aus der Holzkohleanalyse gewonnenen Erkenntnisse über einen Raubbau am Walde im Vergleich zu den in Archivalien vielfach angesprochenen Schutzbestimmungen.

Genau nach dem Schema der durch den mittelalterlichen Bergbau bedingten Ressourcenbehandlung läuft auch der nach einer je nach Örtlichkeit mehr oder weniger als hundert Jahre dauernden Zwangspause aufgenommene frühneuzeitliche Bergbau ab:

Zu Beginn der Bergbauphase ist Holz reichlich vorhanden, da der Wald sich regenerieren konnte. Es folgt eine zu starke Nutzung, belegt durch Destruktionsanzeiger. Die nächste Krise ist vorprogrammiert. Neu oder ausgeprägter als im Mittelalter sind vermehrte Waldschutzbestimmungen, ein stärkeres Zurückgreifen auf weiter entfernte Waldungen, Besamungsversuche und Experimente mit Braun- und Steinkohlen.

Einen bedeutenden Einfluß nahm der wirtschaftende Mensch des Mittelalters im Harz auf die Entwicklung des Waldes, indem er durch Auflichtung und Abholzung des Altbestandes der Fichte die entscheidenden Möglichkeiten bot, sich von ihren Höhen- und Moorbereichen aus auch in den nun waldfreien beziehungsweise aufgelockerten Gebieten einzusamen und zu behaupten. Über Stadien der Degenerierung und starken Auflichtung der Laubwälder – später auch durch Saaten – kam es zu einer Umwandlung in einen Fichtendunkelwald. Die heutige Waldbedeckung entspricht der der Jahrtausendwende nur noch ganz inselhaft.

Die wirtschaftlichen Belange der Bergwerke und Hütten hatten in der Waldnutzung den absoluten Vorrang. Der Mensch gab der Waldentwicklung im Harz zunächst ungewollt und dann gewollt (Fichtensaaten im 18. Jahrhundert) die Richtung. Dabei bewirtschaftete er den Wald so schlecht – nur das verhüttete Erz war in Münze umzusetzen –, daß es durch den Raubbau an den natürlichen Ressourcen zu Energiekrisen kam. Noch bestehende Waldungen wurden nach Umtriebszeiten von 10 bis maximal 20 Jahren geschlagen.

Diese vom Menschen selbst verursachten Situationen des Energiemangels trugen entscheidend zum zeitweisen Rückgang oder Erliegen der Berg- und Hüttenwerke bei. Damit verloren ganze Bevölkerungsschichten ihre Existenzgrundlage, so daß auch Abwanderungsbewegungen indirekt durch eine vorangegangene Übernutzung der Wälder gefördert wurden.[10]

Anmerkungen

1 Vgl. Hillebrecht (1982).

2 Higounet (1965), S. 397.

3 Sachsenspiegel, Ldr. II 61 § 2.

4 Beck und Weiger (1980).

5 Vgl. Uhde (1967/68).

6 Ebenda.

7 »Auf den Stock setzen«: den Baum bis zu einer Höhe über dem Boden von etwa 1,50 bis 2,00 m abhacken oder -sägen, so daß nur der »Stock« (Stamm) stehen bleibt. Durch neuen Ausschlag vom Stock (Stockausschlag) findet gleichsam eine Naturverjüngung statt. Mancherorts wurde nicht der ganze obere Baum entfernt. Ein bis zwei Äste wurden zur besseren Verjüngung stehengelassen.

[8] Vgl. Hillebrecht (1982, S. 67): Etwa 63 fm Holz wurden zur Verhüttung von einem Karren Erz benötigt. Ritter (1982, S. 13) gibt an, daß zum Schmelzen einer Tonne Erz bei Timna etwa 50 Akazienbäume benötigt wurden, was bei lockerem Bestand einer Gehölzflur von 1 bis 2 ha entspricht.

[9] Detaillierte Untersuchungsergebnisse und Belege zu den folgenden Ausführungen finden sich bei Hillebrecht (1982).

[10] Auf ähnliche Situationen des Energiemangels weist Ritter (1982, S. 12–17) hin. Besonders interessant sind in diesem Zusammenhang die aktuellen Bezüge zur Übernutzung von Wäldern in der Dritten Welt und den daraus folgenden Energie- und Agrarkrisen sowie Abwanderungsbewegungen aufgrund der Ressourcenerschöpfung.

Literatur

Baumgarten, W.: Beziehungen zwischen Forstwirtschaft und Berg- und Hüttenwesen im Kommunionharz, Diss. München 1933.

Beck, H. und H. Weiger: Der Nürnberger Reichswald. Nürnberg 1980.

Bornhardt, W.: Der Oberharzer Bergbau im Mittelalter, Sonderdruck aus: Archiv f. Landes- und Volkskunde von Niedersachsen. Bd. 1943.

Higounet, Ch.: Les forêts de l'Europe occidentale du Ve au XIe siècle, Settimane Spoleto 13, 1965.

Hillebrecht, M.-L.: Die Relikte der Holzkohlewirtschaft als Indikatoren für Waldnutzung und Waldentwicklung – Untersuchungen an Beispielen aus Südniedersachsen. Göttinger Geographische Abhandlungen, 79. Göttingen 1982.

Lohrmann, D.: Energieprobleme im Mittelalter: Zur Verknappung von Wasserkraft und Holz in Westeuropa bis zum Ende des 12. Jahrhunderts, Vierteljahresschrift f. Sozial- u. Wirtschaftsgeschichte, 66, Heft 3, Wiesbaden 1979, S. 297 bis 316.

Ritter, W.: Waldverwüstung und Wiederbewaldung, Geoökodynamik. Bd. 3. Darmstadt 1982, S. 1–20.

Uhde, H.: Forsten, Bergbau und Hüttenbetriebe des Klosters Walkenried am Westharz, Z. d. Harzver. f. Gesch. u. Altertumskunde, 19./20. Jg. Goslar 1967/68.

Wilsdorf, H., W. Herrmann, K. Löffler: Bergbau, Wald, Flöße. Freiberger Forschungshefte D 28. Berlin 1960.

Willutzki, H.: Zur Waldgeschichte und Vermoorung sowie über Rekurrenzflächen im Oberharz. Nova Acta Leopoldina, N. F.: 25, 1962.

Register

Die Autoren

Prof. Dr. Klaus Arnold, Historisches Seminar, Von-Melle-Park 6, 2000 Hamburg 13
Prof. Dr. Karl-Ernst Behre, Niedersächsisches Landesinstitut für Marschen- und Wurtenforschung, Viktoriastr. 26/28, 2940 Wilhelmshaven
Prof. Dr. Hartmut Boockmann, Seminar für Mittlere und Neuere Geschichte, Nikolausberger Weg 9c, 3400 Göttingen
Dr. Dietrich Denecke, Geographisches Institut, Goldschmidt Str. 5, 3400 Göttingen
Prof. Dr. Ulf Dirlmeier, Universität Gesamthochschule Siegen, Fachbereich 1, Mittlere u. Neuere Geschichte, Postfach 10 12 40, 5900 Siegen
Prof. Dr. Edith Ennen, Riesstr. 2, 5300 Bonn 1
Wolfgang Erdmann, Amt für Vor- und Frühgeschichte, Meesenring 8, 2400 Lübeck
Dipl.-Biol. Gisela Grupe, Institut für Anthropologie, Bürgerstr. 50, 3400 Göttingen
Prof. Dr. Bernd Herrmann, Institut für Anthropologie, Bürgerstr. 50, 3400 Göttingen
Dr. Marie-Luise Hillebrecht, Heinz-Hilpert-Str. 6, 3400 Göttingen
Prof. Dr. Dr. Walter Janssen, Lehrstuhl für Vor- und Frühgeschichte, Residenzplatz 2, 8700 Würzburg
Andrea Kammeier-Nebel, M. A., Rathenower Str. 42, 1000 Berlin 42
Prof. Dr. Dr. Gundolf Keil, Institut für Geschichte der Medizin, Koellikerstr. 6, 8700 Würzburg
Prof. Dr. Dr. Vilhelm Møller-Christensen, 42 Østervang, DK–4000 Roskilde, Dänemark
Prof. Dr. Walter Sage, Lehrstuhl für Archäologie des Mittelalters und der Neuzeit, Am Kranen 12, 8600 Bamberg
Prof. Dr. Ernst Schubert, Institut für Historische Landesforschung, Nikolausberger Weg 9 c, 3400 Göttingen
Sven Schütte, M. A., Städtisches Museum, Am Ritterplan, 3400 Göttingen
Prof. Dr. Ulrich Willerding, Calsowstr. 60, 3400 Göttingen
Prof. Dr. Johanna Maria van Winter, Instituut voor Geschiedenes, Padualaan 14, 3508 TB Utrecht, Niederlande
Helmut Wurm, Schulstr. 31, 5240 Betzdorf
Priv.-Doz. Dr. Volker Zimmermann, Institut für Geschichte der Medizin, Nikolausberger Weg 9b, 3400 Göttingen